———— A Chronicle of Damascus ————

كتاب

الدرّة المضيئة في الدولة الظاهريّة

(مخط. ش. لود ١١٢ – مكتبة بودليان، اكسفورد)

لمحمّد بن محمّد ابن صصرى

عنى بتحقيقه وترجمته ونشره
الدكتور وليم م. برينر
استاذ الدراسات الشرقية
فى جامعة كالفورنيا – بركلي

A CHRONICLE OF DAMASCUS 1389-1397

by Muḥammad ibn Muḥammad ibn Ṣaṣrā

THE UNIQUE BODLEIAN LIBRARY MANUSCRIPT OF

الدرّة المضيئة في الدولة الظاهريّة

al Durra al-Muḍīʾa fī l-Dawla al-Ẓāhirīya

(LAUD OR. MS 112)

EDITED AND ANNOTATED

by William M. Brinner

VOLUME II
THE ARABIC TEXT

UNIVERSITY OF CALIFORNIA PRESS

BERKELEY AND LOS ANGELES, 1963
UNIVERSITY OF CALIFORNIA PRESS
BERKELEY AND LOS ANGELES, CALIFORNIA
CAMBRIDGE UNIVERSITY PRESS
LONDON, ENGLAND
LIBRARY OF CONGRESS CATALOG NUMBER: 63-7264
PRINTED IN ENGLAND BY
STEPHEN AUSTIN AND SONS, LTD., HERTFORD, HERTS.

UNIVERSITY OF CALIFORNIA PRESS
BERKELEY AND LOS ANGELES, CALIFORNIA
CAMBRIDGE UNIVERSITY PRESS
LONDON, ENGLAND
LIBRARY OF CONGRESS CATALOG NUMBER: 63-7264

VOLUME I

THE ENGLISH TRANSLATION

BIBLIOGRAPHY

INDEXES

فهرس

حوادث الزمان ١
سنة ١٣٨٩/٧٩١ ... قومة على برقوق ٣
وقعة خان لاجين ٩
نهب دمشق ١٣
تنازل برقوق وحبسه ١٨
وقعة شقحب ٢٦
حصار دمشق ٢٨
سنة ١٣٩٠/٧٩٢ .... حصار دمشق ٤٣
انحرافات عن كثرة الكلام ٤٥
حصار دمشق البقية ٤٨
وقعة شقحب الثانية ٤٩
حكم منطاش في دمشق ٥٧
حكم برقوق الثاني ٦٠
مغادرة منطاش من دمشق ٦١
وقعة حمص ٦٥
وقائع اخرى مع منطاش ٦٨
سنة ١٣٩١/٧٩٣ .... معركة في بلاد الشمال ٧١
وقائع في دمشق ٧٤
الكفاح لدمشق ٧٦
الناس منادون للتوبة ٨٧
تجديد المنازعات مع منطاش ٨٨
تراجع منطاش ونهب الصالحية ٩٠
السلطان في حلب .... حكم سودون باق الشرير في دمشق ٩٩
انحرافات عن مصادفات غريبة ١٠١
عودة برقوق لدمشق ١٠٣
اعدام المناطشة ١٠٣
سنة ١٣٩١-٩٢/٧٩٤ .... ١١٠
عصيان في القلعة ٣١٣
حريق في دمشق ١١٦
الجامع الاموي في ايام الوليد ١١٨

عقاب اليهود لحرق المسجد	١٢٥
مقاتلة منطاش في الشمال	١٢٩
حكم منطاش في الباب	١٣١
سنة ٧٩٥/٩٣-١٣٩٢ ..... حوادث في دمشق	١٣٢
وقعة مع العرب في حماة	١٣٥
حوادث اخرى	١٣٧
قتل منطاش	١٣٩
انتصارات تمرلنك في الشرق	١٤٠
انحرافات على الحاكم العادل	١٤٢
استعدادات لتمرلنك	١٤٤
سنة ١٣٩٤/٧٩٦	١٤٥
مراسلة بين تمرلنك وبرقوق	١٤٦
فضائل دمشق والشام	١٤٩
رحلة برقوق الى الشام	١٥٠
مدح دمشق	١٥٥
مكث السلطان في دمشق	١٥٧
عودة السلطان احمد الى بغداد	١٥٨
سنة ٧٩٧/٩٥-١٣٩٤ ..... عودة برقوق الى القاهرة	١٦٢
شتاء قحط وسيئة الزمان	١٦٤
ظهور ابن النشو	١٦٦
غلاء في مصر	١٦٨
سنة ٧٩٨/٩٦-١٣٩٥ ..... حكم دمشق	١٧١
حريق في دمشق	١٧٣
المشاجرة بين اياس وتنبك. سنة ٧٩٩/١٣٩٧	١٧٤
نواب دمشق تحت حكم المماليك	١٧٩
وصول الوزير ابن الشهيد الى دمشق	١٩١
قتل اياس	١٩١
انحرافات في الجزاء بعد الموت	١٩٤
مدح جلبان	١٩٥
انحرافات في الحكام الصالحين	١٩٦
تقليد قاضي القضاة الجديد	١٩٨
القحط العظيم	٢٠٠
حكايات من القحط	٢٠٠

منابع الانهار ومصبّها	٢٠٤
الاستسقاء	٢٠٥
قتل ابن النشو	٢٠٧
حب الدنيا	٢١٠
قصص عن استسقاءات لم تحقق في الحال	٢١١
رزق الله لكل مخلوق	٢٢١
هطول الامطار	٢٢٣
عقاب المجرمين لقتل ابن النشو	٢٢٥
اهمال الحكام بلاء الناس	٢٢٦
رزق الله لكل مخلوق	٢٣٠
حكايات عن الفيضانات	٢٣٣
ملحق: ثبت بالتعديلات لم يرد ذكرها في الحواشي	٢٣٩
فهارس الكتاب	٢٤٥
الاعلام	٢٤٩
فهرس الاماكن والمدن	٢٥٧
فهرس الكتب المذكورة في المتن	٢٦٢
اسماء الموظفين	٢٦٢

The Arabic Text

مقدمة

تعوّد المعنيّون بتحقيق النصوص والمخطوطات التاريخيّة ان يمهّدوا لدراساتهم بمقدّمات يوضّحون فيها مهمتهم في البحث، والنهج الذى اتبعوه لاداء تلك المهمة. ونحن، اذ نضع بين أيدي القراء هذه المخطوطة الفريدة من آثار أواخر القرن الرابع عشر الميلادي — : «الدرّة المضيئة في الدولة الظاهرية» لمحمد بن محمد ابن صصرى —، نرى لزاما علينا، بعد ان تناولناها بالتحقيق والنقد، ان نجري على عادة المحقّقين ونبيّن في هذه المقدمة الغاية التي استهدفناها في تحقيقنا هذا، والنهج الذي سلكناه.

لسنا بحاجة الى الاستفاضة هنا في شرح ما آلت اليه اللغة العربية خلال عصر الانحلال الذي انشئت فيه هذه المخطوطة من الضعف والركاكة، فالقارىء العربي ملمّ بما تميّزت به عامّة الاساليب الكتابية في تلك الفترة من الخلل والفساد، وما شاع فيها من الغثاثة والعامية. غير أن هذه الظاهرة نفسها — ظاهرة الضعف الانشائي التي يتصف بها كذلك اسلوب «الدرة المضيئة» — لا بدّ ان تثير مسألة هامة يواجهها جميع المعنيين بتحقيق اي أثر تاريخي من آثار عصر الانحلال: أيحتفظ الباحث بصيغة مخطوطته كما عثر عليها، ويناولها للقارىء على حالها دون ان يمسّ قلمه بالتعديل والتصحيح ما تخللها من ركاكة وفساد؟ ام يُؤخذ بروعة البيان، وينقاد لاغرائه، فيستخدم وسائله للتبديل والتحوير واخراج صيغة تلك المخطوطة اخراجا قويّا، يقرّبها من عالية الفصحى، ويرضي بقالبها الجديد مطالب الذوق الفني الرفيع؟ الواقع ان في هذا المنزع الاخير إغراء ملحّا، ولطالما انقاد لفتنته الباحثون. ولعلّ ما يعزّز هذا الميل الى التعديل والتحوير رغبة «المحقّق» في ان يدفع عن نفسه اتهاما قد يرميه فيه القارىء بالجهل والغباوة ان هو تجاوز تصحيح ما في النصّ المحقّق من الاخطاء الظاهرة، وآثر استبقاءه على حاله من الضعف والركاكة. غير ان هذا المنحى في تحقيق النصوص التاريخية، يؤدي، في اعتقادنا، الى تشويه الكثير من الحقائق الاساسية وطمس عدد من الظواهر الهامة التي تبيّن حال اللغة العربية ومدى تطورها في تلك الحقبة من الزمن، وتعرّف

القــارئ باسلوب المؤلف، ومـا تفرّد بـه من مزايـا انشائية، وغير ذلك من الامور التي لا يمكن ان تتعرّى على حقيقتها الا اذا حافظنا بأمانـة على صيغة المخطوطة التي بين ايدينا واستبقينا للمؤلف اسلوبـه الخاص رغم مـا فيه من «الخلل والركاكة».

ان القارىء العربي لا يلبث ان يقف، بعد اطلاعـه على الصفحات الاولى من نص «الدرة المضيئة» على مـا فيها من الاخلال بسلامـة اللغة. ونحن نعتقد ان المؤلف نفسه لم يتوخ هذه السلامـة، ولم يقصد الى مجاراة البلغاء في تأنـّقهم وافتنانهم، وانمـا صرف همّه الى غايـة اخرى هي تدوين حوادث عصره كما تناهت اليـه، والى استعمال التاريخ لخدمـة الاهـداف الدينية عن طريق ايراده الحقائق المجردة في اطـار ممتع من الشعر والفكاهـة، وبأسلوب موشّى بالآيات والاحاديث المقتبسة. وهكذا نراه يستخدم للتعبير عن اغراضه هذه لغة شائعة فيها احيانا من الضعف ما لا ترتضيه قوالب الفصحى، ولكنها على كـل حال تجري دائما مع طبعه وتلائم طباع معاصريه واذواقهم. من هنا ترانا نحرص كل الحرص على ان تبقى لغة المؤلف على اصالتهـا لنستجلي من خلالهـا واقع اللهجة الدمشقية وخصا ئصها العامة في اواخر القرن الرابع عشر الميلادي، ونستشفّ فوق ذلك كله نفسية المؤلف وافكاره، وروح العصر الذي عاش فيه.

نصُّ هذه المخطوطة، إذن، نصٌّ سليم من التشويه، نقدّمه للقارىء الكريم بالصيغة الاصلية التي تناهت الينا، باستثناء تعديلين طفيفين لم يمسّا جوهر النص اطلاقا، وكان من اللازم اجراؤهما: الاول – تصحيح الاخطاء الاملائية الواردة في المخطوطة لتنسجم بذلك مع الانماط اللغويـة المـالوفة، وقـد الحقنا بآخر هذا الكتاب ثبتا كاملا بهـا يمكن الرجوع اليه. والثاني – تصحيح بعض الاخطاء النحويـة والنسخية العارضة التي قد يؤدي استبقاؤهـا في النص الى شيء من التعقيد والغموض، وقـد بيّنا ذلك كله في مواضعه من حواشي الكتاب.

ثم اننا نودّ ان نردّ القارىء الى المقدمـة الموضوعـة باللغة الانكليزيـة لهذا الكتاب، لا سيما القسم الذي نبحث فيه قضيـة «لغة المخطوطة»، مؤكدين، بهذه المناسبـة، على حقيقة هامـة وهي ان الكتاب بقسميه الانكليزي والعربي يشكّـل وحدة تامـة لا انقطـاع بينها. ومن هنا لم نجد مبرّرا الى تكرار الملاحظات الواردة في جانب من الكتاب باعـادة اثباتها في الجـانب الآخر، مؤملّين ان يتمكن القارىء من الرجوع اليها في اماكنها عند الحـاجـة. ويمكننا القول، على العموم، بـان مـا اوردناه في حواشي القسم العربي من الملاحظـات إنمّا يتناول التعليق على قضايا النص

الخالصة كتصحيح البارز من الاخطاء الاملائية والنحوية وسواهـا، واما ما عدا ذلك كالتعريف بالاعلام والامكنة، وردّ الاقتباسات الى مصادرها، ومناقشة ترجمة الغامض من مقاطع النص فقد اودعناه حواشي القسم الانكليزي.

وبعد، فانّنا نرغب في تكرير واجب الشكر لجميع الذين بذلوا لنا كريم العون وسداد التوجيه فـأوردنـا اسماءهم ونوّهنـا بفضلهم في مقدمـة القسم الانكليزي من هذا الكتاب. كذلك نرى لزامـا علينا ان نؤكد في ختام هذه المقدمـة، كما اكدنا في ختام تلك، باننا وحدنا المسؤولون مسؤولية تامّـة عن تبعة تقديم نصّ هذه المخطوطة بحاله الراهنة الى القارئ الكريم.

وليم برينر

جامعة كالفورنيا في بركلي
الولايات المتحدة الاميركية.

[حوادث الزمان]

1b بِسمِ ٱللَّهِ ٱلرَّحمٰنِ ٱلرَّحِيمِ وَهُوَ حَسْبِي

ألحَمدُ لِلّه مُبدي كلّ شيءٍ ووَارِثُه، ومُنشي كلّ حَيٍ وبَاعِثه، الّذي احاطَ بكلّ شيءٍ علِمه، ونَفذ فيه قضاؤُه وَحكمه، لا مرد لحكمه، وَهوَ الفعال لما يُريدُ، وصلّى الله عَلى خيرَته من خلقه، مُحمّد سيّد وَلَدِ آدمَ وَعلَى آله وَاصحابه وَعِترَته الطّيّبينَ الطّاهرينَ وَسلّم تَسليماً كثيراً.

أمّا بعْدُ: فقد اختصرَت سيرة مَولانَا السّلطان الملكِ الظّاهرِ أبي[1] سعيد برَقُوق، نَصرَهُ الله تَعالى عَلى اعدائه، فجمعت احسن ما فيها من الكلام، والبلغة في الاختصار والسلام، وقد سمّيتها «الدرّة المضيّة[2] في الدولة الظاهرية»، وقد رصّعتها بالفاظ غرائب، وَاودَعتها نوادر واشعار وعجائب، لكَي يتعجب فيها[3] من تأملهَا ونَظر فيها، ويَنسرّ مُستمعها من حسن معانيها، فهي احسن سير الملوك، إذ هي غاية اختصَار المملوك.

وقد ذكرنا سيرة الملك المنصور في اول هذه السيرة لسببٍ؛ فان السلطان الملك . . .

2a . . . سقع *[4] الحمض[4a] ويبست شجره وكذلك الفواكه تلفت في المخازن من شدة البرد.

وفي ذلك اليوم دخل قاضي القضاة ابن جماعة الى دمشق واقام حرمة الشرع الشريف.

وفي هذه السنة احترقت [سوق] القباقبيّين[5]، وكان حريق وحش.

هذا جميعه وبيدمر نائب بدمشق، والناس في خير الى سنة ثمان وثمانين وسبعمائة، حصل [شيء] في قلب[6] السلطان من الجوباني؛ فانّه كان بمصر، وكان اكثر امراء مصر تركب[7] معه، وهو مسمّى بالشجاعة، فعمل عليه ومسكه وارسله الى الكرك. هذا وبيدمر يرسل الاموال الى مصر، فقصّر عن ما كان يرسل من

[1] MS أبا.

[2] I.e. المضيئة.

[3] So in MS for منها.

[4] I.e., صقع, see fol. 222b, below for further occurrences. An asterisk indicates the first word of each page of the original MS.

[4a] Or, perhaps, حمّص. See notes to Translation.

[5] MS قباقبين.

[6] Perhaps . . . حَصّلَ ما في. See notes to Translation.

[7] So in MS.

الاموال، وكثرت الاقاويل ان بيدمر نائب الشام يريد يُسلطِن ولده محمد شاه، فلمّا سمع السلطان هذا الكلام، ارسل اليه [مَن] مسكه وحبسه في القلعة وولده محمّد شاه معه وجماعته كلّهم. وحضر محمود[8] شادّ الدواوين بمصر واخذ كلّ موجودهم.

وقد ذكر لي بعض كبار الناس قال: «عدت بيدمر وهو محبوس في القلعة فقلت له، 'ايش حال مولانا؟' فقال لي، 'ايش حال من نصف عمره في
2b الحبوس وباقي * عمره في مظالم العباد؟' «فلا حول ولا قوّة الّا بالله العلي العظيم.»»

اللّهمّ لا تجعل الدنيا اكبر همّنا واغفر لنا وله يا ارحم الراحمين! قتلته الدنيا بحبّها وما علم انّها كما قال فيها الشاعر[9]،

إنّما الدُنيا كَبيْتٍ نَسجَتْهُ العَنكَبُوتْ،
لَيسَ لِلطّالِبِ فِيهاَ كُلَّ يَوم غَيرَ قُوتْ،

وظنّ ان الامارة تدوم له وغرّته الدنيا الغرارة، لكنّ الرياسة مطلوبة والدنيا محبوبة وقد قال المتنبّي شعراً[10]،

تَفانَى[11] الرِجالُ عَلَى حُبّها وَمَا[12] يَحصُلُونَ عَلَى طائِلٍ،

ثمّ تولّى بعده نيابة الشام ألطنبغا الجوباني، ودخل الى دمشق في شهر صفر سنة تسع وثمانين وسبعمائةٍ، وكان لدخوله يوماً مشهوداً[13]، ودخل الى دار السعادة وحكم بها، وكان رجل جيّدا وحاشيته اجواد، والناس في ايّامه في رخصٍ وطيبةٍ. وكلّ وقت يتفقّد مصالح الناس واشغالهم والناس تدعو له رحمه الله تعالى.

3a وفي هذه السنة تواترت اخبار تمرلنك، لعنه الله، وانّه * اخذ توريز، وجفلت قلوب الناس منه، وان معه خلق كثير، وانّه قاصد بلاد الشام. والناس معذورين، فان جرى على دمشق واهلها امور لمّا دخلها عسكر هلاكون، قبحه الله، سنة ثمان وخمسين وستّمائة، وجرى عليهم مرّة ثانية اصعب من نوبة هلاكون وقاست اهل دمشق من المغل شدائد كثيرة، لمّا دخل اليها عسكر قازان في سنة تسعٍ وتسعين وستّمائة. فلمّا سمعت الناس بتمرلنك وانّه اخرب توريز

[8] MS مخمود.

[9] Meter الرمل.

[10] Meter المتقارب.

[11] MS تفنى, but see Dieterici, *Carmina*, 402, No. 52.

[12] Dieterici, *ibid.*, has ولا.

[13] MS يوما مسهود.

وانّه قاصد الشام خافوا كثيراً، فانّ الفتن ما تظهر الّا من الشرق، وقد أجاد المعمار المصري حيث يقول شعراً[14]،

بِي مِن بَني الشّرق فَتى[15] وَجهُهُ يُشرق مِثل البَدر بَل أحسَنَا،
وَقَدُّهُ تَهتَزُّ[16] مِن لينِه مِثْل اهتِزاز الغُصن بَل ألينَا،
سَألتُه حِينَ بَدَا فَاتِناً عن أرضِهِ أطرَقَ لٰكِن رَنَا،
يُرمِي إلى الشّرقِ بِالّحاظِه فَقُلتُ وَالفِتنَةُ مِنْ هَاهُنَا،

3b وعن نافع، عن ابن عمر، رضي الله عنهما، ان رسول الله ــ صلّى الله* عليه وسلّم ــ قال: «اللّهمّ بارك لنا في شامنا ويمننا؛» قال رجل، «ومشرقنا يا رسول الله؟» فقال، «من هناك يطلع قرن الشيطان، وبها تسعة اعشار السحر، وكلّ بدعة ومنحسة غالبها من بلاد الشرق.»

وفي هذه السّنة جاء الجراد الى دمشق، وأتلف شيء كثير للناس.

وفي هذه السنة وقع فناء في القاهرة حتى وصل الى عشرين الف كل يوم واكثر، وهذا اختصار على ما سمعت. وقيل إنه جاء على زمان الملك الناصر فناء بمصر وصل في كلّ يوم الى اثنيْ عشر[17] الف، فلمّا رأى السلطان ذلك حمل هم كثير وخاف على المسلمين. فقيل له: «لا تحمل همّ، فان في مصر اثنا عشر الف حكر، لو خرج من كلّ حكر واحد ما هو كثير.»

وقيل انه جاء في بغداد في بعض السنين فناء اسمه الجرّاف[18] في كتب التواريخ، مات في ثلاثة ايام ثلاثمائة الف روح، والامر كلّه الى الله تعالى وهو الفعال لما يريد.

وفي هذه السنة بقوا التركمان يشعثوا في بلاد الشمال ويوذوا الناس كثيرا.

[سنة ١٢٨٩/٧٩١ . . . قَوْمَة على برقوق]

4a وكان نائب حلب الناصري[a] قد ارسل الى منطاش «انّك* تَقُومُ وتجي،[19b] إلى عندنا[20] ولك منّا[20] ما تُريد.» فلمّا وَصَل كتاب النّاصريّ الى منطاش فَرِح وَرَكِبَ في الحَال وجاء إلى حَلَب، ودخل على الناصري. فلّما رآه قام

---

[14] Meter السريع.

[15] MS فتاً.

[16] MS وَقَدُّهُ يَهتَزُ.

[17] MS اثنا.

[18] MS الجزاف.

[19] The words between a—b are repeated in the margin.

[20] MS has نا written above original ي by another hand.

له واعتنقه وخلع عليه، وتحالفوا على الموت والحياة، أنهم يكونوا يداً واحدة. وانعم الناصري على منطاش بموجود سودون كلّه، وانه ينزل في بيته على خبزه، فقويت شوكة منطاش، وركبت الناس في خدمته الى بيت سودون، وكان صاحب حرمة وافرة ونزل نائب قلعة حلب الى الناصري في الباطن، وحلف له انّه معه خوف على اولاده.

وشاعت الأخبار في سائر الأقطار بما جرى، ثمّ إنّ الناصري طلب منطاش وامره أن يروح هو وتلكتمر المنجكي، وشكر احمد البيدمري، وتقطاي الطواشي، ومن معهم من العساكر الى حماة ياخذوها، فنزلوا في الحال وقصدوا حماة فلمّا سمع نائب حماة — وهو سودون العثماني — انّهم قاصدين حماة، دربّ حماة، وكسر الجسر، وغافل اهل حماة، وهرب الى دمشق هو وجماعته في ناس
قلائل. ودخل * الى دمشق يوم الجمعة وقت الصلاة على غفلة وهو ملبّس فلمّا 4b
ابصرته العوامّ ظنّوا انّه من عند الناصري فهربوا الناس قدّامه، وجفلت اهل دمشق. ثمّ تبيّن انّه نائب حماة قد جاء في خير الى نائب الشام، فعند ذلك سكنت قلوب الناس.

وامّا منطاش ومن معه فانّهم دخلوا الى حماة، وملكوها، وحكم بها منطاش واحسن الى اهلها، وحبّوه، وهي ستّ المدن بعد دمشق، كما قال فيها ناصر الدين ابن الملك الزاهر حيث يقول[21]،

وَرَوْضَةٍ تَزْهُو[22] بِعَاصِي حَمَاه
يَنْسَى بِهَا المُضْنَى المُعَنَّى[23] حِمَاه،
هَوِيتُهَا مِنْ حُسْنِهَا فَاعْجَبُوا
مُزَوَّجاً[24] قَدْ عَادَ يَهْوَى[25] حَمَاه،

ولمّا سمعوا عسكر الشام ان منطاش اخذ حماة، خافوا ونقلوا متاعهم الى داخل المدينه فلمّا رأوا ذلك التجّار وغيرهم انقطعت قلوبهم، حتّى اهل الضياع والمرجين[26]، فانّهم انتقلوا الى داخل المدينة وانحشرت الناس على بعضهم بعض، حتّى بقي كلّ بيت بنحو الخمسين.

---

[21] Meter السريع.
[22] MS تـزهـُوا.
[23] MS المعنـّا.
[24] MS مزوجِ.
[25] MS يهوا.
[26] For والمرجيّين, see notes to Translation.

5 (17)a ثمّ بعد ايام تواترت * الاخبار انّ بزلار قد اخذ طرابلس وقتل نائبها، وجلس
مكانه وطاعوه اهلها، واخذ موجود النائب كلّه، واستخدم رجال، فانّه كان
متّفق مع الناصري في الباطن، فلمّا سمع السلطان بذلك شقّ ذلك عليه كثير.
ثمّ بعد ايّام حضر من القاهرة خاصّكي الى دمشق، وعلى يده مرسوم: ان
اينال يكون نائب حلب، وان يكون ابنه على خبزه. فلمّا سمع اينال ذلك ضحك
وقال: «اثبتوا لكم حلب حتّى اروح اليها.» وبقي الخاصّكي عنده ايّام وما
عاد ركب فخاف طرنطاي منه كيلا يكون مع الناصري، وبقي يركب اينال
في منزلة نائب حلب، ومعه خلق كثيرة، وهو أتابك عساكر دمشق قبل هذا،
فقويت شوكته.
وامّا طرنطاي فانّه اختفى في دار السعادة وقد اكلته نيابة دمشق وحار
في عقله.
وفي يوم الثلاثاء ثامن شهر ربيع الاوّل[27] من السنة المذكورة، حضر العشير
من وادي التيم، ووادي بردى، وطلع طرنطاي فوقف على باب النصر واعرضهم[28]
5 (17)b قدّامه وهم مثل الجنّ، وفي ايديهم السيوف مسلولة والناس * تتفرّج عليهم.
وامّا اينال ما هان عليه هذا الامر، فطلب في الحال مشاعليّة وقال لهم: «نادوا
في المدينة على العشير انّهم يسافروا الى بلادهم، ومن تأخر وسّطناه بلا
معاودة،» فخافوا الفلّاحين من إينال فانّه كان يقول ويفعل، وراحوا الى بلادهم.
وشرع كلّما يعمل طرنطاي شيء ينقضه[29] عليه اينال. فعرّف طرنطاي
السلطان بذلك لانّه ناصح له. ثمّ بعد ايّام حضر مرسوم السلطان الى نائب
الشام طرنطاي، «انك تُحْضِر الامراء الى عندك وتحلّفهم انّهم يكونوا معي
على الموت والحياة.» فدارت النقباء على بيوت الامراء واعلموهم «انّكم تحضروا الى
دار السعادة يوم الخميس.»
فلمّا كان يوم الخميس نزلت الامراء الى دار السعادة إلّا إياس وإينال
فانّهم لم يحضروا. ثمّ حضر اياس، واينال لم يحضر؛ فراحوا اليه القضاة
بسبب ذلك فقال: «انا الى دار السعادة ما أروح، فان رسمتم حلفت لكم
6 (18)a هنا.[30]» * فحلّفوه في بيته انّه يكون مع السلطان. هذا جرى في الشام.

[27] MS الاخر see notes to Translation.
[28] So in MS, for استعرضهم ? See notes to Translation.
[29] MS ينقظه.
[30] MS هني.

واماّ منطاش فانه قصد حمص بمن معه حتّى يأخذوها وكان نازل عليها ابن يهمر التركماني من جهة السلطان فركبوا التركمان، ووقع الحرب بينهم، فكسرهم منطاش ومن معه واخذ موجودهم كلّه وولّوا هاربين الى دمشق، ودخل منطاش الى حمص وملكها، ووصل ابن يهمر التركماني وجماعته الى دمشق، وخبّروا النائب بما جرى عليهم من منطاش، وان معه خلق[31] كثيرة، فانقطع قلبه اكثر واستقامت الامور لمنطاش وهو كلّ يوم في اقدام الى قدّام، همته عالية، وسعده عمّال، وهو كما قال فيه الشاعر؛ شعر مفرد[32]،

وَإِذَا السَّعَادَةُ لَاحَظَتْكَ[33] عُيُونُهَا

نَمْ فَالْمَخَايِفُ، كُلُّهُنَّ أَمَانُ،

6 (18)b فاخبر نائب الشام السلطان بما جرى، وان العساكر قد* وصلوا واخذوا حمص، وما بقي الّا دمشق؛ فخاف السلطان وطلب ايتمش، ويونس الدوادار، وقال لهم: «الذي جرى كلّه انتم عملتوه.» فقالوا له: «كيف يا مولانا السلطان؟» قال لهم: «انتم ضمنتم[34] الناصريّ، وقلتم: 'ما يحدث منه حادث،' حتّى اطلقته، وقد جرى منه ما جرى، فأنا ما أعرف حضوره الّا منكم.» فباسوا الارض وقالوا: «السمع والطاعة.»

وفي الحال عيّن السلطان ايتمش، ويونس، وجركس الخليلي، وابن يلبغا، وايدكار، واضاف اليهم تقادمهم من الامراء مثل بكلمش، واقبغا الصغير، وابن بكتمر الساقي، وغيرهم من الامراء العشراوات، وطلب في الحال مماليكه، وعيّن منهم خمسمائة مملوك نقاوتهم، واعطاهم الذهب والخيل والقماش والسلاح الكامل، وأضافهم الى جركس الخليلي؛ فانه كان وكيله وعزيز عنده، وأمرهم بالخروج في الحال، وخرجوا الى خانقاة مصر، واقاموا هناك اربعة ايّام، واتّفقوا الامراء
7 (19)a كلّهم انّهم ما يروحوا الى الشام الّا* والسلطان قدّامهم، وبلغ ذلك السلطان، فصعب عليه وقال: «انا ما أروح الى الشام.» ودخلوا القضاة والكبار بينهم فقالوا القضاة: «يخرج معهم سلطان الحرافيش[35] امير على تنفيذ يمينهم.» فخرج سلطان الحرافيش معهم.

وتواترت الاخبار بدمشق أن عساكر المصريين قد خرجوا من مصر وبقوا

---

[31] MS خلق.
[32] Meter الكامل.
[33] MS لاحضتك.
[34] MS ضمنتو.
[35] MS الحرافيس.

عساكر الشام في انتظارهم،[36] وقربوا الى الشام وعملوا لهم الحلاوات، ونزل عسكر مصر على غزّة وفيها نائب[37] الصفوي، فأحسن اليهم جهده وطاقته، ثمّ انّهم مسكوه ولم يكن له ذنب غير انّه تركيّ، فجفلت قلوب عسكر دمشق الذين[38] هم ترك، وذلك من نحس تدبيرهم، لكن الله تعالى اراد تنفيذ[39] قضائه[40] وقدره.

فعند ذلك هرب من عسكر دمشق مقبل الرومي، ومعه جماعة الى عند منطاش، وجماعة الجوباني وهم نحو خمسين مملوكاً، ولم يقدر احد[41] يتبعهم وبقي كلّ
7 (19)b ليلة يخرج جماعة من الترك الى الناصري، فبقي * الناصريّ كلّ يوم في زيادة وعسكر مصر في نقص، والناس خائفين.

ثمّ بعد ايّام وصل خبر الى نائب الشام ان نائب بعلبكّ قفز الى عند منطاش واخذ شيء كثير من بعلبكّ، فصعب عليه ذلك وتولّى نيابة بعلبكّ ابن الحنش شيخ العشير.

وبقيت الناس في ضيقة[42] الى يوم الاثنين، ثامن شهر ربيع الآخر[43]، سنة احدى وتسعين وسبعمائة، فعند ذلك اقبلت عساكر المصريين ونزلوا على قبّة يلبغا، وبقي كلّ يوم يدخل مقدّم وهم ملبّسين والناس يخرجوا يتفرّجوا عليهم، وفي اليوم الرابع دخل جركس الخليلي ومعه مماليك السلطان الخمسمائة ملبّسين، ما يبان منهم سوى الحدق كانّهم أسودة[44]، رجال ملاح ولبس مليح، كما قال فيهم الشاعر[45]،

وَفِتْيَةٍ مِن كُمَاةِ الحَرْبِ مَا تَرَكُوا
لِلبَرْقِ لمعاً وَلاَ لِلرَّعْدِ تَصْوِيتَا،
8 (20)a قَوماً * إذَا قُوبِلُوا كَانُوا مَلاَئِكَةً
حُسناً وَإن قَاتَلُوا كَانُوا عَفَارِيتَا،

أو كما قالَ فيهم بعضُ الموّالة،

---

[36] MS انتظارهم.

[37] For النائب?

[38] MS الدين.

[39] MS تنفيد.

[40] MS قضاه.

[41] MS احداً, also in fol. 8 (20)b, below, and elsewhere. See Introduction.

[42] MS ديقه.

[43] MS الاول, but see notes to Translation.

[44] MS اسوده, probably to be read as here, but possibly أُسُودُهُ = his lions, i.e., al-Ḫalīlī's.

[45] Meter البسيط.

نُحنا[46] الّذِي في القِدَم نُخْبَا لِهَدْم العُمْر،
بِالبِيض نَنْقُط ونَشْكُل بِالرشَاق السُمْر،
وَبِيضُنَا عِند ما تَرْكَع فتَرْفَع حُمْر،
يَسْجُد لَها الهَام فوق العَادِيَات الضُمْر،

حتّى قالت الناس لمـّا رأوا هذا العسكر الذي جاء من مصر: «ما يقف احد قدّامهم، وما رأينا رجال ولبس وخيل احسن منهم.» والأمر كلّه الى الله تعالى وهو الفعال لما يريد.

ونزلت العساكر في دمشق وتفرّقوا فيها ونزلوا في الموادين[47] وملوا السهل والوعر، وفرح بهم نائب الشام وقوي قلبه، ورتب لمماليك السلطان جميع ما يحتاجوا اليه؛ من لحم وخبز وشعير وغير ذلك، ففسدوا مماليك السلطان في دمشق، وبقوا في
8 (20)b خمور واخذوا اولاد * الناس وحريمهم واموالهم، ولا يقدر احد يكلّمهم الاّ قتلوه، واضمروا لاهل دمشق كلّ نحس اذا كسروا الناصري؛ فلقاهم الله تعالى بنحس نياتهم وجرى عليهم ما جرى.

وامّا الناصري؛ فإنّه جاؤا اليه الكشّافة وخبّروه بدخول عساكر المصريّين الى دمشق، ففرح الناصري بذلك فرحاً شديداً وقال: «الحمد لله تعالى الذي جوّ[48] اعيان عساكر المصريين.» ثمّ انّه امر بخروج العساكر من حلب، وقصدوا الشام، وأرسل الى منطاش يعرفه انّه واصل اليه، واجتمعت عساكر بلاد الشمال على حمص. فعند ذلك حضر اليهم بزلار من طرابلس وأمر الناصري منطاش ان يكون شاليش.

وامّا عساكر دمشق؛ فانّهم جمعوا نواب القضاة وكبار العلماء وأرسلوهم الى الناصري يدخلوا[49] بينهم في الصلح. فلمّا وصلوا الى عند الناصري احضرهم الى عنده وقال لهم: «فيما جيتم[50]؟» قالوا: «جينا في الصلح وتطيع[51] لهذا السلطان
9 (21)a فانّه حاكم وامام، قال الله تعالى * «واطيعوا الله واطيعوا الرسول واولى[52] الامر منكم»؛ فطاعته واجبة على كلّ مسلم ولا ينبغي مخالفته، وقتال المسلمين واراقة دمائهم ليس برأي، والصواب في ذلك اخماد الفتنة باطاعة الامام.»

---

[46] For نيحنا = نحن ? See notes to Translation.

[47] I.e. الميادين.

[48] I.e. جاؤوا.

[49] For ليدخلوا?

[50] MS جيتوا.

[51] So in MS for ان تطيع.

[52] MS والولو.

فلمّا سمع الناصري كلامهم قال لهم: «يا علماء الزمان، ليس في قولكم شكّ
ولا ريب. ما تقولون فيمن يريد قتل نفسٍ مؤمنة بغير حقّ؟ ماذا يجب عليه؟»
فأطرقوا في الأرض فقال: «ما تقولوا؟» قالوا: «اذا كان قصده هذا يقتل
شرعاً.» فقال لهم: «اكتبوا خطوطكم!» فكتبوا خطوطهم. فلمّا كتبوا اخرج
لهم خطوط[53] القضاة والعلماء المقيمين بحلب وحماة وقال لهم: «ايش عمل الجوباني
من الشرّ حتّى يسمع فيه كلام طرنطاي ومسكه يريد قتله؟ وأنا راحت عيني
واشرفتُ على الموت مرار في خدمته، ومسكني وحبسني مرّتين، واخذ جميع
موجودي واراد قتلي، ما قدّره الله تعالى، وخلصني الله تعالى منه، وبعد ذلك[54] وقبله
الله تعالى اقامني لنصرة ابن * عمّ نبيّه — صلّى الله عليه وسلّم — امير المؤمنين 9 (21)b
العباسيّ، الذي هو خليفة المسلمين وله مدّة في الحبس، وان كان معي الحقّ
الله ينصرني، وقد قال الله تعالى: «هو الذي يسيّركم في البرّ والبحر.» فلمّا
سمعوا منه هذا الكلام ما قدر احد منهم يتكلّم ثمّ انهُ خلاهم في حمص
وركب هو[55] وعساكره قاصدين دمشق.

وأمّا دمشق؛ فقد نودي فيها ان كلّ تاجر يخرج عنه مقاتل على فرس كامل
العدّة، فصعب ذلك على اهل دمشق. ثمّ ان ايتمش قال لهم، «هذا ما جرت
به عادة،» فسكتوا عنهم.

[وقعة خان لاجين]

وفي السابع والعشرين من شهر ربيع الآخر من السنة المذكورة[56] اتت الاخبار
الى العساكر الذين[57] بدمشق: «انّ منطاش، وبزلار، وتلكتمر المنجكي، وشكر
احمد، وتقطاي الطواشي، ومقبل الرومي، وغيرهم شاليش عسكر بلاد الشمال، وقد
نزلوا على القطيفة، وانّهم غداً[58] يكونوا عندكم». فلمّا سمعوا عساكر الشام هذا
الخبر اختبطت اهل دمشق ودقّت الكوسات، * ونادت المشاعلية في المدينة 10 (22)a
ان يركب العسكر ولا يتخلّف احد، فركبوا في الحال وخرجوا على وجوههم،
ونزلوا على برزة، وقد خافت العوامّ خوفاً شديداً، وقعد في دمشق من الامراء
إياس، والهيذباني، وألطنبغا حاجب الحجّاب، وهم راكبين حول المدينة.

وامّا عسكر الشام؛ فانّه ما اصبح عليه الصباح الّا وعسكر الناصري قد

---

[53] MS خطول.
[54] MS دلك.
[55] MS هوه.
[56] MS المدكوره.
[57] MS الذى.
[58] MS اغدا.

اقبل مثل الغمام، فركبت عساكر الشام ودقّت الكوسات وثارت الرجال، وصهلت الخيول، وتقدّمت الابطال، الى ملتقى الابطال، وارتجت الارض والتقى الفريقان، وبان الفارس الجيّد من الجبان، وبقيت قلوب الرجال كالرايات خوافق، وصهيل الخيل رعود وضرب السيوف سواحق، وسالت الدماء في قصطل[59] الحرب من أنابيب القنا، وطلعت الأسنّة الزرق على الرماح السمر، وعمل الصارم البتار، حتّى ولّى الجبان الى الفرار، واختلطت[60] الصفوف بالصفوف، وغنت في سماع الحرب * قينات السيوف، وصالت الفرسان صولة، ورقصت 10 (22)b
الرؤس في دخول الضرب[61] جولة، فذكرتُ في ذلك الوقت قول ابن سناء الملك حيث يقول شعراً،[62]

إن كُنتَ تَرغَبُ أن تَرَانَا فِي لِقَا
يَومَ الهِيَاج إذَا تَشاجَرَت ألقَنَا،
تَلْقَى ٱلّذي تجنْيهِم ثَمرُ العُلَى
قُضْبٌ يَطيبُ بِهَا ٱلجنَا عَن مَنْ جَنَا[63]،
لا يَشْرَبُونَ سِوَى الدّماءِ مُدَامَةً إذ يَنشقُونَ مِنَ الأسِنّةِ سُوسَنَا،
وَإذَا الحُسَامُ بِمعرَكٍ غَنّى لَهُم
خَلَعُوا نُفُوسَهُم عَلَى ذَاكَ الغنَا،

هذا وعساكر الناصري كانّهم أُسُودة[64]، وثبت تُحامي عن الأشبال، كما قال فيهم الشاعر[65]،

لِلّه دَرُّ[66] عِصَابةٍ يَومَ الوَغَا
يَبغُوا الخيَاطَةَ في الهيَاجِ الاعظَمِ،
ذَرعُوا الفَوَارِسَ بِالرِمَاحِ وَفَصّلُوا بِالمرهِفَاتِ وَخَيّطُوا بِالاسهُمِ،

وقد * أجاد القائل فيهم حيث يقول[67]،

---

[59] Usual writing قسطل.

[60] MS واختلطلت.

[61] MS الظرب.

[62] Meter الكامل.

[63] Read تلق الذين تجنّيهم. See notes to Translation for discussion of this line. Cf., also, *Dīwān Ibn Sanā' al-Mulk* (Hyderabad, 1377/1958), (Dairatu'l-Ma'arifi'l-Osmania Publications, N.S. No. XII), p. 796, where في لقا = فالقنا ; تلق الأولى = تلقّ الذي ; عن من = بمن.

[64] Probably أسْودة. See notes to Translation and note 44, above.

[65] Meter الكامل.

[66] MS ذر.

[67] Meter البسيط.

عَسَاكِرٌ كَظَلَامِ اللّيل مُقبلةً
11 (23)a فِيهَا الأَسِنَّةُ مِثل الشُهْبِ قَد لَمَعَتْ،
وَالخيلُ [68]قَد صَهَلَتْ والسَّمرُ قد نَهَلَتْ
وَالهامُ قَد سَجَدَتْ وَالبِيضُ قَد رَكَعَتْ،

وقد اجاد ابن حجّة حيث يقول موّاليّا في المعنى،

يَومَ القِتَال بِفَتح السَّعد نَلقَى السَّعْد،
وَالنّاسُ في الحَشر تَحت الوَاقعة بِالوَعْد،
ألَم تَرَى زَلْزَلَتْ ضَربَاتنَا يَا سَعْد،
وَهُم زُعَرٌ[69] يَستَغِيثُوا هَل أتَانَا الرّعْد،

هذا والامير الناصري كأنّه ضرغام، قد حمل في الأبطال بقوّة جنان، وقلب كانّه سندان، وهو كما قال فيه منصور الموّال مَوّاليًّا،

لِي كُلّمَا سَنَّتِ الأعدَا أسِنّتَهَا،
وَاشتَدّت الخَيل وَأرخَت لي أعِنّتهَا،
حَمَلاتَ مِنهَا الحبَالى في أكِنّتهَا،
جنّتْ وَمِنْ هولِهَا شَابَت أجِنّتهَا،

11 (23)b وأمّا * الامير منطاش، فانّه ضرب بالسيف حتّى انذهل منه الجبان وطاش، وصاح له في ميدان الحرب شاويش الهناء، «شاباش!» يا من هو كما قال فيه الموّال:

لَكْ فِي مَقَام الوَغَا فِي شَرقهَا والغَرْب،
سَمَاعٌ يَطرَبْ منُوا[70] السَّامِع وَينفي الكَرب،
هَذَا وَلَكْ كُلّمَا جَالَتْ خيُول الحَرب،
كفٌّ يَكفّ الأعَادِي عِندَ وَقع الضَّرْب،

وامّا بزلار فانّه حَمَلَ على القوم وغارْ، وضرب فيهم بحدّ الصارم البتّارْ،

---

[68] MS والخيل.

[69] MS unclear.

[70] For منه.

حتّى ولّى منه الجبان الى الفرارْ، وهو في الحرب لا يُصطلى لـه بنارْ، كما قال فيه الاديب الموّال،

أَسْهُم عَزِيمَتَك لِلفُرسَان فَوقّهَا،
وَرُؤُوس الأعدَا بِبيض الهند طوّقهَا،
وَعَكّر المعْمَعه وَاحذَر تروقْهَا،
والأرض بِالدّم خَضّبهَا وَزَوّقهَا،

وما كشّفت عروس الشمس قناعها، ومدّت على الأرض شعاعها، الّا وقد كُسرت العساكر المصريّة، وانتصرت العساكر الناصريّة، «وما النصر
12 (24)a الّا من عند الله العزيز الحكيم،» سبحانه * لا اله الّا هو، وانهزموا اصحاب الخيول واللبوس، وقد زهقت منهم النفوس، وتخبّوا في البساتين، وفعلوا في انفسهم ما لا تفعله المجانين، وصاروا كما قال فيهم الشاعر حيث يقول مفرد[71]،

وَضَاقَت الأرض حَتّى كَادَ هَارِبُهَا،
إِذَا رَأى غَيرَ شَيءٍ ظَنّهُ رَجُلاً،

ولمّا وقعت الموقعة بين الفريقين[72] قفز من عساكر المصريين الى عند الناصري، ابن يلبغا والامير ايدكار بجماعتهم، ففرح بهم الناصري. ولمّا كسرت عساكر الشام، أراد جركس الخليلي ان يهرب، فلحقه واحد من عسكر الناصري وضربه أرماه، وقطع رأسه وأدماه، وولّت عساكر الشام هاربين، ودخل الناصري في اثرهم وفرحت به المسلمين.

ولمّا وصل الخبر الى دمشق بما جرى هرب إياس، والهيذباني اختفى، وأمّا مماليك السلطان فانّهم دارت عليهم الدائرة وتشتت شملهم، لكن لمّا علم الله تعالى بنيتهم الفاسدة[73] لاهل دمشق، وما اضمروا لهم أرمى
12 (24)b بغيهم عليهم وحدهم[74] *، ونشرهم وفرّق جمعهم، وذهبوا كانّهم ما كانوا[75].

ودخل الناصري، والأمير منطاش، وبزلار، وتلكتمر المنجكي، واحمد شكر البيدمري، ومقبل الرومي، وتقطاي الطواشي، ومن معهم، وعسكر الناصري ومن معه

---

[71] Meter البسيط.
[72] MS الفريقان.
[73] MS الفاسد.
[74] Repeated in MS.
[75] MS ما كانّهم كانوا, see notes to Translation and fol. 209b, note 1330, below.

منصور، ومن الغنائم قد اكتفى، وعسكر الظاهر قد اختبأ واختفى، والعوامّ حولهم يدعوا لهم، وعلى رؤُسهم السناجق الخليفتيّة المحمّديّة، والمشاعلية تنادي بين يديه: «يا اهل دمشق لكم الأمان والاطمان[76]!»

[نهب دمشق]

وحاجب حجّاب دمشق ألطنبغا جاء الى الناصري طائع وصار منهم. وامّا الامير أيتمش؛ فانّه سبق ودخل الى القلعة ومعه مملوكان[77]. وامّا عساكر الناصري؛ فانّهم اخذوا في نهب بيوت الامراء الشاميين الذين هم خارج البلد. وأمّا منطاش؛ فانّه جاء الى باب النصر وجده مقفول، فأمر بكسره فكسروا باب الخوخة، ففتحت البوابين بعد ذلك الباب، وهجموا الناس الى دار السعادة بسبب النهب فاخذوا كلّ ما فيها؛ ونهبوا بيت ابن السرادارة. وأمّا بيت الهيذباني؛ * فانّه 13 (25)a
دخلت اليه العوامّ ونهبوا كلّ ما فيه من القماش والمال والاثاث، وخلعوا شبابيك الابواب، واخذوا المسامير من سقوف الاخشاب، وخرجوا من داره وهم يقولون مصرّحين: «دار الظالم خراب ولو بعد حين.»

ذَكَرَ الزمخشري في كتابه «ربيع الابرار»، «ان اللَّبِنَةَ المغصوبة في الحائط رهينة بخراب الدار.» فما قولك في دار كلّ ما فيها مغتصب حتّى الأرض؟ فلو قلب الله تعالى بهم كان بعض ما يستحقّوه، لكنّ الله تعالى يمهل الظالم ويقبضه ما يفلته.

وبعد يومين جابوه من درب الفرّاش، وحوله العوامّ والاوباش، وادعوا أنه[78] أسَاء اليهم، وطلب إعادة المكوس عليهم، وقالوا: «ماكان يقنعه الامريات الطبلخانات، حتى يدور علينا ويضمن الخانات، والبساتين والضياع، وينفق ما يأخذه من الطرقية، ويصمّد الاقطاعات ويبني البيوت العالية، ويجمع الاموال الهائلة.» وقد اجاد الشاعر حيث يقول[79]،

جَمعتَ * مَالاً فَقُلْ لِي هَلْ جَمعتَ لَهُ 13 (25)b
يَا جَامِعَ المَالِ أيّاماً تُفرقه،
المَالُ عِندكَ مَخزُونٌ لِوَارِثِه
ما المَالُ مَالكَ إلّا حينَ تُنفِقُه،

---

[76] So in MS for اطمئنان throughout.

[77] MS مملوكين.

[78] MS انهو.

[79] Meter البسيط.

حكايـة في المعنى :

يُـروي ان هشام بن عبد الملك بن مروان لمـّا ثقل في المرض الذي مات فيه بكى عليه اولاده، ففتح عينه وقال لهم : «جاد لـكم هشام بدينه وجـدتم عليه بالبكاء، وترك لـكم ما كسب، وتركتم عليه ما اكتسب، يـا خسارة هشام ان لم يغفر له!» وأنشد يقول شعراً[80]،

تَـمتـَّع بِـمَـالِـكَ قَـبلَ المَمات وَإلاّ فَـلاَ مَـالَ ان أَنتَ مُـتَّـا،
شقيـتَ بِـهِ ثُـم خـلّـفتَـه لِـغَـيرِكَ بُـعداً وَسُـحقاً وَمَـقتـا،
فَـجَـادُوا عَـلَيكَ بِـكُـثر البُـكَـاء وَجُـدت عـلَيـهِـم بـِمَا قَـد جَـمعتْـا،
وَأرهَـنـتَـهـُم كُـلَّـهَا في يَـدَيكَ وَخَـلَّوكَ رَهناً بِـمَـا قَـد كَـسَبتْـا،

وأمـّا بخله واليه المنتهى وهو كما قال فيـه الشاعر[81]،

وَبَـاخِـلٍ أَهـدَى لَـنَـا شَـمعَـةً، وَحَـالُـه مِـن حُـرَقٍ حَـالُـهَـا،
فَـمَـا جَـرَتْ مِـن عَـيـنِـهَـا دَمعَـةً، إلاّ وَمِـن عَـيـنَـيْـهِ أَمـثَـالُـهَـا،

14 (26)a وما * وجدت له نظير في البخل من المتقدمين، الاّ الامير جعفر بن سلمان. حكي عن جعفر المذكور انه كان بخيل جدّا، فرفعت المائدة من بين يـديـه يوماً وفيها دجاجة صحيحـة فوصّى عليها؛ فجاء بعض اولاده اخذ منها فخذهـا.[82] فلمـّا قدم السماط ثاني يوم وفيه الدجاجة وجدهـا ناقصة فقال : «من ذا الذي[83] «تـعـاطَـى فـعـقَـر»؟» فقيل له : «بعض اولادك.» فقطع ارزاقهم من اجل ذلك مدّة؛ فلمـّا طال عليهم ذلك وقف له اكبر اولاده وقـال له : «يا أبانا «أتهـلِـكُـنَا بِـمَـا فَـعَـلَ السُّـفَـهاء مِـنـا»؟» فضحك وردّ ارزاقهم.

وأنشد بعضهم في المعنى[84]،

رَأَيتُ[85] فِـي دَارِهـِم مَـأْتَماً وَامرَأَةً بَـاكِـيَـةً نَـائِـحَـه،
فَـقُـلتُ مَـا بَـالُـكُـم سَـادَتِـي قَـالُـوا رَغِـيـفٌ كُـسِـرَ البَـارِحَـه،

وَأَمـَّا ظُـلمه فانـّه من كبار الظلمة، قبحه الله تعالى على هذا الاسم؛ أما علم قول الله تـعالى «وسيعلم الذين ظلموا ايّ منقلب ينقلبون؟» وفي الحـديث عن

---

[80] Meter المتقارب.
[81] Meter السريع.
[82] MS فخذه.
[83] MS دالذي.
[84] Meter السريع.
[85] MS رات.

النبيّ – صلّى الله عليه وسلّم – انّه قال: «الظلم ظلمات يوم القيامة.» وفي القرآن
14 (26)b العظيم «يُدخل * من يشاء في رحمته، والظالمين اعدّ لهم عذاباً اليما.» وقد جاء في التوراة، «ظالوما لا فالوحا.» وفي الانجيل، «لا افلح من ظلم.» فياليت شعري ما سمعوا قول الله تعالى وقول رسوله وما اعدّ الله تعالى للظالمين من العذاب الاليم، ولا يذكروا وقوفهم بين يدي الله تعالى، وانّه مسائلهم عن مظالم العباد وعمّا فعلوه في الدنيا من خيرٍ وشرّ، وما يذكروا قوله تعالى، «فمن يعمل مثقال ذرةٍ خيراً يَره. ومن يعمل مثقال ذرّةٍ شراً يره.» وما علموا انّهم يحشروا على شفير[86] جهنّم، اجارنا الله تعالى منها، حتّى يتخلّصوا من مظالم العباد، أمّا علموا أن مظالم العباد ذنب لا يغفر؟ أما علموا ما اعدّ اللّه تعالى يوم القيامة «لكلّ جبّارٍ عنيدٍ؟» لكن غرّتهم الدنيا الغرارة، وقتلهم فيها حبّ الإمارة، وظنّوا ان الدنيا تدوم لهم، فما ينظروا الى من مضى من القرون قبلهم، فما يعتبروا بمن مات منهم وانقبر، وكفى بالموت معتبر، لكن الله تعالى هو الفعال لما يريد، قبض قبضةً وقال: «هذه الى الجنّة ولا ابالي،» وقبض قبضةً وقال، «هذه الى النار
15 (27)a ولا ابالي.» جف * القلم بما هو كائن الى يوم القيامة، وما احسن قول الشاعر شعراً[87]،

أربعةٌ فِي النَّاسِ مَيَّزتُهُم   أَحوَالُهم بَينَ الوَرَى ظَاهِرَه،

فَوَاحِدٌ دُنيَاهُ مَوقُوفَةٌ   لَيسَ لَهُ مِن بَعدِهَا آخِرَه،

وَآخَرٌ دُنيَاهُ مَنقُوضَةٌ   لَهُ بِهَا مِن بَعدِهَا وافره[88]،

وَآخرٌ حَيرَان مَا بَينَهُم   لَيْسَ لَهُ دُنيَا وَلَا آخِرَه،

وَآخرٌ قَد حَازَ كِلتَيْهِمَا   سَعِيدُ[89] فِي الدُنيا وَفِي الآخِرَه،

ثمّ نعود الى كلامنا لئلا يطول الكلام في هذا الباب.

ثمّ نهبوا بيت ابن العلائي أستاددار طرنطاي، وبقوا على هذه الحالة يشعثوا في دمشق ثلاثة ايّام وحصل لبعض الناس ضرر، وبعد يومين مسكوا طرنطاي نائب دمشق من جسرين من عند ابن الحافظ صلاح الدين، فانّه كان امير شكار عنده، تعاون عليه بعض الناس عند الناصري، فبعث

[86] MS شفيّر.
[87] Meter السريع.
[88] وافره in margin. Text has آخره.
[89] So in MS instead of سَعِيدٌ to fit meter.

[من] مسكه فاحضروه الى بين يديه وهو مقيد، ثمّ بعد ايّام مسكوا بكلمش
15 (27)b فقيّده الناصري، هو وطرنطاي، في قيد واحد، وأرسلهم الى * قلعة حلب بعد[90]
ضرب الناصري طرنطاي ضرباً[91] كثيراً وأخْذِ جميع موجوده.

فانظر يا اخي، وفقك الله تعالى، الى طرنطاي وما جرى له، فانّه اراد أن يقلب الدست على الجوباني وعليه[92] انقلب، وحبس هو وبكلمش في قلعة حلب.

حكاية في المعنى: قيل كان لبعض الملوك وزيران، يقف الواحد عن يمينه والآخر عن شماله، وكان أحدهما يشير بالخير والآخر يشير بالشرّ، وكان الملك رجل جيّد يميل الى الذي يشير بالخير، فحسده رفيقه على ذلك، فقال يوماً للملك: «ان رفيقي يزعم أنك ابخر منتن الفم، وعلامة ذلك انّك اذا أدنيته منك وحدثته وضع كمّه على انفه.» ثمّ انه صنع طعاماً مفتخراً واكثر فيه من الفوم وأرسل خلفَ الوزير رفيقه فأتاه وأكل من ذلك الطعام ثمّ انصرفا الى خدمة الملك. فلمّا جلس الملك على سريره ووقف الوزراء على عادتهم، التفت
16 (28)a الملك الى الوزير وقال له: «ادن منّي!» وهو لا يعلم ما صنع له رفيقه من * المكيدة
فجعل كُلّ ما كلّمه الملك يضع يده على فمه وأنفه حتّى لا يشمّ الملك رائحة الفوم، فصدّق الملك قول الوزير في عدوّه وأمر بضرب عنقه، فقال له الوزير: «ما ذنبي اليك؟» قال: «انت تزعم اني أبخر وتغطي انفك منّي حتّى لا تشمّ رائحتي اذا حدثتك.» فقال له: «ايّها الملك! والله ما خطر هذا ببالي ولكن رفيقي هذا دعاني اليوم الى عنده وأطعمني طعاماً فيه فوم كثير، وما غطيت فمي وأنفي الّا خشيت أني أوذي الملك برائحة الفوم.» فعند ذلك تحقّق صدقه، وعلم انه صادق وأمر بقتل الذي نقل اليه الكذب وصنع هذه المكيدة على صاحبه، وامر الملك بسلخ[92a] جلده وأنهم يحشوه قطن ويعلّقوه على باب قصره ليعتبر الناس به، فوصلت ضرورة مكيدته اليه وانقلبت حيلته[93] عليه، وقد أجاد القائل في هذا المعنى حيث يقول شعراً[94]،

يَا حافِرِ البِئرِ لأَجْلِ الأَذَى　　حَصِّلْ لِرِجليكَ مَرَاقِيَها،
16 (28)b مَنْ * يَحفرِ البئرَ عَلَى جَادَةٍ　　لِيُوقِعَ النَّاسَ وَقَعَ فِيهَا،

[90] MS بعدِ.
[91] MS ضربَ.
[92a] MS علّــه.
[92] MS بصلخ.
[93] MS has حليه (وانقلب) = description, qualities. However, حيلة parallels مكيدة in previous line.
[94] Meter السريع.

وفي الخبر الصحيح: «من حفر لأخيه المؤمن قليبا، أرماه الله فيه قريبا.» وقد اجاد القائل حيث يقول في المعنى شعراً[95]،

كُنْ مُحْسِناً وَدَعِ المُسِيءِ وَقَولهُ وَفِعَالَهُ[96]
فَلَيُرْسِلَنَّ الله مِن أفعَالِهِ أفْعَى[97] لَهُ،

ثمّ نعود الى كلامنا.

ونزل ابن الحمصي ثاني يوم الى الناصري بمفاتيح القلعة، وأشار عليه بذلك أيتمش، وقال له: «هذا الرجل منصور من عند الله تعالى، فصون[98] دماء المسلمين، فأنا ثاني السلطان وما قدرت أني اواجهه بشرّ، وقد كسر عساكر المصريين وما بقي يقف قدّامه احد.» فلمّا سمع نائب القلعة هذا الكلام استصوب كلامه، وطلب كمشبغا أخو طاز وجردمر أخو طاز وركب معهم، ونزل الى عند الناصري بمفاتيح القلعة؛ ففرح بذلك الناصري واستبشر
17 (29)a بالنصر، وقام له وأحسن اليه، وخلع الناصري على* نائب القلعة، وأمره ان يرجع الى القلعة ويحتفظ بها وبقي من جهته. وأمّا الامراء الذين خرجوا معه؛ فإنهم نزلوا في بيوتهم وفرحوا بهم أهلهم، فعند ذلك طلب الناصري ابن الغاوي وولّاه ولاية المدينة، وولى ابن بلبان ولاية البرّ، وبقيا يفتشا على غرماء الناصري ويحصّل[99] له مماليك السلطان.

وأمّا يونس الدوادار؛ ففي اليوم الرابع حضر عنقاء أمير عرب بني مهدي وأحضر معه رأس يونس الدوادار، وذلك أن عنقاء وجد يونس الدوادار حوالي اليرموك هارب في الجولان قاصد مصر، ومعه ناس قلائل من جماعته، فضرب عليه عنقاء حلقة وحصله ومن معه.

وقيل: ان يونس كان معه جواهر أخذها منه عنقاء وقتله وقتل من كان معه وأحضر رأسه الى الناصري، وكان ذلك مقصود الناصري وبقي له عند الناصري وجه بسبب ذلك، ثمّ ان الامير منطاش نزل في بيت يونس واخذ كلّ
17 (29)b ما كان فيه. وأمّا باقي الامراء مثل إينال وإياز؛ * فمسكهم ابن باكيش في غزّة، فانّه كان نائبها، وحبسهم في الكرك وصار من جهة الناصري، وجهز لهم الإقامات في غزّة ومنع الناس أن يتعدوا الى مصر.

---

[95] Meter الكامل.
[96] MS وَفِعَالُهُ.
[97] MS افعا.
[98] For فَصُنْ.
[99] MS ويحصل.

[تنازل برقوق وحبسه]

هذا جرى في الشام لهؤلاء[100] وامّا السلطان الملك الظاهر[101] برقوق؛ فانّه لمّا سمع أن عسكره انكسر وبلغه الذي جرى عليهم، قامت قيامته وصعب ذلك عليه وقال: «لا حول ولا قوّة الّا بالله العلي العظيم.» ووقع العزاء في القاهرة في بيوت الأمراء الذين خرجوا صحبة جركس الخليلي ويونس الى الشام، وأمر السلطان بنهب بيوت الامراء الذين[102] خامروا عليه؛ أيدكار، وابن يلبغا. وفي الحال أخرج السلطان الأموال للامراء وأعطى خبز أيتمش لقرادمرداش، وأقام له عساكر جديدة وأعطاهم ذهب ودراهم وخيل وقماش[103] وسلاح، كلّ هذا وما يخرج من القلعة، ثمّ إنّه ارسل الى ابن باكيش نائب غزّة، وهو يظنّ أنّه معه، انّه يجهز اقامة فقال، «نعم» ولم يُظْهِر أنّه مع الناصري وأرسل يعرّف الناصري انّه قد جهز * اقامة، «فتسرعوا بالحضور حتّى تسبقوا عساكر المصريين وتأخذوا الاقامات 18 (30)a
وتستظهروا عليهم، فما في التاخير فائدة.» فلمّا سمع الناصري هذا الكلام جمع الأمراء وقال لهم: «تجهزوا الى القاهرة!» فأنعموا له، وأخذ الناصري من دمشق أموال وعدد وقماش وخيول وسلاح ما لا جمعه غيره من الملوك وفرق الجراكسة في الحبوس في القلاع مثل عجلون، وبعلبك، وصرخد، وحمص، وحماة، وغيرها.[104] ونادت المنادية في دمشق: «أيّ من تأخر عن الأمير الناصري من أجناد الشام راحت روحه.»

وخرج الناصري من دمشق يوم الخميس رابع عشرين جمادى الاولى من السنة المذكورة، وترك في دمشق نائب الغيبة جردمر أخو طاز وتبعته العساكر. ولمّا وصل الناصري الى غزّة انقطعت الدروب وبقيت العرب تشعث كثير وما بقي في دمشق عسكر يخافون منه وامتنعت الجلّابة عن دمشق، وانقطعت أخبار العساكر عن الشام وبقوا الناس يتحدّثوا * ألوان الى عاشر جمادى[105] الآخرة 18 (30)b
من السنة المذكورة، فعند ذلك حضر من الديار المصرية بريدي بزينة البلاد، وأن الناصري انتصر ومسك برقوق ودارت الدوائر[106] عليه، فاستعاذ بالله من الشيطان، وأرمى السلاح وراح، وأراح المسلمين من الحروب واستراح، وخاف الله ربّ العالمين، وصان دماء المسلمين، ولكلّ شيء سبب.

---

[100] MS لهاولاي.
[101] MS الظاهري.
[102] MS الذي.
[103] MS وقاس.
[104] MS وعيرهم.
[105] MS جمدي.
[106] MS الدوايره.

حكاية في المعنى : قيل انـه لمـّا ظهرت الدولة العبّاسية على الدولة الأمويـة في سنة اثنتين[107] وثلاثين ومائة من الهجرة النبوّية خرج إليهم مروان الحمار بجماعتهِ وجنودهِ وحشد عليهم من أمكنه من الجيوش وحرّضهم[107a] على القتال، ثمّ انـّه رجع عن ذلك المطلوب، لمـّا ألهمه الله تعالى أنـّه مغلوب. فقالوا له اصحابه: «ترجع ومعك مائـة الف عربي على مائـة الف عربي؟» فقـال لهم، «اذا انقضت المدّة لم يفيد[108] العدد والعدة، واذا اراد الله تعالى امراً بلغه.» وما أحسن قول القائل حيث يقول[109] شعراً[110]،

9 (31)a إذَا * أَقبَلَت كَادَتْ تُقَادُ بِشَعرَةٍ

وَإِن أدبَـرت كَادَت تَقُد السَّلَاسِلِ،

ثمّ تولّى الملك المنصور حـاجي عليّ بن الاشرف ثاني مرّة،وحكم وضُرِب له الدرهم والدينار، وخَطَبُوا لـه على المنابر، وزُيِّنَت له البلاد، وطاعَتْهُ العباد، وفرحت الناس وانتصرت عساكر الناصري. وقد أجاد ابن الشهيد[111] حيث يقول شعراً[112]،

أَلْحَاكِمُ العَادِلُ فِي خَلقِهِ سُبحَانَهُ مِن مَلِكٍ قَاهِرِ،

قَد حَيَّرَ الظَاهِرَ فِي أَمرِهِ وَأَيَّدَ ألمَنصُورَ بِالنَّاصِرِي،

وَنادت المشاعلية على السلطان برقوق في القاهرة، «أيّ من أحضره، ان كان جندي أعطيناه إمرية عشرة، وإن كان أمير عشرة أعطيناه طبلخاناة، وإن كان طبلخاناة اعطيناه تَقْدِمَة، ومن أخفاه أو ظهر عنده بعد هذا الكلام راحت روحـه ونُهِبَت دِياره.»

9 (31)b واستمرّ الحال الى يوم الخميس، فحضر الي عند الناصري مملوك * ابي[113] يزيد الخيّاط، فقال له: «يا خوند! السلطـان عند أستاذي[114] أبي يزيد مختفي.» فلمـّا سمـع هـذا الكلام أمر بعض الأمراء في الحال ومعه جماعة فنزلوا إلى بيت أبي يزيد فوجدوا[115] برقوق عنـده، فمسكوه وأحضروه الى عند الناصري، فلمـّا

[107] MS اثنين.

[107a] MS حرصهم.

[108] MS لم تفيد.

[109] MS يقول.

[110] Meter الطويل.

[111] MS السهيد.

[112] Meter السريع.

[113] MS ابا, and so in other occurences of this name in this folio.

[114] MS استادى.

[115] MS وجدا.

نظر اليه اهل القاهرة في تلك الحالة بكوا عليه بكاءً عظيم، فسبحان من يعزّ ويذلّ.

ثمّ ان الناصري بعثه الى الكرك ولم يؤذيه، فأصبح برقوق في الحبس محصور، والمنصور عليه منصور، فإنّه كان قد زاد في الأمور، فأراد الله تعالى أن يُرِيَهُ قدرته. وقال رسول الله — صلّى الله عليه وسلّم: «اللهمّ من وَلِيَ من أمور امتّي شيئاً ورفق بهم فارفق به، ومن ولي من أمور أمتّي شيئاً وشقّ عليهم فاشقق عليه.» ويكفيهم هذا الحديث ليعتبروا به. أمّا يَعْرفوا أن المُلْكَ لو دام لغيرهم ما وصل إليهم؟ اللّهمّ ألهمهم العدل فينا!

وقال الفضيل بن عياضٍ، رحمه الله تعالى: «لو كانت لي دعوةً مستجابةً لجعلتها للسلطان.» قيل له: «ولِمَ تقدّمها[116] على نفسك؟» قال «ان دعوتي لنفسي لا تنفع لغيري، * واذا كانت للسلطان انتفعت البلاد والعباد بعدله 20 (32a
وصلاحه،» رحمه الله.

وقيل ان صاحب السلطان كراكب الأسد، تهابه الناس وهو يخاف من مركوبه. وقال البديع الهمذاني[117]، «إن خَدَمْتَ الملوك أملّوكْ، وان لم تَخْدِمْهُمْ أذلّوك.»

شعر في المعنى[118]،

وَيَومٍ كَأَخلاَق الملوكِ تَلوناً[119] فَصَحوٌ وتَغييمٌ وَطَلٌّ وَوَابِلُ[120]،
أُشَبِّهُهُ يَا مَن صِفَاتِ كمالِهِ[121]
دُنُوٌّ وَإِعْرَاضٌ وَمَنْعٌ[122] ونَائِلُ[123]،

ثمّ نعود الى كلامنا. ونادى الناصري بالأمان، والاطمان، والبيع، والشراء، وزينت مصر والقاهرة، وحكم بها الناصري أمير كبير وبلغ مقصوده. وطلب الجوباني من الأسكندرية إلى عنده وخلع عليه، وعمّله ثانيه في المنزلة.

ولمّا جرت هذه الأمور الصعاب في الشام، نظم الشيخ علاء الدين ابن أيبك هذه القصيدة[124]،

---

116 MS تقدمه.
117 MS الهمداني.
118 Meter الطويل.
119 MS ويوماً, ملون. Cf. *Ḥalbat*, 328.
120 Cf. *ibid.*, فصحو ودجن ثم طل ووابل. MS ووابلوا.
121 *ibid.*, has كذلك اخلاق الملوك محبة.
122 MS دنواً وَاعرَاضاً ومنعاً, cf. *Ḥalbat*, *ibid.*, وبعض ومنع بين ذاك ونائل.
123 MS ونايلوا.
124 Meter الكامل.

يَا وَقعَةٌ وَقَعَتْ بِأَرضِ الشامِ   فِيهَا ٱختَبَطْنَ مَمَالِكَ الإِسْلاَمِ ،
جَاءَتْ بِزِلْزَالٍ عَظِيمٍ قَدْ غَدَتْ   تَسْطُوا بِحُكَّامٍ عَلَى حُكَّامِ ،
20 (32)b بَعد* المِيئين السَّبْعِ[125] والتسْعِينَ فِي
عَامٍ أَتَى مِن أَصعَبِ ٱلأَعوَامِ ،
فِي شَهْرِ شَهْرِ رَبِيعِ الثَانِي وَفِي
ثَانِي وَعِشرِينٍ مِنَ الأَيَامِ ،
فِي بُكرَةِ الاثْنَين لَمَّا أَشرَقَت
شَمسُ الضُحَي وحلَتْ سَوَادُ ظَلاَمِ ،
بَينَ العُيونِ وَخَانِ[126] لاجِينٍ إِلى   دَيْرِ ٱبنِ عَصْرُونٍ أَجَلِّ إِمَامِ ،
بَرَزَتْ جُيُوشٌ كالسُّيُولِ تَنَابَعَتْ
مِن بَيْنِ أَودِيَةٍ وَفَوق أَكَامِ ،
وَتَجرَّدَتْ بِيضُ السُّيُوفِ وَغَرَّدَتْ
تَغرِيدُ وُرْقٍ فَوقَ دَوْحِ الهَامِ ،
جَيْشُ الشِمَالِ وَجَيْشُ مِصرَ تَقَاتَلاَ
وَتَقَاوَلاَ قَبلَ اللِقَا بِكَلاَمِ ،
وَتَصَاوَلاَ وَتَجاوَلاَ وَتَكَاتَبَا   وَتَواثَبَا كَالأُسْدِ فِي الآجَامِ ،
21 (33)a وَتَصَادَمَا* وَتَلاَطَمَا وَتَمَاشَقَا   وَتَرَاشَقَا بِصَوَارِمٍ وَسِهَامِ ،
وَتَطَاعَنَا بِأَسِنَّةٍ قَد أُخرِقَتْ
شِبْهِ الكَوَاكِبِ فِي ظَلاَمِ قَتَامِ ،
فِي مَوقِفٍ ضَنْكٍ[127] بِهِ أَروَاحُهُم
قَد وَدَّعَتْ أَجْسَامَهُم بِسَلاَمِ ،
وَصَهِيل دُهْمِ الخَيْلِ فِيهِ كَأَنَّهُ
رَعدٌ تَجَلْجَلَ فِي سَوَادِ غَمَامِ ،

---

[125] MS التسع.
[126] MS وخَانَ.
[127] MS ظنك.

وَالشُّهْبُ حُمْرٌ بِالدِّمَاءِ تَخَالُهُم
كَالشُّهْبِ فِي شَفَقِ الصَّبَاحِ النَّامِ ،
وَالشُّقْرُ تَخفِقُ كَالبُرُوقِ ذُيُولُهَا
وَالكُمْتُ قَد صُبِغَتْ بِصِرْفِ مُدَامِ ،
وَتَشَعْشَعَتْ حُمْرُ الدِمَا فَكَأَنَّهَا
بَحرٌ تَنَابَعَ مَوْجُه لِلِطَامِ[128] ،
مَا عُوِّدَت تِلكَ الخيُول سِوَى اللِقَا
وَالكَرِّ فِي الغَارَاتِ وَالإِقْدَامِ ،
وَالنَّاصِرِيُّ كَأَنَّهُ لَيثُ الشَّرَى
أَضحَى عَنِ الأَشبَالِ وَهوَ يُحَامِ ،
21 (133)b صَفَّ* الصُّفُوفَ مُرَتَّباً وَمُسَاوِياً مَا بَينَ رُكْبِ القَومِ وَالأَقدَامِ ،
وَكَذَاكَ بُزلَارٌ وَمِنطَاشٌ[129] هُمَا نِمرَانِ جَانِبِ ضَيغَمٍ ضِرغَامِ ،
وَتَقَدَّمُوا[130] الأَبطَالُ حَولَ رِكَابِه
يَمشُونَ حَولَ خَوَافِقِ الأَعلَامِ[131] ،
وَالطَّبْلَخَانَاتِ الَّذِي أَجنَادُهَا مَا جُنِّدَتْ إِلَّا لِيَومِ صِدَامِ ،
فَكَأَنَّ ذَاكَ اليَوم كَانَ لِهَولِهِ يَوم القِيَامَةِ فِي أَشَدِّ زِحَامِ ،
قُتِلَ الخَلِيلِي الأَمِيرُ بِهِ ضُحَىً
وَمِنَ الوُجُودِ مَضَى إِلى الإِعْدَامِ ،
وَإِلَيهِ أَكثَر جَيْشِ مِصْرٍ قَفَزُوا
وَتَجَافَلُوا مِثْلُ انجِفَالِ نَعَامِ ،
وَالنَّصْرُ كَانَ لَهُ بِقُدرَةِ رَبِّهِ وَاللّهُ أَيَّدَهُ عَلَى الأَخْصَامِ ،
وَإِيَازُ مَعَ أَينَالَ خَلُّوا يُونُسَ فِي البَرِّ وَالشَّيْطَانَ فِي إِرْغَامِ ،
وَالنَّاصِرِي وَجَيْشُه دَخَلُوا إِلَى المَيْدَانِ وَالقَصْرِ الرَّفِيعِ السَّامِ ،

---

128 MS للظام.
129 MS بزلارٍ ومنطاشٍ.
130 Thus in MS. For وتقدّم.
131 MS الإعلامِ.

وَأَتَوا إِلَيهِ بِرَاسِ يُونُسَ بَعدَمَا
ذَبَحُوا الهِزَبرَ كَذَبحَةِ الأَغنَامِ ،
وَأَقَامَ أَيَّاماً وَسَارَ مُخَاطِراً بِالنَّفسِ لا يُثْنِيهِ فَرْطُ مَلاَمِ ،
22 (34)a وَبِمِصرْ * خَيَّمَ فَاخْتَفَى بَرْقُوق
خِيفَةَ كَوْكَبِ لِظَلاَمِ[132] ،
وَأَتَاهُ مِن بَعدِ اختِفَاءِهِ[133] طَائِعاً فَلَقِيهِ بِالإِجلاَلِ والإِعظَامِ ،
وَأَجَارَهُ مِمَّا يَخَافُ وَقَالَ لِلسكرك ارتَحِلْ مُسْتَصْحِباً بِسَلاَمِ ،
وَتَسَلْطَنَ ٱلمَنْصُور ثَانِي مَرَّةٍ وَصَفَا لَهُ كَدَرٌ مِنَ الأَيَامِ ،
وَبِهِ البَشَائِرُ أُعلِنَتْ وَتَزَيَّنَتْ
مِصرٌ[134] لَهُ وَجَمِيعُ مُدُنِ[135] الشَّامِ ،
وَٱلنَّاصِري هُوَ المُشَارُ إِلَيهِ فِي
كُلِّ الأُمُورِ وَأَصْلُ كُلِّ نِظَامِ ،
هَذَا نِهَايَةُ مَا وَصَلْتُ إِلَيهِ فِي
نَثْرِي وَنَظْمِي وَٱختِصَار كَلاَمِ ،

ثمّ نعود الى كلامنا. ولمّا حكم الناصري في الدولة، واظهر العزّ والصولة، وحدثته نفسه الدنية، بتغيير النيّة، جرّد منطاش الى الصعيد، ورماه بعد القريب بالبعيد.

وفرّق الناصري نوّاب البلاد، وتواترت الأخبار في دمشق ان بزلار تولّى نيابة دمشق وتولّى نيابة * حلب كمشبغا، وتولّى نيابة حماة ابن المهمندار، وتولى طرابلس سنجق، وتولّى حمص كمشبغا المنجكي، وتولّى بعلبك تلكتمر المنجكي، وتولّى صفد الصفوي، وتولّى غزة ابن باكيش.
22 (34)b

وفي نصف رجب من السنة المذكورة حضرت العساكر من مصر، كلّ ناس

---

[132] Meter defective. This may be corrected by inserting one word, to read as follows: وَبِمِصرَ خَيَّمَ فَاختَفَى [وَيَخَافُ]، بَرْقُوقُ خِيفَةَ كَوْكَبِ لِظَلاَمِ

[133] MS واختفاه, *hamza* required by meter. Al-Nāṣirī and Barqūq are the two figures referred to here.

[134] To fit meter, MS has مصراً.

[135] Sic! For مُدُنِ.

الى بلدهم ونائبهم معهم، ودخل نائب الشام بزلار وكان له يوم مشهود، ودخل الى دار السعادة وحكم بها على عادة النواب.

وفي عاشر شهر شعبان من السنة المذكورة جاء الى دمشق قاضي شافعي هو شهاب الدين ابن القرشي وحكم بها، وكان أبوه واعظ مليح، وقويت نفس أبيه عليه وما بقي يرضى يطلع على كرسي يعظ الناس كما كان، وكان فريد وقته في علم الحديث رحمه الله.

واستمرّ الامر على هذا الحال مدّة والناس في خير وقد خمدت الفتنة، اللّهمّ اخمد الفتن عن المسلمين، وآمنهم في أوطانهم، وأرخص اسعارهم، وأصلح حكّامهم، وألهمهم العدل فيهم يا ربّ العالمين!

23 (35)a وبعد ايّام قلائل حضر بريديّ من القاهرة *، وخبّر أن منطاش وقع[136] بينه وبين الناصرى وركب عليه في جماعة كثيرة، ومسكه ومسك الجوباني ومسك معهم سبعة وعشرين أمير، وأمر بحبسهم في[137] الاسكندرية واستقرّ وحده أمير كبير، فصعب ذلك على بزلار نائب الشام.

حكاية في المغنى: قال احمد بن أبي الضبع الكاتب، «لمّا ولي المستعين بالله الخلافة دعاني احمد بن حصيب وزيره وقال، 'اكتب الساعة بقدوم عبد الله بن يزداد من بلاد فارس سرعة،' فكتبت مرسوم وبعثته مع ساعي، ثمّ انّهُ بعد شهر جاء فأحسن اليه الوزير فأعطاه وظائف كثيرة، فقعد قليل وسعى على الوزير الذي أحسن اليه، وبعث خلفه وعزله وتولى مكانه، ونفا الخليفة الوزير وأبعده.» قال الحاكي: «ثمّ دعاني عبد الله بن يزداد في ولايته وقال لي، 'اكتب الساعة الى همذان بقدوم شجاع بن القاسم الى حضرة الخلافة صحبة الرسول الذي جاء خلفي الى بلاد فارس،' ففعلت * ذلك[138] فقدم بعد ايّام فأحسن اليه الوزير 23 (35)b وأعطاه وظائف كثيرة، فلمّا تمكّن شجاع من الدولة سعى على عبد الله بن يزداد حتّى عزله واخذ مكانه وحبسه.»

وهكذا الدنيا مكافاة؛ كما تدين تدان. وكذا[139] جرى للناصري مع منطاش؛ فانه الذي أتى به من سيواس، وسلّطه على نفسه وعلى الناس، لكنّ الناصري كان قد قال في نفسه إنّ الايّام قد صفت له، وأنه نال منها مراده، وما التفت الى قول القائل شعراً[140]،

---

[136] MS وقغ.
[137] MS repeats في.
[138] MS دالك.
[139] MS وكدا.
[140] Meter البسيط.

أَحسَنْتَ ظَنّكَ بالأيّامِ إذْ حَسُنَتْ
وَلَمْ تَخَفْ سُوءَ مَا يَأتِي بِهِ القَدَرُ،
وَسَالَمَتْكَ اللّيَالِي فَاغتَرَرْتَ بِهَا
وَعِنْدَ صَفو اللّيَالِي يَحدُثُ الكَدَرُ،

وما ذكر الناصري قول الله تعالى، «كم من فئة قليلة غلبت فئة كثيرة باذن الله، والله مع الصابرين.»

24 (36)a ثمّ نعود الى كلامنا. وبعد ايّام حضر ابن جردمر على خيل البريد من[141] * القاهرة ولم يحضر الى دار السعادة، ونزل في بيت أبيه ومعه ملطفات[142] الى الامراء بمسك بزلار، وأن يكون نائب الشام أبوه جردمر أخو طاز. فسمع بزلار بذلك فسلّم نفسه ولم يشعث، وشالوه الى القلعة. فسبحان من يغيّر ولا يتغيّر، لا مانع لما اعطي، ولا دافع لما قضى.

ولمّا كان نهار الخميس ثامن عشرين شهر رمضان المعظم من السنة المذكورة، ركب نائب الشام جردمر أخو طاز ولبس الخلعة وأشعلوا له الشموع وفرحت الناس به، فانّه كان نائب جيّد رحمه الله تعالى، ودخل الى دار السعادة وحكم بها وطلب في الحال محمّد شاه بن بيدمر، وخلع عليه بتقدمة ألف، وأقام منطاش له دولة ثانية من البيدمريّة والطازيّة.

وفي شهر شوال من السنة المذكورة تواترت الأخبار انّ كرك الشوبك عصى نائبها، واتّفق مع السلطان برقوق وأخرجه من السجن وهو يركب وينزل، وقد

24 (36)b اجتمعت إليه الناس مثل * عربان، وبعض أجناد من الكرك، وعشير. فجفلت خواطر الناس في دمشق لانّهم ماكانوا قد اطمئنوا من الفتن، وبقي السلطان كلّ يوم في زيادة حتّى يقضي الله امراً كان مفعولا، وراحوا أليه اكثر مماليكه الذين[143] كانوا مختفين، فقصد المجيء الى دمشق، وتواترت الأخبار بذلك. فضاقت[144] صدور الناس واشتدّ الأمر، وانقطعت الدروب، وطمعت العربان والفلاحين، ونهبوا المغلات. فنسأل الله تعالى أن يردّ العاقبة الى خير بمحمّد وآله. وأخذ السلطان مغلات حسبان، والبلقاء، وتلك البلاد جميعها، وقويت شوكته، وبقي كلّ يوم في زيادة. فقَرُبَ خروج الحجاج الى مكّة، شرّفها الله تعالى، فما طلع أحد من

---

[141] MS lacks من which occurs in catchword on fol. 23 (35)b.

[142] MS ملطمات.

[143] MS الدين.

[144] MS فظاقت.

التجّار ولا من أعيان الناس، لانّـم خافوا من برقوق في الطريق. وتولّى أمير الحاجّ
الصارم البيدمري، وبقيت الناس في ضيق بسبب ذلك، وخرج المحمل ثامن
عشرين شوال من السنة المذكورة[145] في نـاس قلائل؛ غرباء، مثل روم وغيرهم
25 (37)a من * بلاد الشمال، ولم يخرج سبيل سوى المحمل لا غير.

وحضر نائب حمص وذكر ان التركمان قد قووا عليه فخاف منهم فخلّا حمص
وهرب، وتخبطت البلاد أيضا بظهور السلطان، وظهر كل نحس وفاجر. وتواترت
الأخبار أن السلطان برقوق قد وصل الى أذرعاة[146]، وقد أطاعته العشرانات[147] والعربان
والتركمان وكثر جمعه، وكلّ يوم في زيادة. وبعد ايـّام قفزّ إليه امير احمد بن
الشيخ عليّ من دمشق، ومعه جماعته ففرح به السلطان فرح كثير. وبعد قليل وصل
إليه من حلب فرج الله في جماعة كثيرة فقوي بهم، وشرع يوعد الناس بكلّ
خير ويكتب لهم مثالات ويستجلب قلوبهم.

وبعد ايـّام وصل الخبر الى نائب الشام أن نائب قلعة صرخد كان عنده من
مماليك[148] السلطان جماعة محبوسين، فأخرهم[149] وأحسن اليهم ولبّسهم واخذ كلّ
شيء في القلعة وأتى بهم إلى عند السلطان ففرح بهم، وبقي له عساكر يمشون في
خدمته كما قال بعضهم شعراً[150]،

25 (37)b يَمشُونَ * تَحتَ رِكَابِه فَرَحَ اللّقَا
مَشْيَ القَطَاةِ اِلَى لَذِيذِ المَشْرَبِ،
يَتَرَادَفُونَ عَلَى الأَسِنَّةِ فِي الوَغَا
كَالصُّبْحِ فَاضَ عَلَى نُجُومِ الغَيْهَبِ،

[وقعة شقحب]

ثمّ انّ عساكر الشام اتفقوا على انهم يجرّدوا اليه عسكر منهم، وأنهم ينزلوا
بارض شقحب في طريقه، فجرد نائب الشام في الحال أطلمش الطازي مقدّم
ألف، ومبارك شاه الطازي مقدّم الف، ويلبغا العلائي مقدّم ألف، ومحمّد شاه بن
بيدمر مقدّم ألف، فخرجت إليه الأربع مقدمين وأولاد ابن منجك، وخرج من

[145] MS المذكوره.

[146] So in MS for اذرعات, see notes to Translation.

[147] Plural of plural عشران, from singular عشير.

[148] MS ممالك.

[149] So in MS, perhaps for فاخرجهم.

[150] Meter الكامل.

دمشق عسكر مليح. وقالت الناس: إن برقوق ما يقدر على هؤلاء العساكر، فأنّه لم يكن معـه الّا فلاحين وعرب وترك قليل. وبقيت الناس في كلام كثير، فنزلت عساكر الشام على شقحب والسلطان في أذرعاة[151]، وابن باكيش نائب غزة

26 (38)a قدجمع خلق كثير وهم قاصدين السلطان فبقي في الوسط، وكان نائب القلعة سيدي * ملك ابن أخت جردمر أخو طاز، وضاقت صدور الناس ونصبت في القلعة المناجنيق وحصونها[152]، وانتقلت الناس من خارج البلد الى داخل البلد، وعادت الناس الى أضيق ما يكون. واستمرّوا على هذا الحال الى يوم الاثنين عاشر شهر القعدة سنة احدى وتسعين وسبعمائة، فعند ذلك ركب السلطان برقوق ومن معه، وركب عسكر الشام وتلاقيا[153] الفريقان على شقحب، وكانت كوقعة عَلِيّ مع مرحب، من بكرة النهار، وعمل فيهم الصارم البتّار، وولّى الجبان الى الفرار، وحمل السلطان فيهم وغار، وقد زلزل الأقطار، وهوكما قال فيه المَوال، مواليّا:

يَا هِنْد لَمّا آتَوا ٱلأَعدا الى عِنْدي،
يَومَ الوَغا وَعَلَى رَاسِي خَفَقْ بَنْدي[154]،
حَمَلْتُ فِيهم وَقِدح[155] النّار مِن زَنْدي،
نَثَرْتَ نَظْم[155a] الزَّرْد يا هِنْد بِالهِنْدي[154]،

ثمّ انّ السلطان كسر عسكر الشام، وقتلهم وسقاهم كأس الحِمام، وخامر

26 (38)b من عسكر الشام أولاد منجك، وقطلوبك المنجكي *، وقُتِل مبارك شاه الطازي، وأطلمش الطازي، وابن بهادر، وأسنبغا مملوك بيدمر، وهرب محمد شاه بن بيدمر وجبرائيل، وأين المفرّ وخلفه عزرائيل، وقيل كانوا هم الباغين ولا أفلح من بغى.

وانكسر عسكر الشام كسرة عظيمة، وفاز السلطان وأصحابه بالنصر والغنيمة، وجاء السلطان نزل على قبة يلبغا، ودخل بعض المكسورين إلى دمشق في أنحس حالـة، مشلّحين مجرّحين، وخافت الناس كثير، وقوي السلطان فإنه اخذ من عسكر الشام خيول وسلاح وخيام ورجال وأعلام، فسبحان من يُعِزّ ويذل.

---

151 See note 146 above.

152 Perhaps وحصنوها.

153 MS تلاقا, for the dual تلاقيا, cf. fol. 33 (45)b, below.

154 Added in margin.

155 Perhaps قَدح = قَدْح?

155a MS نَضم.

[حصار دمشق]

وامّا نائب الشام، فإنه غلّق أبواب المدينه وطيّنها بكلس وحجر، وقاعد على كلّ باب امير وباقي الامراء والاجناد على الأسوار[156]، وقد استخدم رجال واخذت الناس في الحصار، وراح ابن الحنش بالعشير الى عند السلطان فخلع عليه وفرح به، فبينما السلطان قاعد في قبة يلبغا واذا بالكشافة قد أقبلت إليه واخبروه ان ابن
27 (39)a باكيش بعساكر * غزّة قد وصل، فركب السلطان في الحال وركبت عساكره وقصد ملتقى ابن باكيش الى ذيل العقبة وتلاقى[157] الفريقان، وحمل فيهم السلطان، ومن معه من الفرسان، وبقي العسكران، كما قال فيهم الشاعر الأديب الملسان، شعراً :[158]

أَلضَّرْبُ شَكْلٌ بِالسيُوفِ وَنَقْطُهُ
رَشَقَ السِهَام وَدَفعه بِالسَّمهري،
وَالحبرُ بَحرُ دَمٍ تَغَطْمَطَ مَوجُهُ
يَنبُوعه مِن هَامَةٍ أَو منخِرِي،

فما كانت غير ساعة إلّا وقد انكسر ابن باكيش وعسكره وولّوا هاربين، فاخذ السلطان كلّ ماكان معهم من الأثقال والجمال والخيول والسلاح، ورجع الى قبة يلبغا منصور، ورجع ابن باكيش هارب مكسور، فلمّا سمعوا أهل دمشق ما جرى على ابن باكيش خافوا أكثر وأكثر، واستقامت للسلطان الأمور، وكل هذا حتى ينفذ القدر المقدور، في العباد والبلاد، سبحانه لا اله إلا هو، فسبحان من أيّده بالنصر، وردّ عليه بعد حبسه مُلْكَ مصر،

27 (39)b وأصبح ثالث * يوم يريد يدخل المدينة وينزل في الميدان، فامر[159] غلمانه ان ينقلوا أثقالهم إلى الميدان حتى يقرب إلى المدينة، ونزل هو من صوب المزّة على الشرف الأعلى ومعه العشرانات، والعربان، والترك، ونزل في بيت إينال [ف]أكل شيء، وركب ونزل تحت القلعة من جهة بيت مَلِك آص، فلمّا نظروه العوامّ، وكان قد قطع عنهم الماء [من] نهر القنوات وبانياس فكرهوه بسبب ذلك، فلمّا نظروه العوامّ تحت القلعة وهو يحسب أن العوامّ معه، فقاموا إليه ورجموه بالحجارة ولمن معه،

---

[156] MS اصوار.
[157] See note 153, above.
[158] Meter الكامل. الملسان for الملسّن in the preceding line for rhyme, cf. fol. 137a, below.
[159] MS وامر.

وصاحوا الناس عليه وكثر الصياح ، ورموا عليه القلعية من القلعة حتى أدهشوا عقله ،
والعساكر على أبواب المدينه. فوقف السلطان تحت عماره بيدمر التي الى جانب
النهر ، فرمته القلعية بالسهام فأحرقوا تلك الدكاكين جميعهم ، من جسر الزلابية إلى
28 (40)a باب الحديد، فانتقل الى ظهر العمارة الغربية قريب من جامع يلبغا ، فرموا * عليه
أيضا فأحرقوا تلك المواضع ، وبقوا الناس في قتال وصياح وخوف من قبل الظهر الى
بعد العصر ، ثم إنه بعد العصر طَأطَأ رَأسه وطلع من حدرة[160] مَلِك آص وتبعته
العوامّ بالحجارة ، ورُدَّ السلطان وهو مغبون هارب من العوام ، فامّا ثقله فإنه كان
قد وصل الى الميدان كما أمرهم ، فلمّا نظروه الناس قد انكسر طمعوا فيه ، ودخلوا الى
الميدان ونهبوا أثقاله وقَوَتْ قلوبهم على النهب ، وما سلم من أثقاله الّا القليل ، ورجع
السلطان ومن معه الى قبة يلبغا وقد ضاقت صدورهم ممّا جرى عليهم من العوامّ .

نكتة : جرت في ذلك اليوم عجيبة [أن] انسانا من سويقة صاروجا ، اسمه ابراهيم ،
لمّا جاء السلطان الى تحت القلعة ورمت عليه القلعية ، خاف كيلا يصل إليه حجر
من القلعة يقتله ، قال ابراهيم لابن اخيه عنده يتيم : «قوم ،[161] أغلق الدكّان كيلا
28 (40)b يقع علينا حجر من القلعة.» فقام الصبي غلّق الدكّان وطلع هو وابن * أخيه الى
سطح داره ، وجلس في الشمس يتفلّى ، فأتاه حجر من مدفع فأخذ نصف رأسه
وابن اخيه الى جانبه فلم يعلم به الّا وهو يتخبط[161a] في دمه. فانظر يا أخي الى هذا
الرجل كيف فرّ من الموت ووقع فيه. وقد أجاد الشاعر حيث يقول شعراً[162] ،

وَالمَوتُ لَا يُنْجِيكَ مِن آفاتِهِ حِصْنٌ[163] وَلَو شَيَّدْتَهُ بِالجَنْدَلِ ،

حكاية نظيرها في المعنى ، قد حكى الشيخ الطرطوشي في كتابه «سراج الملوك» :
أن ضامن من ضمّان الاسكندرية هرب من المتولي الذي لها ، وقد أحضره
حتى يعاقبه على مال وقف عليه. فهرب ورمى نفسه في بئر من أبيار[164] بيوت
أهل الاسكندرية وأبيارهم[164] جميعها تنفذ الى بعضها بعضا وبقي يمشي من بئر الى
بئر حتّى ينجو[165] بنفسه الى أن جاء وطلع من بيت المتولي ، فمسكه وعاقبه. واين
29 (41)a المفرّ من القضاء والقدر؟ اذا اراد الله تعالى * امرًا بلغه.

ثمّ نَعود الى كلامنا. وأمّا العوامّ ؛ فانّهم راحوا في ذلك اليوم الى بيت إينال

---

[160] MS حدرت.
[161] So in MS for قُمْ.
[161a] MS يخبط.
[162] Meter الكامل.
[163] MS حصناً.
[164] So in MS for آبار، آبَارهم.
[165] MS ينجوا.

ونهبوا منه شيء كثير، وكسروا أبوابه وقلّعوا بلاطه، وفي ثاني يوم راحوا إلى بيت منجك الى دار القرماني[166] كسروا أبوابه ونهبوا جميع ما فيه، وطمعت العوامّ في النهب، ولم يبق لاحد صنعة يعملها، ووقفت أحوال الناس، وانكشف حال الغني، وهلك الفقير.

وأمّا السلطان؛ فإنّه غضب على العوامّ وندم على نزوله وخرق حرمته ونهب أثقاله فأضمر لهم كلّ شرٍّ وسوءٍ، واستمرّ الامر على هذا الحال؛ أصحاب السلطان ينهبوا في الضياع والغوطة، ويخربوا ويفسدوا مثل العشير والعربان وغيرهم، وخرج اليهم من دمشق كلّ نحس وطماع.

وامّا جردمر نائب الشام؛ فانّه اصبح يوم الجمعة ثامن عشر القعدة من السنة المذكورة، أمر بخراب باشورة باب الجابية، وكذلك جميع الابواب حتى يبقى
29 (41)b قدّامهم فسحة، وعملوا* على الابواب ستائر[167] خشب، وحصنوا القلعة غاية التحصين، ونصبوا بها أربع مناجنيق وحدّافات ومدافع ورجال، وسدّوا جميع الأبواب خلا باب النصر وباب الفرج، وبقي يهلك منهم كلّ يوم من الزحمة ناس كثير، والناس ينتقلوا الى داخل المدينة. ثمّ بعد ايام قفلوا باب الفرج، فهلكوا الناس ولم يجدوا لهم من الضيق مخرج، فقلت عند ذلك: «اللّهمّ اجعل لنا من كلّ همٍّ فرجا، ومن كلّ ضيق مخرجا، وإلى كلّ خير سبيل،[168] وأنت حسبي ونعم الوكيل.» ولم يبق مفتوح سوى باب النصر، ولقيت الناس مشقّة عظيمة من الزحمة، وكان الإنسان اذا دخل الى داخل المدينة اطمأن على نفسه، فلمّا نظرتُ هذا الحال، ذكرتُ قول الله تعالى «فضرب بينهم بسور له باب، باطنُهُ فيه الرحمة، وظاهرُهُ من قِبَلِه العذاب.» حكاية في المعنى: قيل ان بعض المجانين تبعوه الصغار وزادوا عليه فهرب منهم ودخل الى
30 (42)a دهليز[169] دار* له، وغلق عليه الأبواب وكان معروف فلمّا احسّ به صاحب الدار اخرج اليه شيء من الطعام وقال له: «كُلْ على هينتك، ما عليك باس.» فصار يأكل وهو يتلو هذه الآية: «فضرب بينهم بسور له باب باطنُهُ فيه الرحمه وظاهرُهُ من قِبَلِه العذاب،[170]» فتعجّب صاحب الدار من المجنون كيف استحضر هذه الآية في وقتها.

---

[166] Meaning unclear. Are بيت منجك and دار القرماني the same or different places? Does الى=الذي?

[167] MS ستناير.

[168] MS has خير in margin.

[169] MS دهلير.

[170] MS العداب.

واماّ نائب الشام جردمر ؛ فإنّه كتب مطالعات الى الأمير منطاش بما جرى: «وانّك تدرك المدينة والقلعة والاّ أخذها السلطان ويصعب الأمر عليك، فقد حصنتُ لك المدينة والقلعة ونحن في انتظارك والسلام.» ونصب جردمر له صيوان على باب النصر وبقي يقعد هو[171] وسنجق، وطغيتمر، وشيشق[172] نائب حماة، ودوادار منطاش، وهم ملازمين مصالح الناس، ودبّر النائبُ تدبير حسن، رحمه الله تعالى، فانّه لم يأخذ من احد مال بغير حقّ في مثل هذه القضية. وقلّ البيع والشري
(42)b بين الناس وهلك المسكين * ولا بقي الأخ يرحم أخاه،[173] وانقسمت الناس قسمان؛ منطاشيّة وبرقوقيّة، وانكشفت أحوال الناس. اللّهمّ رد العاقبة الى خير، يا ربّ العالمين!

وقد جرى في دمشق نظير هذا لماّ ظهرت الدولة العباسيّة، وجاء عبد الله بن عليّ عمّ السفاح الى دمشق وحاصرها، ودمشق بعد في أيدي بني أمية، وكان ذلك في سنة اثنتين[174] وثلاثين ومائة. قيل انه حاصرها أربعين يوماً[175]، وقيل شهرين، اشدّ حصار، فكانت أهلها فيها فئتين؛ ناس مع بني أمية، وناس مع بني العباس. وقد ذكر الشيخ [عماد] الدين[176] ابن كثير في تاريخه: أنهم كانوا يصلون في الجامع خطبتين؛ خطبة لعُصْبة بني أمية، وخطبة لعصبة بني العباس. ثم إن أصحاب بني العباس غلبوا أصحاب بني اميّة، وفتحوا أبواب دمشق، ودخلها عبد الله بالسيف. قيل: قتل منها ما ينيف على عشرين ألف روح.

فحظ النفس قديم، والفتن قديمة. وبقي بعض المناحيس لا يعتبر بما الناس فيه
(43)a من الضيقة،[177] والناس يدعون * ويتضرعون الى الله تعالى أن يكشف عنهم هذه الشدّة، وبطّلت القضاة الحكم والحجاب، ولم يبق أحد يحكم في أحد، وكلّ من في خاطره شيء يعمله، لا يأخذ احد لأحد بثأر، وتجهرموا العوامّ على قتل النفس. وأعجب ما رأينا في تلك الأيّام أن الناس يتضاربوا على القتلى، يقول هذا: «أنا قتلته!» ويقول الآخر: «لا، بل أنا قتلته!» ويفتخروا بقتل الأنفس، فلا حول ولا قوة الاّ بالله العلي العظيم. فسبحان من له الحكم والتدبير في خلقه؛ المُلْكُ مُلْكُه، والعباد عباده، والحكم حكمه، لا رادّ لما قضى، وإنّما يجب على العبد عند حلول

---

[171] MS هوه.

[172] So in MS, but see note 300 to Translation.

[173] MS اخوه.

[174] MS اثنين.

[175] MS اربعين يوماً.

[176] MS زين الدين.

[177] MS ديقه.

المصائب أن يقول «انّا لله وانّا اليه راجعون.» وزادوا الناس في الكذب حتّى بقي الذي يتكلّم صحيح نادر. وقد أجاد قائل هذه الابيات[178]،

لَو يَخسِفُ اللهُ أَرضاً أَهلُها[179] كَذَبُوا
كانَت دِمَشْقُ بِنَا من كِذبنَا خُسِفَتْ،
31(43) وَالكِذبُ* لَو يَنسِفُ اللهُ الجِبالَ بِهِ
كَانَت جِبَالُ بِلَادِ الشّامِ قَد نُسِفَتْ،

واحسن ما قيل في هذا المعنى قول الشاعر حيث يقول شعراً[180]،

استَعمِلِ الصِّدقَ وَلَو انّهُ أَحرَقكَ الصِّدقُ بِنَارِ الوَعِيد،
وَاتْجنَّبَ[181] الكِذبَ فَبِئسَ آمرءُ[182]
يُغْضِبُ مَولاهُ وَيُرضِي العَبِيد،

لكن الربّ، سبحانه وتعالى، كريم وقد قال في كتابه العزيز: «وما أصابكم من مصيبةٍ فبما كسبت أيديكم ويعفوا عن كثير.» وكلّما جاءَ في الناس من القضاء، علامةً للسخط ليس علامة للرضاء، وذاك لأن نياتهم تغيّرت، وعقولهم تحيّرت، وفشت القبائح، وظهرت الفضائح، واستحلوا أكثر الناس الحرام، وبلغ الشيطان منهم ما رام، وارتفع النذل وساد، وقلّ الصلاح وكُثر الفساد، وقد
32 (44) أجاد* صاحب هذه الابيات حيث يقول[183]،

يَقُولُونَ الزَّمَانَ بِهِ فَسَادٌ وَهُم فَسَدُوا وَمَا فَسَدَ الزَّمَانُ،

وقد قال بعض السلف: «ما لنا ندعو[184] الله تعالى ولا يُستَجاب لنا؟» فقال له بعض الصالحين: «لأنّ قلوبكم ماتت في عشر خصال، عرفتم الله تعالى ولم تُؤدُّوا حقّه، وقرأتم كتابه ولم تعملوا بما فيه، وقلتم أنكم تُحبُّونَ رَسُولَ اللهِ صَلّى اللهُ عَلَيهِ وَسَلّم وتركتم سُنّتَه، وعرفتم عداوة الشيطان وأطعتموه، وادّعيتم حبّ الجنة ولم تعملوا لها، وقلتم أنكم تكرهوا النار وقد أرهنتم انفسكم بها، وذكرتم عيوب الناس ونسيتم عيوبكم، وأكلتم نعمة الله تعالى ولم تؤدوا شكرها، وعمّرتم الدنيا وخرّبتم الآخرة، ودفنتم[185] أمواتكم ولم تعتبروا بهم. ولولا فساد أحوال

---

[178] Meter البسيط.
[179] MS أَهْلَهَا.
[180] Meter السريع.
[181] So in MS.
[182] MS آمرءٌ.
[183] Meter الوافر.
[184] MS ندعوا.
[185] MS ودفنتموا.

الورى، ما جرى عليهم وعلينا ما جرى. وفي الخبر عن سيّد البشر: ما نزل
32 (44)b من السماءِ بلاء الّا بذنب، ولا ارتفع الّا بتوبة.» اللّهمّ تب علينا وارحمنا * يا أرحم الراحمين! ويجب على الانسان أن يعتبر بكلام هذا الرجل والسلام.

ثمّ نعود الى كلامنا. وبقيت الناس في خوف الى يوم الاثنين ثامن عشرين شهر القعدة، أتت الكشافة الى نائب الشام وأخبروه انّ السلطان برقوق قد ركب ومعه عساكره قاصدين دمشق، ففي الحال طلب النائب أهل ميدان الحصى، وفرّق عليهم النُّشاب، وطلعت العوامّ للقتال بِجُلودهم، ودقّت الكوسات على القلعة، وخرجت الناس الى عند جسر الفجل، وتبارز الفريقان، وتقاتل الصفّان، وصاحت العوامّ عليهم ورموهم بالحجارة[186]، وجرح في ذلك اليوم خَلْقٌ كثير من العوامّ والترك، ولم يزالوا في قتال إلى بعد الظهر، فرجع السلطان ومن معه ولم ينالوا من القوم غرض، وازداد السلطان غيظ على العوامّ ممّا رأى منهم، ورجعت العوامّ
33 (45)a والترك وهم فراحى، وقويت قلوبهم ولم يبقوا يهابوا الموت، وفرح * بهم نائب الشام وشكرهم على فعلهم وانقضى ذلك[187] اليوم وأهل المدينة مستظهرين[188] على السلطان.

وبعد قليل تواترت الأخبار من حلب بخروج كمشبغا نائب حلب، وطرنطاي، والهيذباني، وابن السرادارة، وبكلمش، وسنقر، وعدّة امراء وخلائق معه لا عدد لهم نهّابة ومناحيس، فازداد خوف أهل الشام لمّا بلغهم أنهم جايين الى السلطان برقوق نجدة، وعظمت القضية على أهل دمشق.

وفي يوم الخميس دقّت الكوسات في وطاق السلطان، وسبب ذلك أن إينال وقجماس ابن عمّ السلطان حضروا إليه، ومعهم رجال من قلعة الصّبيبة، وقلعة صفد، وقوي جمعهم وكلّما لهم في زيادة، وفرح بهم السلطان.

وفي نهار الاثنين دقت كوساتهم وركبوا وزحفوا على المدينة كلّهم مثل فرج الله، واولأد منجك، وابن الشيخ عليّ، واينال، وقجماس، والعشران،
33 (45)b والعرب، وأكمنوا العشير[189] القيسيّين في كمين برسم العوامّ، فلمّا سمعوا * بهم أهل المدينة خرجوا لهم على عادتهم الى عند جسر الفجل، وتلاقيا الفريقان، وتقابلا بالطعن والضرب، والعوامّ ترميهم بالحجارة، ثمّ إنّ أصحاب السلطان وَلّوْا قدّامهم هاربين، فتبعتهم العوامّ طمعاً فيهم الى اخر العمارة. ثم إن عسكر

[186] MS بالحجاره.
[187] MS دلك.
[188] MS مستطهرين.
[189] MS العشر.

السلطان ردّ عليهم، والترك الذي[190] معهم، وخرج عليهم الكمين فردّوا عسكر الشام هاربين الى عند جسر الفجل، وتفرقوا، فنهم ناس لهم قوّة على الجري لم يلحقوه، والذي لم تكن له قوة على الجري لحقوه العشير قتلوه.

ومنهم من هرب الى بستان بيدمر ومنهم أناس دخلوا الى جامع كريم الدين وغلّقوا أبوابه. وقد قتل من العوامّ خلق كثير، ومسكوا منهم جماعة وردّهم[191] الى عند السلطان برقوق، فرسم بقطع أيديهم فقطعوا[192] منهم سبعة، وفرّج الله تعالى عن الباقي. وأمّا الذين في جامع كريم الدين؛ فإن فرج الله وقف على باب الجامع وفتح الباب وقال للعوامّ: «ايش حالكم فيمن يقتلكم كلّكم عن أخركم؟» فقالوا:
34 (46)a «الأمان!» ودعوا له * فأمّنَهُمْ وأطلق سبيلَهم وقال لهم: «كلّ من معه سلاح يرميه وينجو بنفسه ولا تعودوا الى مثلها.» وبقي كلّ من يخرج الى قدّام يَعروه[193] اهل حارة الكلاب. فوصل الخبر الى المدينة بكلّ ما اتّفق لهم. وكان يوماً مهولاً[194] والناس في بكاء شديد. كلّ منـ[ـهم] يبكي على أهله أو على أولاده أو على اصحابه، لا سيّما لمّا جاؤوا الذين قطعت أيديهم، ودارت الدوائر على أهل دمشق في ذلك اليوم.

وفي اليوم الثاني رسم نائب الشام للعوامّ وقال لهم: «أيّ من جاب لنا راس ابن آدم من العشير أو من اصحاب برقوق أعطيناه دينار.» فبقيت الناس أيّ من أحضر راس يعطوه دينار خفيف زنته ربع دينار، فيأخذوه منه ويرموه في الخندق، وبقيت الناس في ضيقة. اللّهمّ فرج ضائقة المسلمين!

ثمّ بعد ايّام قلائل وصل خبر كمشبغا نائب حلب؛ انّه وصل الى عند السلطان ومعه خلائق، ودقّت له الكوسات في الوطاق ففرح بهم السلطان، وقويت
34 (46)b شوكته. وامّا اجناد مصر وقتٌ* يظهر[195] خبرهم، ووقت يختني، والناس في انتظارهم. ولمّا وصل كمشبغا الى عند السلطان أشار عليه وقال له، «ايش قاعد تعمل؟ قوم[196] حتّى نضرب معهم راس.» قال السلطان: «انا كلّ وقت أضرب معهم راس، روح[196] انت اليهم.» فركب كمشبغا وأصحابه الحلبيين[197] وعساكر

---

[190] So in MS for الذين.

[191] MS ودرّهم.

[192] MS فمطعوا.

[193] MS يعروا.

[194] MS يوماً مهول.

[195] MS يطهر.

[196] Imperatives with long instead of short vowels.

[197] So in MS for الحلبيون.

السلطان، وذلك[198] يوم السبت مستهلّ شهر الحجّة سنة احدى وتسعين وسبعمائة.

وزحفت[199] عساكر السلطان الى جسر الفجل فقاتلوهم أهل ميدان الحصى والشويكة والعوامّ الى العصر، فعند ذلك رجع عسكر السلطان الى الوطاق وعسكر دمشق الى دمشق، وقد قاتلوا العوامّ ذلك اليوم قتـال شديد حتى كان أحدهم يقتل فيجروه برجله يرموه في مكان ويقف مكانه غيره يقاتل بجلده بقلوب مثل الجبال، ولم يكن في ظنّ أحد أنهم يقاتلوا هذا القتال، ويظهروا عن هذه الشجاعة، فللّه درّهم[200] فانّـهم احموا بلدهم، وأهلهم وأموالهم وحريمهم،

35 (5)a كيلا تصل اليهم الفرقة الباغية، والأمور كلها بمشيئة الله* تعالى، فان الله تعالى هو الفعال لما يريد.

ثمّ ان كمشبغا والعساكر ركبوا أيضا ثالث يوم وفرّقهم فرقتين، فجاءت الفرقة الواحدة الى أهل جسر الفجل واشتغلوا الناس بهم، والفرقة الثانية خرجت من خلفهم من ميدان الحصى ورموا النار في البيوت والسوق، وطلعوا من خلفهم من ميدان الحصى، فهربوا الناس ورُدّوا الى عند باب النصر، وقد قتل في ذلك اليوم خلق كثير، وأحرقوا ميدان الحصى والسوق العتيق، وبقيت تلك الأرض كما قال الله تعالى «وقودها الناس والحجارة.» واحترق في ذلك اليوم أطفال كثيرة،[201] وكبار، ونهب أموال، وسبي حريم، واحترق السوق الذي عند المصلّى، وأحرقوا حمّام بيدمر، وفعلوا في ذلك اليوم كلّ قبيح، وكانت الدائرة على اهل دمشق، وبقيت النار تعمل والناس يبكوا والنساء مهتكـات،[202] ولم يُرَ مثل ذلك اليوم قطّ فانـه كان يوم مهول، قبحهم الله تعالى، ما كان أقسى قلوبهم، وقد عاينت الناس الهلاك في ذلك اليوم الى العصر وردّوا الى الوطاق، وباتت الناس في ليلة عجيبة.

35 (5)b وكان* هذا كلّه برأي كمشبغا؛ هو الذي اشار بحريق تلك النواحي كلّهـا، وصار كمشبغـا من ذلك اليوم يحرق، وانفتحت عيون الناس الى النهب والحريق، وهذا جميعه في موازينه ما هو[203] قليل، وفي الحديث عن النبي، صلّى الله عليه وسلّم، انـه قال: «من سنّ[204] سُنّةً حَسَنةً فله أجرها وأجر من عَمل بها الى

---

[198] MS ودلك.
[199] MS و زجفت.
[200] MS ذرهم.
[201] MS كثير.
[202] MS مهتكين.
[203] MS هوه.
[204] MS استسن.

يوم القيامة، ومن سنّ[204] سُنّه سيئةً فعليه وزرها ووزر من عمل بها الى يوم القيامة.» وكمشبغا هو اوّل من احرق في دمشق حريق.

ولمّا كان يوم الثلاثاء أمر نائب الشام أن يحرقوا دكاكين السماسرة التي خارج باب الجابية، وسوق الحدّادين الذي ظاهر السور، والخشّابين[205] الذي خارج باب الصغير، فانّ اهل السور[205] كانوا ينظروا منهم[206] يطلعوا على أصحاب السلطان ويرموا عليهم منهم، فلأجل ذلك أحرقوهم وعملت النار في تلك المواضع، أجارنا الله تعالى منها، ولقد رايتُ الحدّادين وقد نادتهم بلسانها من مكانٍ بعيد «آتوني زُبَرَ
36 (6)a الحديد». وعملت النار في جوانب المدينة ورمت الناس * نفوسهم الى التلاف، وشرعوا في خراب البيوت وأخذ الاخشاب من قلة السبب، حتى قالت الناس إن دمشق ما بقيت تعمر كما كانت، والنار تعمل في تلك المواضع، وأملاك الناس تحترق، وأموالهم تحرق وتنهب، وكم من رجل تلا في ذلك اليوم عند حريق بيته «تبّت يدا ابي لهب» وخرج هارباً «وامراته» من خلفه «حمالة الحطب». ولمّا أحرقوا قيسارية بيدمر وما حولها، وعملت النار فيها ومحيتْ رسومُها، بقوا الناس يتلوا قول الله تعالى، «قل ما عند الله خير من اللّهو ومن التجارة والله خير الرازقين[207]». وأضرمت النار في تلك المواضع والناس يبكون، وخرجت تزمر بحرّ تنانيرها في برد[208] كانون، وقد قبحت وهي عدوّ لنا، ومن أين للعدوّ احسان؟ وقد قابلتنا بالف وجه لها والف لسان، وقد تعلق شَرَرُ النار بأذيال السحاب، حتّى همّ نسر الجامع ان يطير الى ثنية العُقاب، ولما عملت النار وطار
36 (6)b شرارها، تمنّت عروس * الجامع ان تكون جاريةً لحماتها. وبقوا اصحاب السلطان يحرقوا وينهبوا، وأهل القلعة يحرقوا الذي هو حوالي القلعة خوفًا عليها، وقد احتاطت النار بالمدينة من كلّ الجهات وتغيّرت أحوالها، ودارت عليها الدائرة، وأصبحت بعد الأمن مخيفة، ومن روائح الحريق والقتلى جيفة، حتى احزنت القريب والبعيد، والأمر كلّه الى الله فيما يريد، ولبست من المائم[209] ثوب السواد، وصارت كما قال القاضي محيي الدين القلانسيّ حيث يقول شعرًا في المعنى[210]،

يَا جِلّقُ الخَضْرَا وُقِيتِ الرَّدَى
مَاذَا كسَى الأغصَان صِبْغَ سَوَادِي،

---

[204] MS استسن.
[205] MS الصور.
[206] So in MS for منها?
[207] MS الرارقين.
[208] MS has برّ with د in margin marked for insertion.
[209] So in MS, probably for مآتم.
[210] Meter الكامل.

قَالَتْ 'لَقَد فَارَقتُ أَهلَ مَوَدَّتِي
فَلَبِسْتُ لِلأَحزَانِ ثَوْبَ حِدَادِي،'

وقد قال القاضي نور الدين ابن مصعب في المعنى[211]،

لَهَفِي عَلَى هَيفِ الغُصُونِ وَلُبْسِهَا
مِن بَعد خُضْرَتِهَا لِبَاس سَوَادِي
37 (7)a وَأَظُنُهَا * حَزِنَتْ لِفُرقَةِ اَهلِهَا
فَلِذَاكَ قَد لَبِسَتْ ثِيَاب حِدَادِي

واستمرّت الناس في ضيقة[212]، والحريق والنهب والقتل عمّال فيهم على تلك الحالة، ودخل العيد المبارك والناس في حال عجيب، فنسأل الله السلامة. وفي يوم الثلاثاء ثالث العيد ركبوا عساكر السّلطان كلّهم وزحفوا على المدينة وتفرّقوا على أبواب المدينة وقاتلوا في ذلك اليوم قتال شديد، وأكثر ذلك كان على باب كيسان، وقتل في ذلك اليوم جماعة كثيرة إلى العصر، فرجع اصحاب السلطان الى الوطاق وسكن القتال.

وجرى في ذلك اليوم حكاية عجيبة وهي أن أحد[212a] الصبيان — من حارة اليهود — مسلم بقي وقت الحصار يقف على السور[213] يتفرّج فخافت عليه أمّه كيلا يجيء فيه حجر أو نشاب [ف]يموت، فحبّسته ذلك اليوم في بيت وقفلت عليه الباب، فجاء حجر المدفع الذي كانوا يرموا به أصحاب السلطان فخرق
37 (7)b الحائط الذي فيه الصبي، * ووقع الحجر عليه [ف]قتله. فانظر يا اخي الى هذا الامر العجيب! لا مفرّ من القضاء، ولقد صدق القائل حيث يقول شعراً[214]،

وَالمَوتُ لاَ يُنجِيكَ مِن آفاتِهِ حِصْنٌ[215] وَلَو شَيَّدتَهِ بِالجَندَلِ،

وبقيت الناس على الاسوار ما يناموا لا ليل ولا نهار، وأجناد الشام مفرقين على أبراج السور.[216] وقعد قاضي القضاة ابن القرشي في برج الدّعاء، وناعي منيته خلفه قد نعي، وبقي يقعد عنده مثل ابن المنكورسي، وابن منهال، ومثلهم من الرجال الجهال، وجرى في ذلك البرج المعمور أمور، وأيّ امور، كما قال فيها الشاعر حيث يقول، شعر مفرد[217]،

---

[211] Meter الوافر.
[212] MS ظيقه.
[212a] MS بعض—Changed here for clarity.
[213] MS الصور.
[214] Meter الكامل.
[215] MS حصنًا.
[216] MS الصور.
[217] Meter الوافر.

أمُورًا[218] تضحك السفَهَاءُ مِنْهَا   وَيَبكِي مِن عَوَاقِبِها اللَّبِيبُ،

ويركب بالسلاح ويدعي الصلاح ويقول: «يا أعوامٌ أفعالكم مليحة!» وهذا من باب حظ النفس لا من باب النصيحة، وصار يحرّض الناس على

38 (8)a القتال لغرضه، وهذا[219] من * أقبح الفعال، فما سمع حديث سيّدنا[220] رسول الله، صلّى الله عليه وسلّم، إذا التقى المسلمان بسَيْفَيْهِما فالقاتل والمقتول منهما في النار؛ قيل، «يا رسول الله! هذا القاتل فما بال المقتول؟» قال: «لأنّه كان حريصًا على قتل صاحبه. وقال الله تعالى في كتابه العزيز «ان الله اشترى من المؤمنين أنْفُسَهم وأموالهم بان لهم الجنة، يقاتلون في سبيل الله فيقتلون ويقتلون» الآية، وهذا انّما هو في قتال المسلمين للكفّار. لا في قتال المسلمين للمسلمين[221].»

والقاضي الذي يكون متولي أمور المسلمين ينبغي له أن يكون كما كان القاضي عافية، رحمه الله، ولّاه المهدي قضاء بغداد فأتاه في بعض الايّام ودخل عليه حتى يعزْله، فسأله عن سبب ذلك فقال، «يا أمير المؤمنين أتاني رجلان في دعوى وكلّا منهما يدعي انّ الحقّ معه، فلمّا طال الشرح دفعتهما عني فذهب الواحد

38 (8)b منهما الى بوابي، وسأله ما الذى يحبّ القاضي من المآكل، فقال *: 'يعجبه الرطب،' وكان الرطب اوّل ما دخل، فراح الرجل وأحضر منه شيء له قيمة، وجاء به الى البواب وقال له: 'اوصله الى القاضي،' وكنت انا غائب فاعطاه الغلام لأهل بيتي، فلمّا جئت رايته قلت: 'من جاءنا بهذا[222]؟' فقالوا 'البواب،' فخرجت إليه وسالته عن ذلك فقال: 'فلان الذي كان يتحاكم هو وفلان عندك،' فسكتُّ ولم أذق منه شيئًا. فلمّا أصبحتُ وجلستُ للحكم بين الناس جاء الرجل ومعه غريمه، فرايت نفسي تميل إليه على غريمه، فدخلت الى البيت وأخرجت اليه رطبه ودفعتهما عني. فهذا حالي وما أكلتُ من الرطب شيئًا فكيف لو اكلت منه؟» فعلم المهدي صدقه وعزله من القضاء بحسب سؤاله فرحمه الله تعالى. فهكذا ينبغي ان تكون حكامنا، أصلحهم الله تعالى، فعليك بحكام هذا الزمان؛ يرتشون ويرشون على المناصب، ولا يعطوا درهم لفقير، وجميع ما يجمعوه يبرطلون به للظلمة ولا يمشي لهم حال، وقد حفظوا قول القائل شعراً[223]:

---

[218] So in MS. Probably not the first line of the poem and governed by what preceded it.

[219] وهذا repeated in MS.

[220] MS سيدنا.

[221] MS للمسلمن.

[222] MS بهاذا.

[223] Meter الوافر.

39 (9)a فَبَرطِلِ * اِن أَرَدْتَ الحَالَ يَمْشِي

فَمَا يَمْشِي سِوَى حَالَ ٱلمبَرْطِلِ،

وقال بعضهم، «البرطيل حكيم، والدنيا محبوبة، والرياسة فيها مطلوبة.»

حكاية في المعنى؛ قيل إن بعض الناس كان جالسًا يَسْهَر في شغلٍ له والى جانبه طاسة، واذا بفأرتين قد خرجتا من مكان وبقيا يجوا[224] الى عنده وزادوا عليه، فمسك تلك الطاسة بيده ورماها على الواحدة فوقعت عليها[224a] فبقيَت تريد تتخلّص من تحت الطاسة وتريد الخروج فلم تقدر. فجاءت اليها الفارة الأخرى فبقيت تدور حول الطاسة كأنّها تطلب تخلّصها، فما تقدر. فلمّا عيل صبرها، وقلّت حيلتها، وعرفت أنه لم يبق لأختها خلاص، ذهبت الى وكرها ودخلت فيه، وخرجت ومعها دينار في فمها، وجاءت فرمته عند صاحب الطاسة وراحت الى عند الطاسة تدور حولها. قال: فبطل الرجل شغله واخذ ذلك الدينار وقد فرح به، وصار ينظر إليها ساعة ثمّ انها ذهبت الى وكرها واحضرت دينار آخر [فـ]رمته عنده، وراحت الى
39 (9)b عند الطاسة * تدور حولها ساعة وهو يتفرّج، وقال في نفسه: لعلها تجيب زادة، ثمّ انها ذهبت غابت ساعة وجاءت بدينار [فـ]رمته عنده،[225] ولم تزل تعمل هكذا حتى نقلت نحو عشرين دينار، فبطل الرجل شغله وصار يتفرّج عليها كيف تنقل الذهب وهو لا يخلّص أختها. ثمّ انها ذهبت[226] غابت ساعة وجاءت ومعها خريطة عتيقة ورمتها عنده، فعلم الرجل ان ما بقي عندها شيء، وقد أنصفته فقام وشال الطاسة عن أختها فاخذتها وراحت ولم تخرج بعدها وهذا عجيب.

حكاية مثلها في المعنى. لقد حكى لي بعض أصحابي قال، «خرجت من دمشق الى القدس الشريف أزور،[227] فنزلت في الطريق في بعض الخانات وكان برد ومطر، فاجتمعنا جماعة في بعض بوائك الخان، في جملتهم قرّاد معه قِرْد كبير، وزوجته، وشيء يركبوا. فقعدنا نتحدّث وكان ليل طويل، فصار القرد يتناعس ويتناوم ويقعد فقلت في نفسي، ’هذا القرد يريد يعمل شيء، لأنه يتناعس
40 (10)a يريد ينومنا،‘ فجعلت * بالي منه وصرت أرصده، وناموا الجماعة كلّهم ونمت أنا وأنا لست بنائم، وقصدي أنظر ايش يعمل؛ فلمّا رأى الجماعة قد ناموا كلّهم قعد

---

[224] So in MS for بقيتا تجيآن.
[224a] MS فوقعت على الواحدة.
[225] MS عندي.
[226] MS دهبت.
[227] So in MS, for لازورها ?

وقام الى عند زوجة صاحبه القرّاد استقضّها ،[228] فلمّا نَظَرْتُه قَعَدْتُ ، فلمّا رآني رأيتُه ، ذهب الى خرج صاحبه [فـ]ـنَبَشَه ، وأخرج منه صرةً مقدار خمسين درهم ، وجاء بها إلى عندي ، يعني 'خذها ولا تتكلّم' فأخذتُها وسكتّ ونمت ، وأنا متعجّب غاية العجب لما أبصرت . فلمّا اصبح الصباح وجلسنا ،[229] قعد القرّاد فوجد خرجه منبوش وقد راحت منه الدراهم ، فقال : 'يا خاني ؛ لا تفتح[230] الباب . راحت لي دراهم وقردي يعرف الذي اخذها ، فانه ينطرنا إذا نمنا.' فقفل الخاني الباب ؛ فخفت أنا وقلت 'لعلّه يقرّ عليّ ،' فبقيت حائر كيف أعمل . ان اخرجتها وحكيت لهم ما جرى ما يصدقوني فسكتّ . فلمّا طلع النهار اجتمع كلّ من في الخان ، وكانوا ناس قلائل ، وفي جملتهم يهودي ، وصار القرد يميّز الناس

40 (10)b واحد واحد حتى جاء الى عند اليهودي تعلّق * فيه وصار يعيّط . فقال الناس ، 'ما أخذ دراهم القرّاد الّا اليهودي ،' وهو يحلف إنه لم ياخذ شيء ، ففتحوا الباب . فزاد تعجبي من القرد كيف تعلّق على اليهودي ولا تعلّق على مسلم . واخذ اليهودي القرّاد الى عند الوالي حتى يضربه فقلت في نفسي ، 'هذا ما هو مصلحة ، أدخل الى الحاكم وأخبره بما رايت ،' فدخلت إلى عنده وقد ربطوا اليهودي حتّى يضربوه فقلت ، 'لا تضربوه ما اخذ شيء.' وحكيت له الحكاية كما جرت وأعطيت الدراهم لصاحب القرد ، فرسم الحاكم انّهم يقتلوه [أي القرد] فربطوه وذبحوه . وهذا من أعجب ما رايت .» فانظر يا اخي الى هذين الاثنين : القرد والفارة ، كيف عرفوا أنهم إذا برطلوا ينقضي شغلهم ،[231] فبني آدم أولى بهذا الأمر .

ثمّ نعود الى كلامنا . ثمّ إن عسكر السلطان ركبوا جميعهم يوم الخميس ، وجاؤوا كلّهم يدًا واحدة ، ودقّت الكوسات وتفرّقوا على المدينة ومعهم الزحّافات ، كلّ ناس في مكان يحاصروه ، فراح إينال ، وطرنطاي ، وبتخاص ، مِن على الشرف

41 (11)a الأعلى * ؛ فوقف إينال عند بيته ، ونزل طرنطاي وبتخاص من دار البطيخ الى عند باب الفرج ، وحارة الحمص ، والطواقيّين ، فأحرق طرنطاي الطواقيّين ، وعملت النار فيها ، وطلع العشير [فـ]ـنهب[232] تلك المواضع وفعلوا كلّ قبيح ، وصار كأنّه قندس

---

[228] The verb قضّ=استقضّ : to pierce, bore, perforate (a th.). The form اقتضّ=to deflower a virgin. Cf. *Muḥīt*, II, 1725. See the English translation.

[229] MS وحلسنا.

[230] MS بفتح.

[231] So in MS for عرفا انهما اذا برطلا ينقضى شغلهما.

[232] Or, perhaps, either لنهب or لينهبوا.

ايّ من شمّه عطس، وأقعد أهل الطـواقيّين على قوالبهم، وما أبقى مجهود في ذلك اليوم، ولم يبلغ مطلوب.

وراحت فرقة مع كمشبغا، وإياز، والهيذباني، إلى باب توما، وباب السلامة، والشلاحة. وقد ذابت من أهلها الكبود، وتفطرت منهم القلوب، وأحرقوا في ذلك اليوم أطراف السبعة، أعيذها بالسبع المثاني والقرآن العظيم، وعملت الناس في ذلك اليوم عمل عظيم[233] حتى لم يقدر أحد من أصحاب السلطان يصل الى السور[234] الّا هلك، ورُدّوا خائبين.

وفرقة مع السلطان؛[235] مثل فرج الله، وأولاد منجك، وابن الشيخ عليّ، وغيرهم من الأمراء جاؤوا إلى باب الجابية، وباب الصغير، وحاصروا أشد حصار، وصاروا

41 (11)b يركضون * على قبور الشهداء بالخيل والرجال، وخسفوا أكثر القبور، فذكرتُ عند ذلك قول الله تعالى «واذا القبور بعثرت»، وقد أجاد ابن المعمار حيث يقول[236]،

عُمرُ جَفَاكُم مِثلَ عُمرِ النُّسُور وَوَصْلكُم مِيعَادُه لِلنّشُور،

وَلَا أرَاكُم تَسْمَحُوا بِاللّقَا اِلّا اِذَا بُعثِر مَا في القُبُور،

ونزل منهم فرقة من على حكر السماق الى خان منجك، وخان البيض، وناس الى عند باب الميدان الى تحت الطارمة، ورموا على القلعية نشاب[237] كثير، ورمت القلعية عليهم أيضا، وجرح من الفريقين[238] وقتل في ذلك اليوم كثير، وصاروا أصحاب السلطان ينظرون الى أبراج القلعة، وهم أعلى من الهقعة، فقلتُ عند ذلك، «أعيذها قلعة، «بالسماء ذات البروج».» وصارت تنجلى عروس الطـارمة للحرب، ولم ترض منهم بغير الأرواح مهر، وقد أدارت على معصمها الابيض[239] سوار ألنهر، وقد اجاد القائل حيث يقول شعراً[240]،

42 (12)a وَقَلعَةُ * جِلّقٍ بِكرٌ جَمَانٌ عَلَيهَا مَا لِنَاكَحِها اَقتِدَارُ،

اَسْوَارُهَا كَالسّوار تُلوا[241] فَحَاشَا اَن يَكف لَهَا سِوَارُ،

---

[233] MS عطيم.

[234] MS الصور.

[235] MS has here واولاد منجك which occurs again three words below, probably a scribal error.

[236] Meter السريع.

[237] MS نشاب.

[238] MS الفريقان.

[239] MS الابيص.

[240] Meter الوافر.

[241] Meter defective, should be – – ⏑ / – ⏑⏑ – ⏑ / – ⏑⏑ – ⏑.

وقد دارت أصحاب السلطان في ذلك اليوم بالأسوار[242]، كما يدور بالمعصم
السوار[242a]، وترجّل اصحاب السلطان وركب العوامّ على الاسوار[243]، ولم يزالوا على
هذا الحال الى قريب العصر، ولم يبقوا في ذلك اليوم مجهود، وقد عرفوا أنهم
لم ينالوا من المدينة مقصود، وردّوا خائبين الى الوطاق، وقد أبصروا ما هالهم في
ذلك اليوم من الشلاق، وقاتلوا أهـل المدينة في ذلك اليوم من أعلى السور[244]
قتال شديد، وجرح منهم خلق كثير، وعمل شهاب الدين الزردكاش وصبيانه في
ذلك اليوم على أبواب المدينة عمل هائل بالمكاحل والأسهم الخطائية، حرّموا
أحدًا من أصحاب السلطان يقرب الى السور[244]، وبقيت الاسوار[244] في ذلك
اليوم من الزحمة ما يقدر أحد يشق الّا بالكتف، والناس بين قتيل وجريح،
والناس في * تهليل وتكبير يتضرعوا الى الربّ القريب المجيب، وردّوا أصحاب[245] 42 (12)b
السلطان، وسكن القتال، ونزلت الناس الى بيوتهم[246] ولم يروا مثل ذلك اليوم في
الحصار. والمدينة قد امتلت ناس من الغوطة والمرج وغير ذلك، وقد سكنوا في
الجوامع والمدارس ولم يمنعهم أحد، وقد امتلت الكلاسة نسوان وأطفال ورجال،
وبقيت الناس في قلة ماء، وجوع، وبرد، وخوف، ومع هذا كلّه — بحمد الله
تعالى — كان الخبز[247] موجود، والماء شربة بفلس على العادة، والربّ كريم اذا أبلى
يعين. وفتحوا صهريج الجامع فكان يكفي أهل الجامع وغيرهم، وقد جبّر الناس
المدرسة الذي[248] داخل بيت[249] ابن قرا سنقر، فان ماؤها من عين الكرش داخلة الى
المدينة، وانتفعوا بها كثير المسلمين. فرحم الله تعالى واقفها، فانّه من أولاد بني
أيوب أقارب صلاح الدين يوسف، فهو الملك الحافظ غياث الدين محمّد بن
شاه شاه، بن بهرام شاه بن فرّوخ شاه * بن شاه شاه بن ايوب بن شاذي، رحمه 43 (13)a
الله تعالى، كان صاحب بعلبك فأخذت منه وأقام ملازم داره ومدرسته[250]
المعروفة بالمقدمية جوّا باب الفراديس، عمل هذا المعروف للمسلمين، وانقضت
ايّامه في هناء وسرور، وتوفّي في شهر شعبان سنه ثلاث وتسعين وستمائة، ودفن في
تربته المذكورة رحمه الله تعالى.

---

242 MS unclear, بلا شوار? Perhaps to be read بالشوار or بالاسوار as translated here.
242a MS المعصم بالسوار.
243 MS الاصوار.
244 MS الاصوار, الصور.
245 MS اصحاب.
246 MS بيوبهم.
247 MS الخبر.
248 So in MS for التي.
249 MS بيت.
250 MS ومدرسته.

ثمّ نعود الى كلامنا. وفي يوم الخميس ثامن عشرين شهر الحجّة ركبت عساكر السلطان وزحفوا على المدينة، وكان أكثرهم على باب كيسان، وباب الصغير، وأحرقوا في ذلك اليوم حريق كبير في الشاغور، واحترق فيه جامعين، وأحرقوا ايضا زاوية المغاربة خارج باب الصغير، وما ابقوا مجهود، ورُدّوا الى الوطاق خائبين.

[سنة ١٣٩٠/٧٩٢ . . . حصار دمشق]

ثمّ استهلّت سنة اثنتين[251] وتسعين وسبعمائة يوم الاثنين، والناس في ضائقة[252] عظيمة، وعساكر المصريّين[253] وقت يظهر خبرهم، ووقت يختني، 3 (13)b والناس * يتحدثوا زائد وناقص، ولا فيهم أحد يصدق في أخبار مصر، وقد عاينت أهل دمشق الهلاك في تلك الشهرين [أو] ثلاثة: حصار وخوف، وغلاء[254] وقلّة ماء وبرد، فنسأل الله تعالى أن يردّ العاقبة الى خير، يا ربّ العالمين! وهم معذورين فانّهم لم يبصر أحد منهم حصار ولا وقائع، وكانت الناس في إطمان وخير، فلمّا رأوا ذلك هالهم وهذا ليس بعجيب. فانّ دمشق معودة على[254a] الحصار وغلق الأبواب، والقتال على الأسوار[255]، وقد ذكر الشيخ [عماد] الدين[256] ابن كثير، رحمه الله تعالى، في تاريخه:[257] بان عبد الله بن علي بن عبد الله العباسي عمّ السفّاح — أوّل خلفاء بني العباس — لمّا اخذوا الخلافة من بني امية في سنة اثنتين[258] وثلاثين ومائة، وهرب من دمشق مَرْوَان الحمَارْ، آخر خلفاء بني أمية، نزل عليها عبد الله بجيوشه وحاصرها شهرين[258] أشدّ حصار، وقطع عنها الماء ودخلها بالسيف، وقتل منها ما 4 (14)a ينيف على عشرين ألف روح، وقد ذكرنا هذا في غير * هذا المكان، وقد ذكرناه في هذا الموضع لهذا السبب مختصر.

ثمّ حاصرها بعده القرامطة، قبحهم الله، وقد ذكرناهم وعقائدهم وكيف كان بدء[259] أمرهم وكيف دخلوا الى الكعبة وأخذوا الحجر الاسود منها وبقي عندهم نحو العشرين سنة، وهكذا ذكرهم الشيخ المسعودي في كتابه «مروج الذهب» رحمه الله تعالى.

ثمّ حاصرها سيف الدولة بن حمدان، ثمّ حاصرها صاحب مصر أحمد بن

---

[251] MS اثنين.
[252] MS ظايقه.
[253] MS المصرين.
[254] MS وعلا.
[254a] MS الى.
[255] MS الاصوار.
[256] MS زين الدين.
[257] MS تاريحه.
[258] MS شهران، اثنان.
[259] MS بدو.

طولون مدّة ، وأخذها وحكم بها [وهو[260]] صاحب الجامع[261] الذي بالقاهرة ، وقد ذكرنا له ترجمةً حسنةً في غير هذا الموضع في كتابنا المسمّى «بِدُرر الافكار في غرائب الاخبار[262].»

ثمّ حاصرها عماد الدين زنكى أبو نور الدين الشهيد ، رحمه الله تعالى ، ولم يقدر عليها ، ورحل عنها إلى بعلبك[263] وحاصرها وأخذها وخلّا بها من جهته نجم الدين أيوب ابو صلاح الدين يوسف ، رحمه الله تعالى.

44 (14) ثمّ حاصرها نور الدين الشهيد ثلاث مرار ، وأخذها في المرّة الثالثة في سنة * سبع[264] وأربعين وخمسمائة ، وكانوا نوابها[265] يسمّوا بيت طغيتكين ، وكان صاحبها يومئذ — لمّا أخذها نور الدين الشهيد ، رحمه الله تعالى — مجير الدين. هكذا ذكره صاحب كتاب «كشف الكروب في ايّام ملوك بني ايوب.»

ثمّ حاصرها الملك العزيز بن صلاح الدين يوسف وطلب يأخذها من أخيه[266] الملك الافضل مدّة ولم يأخذها.

ثمّ حاصرها وزير الملك الصالح أيوب المعروف بمعين الدين ، وكان صاحبها الملك إسماعيل بن الملك العادل ، فحاصرها معين الدين ستّ شهور أشدّ حصار ، وقطع عنها المياه وذاقت الناس فيها من الغلاء والوباء شدّة عظيمة ، وبلغت غرارة[267] القمح فيها الى ألف وستّمائة درهم.

ثمّ حاصرها هلاكون — قبحه الله تعالى — وأخذها ولم يأخذ القلعة ، في سنة ثمان وخمسين وستّمائة.

ثمّ حاصرها قازان ودخلها ، وقعدت التّتر بها مدّة ، ولم يأخذ القلعة ، [وذلك] في
45 (47)a سنة تسع وتسعين وستّمائة ، وجاء * [ف]كسرهم وأخرجهم منها الملك المظفر قُطز ، واتّقع هو والتّتر على عين جالوت[267a] وانكسروا التتر واخذوا منهم المسلمون[268] شيء كثير ، وكان نائب القلعة أرجواش ، رحمه الله تعالى.

لكنّ ابناء هذا الزمان معذورين لأنّهم ما رأوا حصار قبل هذا ، ولا قاسوا شدّة فيها[269] [مثل] ما قاسوا اهلها.

---

260 Inserted for clarity. See notes to Translation.

261 MS الحامع.

262 MS has on margin in another hand الذي قبل هذا الكتاب.

263 MS بعلبك.

264 MS سبعه.

265 Unclear in MS.

266 MS اخوه.

267 MS الغراره.

267a MS جالود.

268 MS المسلمن.

269 MS فيا. Probably for فيها.

وقد تملّكتها الملوك السلجوقيّة في أيّام الخليفة القأيم بأمر الله، وكان بها عساكر تنيف عن خمسين ألف فارس برسم الأعداء، وقيل: ان الذي بنى قلعة دمشق من الملوك السلجوقيّة، وكان اسمه شكز،[270] وبنيت في سنين شيء واربعمائة.

والملوك اذا ارادوا شيء يفعلوه، كان هين عليهم بالمال والرجال، ومن جملة همم الملوك العالية انّ صلاح الدين يوسف بن أيوب، رحمه الله تعالى، فتح في بلاد الساحل ستّ مدن بقلاع في ستّ جمع، كلّ جمعة يصلّي في مدينة يفتحها. ووقائع الملوك كثيرة لا تحصر، ومن لم ينصره الله تعالى لم ينتصر، وقد اختصرنا هذا الفصل لئلا يطول فيه الكلام والسلام.

[انحرافات عن كثرة الكلام]

45 (47)b حكاية: * وقد ذكر لي[271] بعض أصحابي أنه كان يروح الى قبة[272] يلبغا والسلطان برقوق نازل عليها يحاصر دمشق، قال: «كنت أروح الى عند اصحاب لي طباخين[273] السلطان، فأعجب شيء رايت عندهم؛ انّي كنت يومًا فشووا خروف للسلطان، ونحن منشرحين، وكان فيهم واحد[274] كثير الكلام، وكانت خيمتهم قريب من خيمة السلطان، فلمّا استوى الخروف وضعوه في قصعة، فأخذ رأس الخروف الطبّاخ الذي كلامه كثير، وكان معه رغيف فحطّ الرأس على الرغيف وهو يضحك وقال، 'هذا راس برقوق بناكله[275] اليوم،' وكان خلفه رجل من الكرك سمعه، فما استتمّ كلامه حتّى جذب سيفه وضربه [ف]قطع رأسه عن بدنه.

فلمّا رأيتُ هذا، قلتُ لبعض[276] أصحابه: 'ما حمله على هذا الكلام الفاحش؟' قال، 'ما اظنّه اراد راس برقوق، وأنما اراد ان يقول «هذا راس جردمر نائب الشام،»
46 (48)a فسبق لسانه فقال «هذا رأس برقوق» لكن حتّى ينفذ القضاء والقدر فيه وقد * جعل الله تعالى لكلّ شيء سبب.'»

فتعجّبتُ من هذا الامر غاية العجب وقلتُ، «صدق الذي قال: 'لسانك أسدك، ان اطلقته افترسك، وإن حبسته حرسك.'» فانظر يا اخي الى هذا، كيف قلته[277] كثرة كلامه، وقد أجاد الشاعر حيث يقول في المعنى شعرًا،[278]

---

[270] So in MS. Probably for تتش. See note 427 to Translation.
[271] MS دكر.
[272] MS قيه.
[273] So in MS.
[274] MS واخد.
[275] So in MS. See notes to Translation.
[276] MS لبعص.
[277] So in MS, possibly in error for قتلته.
[278] Meter الكامل.

إِحْفَظْ لِسَانَكَ أَيُّهَا الإِنسَانُ لاَ

يَلْدَغَنَّكَ إِنهُ ثُعبَانُ ،

كَمْ فِي المقَابِر مِن قَتِيل لِسَانِه

كَانَتْ تَهَاب لِقَاءَهُ[279] الشجعَانُ ،

حكاية في المعنى :

قيل : كان بعض الزهاد جالس في مكان يعبد الله تعالى فيه ، وقريبًا منه شجرة يأوى اليها عصفور ، طول نهاره يصيح ما يسكت الّا قليل ، فمرّ به في بعض الايّام انسان يرمي بالبندق فسمع صياحه ، فجاء اليه وضربه فرماه فمات ، فتعجّب منه الرجل الزاهد وقال ، «صدق ابن مسعود ، رضي الله عنه ، حيث يقول : 'ما من شيءٍ

أحقّ بطول السجن من اللسان ، ان لم توثقه عدا عليك * فقتلك.' » فاعتبر يا 46 (48)b

اخي — وفقك الله تعالى — بهذا الكلام ، وأقصر من الكلام والسلام. وقد اجاد الشاعر حيث يقول شعرًا في المعنى[280] ،

يُصَابُ الفَتَى مِن عَثْرَةٍ بلِسَانِه

وَلَيْسَ يُصَابُ الْمَرْءُ مِن عَثْرَة الرِّجلِ ،

فَعَثْرَتُه مِن فِيهِ تَرْمِي بِرَاسِهِ

وَعَثْرَتُه بِالرجْلِ تبْرَا عَلَى مَهْلٍ ،

وقال[281] الامام الشافعي ، رضي الله عنه ، لصاحبه الربيع : «لا تتكلّم فيما لا يعنيك ، فانّك اذا تكلّمت بالكلمة ملكتك ولم تملكها.» هكذا ذكره الشيخ محيي الدين النواوي ، رحمه الله تعالى ، في كتابه «ألاذكار» ، «اعلم يا اخي — وفقك الله تعالى — أنه ينبغي لكلّ انسان ان يحفظ[282] لسانه عن الكلام ، ولا يتكلّم الّا اذا كان الكلام خيرًا وفيه مصلحة ، والّا السكوت أصوب».

ويروى عن ابي موسى الاشعري ، رضي الله عنه ، قال : «قلت 'يا رسول الله !

ايّ المسلمين أفضل *؟' قال 'من سلم المسلمون من يده ولسانه.' » حديث صحيح. 47 (49)a

وعن سفيان بن عبد الله قال ، «قلت ، 'يا رسول الله ، حدثني بأمر أعتصم به ،' قال ، 'قل: ربي الله ، ثمّ استقم'. فقلت ، 'يا رسول الله ، ما اخوف

---

[279] MS لِقَايِهِ.

[280] Meter الطويل.

[281] MS وفال.

[282] MS بحفظ.

ما يُخَافُ عليّ؟ ' فاخذ بلسان نفسه ثمّ قال ، 'هذا. ' » قال الترمذي ، [283] «حديث حسن صحيح.»

وعن عقبة بن عامر ، رضي الله عنه ، قال ، «قلت ، 'يا رسول الله ما النجاة؟ ' قال ، 'امسك عليك لسانك ، وليَسَعْكَ [284] بيتُكَ ، وابكِ على خطيئتك. ' » قال الترمذي [285] ، «حديث حسن صحيح.»

وعن معاذ [286] ، رضي الله عنه ، قال : «قلت ، 'يا رسول الله أخبرني بعمل يدخلني الجنّة ويباعدني من النار. ' قال ، 'لقد سألتَ عن عظيم ، وانّه ليسير على من [287] يسّره الله عليه. تعبد الله ، لا تشرك به ، وتقيم الصلاة ، وتُؤتي الزكاة ، وتصوم رمضان ، وتحجّ البيت [288] . ' ثمّ قال ، 'ألا أدلك على ابواب الخير؟ الصوم جُنّة ، [289] والصدقة تطفيء الخطئة كما يطفيء الماء النار ، وصلاة الرجل في جوف * الليل تطفيء غضب الجبار. ' ثمّ تلا «تتجافى [290] جنوبهم عن المضاجع» حتى بلغ «يعملون» [291] . ' ثمّ قال ، 'الا أخبرك [292] بملاك ذاك كلّه؟ ' قلت ، 'بلى يا رسول الله. ' فاخذ بلسانه ثمّ قال ، 'كفّ عليك هذا. ' قال : 'قلت ، «يا رسول الله وانا لمؤاخذون بما نتكلّم به.» فقال ، 'ثكلتك أمّك ، وهل يكبُّ الناس في النار على وجوههم [293] إلّا حصائد السنتهم؟ ' » قال الترمذي [294] ، «حديث حسن صحيح.»

47 (49)b

وعن عبد الله بن عمرو بن [295] العاص ، رضي الله عنه ، ان النبيّ ، صلّى الله عليه وسلّم ، قال ، «من صمت نجا.» وقد أجاد الشاعر حيث يقول في المعنى شعراً [296] ،

الصَّمتُ زَينٌ وَالسكُوتُ سَلاَمَةٌ
فَاذَا نَطَقْتَ فَلاَ تَكُنْ مِكْثَارًا ،
فَلَئنْ نَدِمْتَ عَلىَ سُكُوتِكَ مَرَةً
فَلَتَنْدَمَنَّ عَلىَ الكلاَمِ مِرَارًا ،

---

[283] MS الترمدى.
[284] MS واليسعك.
[285] MS الترمدى.
[286] MS معاد.
[287] MS ما.
[288] MS اليت.
[289] MS has الجنه والجنه. The second word, والجنه is lacking in published editions of the ḥadīṯ, cf. *Musnad*, V, 231.
[290] MS تتجافا, cf. *Koran*, XXXII, 16–17.
[291] MS يعلمون, cf. *ibid.*
[292] MS اخبرل.
[293] MS وجوهم.
[294] MS الترمدى.
[295] MS عمر.
[296] Meter الكامل.

وهذا القدر في هذا المعنى يكفي اهل البصائر، والسلامة في قلّة الكلام والسلام.

[حصار دمشق — البقية]

ثمّ نعود الى كلامنا. ولمّا هلّت السنة المباركة ركب السلطان وعساكره في
48 (50)a نهار الاثنين[297] * ثامن شهر المحرم، وكان قد بلغهم أن برج عند باب الجابية قد وقع ولم يبق له أثر، فطمع السلطان ومن معه في الدخول الى المدينة وقالوا، «ان لم ندخل اليوم ما بقينا نقدر ندخل،» وجاؤوا في همّة عالية الى باب الجابية ضحوة نهار. وكان أمر هذا البرج عجيب، وذاك أنّه كأنّ قد انشقّ لمّا احترقت الحوانيت[298] الذي[299] حوله الى اوّل الليل وقع، وكان لوقوعه رجّة عظيمة جفلت منه الناس، وفزعوا أهل المدينة وأعلموا النائب، فصعب ذلك عليه وحضر هو والأمراء والقضاة فوقفوا عليه وخافوا على المدينة منه، وفي الحال طلب الصناع والبنائين وبناه على ضوء الشمع والمشاعل، وهم يعملوا فيه شغل وهو يستحثّهم طول الليل، ولم ينام احد في تلك الليلة، وما طلعت الشمس حتى طلع البرج وارتفع كأنّه ما وقع، وهذا من همم الملوك العالية، يبنى برج على ضوء الشمع في ليلة.

48 (50)b وجاء السلطان * وجماعته الى باب الجابية وقاتلوا قتال شديد، ورأوا السور[300] كما كان صحيح ما كأنّه وقع، ولم يجدوا لهم طريق الى المدينة، وقاتلوا أهل دمشق من أعلى الاسوار[301] في ذلك اليوم قتال شديد، حتّى انّه لم يقدر أحد من جماعة السلطان في ذلك اليوم يصل الى السور[302] ولم يزالوا كذلك الى آخر النهار، وقد قُتل وجُرح من الفريقين[303] في ذلك اليوم خلق كثير. وكان يوم مهول، وما كان في ذهن السلطان وأصحابه الّا انهم في ذلك اليوم ياخذون دمشق، فانّ المناحيس راحوا إليهم[304] في الليل وقالوا لهم: «قد وقع برج باب الجابية، وان لم تدخلوا الى المدينة في هذا اليوم لم تقدروا بعده تدخلوا إليها.» فلأجل ذلك ركب جميع عساكر[305] السلطان، واتوا الى المدينة مثل كمشبغا، وإينال، وطرنطاي، وبتخاص، وكمشبغا
49 (15)a الخاصكي، وقطلوا بك المنجكى، وأولاد منجك، وابن * الشيخ عليّ، وفرج الله، والهيذباني، وابن المهمندار، وقجماس ابن عمّ السلطان، وابن أمير علم، وبكلمش،

---

[297] MS الانين.
[298] MS الحوابيت.
[299] So for التي.
[300] MS الصور.
[301] MS الاصوار.
[302] MS الصور.
[303] MS الفريقان.
[304] MS الهم.
[305] MS has جميع السلطان with عساكر in the margin.

واياز، وغيرهم من الأمراء والعشرانات والعربان والكركيّين[306] وغيرهم، وقاتلوا في ذلك اليوم قتـال شديد ولم ينالوا مقصود.

وفي ذلك اليوم توجّه طرنطاي الى القنوات وفتح مخازن قمح ونهبها هو والعوامّ، وكان فيهم قمح كثير ورُدّ السلطان وأصحابه الى الوطاق وهو مغبون من أهل دمشق لما أبصر من قتالهم وشجاعتهم وصبرهم وإقدامهم، ولم يكن في ظن أحد انهم يكونوا هكذا، وصدق الذي[307] قال «الرجال مخبيةً[308] في ثيابها ما يظهروا الّا وقت الحاجة.» وكان هذا اليوم آخر قتال السلطان وأصحابه لأهل المدينة.

[وقعة شقحب الثانية]

وفي العشر الاوّل من المحرم تواترت الأخبار بقدوم السلطان الملك المنصور والخليفة
9 (15)b والامير منطاش ومعهم عساكر كثيرة، ففرحت أهل دمشق * ودقّت البشائر، وبقيت الناس بين مصدّق ومكذب الى نهار السبت، ثالث عشر المحرم، رحل السلطان برقوق وجماعته من على قبّة يلبغا الى نواحي الكسوة، وضموا الذي ليس لهم به حاجة وأحرقوه، وقد أحرقوا المنجنيق الذي كان عندهم يرموا به على دمشق، ولمّا ارتحل عن قبّة يلبغا إلى شقحب، ظنّ شنتمر أنه خاف وتسحّب، وخرجوا أهل المدينة الى الوطاق واخذوا ماكان فيه من الاثاث واخشاب المنجنيق وغيرها، وفرحت الناس وشموا الهواء. ونهبوا الناس حارة الكلاب فانّهم كانوا مع السلطان والناس منتظرين الأخبار.

وامّا السلطان برقوق وعساكره؛ فانّهم نزلوا على شقحب وهم منتظرين[309] عساكر مصر الى يوم الاربعاء سابع عشر المحرم صابحتهم عساكر مصر فركب السلطان برقوق وعساكره وصفّهم، ووقعت العيون على العيون، والتقى الفريقان والتقت الاعلام بالاعلام، والنصر من عند الملك العلام، وحمل
60 (16)a منطاش ومن * معه على الميسرة، وكان فيها كمشبغا وعساكر حلب وأكثر الامراء، فكسرهم منطاش وولوا هاربين صوب المرج، فتبعهم منطاش وعساكر المصريّين،[310] ونجا من نجا وقتل من قتل. فامّا كمشبغا؛ فانّه نجا بأناس قلائل، وقصد حلب وظنّ في نفسه انّهم انكسروا، وما بقي مع برقوق احد. وأمّا منطاش؛ فانّه تبعهم الى المرج وقد فرق جمعهم، وظنّ في نفسه أنّهم انكسروا

---

[306] MS والكوكين.
[307] MS الذى.
[308] So in MS for مخبّأة.
[309] MS منتطرين.
[310] MS المصريين.

وأنّ السلطان الملك المنصور يصبح يدخل المدينة، فقصد المدينة ووصل إليها نصف الليل، وأعلموا نائب الشام جردمر أنّ منطاش على باب النصر، فقام اليه وسلّم عليه، وفتح له باب النصر وسلّمه المدينة والقلعة، فحصل له الهناء، بلا تعب ولا عناء. هذا جرى لمنطاش ولكمشبغا.

وأمّا السلطان الملك الظاهر برقوق؛ فانّه كان معه نحو خمسمائة مملوك من مماليكه الذي[311] يعزوا عليه في ذيل الجبل، فلمّا أبصر عساكره قد انكسرت وولى
50 (16) كمشبغا هارب وتفرّقت عساكره* صعب ذلك عليه، وقال: «لاحول ولا قوّة الّا بالله العليّ العظيم.» ونزل في ذيل الجبل وهو مكسور رائح الى مكان يلتجي اليه، يلتقي في طريقه بالنصيب شيء ما كان في ذهنه؛ السلطان الملك المنصور والخليفة والقضاة واقفين في مكان وعندهم ناس قلائل، فحطم عليهم وضرب عليهم حلقة ومعه مماليكه. فلّما تحقّقوا انّه السلطان، والخليفة والقضاة عرفوه، وقد عاينوا الموت فسلّموا عليه فقال لهم، «لا تخافوا ما عليكم باس.» فرمت مماليكه شطفاتهم وحملوا رنك منطاش. فبقت الناس تجيء الى عند الملك المنصور والخليفة يهنوهم بالنصر، يلتقوا برقوق واقف كأنّه اسد وحوله تلك المماليك، منهم من ينزل يبوس ركابه ويقف تحت طاعته، ومنهم من يقتلوه مماليكه، واحتوى[312] السلطان برقوق على الأموال والخيام والخيل والجمال والسلاح
51a والزاد. وأخذ السلطان المنصور والخليفة والقضاة وجاء بهم ونزل* في الخيام، وهذا عجيب بعد أن كان هارب مكسور، انتصر وظفر بالمنصور، وبات السلطان برقوق والخليفة، كما يقول العرب ‹في لبّ القطيفة.›

وامّا منطاش؛ فانّه دخل الى دمشق وصار كما قال فيه الموّال،

مِنْطَاشْ، قَدْ طَاشَ عَقْلَكْ وَانْذَهَلْ، فَنْحَبْ[313]
مِنكَ الذَّهَبْ قَدْ ذَهَبْ، وَابعَدكَ مَن تَصْحَبْ،
وَبَا سَعِيدْ وَحُرمَةَ مَن قَتَلْ مَرْحَبْ،
رَدّ الخَلِيفَة مَعَ السُّلطَانْ، مِن شَقْحَبْ،

وأمّا أهل دمشق؛ فانّهم أصبحوا في خمدة، لأنهم لم يدخل اليهم لا سلطان ولا خليفة. وأصحاب منطاش يُمَرّهوا ويقولوا «السُّلطان غداً[314] يحضر، لأنّه جاية من

311 So in MS for الذين.
312 MS واحتوا.
313 So in MS for فَنَحَبْ ?
314 MS اغدا.

على صفد على البقاع ،» ثمّ ظهر الأمر أنّ برقوق قد مسك السلطان المنصور، والخليفة، والقضاة، وأخذ الاموال والخيل، وقد أطاعته عساكر المصريين، ورُدّ إليه بعض أصحابه الذي[315] كانوا قد هربوا، وكثرت * عساكره، وأعطاه الله تعالى النصر. 51b

وامّا كمشبغا؛ فانّه استمرّ هارب إلى حلب، وطلع إلى القلعة وحصّنها وقال انّ السلطان يكون[316] قد انكسر.

وامّا منطاش؛ فانّه جمع عساكر الشام والاعوامّ، وطلع الى برقوق الى شقحب فالتقاهم وكسرهم وفرّقهم، وقتل من العوامّ خلق كثيرة، وكانوا قد طلعوا طمعاً في المكسب، وردّوا في أنحس حال. ثمّ ان منطاش طلع اليه بالناس ثاني مرّة وثالثة فثار عليهم هواء ومطر وبرد فهلكت الناس ورُدّوا خائبين.

وامّا السلطان برقوق؛ فإنّه ركب من شقحب وطلب القاهرة ومعه السلطان المنصور والخليفة والعساكر. وقد قتل طرنطاي على شقحب، وإياز هرب الى صفد في الوقعة وحصّنها، وقعد هناك وما صدق أنّ برقوق قد انتصر، وأولاد الشيخ علي، أمير محمّد وأمير أحمد، راحوا إلى الرحبة وقد حصّنوها وقعدوا فيها؛ وأولاد منجك راحوا الى صفد الى عند إياز. ولم * يبق[317] مع السلطان برقوق من الأمراء 52a
سوى إينال ومماليكه والباقي كلّهم تفرّقوا. فانظر يا أخي الى هذا الأمر العجيب: بعد أن انكسر وولّى هارب، رزقه الله تعالى النصر. وقد قصد السلطان برقوق مصر، وانقطعت أخباره عن دمشق ولم يبق[317] أحد يقدر يسافر ولا يروح ولا يجيء، والعربان تشعث في سائر المواضع وقد طمع كلّ نحس.
وأمّا منطاش؛ فإنّه نزل في القصر، والمدينة والقلعة في يده، لأجل الشمس والطيبة.

وفي يوم الأحد حادي عشرين شهر الله المحرّم حضروا تركمان من بلد قارا ومعهم فرج الله، وأخو طرنطاي، وجماعة من الهاربين. ولمّا أدخلوا فرج الله الى قدام منطاش قالت العوامّ: «يا خوند! لوجه الله تعالى أعتقه لنا فانّه عتقنا، وفرّج عنّا في جامع كريم الدين.» فقبل شفاعتهم فيه وخلع عليه وسلّمه الى نائب الشام جردمر يركب معه. واستمرّ منطاش في الشام وقد أخرج أهل القلعة منها، وسكّن فيها من جهته، وما * عمل جردمر شيء أوحش من تسليمه 52b
لمنطاش القلعة، فانّه كان رأيٌ ليس بجيّد.

---

[315] So in MS for الذين.
[316] MS بكون.
[317] MS يبقا.

ثمّ استهلّ شهر صفر من السنة المذكورة، وقد فتحوا الناس دكاكينهم، وفتح منطاش أبواب المدينة، وفرّج الله تعالى عن الناس وتوجّهوا إلى بلادهم والى ضياعهم، وحبّوا الناس منطاش بسبب ذلك، ورخصت الأسعار وكثر اللحم وطابت قلوب الناس. وكان اوّل ما قدم الزهر وجرت لهم الانهار، وطلعت الناس الى الأزهار، وقضوا كلّ ما فاتهم أيّام الحصار، ورجع الماء الى مجاريه، وتبسّم ثغر دمشق عن زهر روابيه، وفاضت غدران الرحمة على رياض الأمن، فأنبتت من المسرّة نبات حسن، فالحمد لله الذي اذهب عنّا الحزن. ولمّا فرج الله تعالى تلك الضائقة الشديدة نظم شرح حال دمشق الشيخ علاء الدين بن أيبك — ابقاه الله — وهي هذه القصيدة، فقال:[318]

دُرْ مَعَ زَمانِكَ يَا لَبِيبُ وَدَارِي ... وَاعمِر فَدَارَكَ لِلخَرَابِ وَدَارِي،

53a نَفْسِي * وَنَفسكَ وَالنُّفوس جَمِيعهَا ... يَجرِي لَهَا نَفَسٌ عَلَى مِقْدَارِي،

وَالحُكْمُ حُكْمُ اللهِ يَفعَلُ مَا يَشَا ... وَالأَمرُ أَمرُ مُقَدِّرِ الأَقدَارِ،

سَبَقَ القَضاء[319] لِكُلِّ مَا هُوَ كَائِنٌ ... فَاحذَرْ تُجادِل فِي القَضَا وَتُمَارِي،

وَاللّهُ قَد قَسَم الّذِي أَعطَى الوَرَى ... مِن رِزْقِهِم وَتَفَاوُت الأَعْمَارِ،

وَاللّوحُ مَكتُوبٌ بِهِ مَا خَطَّهُ ... وَجَرَى بِهِ قَلَمُ اللّطِيفِ البَارِي،

لَا بُدّ مِن فَرجٍ وَحُزْنٍ بَعدَهُ ... يَأْتِي وَمِن يُسْرٍ وَمِنْ إِعسَارِي،

وَالصَّفْو يَحدُثُ بَعدَهُ كَدَرٌ وَهَلْ ... أَبصَرتَ مِن صَفْوٍ بِلاَ أَكدَارِي[320]،

---

[318] Meter الكامل.

[319] MS القضا, *hamza* required for meter.

[320] So in MS for أَكْدَارِ. In several other verses of this poem an unneccessary final ي is added to the rhyme word.

وَآعلَم[321] بِـــانَّ اللهَ يَعلَم كُلَّما
نُبدِي وَنُخفِيهِ مِنَ الأسرَارِي،
53b يَومَ* المعَادِ زَلَازِلٌ تَنسَى بهَا   اِسمَاع عُودٍ وَمِزمَارٍ وَأوتَارِ[322]،
وَالنفْخ في الصُّورِ الّذي أرْوَاحُنا   فِيه خِلَافُ النّفخِ فِي المزمَاري،
لَا تَبخَلَنَّ عَلَى الفَقِيرِ بِدِرْهَمٍ   أَودَعتَهُ في الكِيسِ أَوْ دِينَارِي،
وَالبِسْ لِبَاسَ الاتقِيَاءِ وَكُنْ فَتىً
مِن لُبْسِ ثَوْبِ العَارِ جِسْمك عَارِي،
وَاصْحَبْ مِنَ الأَصْحابِ كُلَّ مُهَذَّبٍ
واحفَظْ صَدِيقكَ وَارعَ حَق الجَارِي،
وَاذكُرْ لِمَا قَدّمتَه وَنَسِيتَه   فَمَوَاعِظُ العُقَلاءِ فِي التّذكَارِ،
مَا هَذِهِ الدُنيَا بِدَارِكَ فَاتَّئِدْ
مِنْهَا[323] وَقُلْ سُحقًا لَها مِن دَارِي،
فَالملكُ فِيهَا لِلملُوك مُفَارِقٌ   وَالملكُ ملكُ الوَاحِد القَهّاري،
يَا مَا جَرَى فِي عَصْرِنَا يَا مَا طَرَا
فِي ذَا الزّمَانِ مِن البَلاءِ الطَّارِي،
سَنَةٌ عَلَى سَنَةٍ أَتَت بِعَجَائِب   وَغَرَائبٍ وَدَمَادِمٍ وَدمَارِي،
54a وَمَحَافلٍ* وَجَحَافلٍ وَسَنَاجقٍ   وَبَيَارِقٍ وَأَسِنَّةٍ وَشِفَارِي،
وَالظَّاهِرِ المَخْلُوع جَاءَ مُجَيّشًا   بِجُيُوشٍ هَائِلَةٍ لِأخذ الثارِ،
وَتَجمَّعَتْ قَيْسٌ وَعُرْبَان الفَلَا   وَأَتَوهُ كالعقبَانِ فِي الأَوْكَارِ،
مَا بَينَ دَارَيَّا وَقُبّة يَلبُغَا   نَزَلُوا عَلَى الرَّوضَاتِ وَالأنهَارِي،
وَأَتَاهُ مِنْ حَلَبِ الأمير كُمُشْبُغَا   بِالتُركِ وَالأكرَادِ وَالأغجَارِي،
وَتَقَصَّدُوا فَتح المدِينَةِ عَنوَةً   بِالمرهفَاتِ وَبِالقَنَا الخَطَّارِي،
فَتَغَلَّقتْ أَبوَابُهَا وَتَحَصَّنَتْ   بِالصَّخرِ لَا بِالدّفِ وَالمِسْمَارِ،

[321] MS وَأَعْلَمْ.
[322] Meter defective. اسماع for سماع ?
[323] So in MS for فاتّئد فيها ?

كَانَتْ دِمَشْقُ كَجَنَّةٍ في حُسْنِهَا
فَاعجَبْ لِيَومِ حَرِيقِهَا بَالنَّارِ،
وَالشَّمسُ قَد عَلِقَ الدُخَانُ بِخَدِّهَا
وَالرِّيح يَكْحل عَيْنَهَا بِغُبَارِي،
وَدِمَشْق قَلْعَتُهَا عَرُوسٌ تَنجَلِي
تَحت الظَّلاَمِ بِخَلْعَةِ الأَنوَارِي،
54b خَلْخَالُهَا* المَفتُول خَنْدَق مَا ئِهَا
وَالسّور مَلْوِيٌّ كَلَيِّ سِوَارِي،
وَالمَنْجنيق كَمَرْكَبٍ مِن فَوْقِهَا   وَالقَلْعُ مِقْلاَعٌ بِرَاسِ الصَّارِي،
وَمَكَاحِلٍ[324] صَرَخَاتُهَا كَرَوَاعِدٍ
تَرْمِي صَوَاعِقُهَا مِنَ الأَحجَارِي،
وَالجَيشُ يَزحَفُ كَالرُبى وَالنّبلُ قَد
مَلأَ الفَضَا[325] مع جَوِّهِ[326] بجِدَارِي،
وَالتُرك مِن ظَهْرِ الخُيُولِ تَرَجَّلَتْ
وَعَوَامُهَا رَكِبَتْ عَلَى الأَسْوَارِي،
وَمِنَ المَقَالِيع الفَرَاقِعُ أَعلَنَتْ   وَحَجَارةٍ تَنهَلُّ كَالأَمطَارِي،
وَالأَرضُ فِيهَا رَجَّةٌ وَزَلاَزِلٌ   مِن ضَجَّةِ التَّكبِيرِ في الأَسحَارِي،
وَالبَرّ قَد دَخَلُوا المَدِينَة اَهلُه   وَتَسَتَّرُوا بِالحُصْرِ بَعْدَ بَوَارِي،
وَالماءُ قَد أَمْسَى بِهَا فِي قِلّةٍ   وَغَلاَ الذّي فِيهَا مِنَ الأَسعَارِي،
وَتَنَاهَبُوا مَا فِي القُرى مِن غَلّةٍ
خَزِنَتْ وَمِن غَنَمٍ وَمِنْ أَبقَارِي،
55a وَالكِذبُ* بَينَ النَّاسِ اصبَح دَائِرًا
دَوَرَ الفَرَاشِ بِصِدقِهَا لِلنَّارِي،

[324] A possible construction, but perhaps وَمَكَاحِلٌ is intended here as part of a list of weapons.

[325] MS الفظا.

[326] In margin, with بجدارى repeated.

وَرَأيتُ كَانُونَ الشِتَــاءِ وَنَــارهُ   تَرمِي المَوَاذِن شَرُهَا بِشَرَارِي ،
فَتكُوا بِمَيْدَانِ الحَصَى لَمَّا عَصَى   وَبِقَصرِ حَجّاجٍ بِلاَ اقصَارِي ،
وَبَنُوا الشُوَيكَةَ نَالَهُم شَرَكُ الأذى
حتّى بَقوا سُمرًا مِنَ الأسمَــارِي ،
وَكَذَلِكَ الشَاغُور أصبَحَ شَاغِرًا   وَخلَتْ عَمَائرُه مِنَ العُمَّارِي ،
وَمَسَاجِدٍ وَمَوَاذِنٍ قَد أُحرِقَتْ   وَرَفَارِف وَسقَــائِف وَسوَارِي ،
وَتقَطّعَت أنهَارُهَــا وتَقَلّعَت   مِنهَا أعَالِيهَا مِنَ الأشجَارِي ،
وَقُصُورُهَا صَبَغَ الحَرِيقُ بَيَاضُهَا   بِدُخَانِه المسوَدّ لَون الغَــارِي ،
وَيَقُولُ كَانُون اهرُبُوا وَتبَاعَدُوا   لاَ تَصْطَلُوا عِندَ الحَرِيق بِنَارِي ،
حَتّى ارَادَ اللهُ كَشفَ كرُوُبِنَا   مِن بَعدِ ضَائقَةٍ وَطُولِ حِصَارِي ،
55b سَلَّطَ[327] * مُلُوك عَلَى مُلُوك فَجيَّشَتْ
وأتَتْ دِمَشْق عَسَــاكِر الأمْصَارِ ،
بَعَثَتْ إلينَا مِصْرُ جُندًا أقبَلُوا   مِثلُ الدُبَا في جَحْفَلٍ جَرَّارِ ،
يَا وَقْعَة وقعَتْ بِشَقْحَب وَانجَلَتْ
عَن ضَرْبِ أعنَاقٍ وَضِيق إسَارِي ،
وَأرْوَاحُ[328] قَد رَاحَت وَنَهْب خزَائنٍ
جَلَّتْ عَنِ الاِحصَــاءِ وَالإِحْصَارِ ،
فِي رَابِــع العَشْرِ المُحَرّمِ شَهْرُه
بَعدَ ارتِفَاعِ ألشّمسِ وَسْط نهَارِي ،
مَشَتِ الجيُوشُ إلى الجيُوشِ كَمَا مَشَتْ
أصحَابُ أخْذ الثّارِ نَحوَ الثَارِي ،
وَتَجَاوَلُوا وَتضَارَبُوا وَتعَارَكُوا
وَتقَاتَلُوا[329] بَالسَّيْفِ وَالأطْبَارِي ،

---

[327] Must be read سَلَّطْ for meter; MS has no final vowel indicated.

[328] MS has وَأرْوَاحُ, which does not fit meter.

[329] MS وتقاتلوا.

وَٱنهلَّتِ الأَمْطَارُ فَوقَ دِمَائِهِم   حَتّى انثَنَوا وَالبَرّ بَحرٌ جَارِي،

56a وَالخَيْلُ * فِيهِ سَوَابِحٌ فَكَأَنَّهَا   سُفُنٌ وَمِن سُمرِ الرِمَاحِ صَوَارِي،

وَخَوَافِقُ ٱلكُوسَاتِ رَعدٌ وَالقَنَا
بَرقٌ أَضَا وَالجَيْشُ غَيْمٌ سَارِي،

وَالنَّصرُ كَانَ مِنَ الآلَهِ لِمَنْ يَشَآ
هُوَ خَالِقُ الأَخْيَارِ وَالأَشْرَارِي،

زَالَتْ بِحمَدِ اللهِ ضَائِقَةُ الوَرَى
وَسَرَى ٱلهَنَا فِي سَائِرِ الأَقْطَارِي،

وَأَتَى الرّبِيعُ مُجَدِّدًا أَفْرَاحُنَا   بِالأَمنِ وَالفُرجَاتِ فِي الأَزْهَارِ،

نَحنُ العُصَاةُ المُذنِبُونَ وَمَا لَنَا   إِلّا مَرَاحِم رَبّنَا الغَفَّارِي،

هُوَ رَبُّنَا وَحَبِيبُنَا وَأَمِينُنَا   وَجَوَارُه لِلعَبْدِ خَيْرُ جِوَارِي،

هُوَ أَوَّلٌ هُوَ آخِرٌ هُوَ ظَاهِرٌ   هُوَ بَاطِنٌ هُوَ قَاصِمُ الجَبّارِي،

هُوَ مُحْسِنٌ هُوَ مُجْمِلٌ هُوَ مُنْعِمٌ
هُوَ مُفْضِلٌ هُوَ كَاشِفُ ٱلإِضْرَارِ[330]،

56b وَشَفِيعنَا * وَقت الشَدَائِدِ عِندَهُ   تَاجُ النُّبُوّةِ خِيرَةُ الأَخيَارِ،

الفَاتِح المَاحِي الرَّسُول مُحمّدٌ   طَهَ أَبَرُّ الخَلْقِ عِندَ البَارِي،

هُو المُصْطفَى وَالمجتبَى وَالمُرتَضَى   وَلَهُ الشفاعة[331] وَالزِّنَادُ الوَارِي،

يَا سَيِّدُ السَّادَاتِ يَا مَن لَم يَزَلْ   مِقدَارُه مِن أَرْفَعِ المِقْدَارِي،

سَلْ رَبَّنَا فَلَعَلَّ يَكشِفُ ضُرّنَا   وَيُقِيلُنَا مِن كَبْوَةٍ وَعِثَارِي،

وَبُنَيَّ أَبِيكَ فِي الشَفَاعَةِ طَامِعٌ
وَقَد ٱستَحِي مِن كَثرَةِ الأَوزَارِي،

فَاشْفَع لَهُ وَلأَهلِهِ وَلِصَحبِهِ   وَلِسَائِرِ الغُيَّابِ وَالحُضَّارِ،

صَلَّى عَلَيكَ اللهُ مَا رَقَّتْ وَمَا   رَاقَتْ بِمَدْحِكَ وَالثّنَا أَشْعَارِي،

---

[330] On margin.

[331] On margin.

وَعَنِ الصَّحَابَةِ كُلِّهِم أهلُ الرِّضَا
مَهْمَا أضَاء فِي اللّيلِ نَجْمٌ سَارِي،

[حكم منطاش في دمشق]

ثمّ نعود الى كلامنا. واستمرّ منطاش في دمشق وعيّن نواب المدن الى البلاد
57a الشاميّة. وأمّا ابن الحنش؛ فانّه عصى في قلعة بعلبكّ هو* وجماعته، وأحرقوا
المدينة ونهبوها وسبّوا[332] حريمها وفعلوا[332] كلّ قبيح، وجرّد إليهم منطاش عسكر
مع محمّد شاه بن بيدمر.

وفي يوم الاربعاء ثامن عشر صفر حضر من وادي التيم اثنين ومعهم جماعة من وادي التيم، وقد ذكروا أنّهم وجدوهم جائين فمسكوهم فوجدوا معهم سبعة عشر كتابًا من السلطان برقوق الى جماعة في دمشق من الأمراء. فأخذ منطاش الكتب منهم، وقرأهم وفهم ما فيهم؛ ثمّ انّه امر العوامّ أن يقتلوهم فقتلوهم على باب النصر. وخفيت أخبار السلطان برقوق وطال حصار قلعة بعلبكّ وأخربوا البقاع العسكر، وبقي منطاش كلّ وقت يركب ويتفقد الأسوار.[333]

وفي أواخر الشهر وصل خبر من حلب أنهم مسكوا كمشبغا، وكان قد توجّه إلى حلب نائب[334] من جهة منطاش أخوه، ومعه زردخانة من قلعة دمشق هائلة، ولم يصحّ ذلك ولا شيئا منه.

ثمّ استهلّ شهر ربيع الاوّل وفتحت دروب المسافرين من بلاد الشام. وعمّر منطاش أسوار[335] المدينه وحصّنها.

57b وأمّا السلطان* برقوق؛ في نهار الجمعة ثامن الشهر تواترت الاخبار أنّه
وصل الى الصالحية الذي[336] للقاهرة وقد كتب كتاب الى نائب الأسكندرية يقول
له فيه: «اني قد انتصرت وكسرت منطاش، ومعي السلطان والخليفة، وقد رضي
الخليفة بي أن اكون سلطان، وقد عزل السلطان الملك المنصور، وإنّكم تلتقوني
ولكم الأمان والإطمان، وكلّما تريدوه من الخير.»

ثمّ استهلّ شهر ربيع الآخر وانقطعت أخبار مصرعن الشام. وفي يوم الثلاثاء حادي عشر الشهر، حضر بريدي من بعلبكّ وخبّر الأمير منطاش أنهم أخذوا قلعة بعلبكّ، ومسكوا ابن الحنش، وابن قمر الدين، ومعهم خلق كثير،

---

[332] MS وسبو ، وفعلو.
[333] MS الاصوار.
[334] I.e., نائبًا = as viceroy.
[335] MS اصوار.
[336] So in MS for التي.

واخذوا منهم شيء كثير من قماش، وسلاح، وأثاث وغيره، الذي نهبوه من بعلبكّ
وغيرها. فلمّا سمع منطاش بهذا فرح، ودقّت البشائر وفرحت الناس، واشتفوا في
ابن الحنش لانّه كان قد أساء الى أهل دمشق، وقطع عنهم المياه ونهبوا عشيره
58a دمشق في أيّام السلطان *، وهو على قبة يلبغا. وبقيت الناس ينتظروهم الى يوم
الثلثاء تاسع عشر الشهر، وصل خبرهم أنّهم واصلين وهم مع محمّد شاه،
وسمّروهم تحت قبّة سيّار، وطلعت الناس إليهم يتفرّجوا عليهم، وازدحمت
الناس في الطرقات، وما بقي لأحد مكان يقعد فيه. وطلع منطاش وعساكر الشام
في خدمته وبقيت الناس قاعدين إلى قريب الظهر، فعند ذلك وصلوا المسمّرين[337]؛
وفي اوائلهم ابن الحنش مسمّر على جمل، وراس ابنه الصغير معلق في عنقه،
وبعده الصارم ابن قمر الدين كبير بعلبكّ، وبعده نائب القلعة[338]، وبعده سبعة
وعشرين جمل كلّ اثنين مسمّرين على جمل مخالف، والباقي كلّ واحد على
جمل. وكانت عدّتهم مائة وعشرين مسمّر، ومنهم ناس في حبال مربّطين،
فإنّهم لم يجدوا لهم جمال، ومنطاش يريد يدخل بعدهم. وأعجب ما جرى في
ذلك اليوم أن شخصًا صيرفي[339] خرج يتفرّج مع الناس الى جسر البطّ
58b والمسمّرين داخلين * يستغيثوا العطش ولم يسقيهم أحد شيء، ويقولوا لهم: «ابن
الحنش قطع الماء» يهزؤوا بهم. فقال الصبي الصيرفي: «لأمر يريده الله تعالى
حتّى ينفذ[340] القضاء والقدر، هذا ما يحلّ ما هم مسلمين.» فقاموا اليه العوامّ
مسكوه وقد قست قلوبهم عليه، وقتلوه وشلحوه قماشه، ونهبوه وشحطوه صحبة
المربّطين من بعلبكّ وقالوا: «هذا برقوقي» إلى تحت القلعة.

والعساكر تنجر مثل التراب وكان يوم مشهود. ثمّ بعد ذلك رسم منطاش
بتوسيطهم[341] تحت القلعة وقد امتلت تحت القلعة منهم، والناس واقفين يتفرّجوا
عليهم. وطلع منطاش إلى القلعة وقدّموهم وفكّوا ابن الحنش، وابن قمر الدين
وطالعوهم الى القلعة حتى يستخلصوا منهم دراهم وفكّوا المسمّرين وقدّموهم حتى
يوسّطوهم. فكان اوّل من وسّطوه الصيرفي الذي مسكوه في جسر البطّ العوامّ،
وهذا عجيب. ثمّ إنّهم وسّطوهم كلّهم، وكانت عدّتهم مائة وعشرين فصاروا
59a مائتين واربعين قطعة، وعلّقوهم من حائط جامع * يلبغا إلى جسر الزلابية. وقد
تعجّبوا الناس لانّهم ما رأوا شيء مثل هذا، وهذا ليس بعجيب.

---

337 MS المسمريں.
338 MS الملعه.
339 MS صارفي.
340 MS ينقد.
341 MS بتوصيطهم.

فقد ذكروا في بعض التواريخ أنّ مسلم ابن قتيبه، لمّا فتح مدينة جرجان ترك فيها عسكر من جهته، وتوجّه الى فتح طبرستان، فلمّا فتحها وعاد إلى جرجان، سمع عن أهل جرجان انّهم قد غدروا وقتلوا جميع عساكره الذي خلّاهم عندهم، فعند ذلك نذر لله إن ظفر بهم لا يطحن[342] من دمهم قمح ويأكله. ثمّ انّه ظفر بهم وأخذ منهم اثني عشر[343] ألف روح، ونزل بهم الى وادي فيه نهر على طاحون، وقد وقفت من قلّة الماء فضرب أعناق الجميع في ذلك النهر حتّى دارت الطاحون من دمهم وطحنت قمح، ثمّ إنّه أخذ ذلك الطحين عجنه وخبزه وأكل منه حتّى أوفى نذره، قبحه الله تعالى على هذا النذر.

فأهل دمشق عمرهم ما رأوا شيئًا من ذلك. فتعلّم، يا أخي، ان مطالعة الكتب يطّلع فيها الإنسان على اشياء وعجائب وغرائب. ومن طالع في كتب التواريخ عرف ما جرى لمن مضى من الأمم الماضين، وان الفتن قديمة فيهون عليه * اذا ابصر شيء 59b
من هذا.

ثمّ نعود الى كلامنا. ثمّ بعد ايّام وسّطوا ابن الحنش، وابن قمر الدين، تحت القلعة.

وفي يوم السبت تواترت الأخبار أن المجردين الذي[344] كانوا قد راحوا الى صفد أرسلهم منطاش، وهم أربع مقدّمين: الصفوي، وابن طشتمر الدوادار، وسنجق، وأرغون شاه، وكان معهم ابن نائب الشام جردمر، راحوا الى القاهرة الى عند السلطان برقوق مثل ماهم، وردّ ابن جردمر هارب منهم في ناس قلائل، فصعب ذلك على منطاش كثير، وبعد أيام في يوم الخميس مسك منطاش نائب الشام جردمر وولده جربغا، وسيّدي ملك ابن أخته، نائب القلعة، وابن قفجق، وضاجت الناس وكثر القيل والقال، وأخذ اموالهم، وقتل ابن قفجق بالمقارع حتّى مات، فانّه كان من الظلمة الكبار، والمثل السائر يقول: ولا ظالماً الّا سيبلى بظالم.

ثمّ استهلّ شهر جمادى الاولى من السنّة المذكورة.[345] وفي يوم الاثنين[346]
60a ركب منطاش الى الميدان ومدّ فيه سماط، واكلت * الناس منه ولعبت قدّامه أرباب الملاعيب. وانشرح في ذلك اليوم.

وفي يوم الخميس رابع الشهر ركب منطاش والعساكر، وخرج من دمشق

---

[342] For لَيطحن.

[343] MS اثنا عشر.

[344] So in MS for الذين.

[345] MS الموكدره.

[346] MS الاثنين.

ولم يعرف أحد الى اين توجه الى[347] بعد يومين، جاء ومعه عرب وجمال وغنائم كثيرة. وكان قد راح كبس عرب ونهبهم.

وفي يوم الخميس ثاني عشر الشهر حضر محمّد شاه بن بيدمر ومعه فلاحين كثيره بِنَحْو[348] من ثلاثين اربعين نفر، وجدهم في مغارة مختفين[349] في قرية بعقوبا[350] فنهبوا ما كان عندهم ولقوا عندهم شيء كثير من النهب، ثمّ انّ منطاش امر بتوسيطهم فوسّطهم كلّهم.

[حكم برقوق الثاني]

ثمّ استهلّ شهر جمادى الآخرة[351] وكان يوم الاثنين[352]، و[في]ذلك اليوم ظهر الخبرفي دمشق بانّ السلطان برقوق جلس على كرسيّ المُلْك بمصر وحكم بالقاهرة وقوت[353] شوكته. ثمّ تولّى السلطان الملك الظاهر ابو سعيد برقوق مرة ثانية، ولمّا جلس السلطان الملك الظاهر برقوق على الكرسيّ، وحكم وطاوعته الناس وفرحت به اهل القاهرة وأصبح * على كرسيّ ملكه، كما قال فيه الشاعروهو البستي شعرًا،[354] 60b

أَلحَمدُ لِلّهِ زَاحَ ٱلهمُّ وَٱلفِكَرُ
وَرَدَّ كُلُّ سُرُورٍ كَانَ يُنتَظَرُ
عَادَ الإِمَامُ الى مَعْهُودِ صِحّتِهِ
فَعَاوَدَ البِشرُ وَٱلأفرَاحُ وَٱليَسَرُ
وَكَانَتِ الأَرضُ فِي أيّامِ غَيْبَتِهِ
غَبْرَاءَ فَانزَاحَ عَنْهَا ذَلِكَ الغَبَرُ
فَانظُرْ إِلَيهَا تَجِدْهَا حَيثُمَا نَظَرَتْ
عَينَاكَ رَوْضاً أَنِيقاً جَادَهُ مَطَرُ

ثمّ بعد ذلك أخرج من مصر الى الشام عسكر إلى منطاش، وهم يلبغا الناصري، وألطنبغا الجوباني، وقرا دمرداش، وسودون باق، وغيرهم من الامراء،

---

347 So for الا ?

348 Unclear. Either نَجْو or بِنَحْوِ as read here.

349 MS مختفيين.

350 MS يعقوبا. See notes to Translation.

351 MS الاحر.

352 MS الانين.

353 So in MS for وقويت.

354 Meter البسيط.

وانّهم وصلوا الى الغور فخافت أهل دمشق، وضاقت صدورها من الحصار والشرّ وكان بطآ قد أخذ له القلعة من المناطشة، وإذا أراد الله تعالى امرًا بلغه، ويجعل لكلّ شيء سبب، فسبحان القادر على كلّ شيء، يؤتي الملك من يشاء وينزع الملك ممن يشاء، ويعزّ من يشاء * ويذلّ من يشاء، بيده الخير. وهو على كلّ 61a
شيء قدير. واستقام الأمر في القاهرة للسلطان الملك الظاهر برقوق واطمأنت اهلها وفرحوا به وقد أجاد الشيخ علاء الدين ابن أيبك حيث يقول،[355]

قَدْ أَصْبَحَتْ مِصْرُ فِي أَمْنٍ وَفِي دَعَةٍ
وَفِي سُرُورٍ وَأَفْرَاحٍ بِلاَ حَزَنِ،
لَكِنْ دِمشَقُ مُقِيمَاتٌ بِهَا فِتَنٌ
وَنَسْأَلُ اللَّهَ أَنْ تَخْلُو[356] مِنَ الفِتَنِ،

ولمّا رُدّ السلطان الملك الظاهر الى ملكه مرةً ثانيةً؛ تعجّبوا الناس لذلك غاية العجب وهذا ليس بعجيب. [فـ]ما زالت الملوك تخلع من الملك وتردّ اليه، والخلفاء كذلك. فقد انخلع من الملك صاحب الغرب وعاد اليه. ومن الخلفاء الأمين وعادت إليه، والمقتدر وعادت الخلافة إليه، والقائم بأمر الله مرار، وعادت إليه الخلافة. ومن ملوك الفرس سابور وعاد إليه الملك، وبهرام جور وعاد إليه الملك، ومن قيصر وعاد * اليه الملك، ومن السلطان أحمد صاحب بغداد وعاد اليه الملك. 61b
وفي دولة الترك؛ الملك الناصر مرّتين وعاد اليه، ومن لاجين وعاد اليه، ومن المنصور وعاد اليه، فليس بعجيب إذ خلع الملك الظاهر من الـمُلْك وعاد إليه. ولولا يطول الكلام وكتابنا مختصر، والاّ ذكرناهم كما ينبغي. لكنّ الجميع قد ذكرناهم كما ينبغي، كلّ واحد في موضعه، في كتابنا المسمّى «دُرَر الافكار في غرائب الاخبار» ولله الحمد.

[مغادرة منطاش من دمشق]

ثمّ نعود الى كلامنا. ولمّا سمع منطاش بقدوم عساكر مصر اليه ركب يوم الخميس وَدَارَ حول السور[357] يتفقّده، وقد خافت الناس انّه يغلق المدينة ويحاصروها المصريين[358] وقد جاء معهم ناس كثيرة من الطمّاعين والمناحيس، ووصلت أخبارهم انّهم قد وصلوا الى بحيرة[359] قدس.

---

[355] Meter البسيط.
[356] MS تخلّوا.
[357] MS الصور.
[358] MS المصريين.
[359] MS بحيرت.

وفي يوم الخميس حادي عشر الشهر، ركب منطاش من دار السعادة وقد اجتمعت العساكر كلّهم ملبّسين سلاحهم، وطلع بهم الى قبّة يلبغا
62a أعرضهم[359a]، وكان عسكر مليح جدّا، وقويت قلوب أهل دمشق * لمّا أبصروا تلك العساكر كلّها، وقالوا: إن المصريين[360] ما هم قدّهم، وأنّه طالع اليهم. ولم تزل الناس باهتين إلى ليلة الاحد رابع عشر الشهر المذكور ركب منطاش في الليل وجماعته، ولم يتخلّف منهم سوى ابن بيدمر محمّد شاه. وقد أخذ منطاش من القلعة شيء كثير، ومن دمشق ما يحتاج اليه من السلاح والمال وغيره، وطلب نواحي بلاد الشمال. ونصر الله تعالى الملك الظاهر برقوق وأصبحت المدينة خالية من المناطشة، وأراد الله تعالى خيرًا بالمسلمين الذي خرج عنهم منطاش «وكفى الله المؤمنين القتال.» وقد اجاد الشاعر حيث يقول،[361]

كَانَتَا مُقلَتَاكَ قَبلَ ٱنكِفَافِهِمَا[362]
لِقِتَالِ الوَرَى تَسُلّ النِصَالْ
فَأَمِنَّا قِتَالَهَا حِينَ كَفَّتْ
«وَكَفَى اللهُ المؤمِنينَ القِتَالْ»

وقد خمدت المناطشة وظهرت البرقوقيّة من كلّ مكان، ونادى الأمير أيتمش في المدينة بالأمان والإطمان. وخرج كلّ من كان محبوس في القلعة من جهة
62b السلطان برقوق الذي * كان لهم أجل، وسلموا من منطاش فانّه قتل منهم خلق كثير في القلعة، قبحه الله تعالى، ما كان أهون قتل النفس عنده، أما علم أن القاتل والمقتول يقفان[363] بين يدي الله تعالى يوم القيامة فيقول المقتول: «يا ربّ هذا قتلني ظلمًا.» فان كان قُتِل بعدَهُ بسيف الشرع الشريف فيقول القاتل، «يا ربّ قتلوني عوَض ما قتلته.» فيقول الله تبارك وتعالى للقاتل: «انا أمرتهم أن يقتلوك، أنت من أمرك بقتله؟» يا ترى ما يكون جوابه وما يكون عذره بين يدي الله تعالى يومًا[364] «تشخص فيه الابصار»، «وتضع[365] كُلُّ ذاتِ حملٍ حَمْلَها، وترى الناس سكارى وماهم بسكارى، ولكنّ عذاب الله شديد»

[359a] I.e. استعرضهم.
[360] MS المصر بين.
[361] Meter الخفيف.
[362] MS أنكِفافِهِمَا.
[363] MS يقفا.
[364] So in MS, *Koran*, XIV, 43 (42), has لِيَوْمٍ.
[365] MS وتصع.

«يوم يفرّ المرءُ من أخيه وأمّه وأبيه وصاحبته وبنيه لكلّ امرىءٍ منهم يومئذ شأنٌ يُغْنيه.» أمّا علم انّ الله تعالى ما خلق خلقاً أشرف من بني آدم، وأنّ العبد الطائع من بني آدم لله ولرسوله أشرف من الملائكة؟ فما قولك في من هو أشرف من الملائكة كيف يذبح كما تذبح الأنعام، ولا يرقّ لهم عليه قلب؟
63a اللّهمّ * لا تسلط علينا بذنوبنا من لا يرحمنا يا أرحم الراحمين!

وقد فرحت الناس بهروب منطاش من دمشق. وقد خمدت الفتنة وأن طنيرق، رأس نوبة منطاش، اتّفق مع جماعة مماليك الناصري والجوباني، وركبوا وراحوا إلى عند الناصري والجوباني، وفرحوا بهم. ولمّا بلغ عسكر المصريين[366] أن منطاش راح من دمشق وسيّب القلعة فرحوا وركبوا ونزلوا على مكان يعرف بسعسع، وأرسلوا عرّفوا السلطان بما جرى كلّه.

ولمّا كان يوم الثلثاء سادس عشر الشهر المذكور دخلت عساكر المصريين وفرحت الناس بهم، وأشعلوا لهم الشموع، ودقّت لهم المغاني، وكان لدخولهم يوماً مشهوداً[367]. ونزل ألطنبغا الجوباني نائب الشام في دار السعادة، وقد فرحت به الناس فانّهم كانوا يحبّوه وقد أحسن اليهم، وكانت ايّامه طيّبة، رِخص وأمن، وانباع الخبز في ايّامه كما ذكرنا في توليته نيابة[368] دمشق أيّام طرنطاي.
63b وحاشيته قوم[369] أجواد ما يدرا[370] بهم رحمه الله تعالى. ونزل الناصري * في القصر الأبلق والميدان، فانّه كان رائح نائب حلب، وقرادمرداش فانّه كان رائح نائب طرابلس، وسودون باق نائب حماة، ونزلوا الأمراء في دمشق ونادت المشاعلية في المدينة بالأمان والإطمان، والبيع والشراء، ولا يذكر أحد برقوق ولا منطاش ولا قيس ولا يمن، وقد عفا الله تعالى عن ما سلف. ومسكوا محمّد شاه بن بيدمر وشالوه الى القلعة.

وفي يوم الجمعه صلّى الجوباني في الجامع الأُموي واشعلوا له الشموع ودعوا له ودعا الخطيب على المنبر للسلطان الملك الظاهر برقوق، نصره[371] الله تعالى، فانّ منطاش لمّا كان في دمشق ما كان يقدر الخطيب يدعو له فانّه كان يدعي[372] لحكّام المسلمين[373]، وطابت خواطر الناس.

---

[366] MS المصر بين.
[367] MS يوما مشهود.
[368] MS نيابت.
[369] MS قوماً.
[370] Reading uncertain. Perhaps يُدْرَى.
[371] MS نصر.
[372] So in MS for يدعو ?
[373] MS المسلميں.

وفي ثاني عشرين الشهر خلع ملك الأمراء على بجاس بنيابة قلعة[374] دمشق. وقد كثرت الاخبار انّ منطاش نازل عند العرب عند نعير على حمص أمير العرب[375] فضربوا عساكر مصر والشام مشورة فيما يعملوه، وقد اتّفقوا على الخروج
64a إليه على حمص * ويضربوا معه رأس، ويعطي الله تعالى النصر لمن يشاء.

ثمّ استهلّ شهر رجب الفرد من السنة المذكورة وهي سنة اثنتين[376] وتسعين وسبعمائة. وفي هذا الشهر حضر بريديّ من عند السلطان وعلى يده مرسوم إلى قاضي القضاة مسعود، انّه يخلي المؤذنين في جميع المواذن[377] بدمشق عقيب كلّ اذان يسلّموا على رسول الله، صلّى الله عليه وسلّم، ويترضّوا عن الصحابة، فقد ذكر أمير المؤمنين الخليفة انّه راى النبي، صلّى الله عليه وسلّم، في المنام وقال له: «خلّي المؤذنين في الشام يسلّموا عليّ عقيب كلّ صلاة وأذان، ويترضّوا عن الصحابة رضي الله عنهم اجمعين.» وهذه سُنّة حسنة ليس لها نظير. وقد ذكرتُ فضل الصلاة على النبيّ، صلّى الله عليه وسلّم، كما ينبغي في أوّل كتابنا المسمّى بـ«درر الافكار في غرائب الاخبار.» اللّهمّ صل على سيّدنا محمّدٍ وعلى آله!

وفي عاشر الشهر حضر أمير عرب حارثة، ومعه من عرب الطاعة مقدار
64b ألف فارس، لابسين الحديد كأنّهم جنّ، وخلع ملك * الأمراء على اميرهم. وحضر أيضا خبر من عند نائب بعلبكّ كرجي؛ ان تركمان جبل كسروان قد أطاعوا وانّه قد خلع على كبارهم وفرح النائب بهذا.

وفي يوم الاربعاء رابع عشر الشهر حضر من الابواب الشريفة بلاط وعلى يده مرسوم السلطان الملك الظاهر وتقليد الامير نعير بالإمرة وتطيّب[378] قلب منطاش بأنه «إذ اطاع كان له الأمان، وايّ بلدٍ اختار تكون له خلاف دمشق وحلب، وان امتنع تحاربوه ولا ترجعوا عنه.» وامّا اخبار منطاش فقد تواترت أنّه نازل على سلميّة وقد اجتمع عنده خلق كثير من عرب وتركمان وترك وكلّ نحس، وأخذوا مغلّات البلاد كلّها فنسأل الله ان يرد العاقبة الى خير.

وفي يوم الجمعة سادس عشر الشهر توجّه أقبغا الصغير، وأقبغا البزلاري بجماعتهم إلى ناحية البقاع يجمعوا عشير قيس.

---

[374] Added in margin.

[375] Phrase seems confused. Is it to be read عند نعير امير العرب? Or does it imply that Minṭāš, while staying with Nu'ayr, acted as امير العرب.

[376] MS اثنين.

[377] So in MS for المآذن.

[378] تطييب intended.

وفي يوم السبت حضر بريدي وعلى يده مرسوم من عند السلطان باستعجال[379] العساكر إلى منطاش وأن يحلّفوا الامراء كلّهم أنّهم مع السلطان.

65a وفي * يوم الاثنين[380] تاسع عشر الشهر دار المحمل دوران خفيف وطلع ملك الأمراء والعساكر كلّهم بعده ملبسين إلى منطاش والناس تدعي[381] لهم، وبقي في دمشق نائب غيبة حاجب الحجّاب ألابغا، وغلّقوا أبواب المدينة وخافت الناس وما بقّوْا مفتوح سوى باب الفرج؛ وباب النصر، وستّروا القلعة وانتقلت الناس الى المدينة وهم خائفين فنسأل الله تعالى ان يخمد هذه الفتنة.

وفي يوم الخميس ثاني عشرين الشهر، حضر دوادار الناصري من عند العسكر وخبّر أنّ نائب الشام الجوباني نازل على القطيفة، والناصري شاليش، وأنّ منطاش نازل على حمص. وقد تواترت الاخبار من طرابلس بانّه قد نزل عليهم عسكر كثير من جهة منطاش تركمان، وعرب، وترك، وغيرهم يقصدوا أخذ المدينة. فخرجت اليهم الناس من المدينة ورجموهم وكسروهم، وقد كمّنوا لهم كمين وهربوا قدّامهم فتبعوهم، حتّى عدّوا الكمين وردّوا عليهم، وخرج عليهم الكمين فقتلوا منهم * خلق كثيرة، وحزنت الناس عليهم، وكانت هذه الوقعة نظير وقعة 65b
جامع كريم الدين في دمشق، وكان يوماً مشهوداً[382] في طرابلس.

[وقعة حمص]

وفي نهار الخميس آخر الشهر المذكور[383] كانت وقعة حمص: ركب عسكر الشام الجوباني، والناصري، وقَرَادِمِرْدَاش[384] واصطفّت العساكر. وركب منطاش ومن معه من العربان، والتركمان، والترك، وغيرهم. وكان قرادمرداش في الميسرة، واقبغا الجوهري في الميمنة، والجوباني في القلب، والناصري يرتب الصفوف، ويحرّض الرجال على القتال، ويزعق في الابطال، كانّه اسد قد خرج عن الأشبال، وقد لبس آلات حربه وصَال وجال، كما قال فيه الموّال مثمن:

---

379 MS باستعجال.
380 MS الانين.
381 So in MS, for تدعو.
382 MS يوما مشهود.
383 MS المذكور.
384 Vocalization in MS.

يَومَ الهِيَاجِ ظَفِرْتُوا بِالعِدَا لَامِين[385]،
فَعَلْتُ فِيهِم فِعَالَ الضَّيْغَمِ النَّاجِبْ،
رَامُوا الفِرَارَ فَوَلَّوا وَاعْتَرَاهُم شَيْنْ،
مِن صَطْوَتِي مَا حَجَبْهُم فِي الفَلَا حَاجِبْ،
نَقَّطْتُ بِالدَّفْ أَظْهُرْهُم كَنَقْطِ الزَّيْنْ،
وَاشْكَلْتُ[386] *فِيهِم بِحَدِّ السَّيفِ فِي الوَاجِبْ، 66a
فَكُلّ نُقْطَه بِجَرْيِ الدَّمْ تَحْكِي عَيْنْ،
وَكُلّ شَكْلِه حَكَتْ مِن فَوقِهَا حَاجِبْ،

والتقا الفريقان، وبان البطل من الجبان، وزعقت الابطال، على الابطال، وثار بينهم الغبار، وعمل فيهم الصارم البتار، وقد قاتل قرادمرداش في الميسرة قتال عظيم، حتّى كسر منطاش ومن معه وأرماهم الى البيوت الذي[387] للعربان وأمّا الميمنة فإنّها قاتلت قتال عظيم فطلع عليهم عنقاء أمير العرب من كمين، ومعه عرب كانّهم شياطين.

ثمّ انّ مملوك من مماليك الجوباني كان خلفة وهو يصطفيه، ضربه أرمى
رأسه وأفجع المسلمين فيه[388]، ودكس الى عند منطاش هو وجماعة مخامرين،
من مماليك الناصري وكانوا متّفقين، وأرادوا قتل الناصري فما قدروا عليه،
ونجّاه الله تعالى فما وصلوا إليه، ولمّا قُتل الجوباني ووقعت الأعلام، في الحال
66b انكسر عسكر الشام، وولّوا* هاربين الغلمان، ونهب العسكر العربان، وولّوا
الترك في الحال منهزمين،[389] ووقع في يد العرب كلّ قليلِ الحظ مسكين،
وصارت الترك بين مقتول ومجروح، والعربان قد نهبوا جميع موجودهم وقد أخذوا
المال والروح، وانتصر منطاش والعربان وردّت عساكر الشام في أنحس حال،
حفاةً عراة ماشين، والذي سلم منهم راح على بعلبكّ والبقاع شلحوه الفلّاحين.
وقد أجاد صاحب هذا المفرد حيث يقول[390]،

وَمَا الدَّهرُ إلَّا هَكَذَا فَاصْطَبِرْ لَهُ
رَزِيَّةَ مَالٍ أَوْ فِرَاقَ حَبِيبْ

---

385 So in MS. Perhaps to be read لامَيْن to fit rhyme pattern.

386 So in MS for وأشْكَلْتُ for meter.

387 So in MS for التي.

388 MS وفيه.

389 MS منهرمين.

390 Meter الطويل.

ثمّ استهلّ شهر شعبان نهار الجمعة. وفي يوم الجمعة وصلت ناس كثيرة من عسكر الشام مشلحين مجرّحين، وقد أخبروا بما جرى عليهم وما هم فيه، وحالهم يغني عن سؤالهم. وهم كما قال المثل السائر،

وَفِـي الإِشَـارَاتِ مَـا يُغْنِـي عَنِ الكَـمَـلِ،[391]

67a وفزعت[392] أهل دمشق واشتدّ الخوف. وقالت الناس: إن منطاش * والعرب يريد يأخذ المدينة فانّه لم يبق قدّامه أحد من العساكر. وسمعوا الناس بموت الجوباني فحزنوا عليه؛ فانّ أهل دمشق كانوا يحبّوه، رحمه الله تعالى. ووصل الناصري سالم وعدّة امراء، واختفى الجوباني، ومأمور، وقراد مرداش والأشرفي، وأقبغا الجوهري فضاقت صدور الناس عليهم، وبعث الناصري جواسيس الى المعركة يكشفوا أخبار الامراء الذي[393] فقدوا من عسكر الشام.

وفي يوم الاربعاء خامس الشهر وصل قرادمرداش راكب على هجين وهو لابس مبطنة عتيقة[394] وقدّامه بدوي. ففرحت الناس به ودخل الى دار السعادة ففرحت الأمراء به وأخبرهم بما جرى وكيف كسر منطاش، ولو كان معه مائة فارس كان قتله. «ولمّا كسر العسكر أرميت نفسي عن الفرس، وقلعت قماشي أرميته، ومشيت هارب[395] فمسكني هذا لبدوي وقال، 'انت كسبي'، وأخذني بيدي الى خيمته وقد سلمت روحي الى الموت فقال لعجوز عنده، 67b 'يا * أمّاه، خذي هذا كسبي وخبّيه[396] حتّى أحزر أمره.' فاخذتني وخبّتني[396] داخل الخيمة، ثمّ بعد ساعة جاء الى عندي البدوي وقال لي، 'يا وجه، من تكون[397] من الترك؟' فقلت له، 'مملوك من بعض المماليك،' فقال، 'ما أنت مملوك، وحليتك حلية أمير، وعليك الحشمة والنعمة بائنة، أصدقني ويكون ذلك خيراً لك، فما عليك بأس ولا يقربك أحد فانت كسبي.' فقلت له، 'انا قَرا دَمِرِدْاَش'،[398] فتبسّم وقال، 'صدقت أكرُمت،' وأطعمني شيء وقال، 'طَيِّب قلبك،' وصرت عنده، ثمّ انّه ركب وركبني وجاء بي إلى دمشق وهذه حكايتي.» ثمّ إنّه أحسن الى البدوي كثير وردّهُ إلى أهله.

---

391 Proverb usually has عن الكلام. See note 570 to the Translation.

392 MS وفرعت.

393 So in MS for الذين.

394 جديده crossed out and replaced by عتيقه.

395 MS هازب.

396 Forms of خبأ, cf. Dozy, I, 347.

397 MS تكون.

398 Vocalized as in 384 above.

وسألوه عن الجوباني وباقي الأمراء قال: «لم أعرف لهم خبر.» ثمّ تواترت الأخبار بقتل الجوباني في الوقعة، وأنّهم أبصروه قتيل. وذكروا أن منطاش حزن عليه، وغسّله، وكفّنه، وصلّى عليه، ودفنه رحمه الله تعالى. ولمّا بلغ[399] السلطان
68a ما جرى على العساكر وانهم انكسروا وقُتِل الجوباني صعب ذلك * عليه وتأسّف عليه.

ولمّا كان يوم الجمعة ثامن الشهر نادت المشاعلية في المدينة: «معاشر الناس! لا يتأخر احد بعد صلاة الظهر عن الجامع حتى يسمع مرسوم السلطان.» فتجمّعوا الناس في الجامع إلى بعد الظهر، فلمّا صلّوا قُرِئ[400] مرسوم السلطان، «إنّكم يا أهل دمشق لكم الأمان والإطمان على أنفسكم وأموالكم وعفا الله تعالى عن ما سلف، فانّا لا نؤاخذكم بما كان منكم وأن الرّكاب الشريف عزّ نصره، والخليفة، والعساكر المنصورة، واصلين إليكم[401] وقادمين عليكم لأجل مصالح البلاد والعباد، فسبيل كلّ واقف عليه من الخاصّ والعامّ امتثال المراسيم الشريفة، وكف أيديهم عن التلاق[402]، وحظّ النفس، وكثرة الكلام، والكذب، والمداخلة بين العساكر، ومن خالف بين[403] ذلك فلا يلوم إلّا نفسه.» وفرحت الناس بهذا.

وفي يوم الخميس حادي عشرين الشهر حضر أبو يزيد بتقليد الناصري
68b بنيابة الشام، ولبس التقليد، * وأوقدت له الشموع، ودقّت له المغاني، وفرحت الناس به، وكان له يوم مشهود، ودخل الى دار السعادة على عادة[404] النوّاب، وحكم بها وأطلق[405] له السلطان بُصْرى، والحراك الشرقي، والغزلانية زيادة على إقطاعه، وأنّه يستخدم بذلك رجال يكونوا في خدمته، فانّ عسكر الشام قد ضعف. وفتحت أبواب المدينة واطمأنت قلوب الناس ولله الحمد.

[وقائع اخرى مع منطاش]

وتواترت الاخبار بخراب البلاد الشمالية، وأنّ منطاش نازل على حلب يحاصرها، وأهلها في ضيقة[406] شديدة معه. وأنّ كمشبغا بنى أسوار[407] حلب وصانها من العدوّ، وهذا من حسنات كمشبغا، ومن همم الملوك العالية، وقد بناه في مدّة يسيرة. وصان حلب وأهلها عن العدوّ، والأمر كلّه الى الله تعالى فانّه الفعال لمـا يريد.

---

399 MS بلع.
400 MS قري.
401 MS علىكم.
402 MS التلاف.
403 MS بين, perhaps بعد intended.
404 MS عادت.
405 So in MS, perhaps for اطلف.
406 MS ذيقه.
407 MS اصوار.

ثمّ استهلّ شهر رمضان المعظم يوم السبت. وفي ثامن الشهر نادى نائب الشام في دمشق: أنْ إذا ركب نائب الشام لا يتخلّف عنه أحد، ومن خالف ذلك كان ماله وروحه للسلطان.

69a وفي يوم * الاثنين عاشر الشهر ركب ملك الأمراء وعساكر الشام الى بلاد الشام الشمالية نجدةً لكمشبغا الى حلب.

وفي يوم الخميس تواترت الاخبار ودقّت البشائر. وأنّ[408] عسكر حلب قد كسر منطاش، وأنّ العرب قد وقع الخلف بينهم وبين منطاش، والناس ما لهم شغل الّا الكذب، والكلام زائد وناقص لا أصل له، فنسأل الله تعالى أن يصلح احوال الناس.

ثمّ تواترت الاخبار انّ منطاش على حلب، والعربان، وأهلها في ضيقة، وأنّه قد كسّر حجارة الطواحين وهلكت الناس من الجوع، وخربت بانقوسا كلّها، وبقيت كيمان. والناس في دعاء الى الله تعالى وابتهال في مثل هذا الشهر الشريف ليسكنوا[408a] عن الفتن.

وفي يوم الجمعة حضر مملوك الناصري وخبّر أنّ ملك الامراء قريب حلب، وأنّه يريد يلتقي منطاش، وخافت الناس عليه وعلى عساكر الشام.

وفي يوم الجمعة ثامن عشرين الشهر، حضر مملوك النائب وخبّر أن ملك 69b الامراء قد رُدّ الى دمشق * بالعساكر، وأنّه نزل على المرج، وعيّد برّا البلد، وفرحت الناس كثير برجوعه وبرجوع العساكر سالمين ولله الحمد.

ثمّ استهلّ شهر شوال. وفي ثالث الشهر دخل النائب إلى المدينة واشعلوا له الشموع، ودخل إلى دار السعادة. وحضر في ذلك اليوم بريديّ من القاهرة بخلعة مليحة للأمير أيتمش، ونزل وركب مع ملك الأمراء. وكان له زمان في القلعة.

وفي نهار السبت سابع الشهر، دقّت البشائر لحضور أميرين وهم سندمر نائب حماة، والامير أسمعيل ومعهم جماعة، وكانوا عند منطاش ففرح بهم النائب وذكروا أن منطاش هرب هو[409] وجماعته وما يعرف لهم خبر، وخافت الناس أيضا[أن][409a] يطلع من دمشق فإنّه شيطان.

وأعجب ما جرى في هذه السنة المباركة؛ أنّه دخل في شوال عشرة أيّام ولا تحرّك حجّاج، ولا انتصب تحت القلعة حوض على عادته، ولا جاء أحد

---

[408] So in MS, for ان?

[408a] MS لا يسكنوا.

[409] MS هوه.

[409a] MS لا يطلع.

من الروم، فلا حول ولا قوّة الّا بالله العليّ العظيم، ولا تعيّن أمير حاجّ، وبقيت
70a الناس * حاملين هم ّ كيف ينقطع الحاجّ[410] الى بيت الله الحرام، وقد قال النبيّ صلّى الله عليه وسلّم: «حجّوا قبل ان لا تحجّوا،» والناس في خوف وضيق وشدّة. وقال بعض المؤرخين، إن الحجّ انقطع ولم يحجّ احد في سنة اثنتين[411] وسبعين وسبعمائةٍ، وفي[412] سنة تسعٍ وسبعين وسبعمائة كان فيها فتن ثائرة ولم يقدر أحد يروح.

ثمّ انّ المحمل طلع يوم الخميس في تاسع عشر الشهر كأنّه جنازة غريب لا خلفه ولا قدّامه، وليس معه شيء من السبيل، ولا سنجق سلطاني، الّا المحمل، وناس قلائل، وطلع أمير الركب جندي حلقة، وسافروا وهم متوكّلين على الله تعالى.

وفي يوم الاثنين عاشر الشهر حضروا أولاد منجك من القاهرة أمير ابراهيم مقدّم ألف، وأمير عمر طبلخاناة. وخلع النائب في ذلك اليوم على جقمق بنيابة حمص.

وفي خامس عشرين الشهر حضر من حلب مماليك السلطان طالبين القاهرة نحو سبعين نفر.

70b ثمّ استهلّ شهر ذو[413] القعدة يوم الاثنين[414]. وفي يوم * الخميس ثامن عشر الشهر نادى مَلِكُ الأمراء في دمشق على الأجناد وأصحاب الضياع؛ أنهم يتوجّهوا في خدمة والي الولاة إلى بلادهم، وكلّ من له بلد يعمّره، ويجلب أهله وفلاحيه، ويزرعوا البلاد على ما جرت به العادة، ولهم الأمان والإطمان. وحضر من القاهرة بريدي وعلى يده مرسوم شريف بطلب محمّد شاه بن بيدمر إلى القاهرة.

وفي خامس عشرين الشهر سَرَحَ النائب الى الزبداني، وقد أمنت الناس وطابت قلوبهم، وعمّر كلّ احد ما خُرِّب له، وخرجت الناس الى برّا المدينة إلى املاكهم. فنسأل الله تعالى أن يصلح احوال المسلمين. لكن الأسعار كانت غالية؛ القمح بمائتين وزيادة كلّ غرارة، واللحم كلّ رطل باربعة، وكلّ شيء غالي. اللّهمّ أرخص أسعار المسلمين وأخمد الفتن يا ربّ العالمين!

ثمّ استهلّ شهر ذو[415] الحجّة يوم الخميس؛ وقد ردّ النائب من السرحة وفي

[410] So in MS, for الحجّ.
[411] MS اثين.
[412] MS و في.
[413] MS ذي.
[414] MS الاثنين.
[415] MS ذي.

71a يوم الخميس نادت المنادية في المدينة: أن لا * يتخلّف أحد عن الركاب الشريف اذا ركب، وكان سبب ذلك[416] أنّه حضر مملوك نائب حلب بأخبار ما هي[417] طيّبة، وأن عسكر حلب تجرد إلى عينتاب إلى منطاش، فكبس عليهم منطاش وقتل منهم جماعة ورجعوا الى حلب في أنحس تقويم وما نالوا غرض فارسل يقول؛ «انّك تجيء الى عندي حتّى أروح أنا وأنت اليه، ونكون عونًا عليه بعساكر الشام.» وكان قد حضر مرسوم السلطان[418] بطلب كمشبغا من حلب الى القاهرة.

وفي سابع عشر الشهر حضر كمشبغا من حلب[419]، وحضر بريدي من القاهرة وعلى يده مرسوم السلطان بخروج عساكر الشام إلى حلب ونائبها الناصري.

[سنة ١٣٩١/٧٩٣ – معركة في بلاد الشمال]

ثمّ استهلّت سنة ثلاث وتسعين وسبعمائة يوم السبت وفي يوم الأربعاء رابع عشر الشهر، حضر بريديّ من بلاد الشمال يستعجل عساكر الشام، وخرج الناصري والعساكر يوم الجمعة بعد الصلاة، وبقيت[420] العساكر تنجر خلفه[421] ثلاثة ايّام. ونادى أن العرض يكون[422] * على القطيفة، ومن تاخّر انقطع خبزه. 71b

وفي يوم الخميس حادي عشرين شهر الله المحرّم، وصل[423] إياس من صفد بعسكر صفد الى دمشق، وطلع خلف نائب الشام وانقطعت أخبار العسكر عن دمشق، وكثر القال والقيل بين[424] الناس، والكذب زائد وناقص، ولم يصحّ منه شيء. ودخل المحمل إلى دمشق ثامن عشرين الشهر وفازوا بها فللّه الحمد.

ثمّ استهلّ شهر صفر[425] من السنة المذكورة. وفي يوم الجمعة منه حضر بريديّ من عند الناصري من حلب الى نائب الغيبة، حاجب الحجّاب بأخبار العساكر أنّهم طيّبين، فدقّت في الحال البشائر وأظهروا الفرح وشاع الخبر، أن سولي مسك منطاش، ومنهم من قال إنّه هرب. واختلفت[426] الأقوال بين[427] الناس في الكذب، وبقيت[428] قلوب الناس خائفة باختلاف الأخبار. وثاني يوم

---

[416] MS دلك.

[417] MS هيه.

[418] MS has منطاش crossed out, with السلطان in margin by another hand.

[419] MS حلب.

[420] MS و بقيت.

[421] MS خلفه.

[422] MS تكون.

[423] MS وضل.

[424] MS بين.

[425] MS صفر.

[426] MS اخلفت.

[427] MS بين.

[428] MS و بقيت.

نادوا المشاعلية أن يطلعوا الأمراء المتحلّقين في المدينة والأجناد، ولا يتخلّف احد
يلحقوا نائب * الشام الناصري، فخافت الناس أكثر وأكثر، ولا بقي كبير يصدق 72a
ولا صغير، فنسأل الله أن يردّ العاقبة الى خير.

وقد قال لي من كان مع نائب الشام الناصري؛ أنّه لما دخل إلى حلب في خامس عشرين المحرّم فرحت به أهل حلب كثير فإنّهم يحبّوه، وكان لدخوله يومًا مشهودًا[429]. وركب من حلب هو[430] وعساكر حلب وقصدوا منطاش[431] إلى مرج مرعش، فوجدوه على مرج مرعش نازل، فركب وصافقهم ووقع بينهم قتال عظيم، وقُتِل من الفريقين جماعة ولم يقدروا عليه ورُدّوا إلى حلب خائبين. وكان ذلك في كانون الأصمّ وهلك خلق كثير من البرد، لا سيّما البرد الذي في بلاد الشمال، فإنّه يَهْرِي كما قال فيه الشيخ عثمان الحكري هذا البُلّيق[432]،

أَلشتَا هَجَم عَلَيّه[433]، كُنت غَارِق فِي مَنَامِي،
قُمتُ قِيم عَلَيه ثَايِر، اسْتَخَبًّا فِي عِظَامِي[434]،
أَلشتَا طَلَّبْ وَجانِي فِي غَمام بِوجه عَابِس،
دَقّ * كُوسْ الرَّعْد بَرقُوا، وَحَملْ رَاجِلْ وَفَارسْ، 72b
لَحِقَتنِي منهُ زَمْعَهْ صِرت وَاقِفْ قَرْن يَابِس،
بَقَتِ اسْنَانِي[435] تَطقْطَق صِرت غُتِمي فِي كَلَامِي،
وَقَوامِي كَان مُقَوَّمْ، اِنعَوجْ مِنّي قَوامِي،
حِينْ لَقِيت وَجْهُ مُعَبّس رُحت مِن خَوْفِي آسْتَخبّيتْ،
وَالمَرِيسْ وَالزّمهَرِيري فَتّشُوا وَجَوْنِي البَيْت،
وَبَقَا الغَربِي يُشَعّث بِنسَاف الغَرْبْ جَنّيتْ،[435a]
قُلتُ لَا تَنْخَشّ مِنّه قُمتُ لُو[436] بِجَمْر حَامِي،
اِنطَفَا جَمرِي فِي نَفَخَه وَصَرَعْنِي فِي مَقَامِي،

[429] MS يوماً مشهود.

[430] MS هوه.

[431] MS مطاش.

[432] For a discussion of the بلّيق see the notes to the Translation. The basic meter is الرمل with variations in the feet as follows: – ᴗ – –, ᴗ ᴗ – – and ᴗ̄ ᴗ̄ – ᴗ.

[433] I.e., عَلَيّ.

[434] Meter defective. قيم = قائم.

[435a] Meaning uncertain. Perhaps نساف derived from نسف = to scatter, disperse. Cf. Barthélemy, V, 825: '*lhawa 'am bensof*' = le vent disperse en soufflant ce qu'il rencontre.

[435] Must be read thus, to fit the meter. MS has بَقيت اسنَابِي.

[436] I.e., لَه, and thus elsewhere in this poem.

أَلشتَا شِدّه وَسُلْطَان لاَ يُطاق وَلاَ يُعَانَدْ،
إقتَصَدْ حَرْبِي وَجَانِي قُلتُ لُو حِينْ جَا نِي قَاصِدْ،
يَا سَقِيعْ أيش ذِي السقَاعَة جيتَنِي يَا بَرْدْ بَارِدْ،
مَا اَنا يَا بَرد قَدّكْ لاَ يَغْرُكْ مِنْ لِشَامِي،
انَا قَد آرميتْ سِلاَحِي جِيرَنِي وَرْعَا ذِمَامِي،
يَا شِتَا قَويت عَلينَا مَا تَرُوْح تَقوَى عَلَى اصحابْ،
73a القُماش * الثِقْل وَالجُوخ وَفِرَى أَلوَان وسنَجابْ،
قَال رُحت أَقْوَى عَلَيْهِم كَرْكَبُونِي مِن وَرَا البابْ،
دَخَلُوا جُوًّا البَشَاخِينْ صِرتُ حَايِر فِي الظلامِي،
فِي الزُقَاقْ اَصفر عَلى اِلرِيْح كِنِّي[437] في الظُلْمه حَرَامِي،
يَا شِتَا عَرّيت الاغصَانْ مِن حُلَى اَورَاق الاغصَانْ[438]،
قَال صَحِيحْ لكِنّي[437] اكْسَيتْ لِلرّيَاض دِيبَاج عَلَى الوَانْ،
وَايَادِي سُحُبَ غَيْثِي جَارِيه بِكُل إحسَانْ،
وَتَقُول عَنّي مُعَبّسْ مَا تَرى البَرق ابتِسَامِي،
وَثُغُورُ الارض تَضَحَكْ عِندَمَا يَبكِي غَمَامِي.

واعلم يا أخي انّ البرد شدّة يقتل اذا حكم على الانسان. وقال رسول الله، صلّى الله عليه وسلّم: «الشتاء شدّة ولو كان رخاء، وهو من بعض عذاب الله تعالى.» وقد قال رسول الله، صلّى الله عليه وسلّم، «أشدّ ما تجدوه من البرد وأشدّ ما تجدوه من الحرّ فهو من جهنّم — أجارنا الله تعالى منها — فإنها تتنفّس في كلّ عام
73b مرّتين، نفس في الشتاء، ونفس في * الصيف.» وقد قيل إنّ الله تعالى عذّب الحجّاج[439] عند موته بالبرد العظيم في المرض الذي مات فيه، حتى إنّهم كانوا يقرّبوا النار الى لحمه فيكاد ان يحترق ولا يحسّ بالنار، فلعنه الله. فإنّه كان من الظلَمة الكبار قبّحه الله تعالى. وقد ذكرنا له ترجمة مليحة كما ينبغي في كتابنا «دُرر الافكار في غرائب الاخبار.»

ثمّ نعود الى كلامنا. وبقي عندهم برد ومطر وغلاء كثير في حلب، وهم في أشدّ حال. وهرب منهم أكثر الغلمان والأجناد مما قاسوا من البرد.

---

[437] Final long ī read as short i. كانّي = كنّي.

[438] Meter defective.

[439] MS الححاج.

ثمّ استهلّ شهر ربيع الاوّل وهم في حلب. وفي خامس الشهر حضر بريديّ من القاهرة وعلى يده مرسوم السلطان بإحضار عساكر الشام من حلب، وأن كلّ نائب يُرَدّ إلى بلده، فردّت الناسُ ودخل نائب الشام إلى دمشق وأشعلوا له الشمع، وكان له يوم مشهود.

[وقائع في دمشق]

وفي هذا الشهر حضر مرسوم السلطان، بأن يخربوا الباب الجديد الذي كان
74a قد جدّده منطاش خارج باب النصر. وكان باب مليح. وقيل إنّه* غرم عليه أكثر من الف دينار مع جاه العمل، فأخربوه حتى لا يسمّى بمنطاش ولا يبقى له ذكر، فان عدوّ المرء مَنْ عَمِلَ بعمله، فخرّبوه إلى الارض حتى لم يبق له أثر. وأعجب ما جرى في خرابه أن رجل متعدي وهم يخرّبوا فيه فقال: «لأيّ شيء يخربوه؟ والله كان بابًا مليحًا.» وصدق، فقاموا إليه مماليك[440] السلطان برقوق ومسكوه وقالوا؛ «هذا منطاشي،» وقتلوه حتى كاد يموت. ولم يشتفي لهم قلب فحملوه الى القلعة ولم يطلع له خبر بعدها، فللّه درّ[441] هذا الرجل قُتِلَ مظلوم على كلمة صدق قالها، وأرجو انّه مات شهيد رحمه اللّه تعالى.

ثمّ استهلّ شهر ربيعَ الثاني[442] وفي هذا الشهر طُلِبُوا إلى القاهرة بمرسوم السلطان المحبوسين في القلعة الذي[443] من جهة منطاش وهم، جردمر نائب الشام أخو طاز، وولده جربغا، وابن أخته سيّدي ملك نائب القلعة، ومحمّد شاه بن
74b بيدمر، وعلاء الدين ألطنبغا استاددار جردمر*، وشهاب الدين الزردكاش، والقاضي فتح الدين ابن الشهيد، والقاضي شهاب الدين ابن القرشي، وغيرهم. وفي يوم الخميس توجّه الجميع[444] نحو القاهرة وهم مقيدين محترز عليهم، وتجرّد صحبتهم حاجب الحجّاب ألابغا ووصلهم إلى غزّة، ثمّ وصلوا الى القاهرة فأحضرهم السلطان الى بين يديه، وعاتبهم على ما وقع منهم في حقّه، ولم يسلم منهم الّا شهاب الدين الزردكاش. وقتل السلطان الجميع وظفر باعداءه كلّهم، وسلّطه الله تعالى عليهم، وتحكّم فيهم، وهذا عجيب، لكنّ بهذا حكم الله تعالى وهو الفعال لما يريد.

ثمّ استهلّ شهر جمادى الاولى[445]. وفي يوم الاثنين[446] رابع الشهر المذكور خلع نائب الشام على كزل حاجب ميسرة عوض أقبغا البزلاري.

---

[440] MS ممالك.

[441] MS ذر.

[442] MS has الاوّل, see notes to Translation.

[443] So in MS for الذين.

[444] Added in margin.

[445] MS جمدي الاول.

[446] MS الاننين.

وفي يوم السبت تاسع الشهر طلع النائب الى المرج على عادة النوّاب، واستمرّ في المرج مدّة ثمّ نزل الى دمشق.

وفي خامس عشرين الشهر سَعَّر الخبز[447] احمد الحاجب ابن البريدي بإشارة*[448] النائب رطل وأوقية [الخبز] الخاص، وفرحت الناس كثير[449]. وأمّا ما 75a
دونه رطل وثلث إلى رطل ونصف. ففرح الفقير بذلك؛ ومشت أحوال الناس. فنسأل الله أن يرخص أسعار المسلمين، واطمأنت قلوب الناس وخمدت الفتن، وتراجعت الناس إلى بلادهم والى أملاكهم والناس في نعمةٍ من الله تعالى، وقد هلكت الناس من بيع الخبز[450] بالأواق وقد أدمنوا على الغلاء.

ثمّ استهلّ شهر جمادى[451] الآخرة. وفي نهار الأحد دخل حاجب الحجّاب ألابغا[452] فإنّه كان قد راح مع المحبوسين في القلعة وأشعلوا له الشمع ودقّت له المغاني وكان له يوم مشهود في دخوله.

وفي يوم الاثنين رابع عشر الشهر حضر إلى عند النائب جقمق نائب حمص، وكان النائب قد طلبه؛ فلمّا حضر مسكه وحبسه في القلعة.

وفي يوم الإثنين[453] حادي عشرين الشهر أمر النائب أن ينادى على العسكر بالخروج في نهار الجمعة بعد الصلاة * إلى صوب الكسوة والإقامة شهر، ثمّ شاروا 75b
عليه بعض الأمراء انّه يبطل هذه السرحة فانّ الأوقات ما هي[454] طيّبة فبطّل.

وفي نهار الأربعاء ثالث عشرين الشهر حضر بريديّ من ناحية بلاد الشمال، وعرّف نائب الشام الناصري أن منطاش قد جاء على البرّية صوب حماة وحمص ومعه خلق كثير من تركمان وترك وغيرهم، ثمّ انّه وصل إلى حماة فهرب نائب حماة ابن المهمندار ووصل الخبر الى النائب الناصري أن منطاش وصل إلى حماة فصعب ذلك عليه وقال، «لا حول ولا قوّة الّا بالله العليّ العظيم!» وفي الحال طلب المشاعلية وأمرهم أن ينادوا أن العسكر يتجهّز للخروج بعد صلاة الجمعة؛ فلمّا سمعت الناس هذا الخبر وقعت الأراجيف والخوف في الناس، وطلب نائب القلعة الناصري وقال له، «أنا طالع من المدينة، حصّن

---

[447] MS الخبر.

[448] MS باسارت.

[449] The text seems confused here. MS وفرحت الناس كثير الخاص. The word الخاصّ refers to الخبز الخاصّ, see fol. 141b, therefore the transposition and addition of words.

[450] MS الخبر.

[451] MS جمدي.

[452] MS الابعا.

[453] MS الاننين.

[454] MS هيه.

76a القلعة واجعل بالك.» وطلع النائب يوم الجمعة وخافت الناس وانتقلوا أكثر الناس * الى جوّا المدينة، وغلقوا الأبواب وستّروا القلعة وظهر خبره أنّه نازل على حَسْيَا وأن ابن هلال الدولة نزل على الزبداني، وكبس حارة قيس، وقتل منهم كثير. وأمّا ابن يهمر[455] التركماني فإنّه أخذ طرابلس. وتواترت الأخبار أن منطاش على بعلبكّ وقد هرب نائب بعلبكّ الى صفد. وتوجّه الناصري وعسكر الشام إلى صوب البقاع قاصدين منطاش، وبقي حاجب الحجّاب ألابغا نائب الغيبة، وبقيت الناس في حديث كثير زائد وناقص، وقد ستّروا القلعة، وقد أشعلوا حولها مسارج. ووصلت الأخبار إلى المدينة عند عشاء الآخرة ان اكثر عسكر منطاش قد نزل على المزّة، وباتت الناس في ليلة رديّة خائفين من الحصار، وما قد جرى عليهم في أيّام السلطان وهو على قبّة يلبغا، والناس بين مكذّب ومصدّق.

[الكفاح لدمشق]

ثمّ استهلّ شهر رجب الفرد، وأصبحت الناس بينما هم في البيوت إذ سمعوا
76b ضجةً عظيمةً، وطبلخانات * تضرب حربي، فثارت الناس ونزلوا من بيوتهم ينظروا ما الخبر فوجدوا منطاش، وشكر أحمد، وعساكرهم، ومعهم ناس مثل التراب. وجاءوا الى الميدان ونزل منطاش في القصر الأبلق، وبقيت الناس حائرين في أنفسهم لأن عسكر الشام لم يطلع له خبر. وغلقوا أبواب المدينة ودقّوا في القلعة حربي، وهرب حاجب الحجّاب إلى داخل المدينة، وبقيت الناس في خوف وضيق.[456] وأمّا العوامّ الذي[457] هم برّا المدينة؛ فإنّهم راحوا الى عند منطاش إلى الميدان وسلّموا عليه، وفرحت به المناطشة وبقوا الناس داعين لهم. ثمّ إنّ منطاش[458] نادى في الحال بالأمان والإطمان ولا يأخذ احد لاحد شيئًا. ثمّ ركب شكر أحمد وركب معه جماعة من عسكرهم وأتى الى باب الصّغير[459] وهو مغلوق، ثمّ توجّه إلى باب كيسان ففتحوا له الناس ودخل شكر أحمد والمناطشة الى المدينة على ساعةٍ واحدة.[460] وهذا عجيب كيف تؤخذ دمشق على
77a ساعة ويدخلوا إليها المناطشة، والسلطان * برقوق يحاصرها شهرين [أو] ثلاثة ما يقدر أحد منهم يصل إلى سورها[461]، وقيل ان الذين[462] فتحوا باب كيسان

---

[455] MS ابن يمن.
[456] MS وظيق.
[457] So in MS for الذين.
[458] MS مطاش.
[459] MS الصعير.
[460] Added in margin.
[461] MS صورها.
[462] MS الذي.

كانوا من جماعة البيدمرية أصحاب أحمد شكر[463]، فانـه منهم ويُسَمَّى بهم. ودخل أحمد شكر من الباب المذكور في جماعـة كثيرة معه والعوامّ حولـه بالسيوف مسلولة، والناس يدعوا له ولمنطاش. وطلع حاجب الحجّاب[464] الى القلعة خوفاً على نفسه. ودار أحمد شكر في المدينة والعوامّ يدلّـوه على اصاطبل بيوت الامراء ويفتحوا اصاطبل الناس ويأخذوا خيولهم، وقد أخذوا خيل كثير وسلاح، ولم يـأخذوا سوى الخيل والسلاح، فإنهـّم كانوا معتازين اليهم، فإنّ خيولهم كانوا ضعاف. وفي الحال قويت شوكتهم وركبوا الخيول الملاح، ولبسوا أحسن السلاح. وركبت الناس معهم، وجاء أحمد شكر الى بيت بيدمر سلّم عليهم، وركب معهم امير أحمد بن بيدمر واكثر البيدمرية، وقالوا في أنفسهم إنـّهم قد تملكوا المدينة، وقـد راحت على الناصري. وفي الحـال طلب * أحمد شكر اياس مملوك ابن[465] 77b
الغاوي وأعطاه ولاية المدينة، وركب الزعيفريني معهم وأراد أن يصير قاضي قضاة دمشق وأوعده منطاش بذلك، وان يكون أحمد شكر نائب دمشق. ودار أحمد شكر في المدينة وخرج من باب الفراديس الى الميدان وتخلّفت المناطشة، وكـان عندهم عيد بدخولهم الى المدينة وقد طمس الله تعالى على قلوبهم ولا يذكروا عواقب الأمور، لكنّ هذا كلّه حتّى ينفذ[466] القضاء والقدر. وفي[467] الحديث أنّ الله تعالى إذا اراد إنفاذ[468] قضائه وقدره سلب أهل العقول عقولهم، سبحانه لا اله الّا هو.

وكان حكمهم في المدينة دون نصف يوم، فانّ الأمور وصلت إلى غير أهلها، فلهذا كانت مدّتهم يسيرة، أحمد شكر نائب الشام بعد بيدمر، واياس والي المدينة بعد ابن الغاوي استاذه،[469] والزعيفريني قاضي قضاة بعد ابن جماعـة وغيره، وكتبوا مناشير كثيرة لأمراء وأرباب وظائف، والناس * طماعون، قتلهم حبّ الدنيا. 78a

وفي تاريخ[470] ابن كثير نظير هذه الحكايـة. قيل انـه لمـّا تولّى الخلافـة المقتدر بالله، وعمره ثلاثـة عشر سنةً، في سنة خمس وتسعين ومائتين قالوا كبـار الدولة؛ 'هذا صغير ما يصلح يكون خليفة' فعزلوه، وولّوا عبد الله بن المعتزّ[471] يوم السبت، فثارت غلمان المقتدر ولم يوافقوا على ذلك، وقامت معهم أكثر الناس. قال الحاكي، «دخلتُ في ذلك اليوم عـلى الإمام الطبري رحمـه الله فقال لي،

---

[463] A variant of شكر أحمد.

[464] MS الححاب.

[465] MS بن.

[466] MS ينفد.

[467] MS وفي.

[468] MS انفاد.

[469] MS استاده.

[470] MS تاريح.

[471] MS المعتر.

‹ما الخبر؟› فقلت، ‹عزلوا المقتدر بالله وولوا عبد الله بن المعتزّ الخلافة،› قال، ‹ولمن ولّوا القضاء؟› قلت، ‹لاحمد بن يعقوب،› قال: ‹ولمن ولّوا الوزارة؟› قلت، ‹لمحمّد بن داود›، فقال، ‹هذا أمر لا يتمّ،› فقلت، ‹ولِمَ ذلك؟› قال: ‹لأن كلّ واحد قد فوضوا اليه منزلةً لا يستحقّها ولا هو من أهلها، وإذا[472] وصلت الأمور الى غير أهلها ما تدوم.› فكان الامر كما قال الشيخ، عزل ابن
78b المعتزّ وقتل، وكانت خلافته يوما وليلةً وقتل الوزير * والقاضي، وردّ المقتدر بالله الى الخلافة.» فهذا نظير ما جرى لهؤلاء[473] الجماعة، والأمر كلّه الى الله تعالى وهو الفعال لما يريد.

ثمّ نعود الى كلامنا. وبقيت الناس في خوف والمناطشة في المدينة دائرين ينهبون إلى العصر، وإذا بغبار قد ثار حتّى سدّ الأقطار، وذكروا أنّ الناصري وعسكر الشام قد وصل من ناحية المزّة، في الحال ركب منطاش وركب عسكره وطلع من كان في المدينة منهم، ووصل الناصري إلى تحت القلعة والعساكر ودخل إلى الميدان وتقاتلوا ساعة ولم يقدر عليهم. ودخل الليل وخرج الناصري إلى عند باب إصطبل السلطان عند تربة أرغون شاه، مفكر كيف يعمل. وباتت الناس في أشرّ ليلة، وأكثرُ الترك باتوا على ظهور الخيل ملبسين، وكذلك منطاش وأعوانه. ثمّ إن المناطشة أحرقوا دار يلوا، وربع الناصري الذي على باب الميدان، ونهبوا خام الناصري كلّه، فإنّه كان في الحاصل الذي على باب الميدان، وصار
79a لهم خام وخيول وسلاح *، وقويت[474] قلوبهم وأنضاف اليهم كثير من العوامّ الطماعين الذين لا عِرْضَ لهم ولا دين، وأحرقوا أيضا بيت يلوا، وصارت النار تعمل في تلك النواحي طول الليل ولم يقدر أحد يروح اليها من المناطشة، وحفروا المناطشة خلف باب الميدان حفيرة حتّى لا يقدر أحد يدخل إليهم منها، وقعد عندها أحمد شكر وجماعته يحمون الميدان، ونصبوا في المسجد الذي على باب الميدان مدفع، وصاروا يرموا على الناس به، ورُدّت الناس إلى حصار وقتال وحريق كما كانوا، الذي خافوا منه وقعوا فيه، فللّه الأمر من قبل ومن بعد. وبقي الناصري واقف عند تربة أرغون شاه طول الليل. وأصبحوا ثاني يوم تقاتلوا قتال عظيم، وقتل من الفريقين وجرح[475] كثير، وبقي عند منطاش في الميدان بيع وشري والناس رائحين وجائين إليهم، وجابوا معهم أغنام كثيرة أخذوها من بلاد

---

472 MS وادا.

473 MS لهاولاي.

474 MS وقوت.

475 MS وجرج.

79b البقاع، وبقي عندهم اللحم ما يرضى أحد يأكله، وبقوا ينزلوا الصوالحة يتعيشوا *
عليهم، وأكثرهم يقاتلوا معهم، وكذلك أهل الشويكة، وكلّ نحس صار عندهم
حتّى يأخذوا اشياء من الناس بغير استحقاق. وأصبحوا المناطشة ثالث الشهر
أحرقوا بيت ابن شرشي، وصارت القلعية ترمي عليهم بالمكاحل والمناجنيق
والمدافع، ولا يفكّروا فيهم، وكلّما لهم في زيادة، وملكوا جامع يلبغا وصعدوا
فوقه يقاتلوا، واشتدّ الأمر على الناس. وأصبح نهار الخميس دقّوا البشائر في
القلعة، وذكروا أنّ نائب صفد اياس جايه نجدة إلى نائب دمشق الناصري
ففرحت الناس، وبقوا في هرج ومرج، كما قال ابن حجة في المعنى شعراً،[476]

رَأَيتُ مُعَذّبي في المَرج يَومًا
فَقَوت[477] أضلُعِي نيران وَهجي،
وَصِرْتُ أكَابِدُ الأحزَانَ وَحْدِي
وَكُلّ النَاسِ فِي هَرَجٍ وَمَرَجِي[478]،

وبقيت الناس في كلام كثير الصدق فيه قليل. ونصب أيضا منطاش مدفع
80a في التربة الذي[479] بجنب جامع يلبغا *، وصاروا يرموا على الناس بها ما تخطيء
الّا تقتل واحد [أو] اثنين[480]، فإن الناس كانوا كثيرين تحت القلعة متفرّجين
ومقاتلين كوم لحم. ونصب الناصري مدفع على جسر الزلابية وصار يرمي
عليهم[481] تجيء في الجدران قليل أن تصيب أحدا منهم. ونصبوا في القلعة على برج
الكبش مدفع وصاروا يرمون به عليهم، وكان مدفع مليح فإنّ حجارته بقيت
تصل الى قريب عمارة يونس. وبقوا[482] القلعية يرموا بالمنجنيق من على برج الكبش
على جامع يابغا يطلبوا خرابه ليلاً ونهار، ونصبوا في القلعة أربع مناجنيق: في
برج النارنج الذي على باب دار السعادة واحد، وفي برج الخليلية واحد، وفي
برج الخليلية الذي على باب الحديد واحد، والذي في برج الكبش، هذا
غير المدافع، والمكاحل، والأسهم الخطائية. ونصب الناصري مدفع على
80b عمارته يرموا منه على جامع يلبغا وحدرة[483] ملك آص، ووقت على * باب

[476] Meter الوافر.
[477] So in MS for فَقَوَّتَ.
[478] Cf. text of poem in *Ḥalbat*, 316; *Nuzhat*, 75.
[479] MS التي.
[480] MS اثنين.
[481] MS علهم.
[482] MS وبقيوا.
[483] MS وحدرت.

الميدان، وأحرقوا المناطشة بيت ملك آص، ودار الغنم، وما حولها الى عين دار البطيخ، وصاروا المناطشة كلّما قتلوا أحداً من البرقوقية يرموه في نهر الخندق أو بردى، وصارت المكاحل تصرخ ليلاً ونهاراً، والمناجنيق ترمي حجارة كبار، وصارت الناس بين قتيل في الماء غريق، وآخر يستغيث الحريق، كما قال المثل: «حريق وغريق وضرب منجنيق.» وقال الشاعر في المعنى وأجاد حيث يقول:[484]

وَالأَرْضُ قَدْ رَجفَتْ بِصَرْ خَاتِ المَكَاحِلِ أيَ رَجَّهْ
وَالخَلْق بِالتَّكْبِيرِ قَدْ رَفَعُوا لَهُم فِي اللَّيلِ ضَجَّهْ

والناس في دعاءٍ الى الله تعالى أن يفرّج عنهم هذه الضائقة[485] وهلك الفقير وانكشف حال الغني، ولا بيع ولا شري، والناس منتظرين رحمة الله تعالى. وبقيت الناس على هذا الحال إلى ثاني عشر الشهر دقّت البشائر في القلعة، وذكروا أنّ
81a ابن الحنش، ونائب القلعة * الذي لبعلبك دنكزبغا جائين، ومعهم عشران وغيرهم[486]، نجدة إلى نائب الشام. فلمّا سمع منطاش بذلك أرسل اليهم في الحال شكر أحمد وخليل بن القلانسي، وابن هلال الدولة بعشيره، ومعهم جماعة كثيرة، يلاقوهم إلى الطريق. فلاقوهم على عقبة الطينة فوق عين المنتنة، وحملوا على بعضهم بعض. فانكسروا القيسية أصحاب ابن الحنش على ساعة، وهرب ابن الحنش ونائب بعلبكّ، ونجا من نجا بنفسه، وقتل من الفلّاحين مقدار ألف روح، وكسبوا منهم سيوف ودرق كثير، وجابوا معهم مقدار مائتين نفس من القيسية مربّطين في حبال إلى الميدان إلى عند منطاش، ومسكوا ثمانية من أجناد نائب بعلبكّ فرسم بحبسهم، وكان حبسه طاحون الجوباني، والحبّاس أمير اسمه بوري أمير غضب، أيّ من غَضِب عليه ودّوه الى عنده ما يطلع له خبر. وأمّا العشير
81b القيسية؛ فانّ الميمنة[487] عشير * ابن[488] هلال الدولة تحكموا فيهم. وما قولك في من يتحكم في عدوّه وما له دين يردّه؟ ولهم عليهم ثار فعرّوهم ثيابهم وسيوفهم، ودارت اليمنية حولهم بالسيوف كلّ من يلحق واحد يضربه يقتله. وهو عريان، ولم يرقّ لهم عليهم قلب، قبحهم الله تعالى، ما أنحسهم، وما أجهلهم، وما أقلّ

---

[484] Meter الكامل.
[485] MS الظايقه.
[486] MS عيرهم.
[487] So in MS, for اليمنية? See text below.
[488] MS بن.

دينهم، حتّى امتلأ الميدان منهم، ثمّ انهـم جرّوهم وأرموهم في نهر الخندق، وجـافت تلك الارض منهم.

وذكرلي من اثق به أن عشير قيس مـا جـاءوا الّا حتّى ينهبوا دمشق كما فعلوا في أيّـام السلطان وهو على قبة يلبغا، فكانت هذه نيّتهم ففعل الله تعالى بهم مـا فعل «ومـا ربّـك بظلام للعبيد.»

ولمّـا كان نهار الاثنين دقّت البشائر وذكروا انّ اياس واصل من صفد، وانّه جايه على باب شرقي ومعه عسكر صفد. ففرحت الناس به، ووصل إلى تحت
82a القلعة وركبت عساكر الشام وتقاتلوا قتال عظيم حتّى أبصروا * إياس شيء هالـه من المناطشة، ورمت القلعية بالمدافـع والمناجنيق وقتل ناس كثير في ذلك اليوم، وقامت[489] الحرب على ساق إلى غروب الشمس [فـ] ردّ كلّ فريق الى فريقه، وعمل نائب الشام زحّـافات تجري على الارض مثل العجل وعليها جلود.

وركب ثاني يوم إياس والناصري والعساكر، وبقي إياس وجماعته يقاتلوا من تحت القلعة للذي في جـامع يلبغا، والناصري وعساكر الشام يقاتل عند تربة أرغون شاه الى بـاب الميدان، وسودون باق وبعض عسكر الشام عند حكر السماق الى قريب جـامع تنكز، وجرى بينهـم في ذلك اليـوم حرب عظيم، ورمي مدافع، وحجارة[490] مناجنيق، وصياح وضجات، ورمي نشاب. وكان يومـاً مهولاً[491]، والنـاس بين قتيل وجريح، وأحرق سودون بـاق في ذلك اليوم بيت[492] الصارم البيدمري، وجامع تنكز[493]، وحكر السماق، وعـَمِلت
82b النار في تلك النواحي كلّها، وكـان * حريق عظيم. وصعب ذلك على النـاس كيف احترق بيت الله تعالى وفيه مصاحف، وكتب علم وحديث وغيرهـا، لكنّ الامر كـلّه لله تعالى. وقتل في ذلك اليوم ابن الغزاوي، وبقيت[494] تقاتل الى غروب الشمس، [فـ]ذهب كلّ فريق الى فريقه، وبـاتت النار تعمل في جـامع تنكز وتلك النواحي، ولا يقدر أحـد يطفيها ولا يصل اليها.

وفي ثالث يوم، ركب الناصري، وإياس، وأتت اليه العساكر وطلب القضاة وقال لهم: «ما تقولوا في هذا الامر؟ قد طال الشرح على الناس وغيرهم، وغريم السلطان ما يطلع من البيوت حتى ينتصف واحـد منه، وقـد هلكت الناس.»

---

489 MS وقام.
490 MS وحجاره.
491 MS يومـاً مهول.
492 MS بيت.
493 MS تنكر.
494 MS وبقت.

فقالوا له: «ارسم أن ينادى في المدينه ظاهرها وداخلها بان لا يتخلّف أحد من
العوامّ وارباب الصنائع، لا صغير ولا كبير، حتّى يخرج[495] يجهد بنفسه في نصرة
السلطان الملك الظاهر برقوق، ومن تخلّف راحت روحه وماله ونهبت دياره.»
83a فنادت المشاعلية بتلك المناداة في المدينة وبرّاها*، وخرجت حتى اليهود
والنصارى وألزموهم بالقتال، واجتمعت كلّ طائفة بطائفتها، وكلّ سوق بسوقه،
وكلّ حارة بحارتها، بقسي ونشاب وعُدد وسلاح، وكلّ من له مكنة على قدر
حاله، واجتمعت ناس كثيرة برّا المدينة. ولمّا سمع منطاش انّ الناصري قد جمع
عليه العوامّ نادى في نواحيه، «يا عوامّ أيّ من ضرب بحجر أو بعصاة قتل ونهب،
ولا تدخلوا بيننا وتفرّجوا علينا!» فحارت الناس بينهم. وكان أكثر الصوالحة مع
منطاش فانّهم كانوا في ناحيته، وبقوا يداروا عن أصحابهم وأرواحهم وأموالهم
وأعراضهم[496]. وفي الحديث عن عائشة — رضي الله عنها — قالت، «قال رسول الله
صلّى الله عليه وسلّم ‹ذُبّوا[497] بأموالكم عن أعراضكم.›» حديث حسن. وقال
ابو الحسن عفيف البوشنجي، فجعلته نظماً، شعراً[498]،

قَولُ النَّبِي المُصْطَفَى لَكَ حُجَّةٌ
فقَبّلْهُ[499] بِالتَّقبِيلِ لَا الإِعْرَاضِ

83b إن* قَالَ فِي تَأدِيبِهِ أَصحَابَهُ
ذُبُّوا[500] بمالكم[501] عَنِ الأَعْرَاضِ

وحارت الناس بينهم وتقاتل الفريقان في ذلك اليوم قتال عظيم، ولم يبقوا الترك
والعوامّ في ذلك مجهود، وقتل ناس كثير وجرح الى المغرب تفارقوا، وكلّ من
راح الى جهته، ولم يبلغوا منهم غرض. والزعيفريني في جامع يلبغا يحرّض المناطشة
على القتال وقاتلوا المناطشة في ذلك اليوم قتال عظيم، ثمّ إن المناطشية بعد يومين
ملكوا عمارة بهادر، ونصبوا عليها مدفع وبقوا يرموا به الى باب النصر، وحصل
للناس منه اذًى[502] كثير فانّه ما يجيء الّا في الناس، قليل أن يخطيء، وأهل القلعة
ومدافع الناصري يرموا على الهواء وطال الشرح.

---

[495] MS يحرج.
[496] MS واعراصهم.
[497] MS دبوا.
[498] Meter الكامل.
[499] So in MS which fits meter only if vocalized فَقَبِلْه.
[500] MS دُبْثوا.
[501] Meter defective.
[502] MS اذ.

وخلت نواحي وادي الشقراء من سكّانها، ونزلوا المناطشة فيها وأخربوا تلك النواحي، وأمّا الميدان؛ فقد بقي كيمان، وقد عبرت الشقراء في الميدان، والبلق[503] فقد قاسا[504] كلّ * الهوان، وأين عين ابن المعمار، وقد نظم فيهم الأشعار، حيث 84a
يقول في وادي الشقراء والميدان[505]،

قُولوا لِمَنْ قَدْ جاءَنَا يَدّعِي ... بِحُسْنِ مِصْرٍ وَهوَ لَم يَصْدُق،
إن كُنْتَ فِيمَا تَدَّعِي صَادِقاً[506] ... هَا دُونكَ الشّقرَا والأَبلَق،

واين عين صدر الدين ابن الوكيل يراها في هذه الحالة وقد قال فيها،[507]

وَمَنَازِلٍ بِالنّيرَبَيْنِ عَهِدتُهَا ... تَهْدِي إليكَ الرُوح وَالرّيحَانُ،
يَا مَن يَقِيسُ بِهَا مَنَازِل غَيرِهَا ... هَا دُونكَ الشقرَا والمَيْدانُ،

واستمرّ هذا الحال، ليل ونهار قتال، والناس في ضيقة وشدّة، والذي كانوا برّا المدينة فإنّهم كانوا أطيب من الذي كانوا في المدينة، فانّ الشيء كان موجوداً عندهم، فقلتُ عند ذلك،[508] «يا ربّ الحرم والبيت؛ انظر الى حال أهل المدينة!»

وفي نهار الخميس خامس عشر الشهر، دقّت البشائر في القلعة وظهر الخبر ان قرادمرداش نائب حلب واصل الى الشام نجدة * وانّه على خان لاجين، 84b
ففرحت الناس ولم يكن له صحّة.

وفي ثامن عشر راح جماعة من عسكر منطاش أخذوا خيل من وادي التيم وكانوا مقدار ثلاثمائة رجل، فلمّا سمع الناصري هذا الخبر بعث في الحال من عسكره مقدار ألف فارس إليهم، فلقوهم وكسرهم عسكر الناصري، فانّهم كانوا اكثر منهم، وأخذوا الخيل منهم وجابوهم إلى الناصري ففرقهم على العسكر.

وفي نهار السبت عشرين الشهر تقاتل الفريقان، ورسم ملك الامراء الناصري لأهل الصالحية أن ينزلوا يقاتلوا معهم، وحاروا بينهم[509]، ورسم بغلق الطواحين الذي[510] في الصالحية، وهلكوا الناس بين الطائفتين.

---

[503] So in MS for الأبلق?

[504] So in MS, either a dual with الميدان والبلق as antecedents, or intended for قاسى.

[505] Meter السريع.

[506] MS صادقٌ.

[507] Meter الكامل.

[508] MS دلك.

[509] MS بيتهم.

[510] So in MS for التي.

وفي يوم الاحد حادي عشرين الشهر ركب ملك الامراء وطلع الى قبّة يلبغا على أن منطاش يطلع اليه الى الفضاء فلم يطلع.

وفي يوم الثلاثاء ثالث عشرين الشهر اخذوا جماعة الناصري من المناطشة
85a عمارة * بهادر الذي[510] خلف دار الغنم على غفلة، وقتلوا منهم ثلاثة وأخذوا المدفع الذي كان عليها، وفرحت الناس كثير باخذها من المناطشة، فانّه كان يحصل منها اذًى كثير وضرر للمسلمين. ورتب عليها الأمير الناصري الامير البزلاري، ومعه جماعة كثيرة بعُدَد يحفظوها من المناطشة وتسلطوا على جامع يلبغا منها فانّها قريبة إليه، وصعب ذلك على المناطشة كثير كيف راحت منهم العمارة.

وفي رابع عشرين الشهر حضر من القاهرة من عند السلطان أبو[511] يزيد ومعه أمير من صفد، ومعه خزانة مال من عند السلطان حتى ينفقوها على العساكر، وذكر انّه فارق السلطان وعساكر مصر في غزّة وفرح النائب والناس ودقّت البشائر. وبطل في هذا الشهر دوران المحمل والموسم، وبقيت الناس
85b في شدّة وخوف وغلاء، وطال الشرح على الناس، وكثرت * القتلى في الشوارع، ولا أحد يقدر ينام من صرخات المدافع. وما جرى على فرعون الذي طغا، ما جرى على جامع تنكز وجامع يلبغا، جنو[512] عليه وما جنى، ورموه بالحجارة وما زنى، وقد قال شرح حالهم الشيخ علاء الدين ابن ايبك حيث يقول[513]:

يَا مَا دَهَى بِالأَمسِ جَامِعَ تَنْكزٍ
مِنْ شَرِّ يَومٍ كَانَ بِالمِرْصَادِ
مِنْ بَعْدِ سَبْعِينَ السِنِينَ وَخَمْسِهَا
فِي الذِكرِ والصَّلَوَاتِ والعُبَّادِ
وَتَرَدُدِ التَّسْبِيحِ في الأَسْحَارِ إنْ
قَامَ المؤَذِن بالصَّلاةِ يُنَادِي
أَلْقَوا بِهِ النيرَان حتّى احْرَقُوا
مَا فِيهِ مِنْ خَشَبٍ وَمِنْ أَعْوَادِ
فَرُخَامُه وَنُحَاسُه مُتَكَسِرُ
مُتَفَتِّتٌ كَتَفَتُّتِ الأَكْبَادِ

---

510 So in MS for التي.
511 MS ابا.
512 Unclear. Is جنّوا intended?
513 Meter الكامل.

وَتَسَاقَطَتْ أحجَارُ مَاذِنَةٍ لَهُ
كتَسَاقُطِ الصَخراتِ مِن أطوَادِ
وَالنَّهرُ مِنْ بَعْدِ الصَّفاءِ مُكَدَّرٌ
فكَانَّهُ مَا كانَ يَرْوِي الصّادِ
86a وَنَضَارَةٍ * كَانَتْ عَلَى نَارَنْجَهُ[514]
لَبِسَتْ مِنَ الأَحْزَانِ ثَوْبَ حِدَادِ
وَالْمَقْبَرَ العَالِي عَلَيْهِ كَآبَةٌ
مِمَّا جَنَى مِنْ فَوْقِهِ بِرمَادِ
وَعَمَائِرٍ مِنْ حَوْلِهِ فَتَحَرَّقَتْ
بَعْدَ الصَّلَاحِ تَبَدَّلَتْ بِفَسَادِ
وَكَذَاكَ جَامِعُ يَلْبُغَا قَاسَا البَلاَ
من مَنْجَنِيقٍ هَادِمٍ هَدَّادِ
وَمَدَافِعٍ كَرَوَاعِدٍ بِصَوَاعِقٍ
تَنْقَضُّ مِنْ سُحْبٍ عَلَيْهِ غَوَادِ
رَجَمُوهُ بِٱلأَحْجَارِ وَهْوَ فَمَا زَنَى
لكِنْ تَحَصَّنَ فِيهِ جَيشُ أَعَادِ
يَا وَيْحَ قُبَّتَهُ وَقُبَّةَ تُرْبَةٍ
قَدْ كَانَ سَاكِنُهَا مِنَ الأَجْوَادِ
وَالنَّارُ تَرمِي نَحوَهُ شَرَرٌ لَهَا
حُمْرًا وَصُفْرًا مِثْلُ رَجل جرَادِ[515]
فَكَأَنَّهُ وَكَانَّ جَامِع تَنْكِزٍ
وَدِمَشْق قَد كَانُوا عَلَى مِيعَادِ

وصارت الناس في شدّة وضائقة، اللّهمّ فرج ضائقة المسلمين!

---

[514] So in MS for نَارِنْجِهِ.

[515] So in MS for حُمْرٌ وَصُفْرٌ مِثْلُ رِجْلِ جَرَادِ.

ثمّ نعود الى كلامنا. وفرحت الناس بهذا الخبر وفرق الناصري الذهب الذي جاء مع أبي[516] يزيد على العساكر على قدر مراتبهم، وبقيت الناس منتظرين قدوم السلطان.

86b وفي ثاني يوم اخذوا المناطشة عمارة[517] * بهادر من الناصري وقاتلوا عليها قتال عظيم، قتال من خرج عن نفسه، وطلعوا المناطشة اليها ورموا ارواحهم الذي[518] كانوا على العمارة من جهة الناصري إلى دار البطيخ، وكانت ساعة لم ير أحد مثلها، وأحرقوا المناطشة دار البطيخ وما حولها، وعادوا الى ما كانوا عليه اولاً من الاذى، قبحهم الله ما كان اكثر اذاهم! وصعب ذلك على نائب الشام كثير فانّهم كانوا يرموا عليه منها صوب تربة ارغون شاه وباب النصر وكان لهم مدفع اخر[519] في المسجد الذي على باب الميدان يرموا منه الى باب الحديد، وكان هذا المسجد من العجائب يخربوه جماعة الناصري بالنهار الى الارض، ويبنوه المناطشة في الليل ما يصبح[520] الّا معمور، وهم يرموا منه. هكذا فعلوا به مرار[521] حتّى سمّوه مسجد الجنّ. وقد كانوا جماعة منطاش ما يصطلى لهم بنار قد خرجوا عن ارواحهم مثل الاسود الضارية والناس على

87a هذا الحال فنسأل الله ان يرد العاقبة الى * خير.

ثمّ استهلّ شهر شعبان يوم الثلاثاء فجاءَ الى ملك الأمراء الناصري صبي من العوامّ كان عند منطاش في الميدان، وقد عرف الذي[522] يروحوا الى عند منطاش، ويجوا[523] الى الميدان من اهل المدينة، وهم مناطشة وقال له: «يا خوند! خليني أقعد جُوًّا باب النصر امسك لك المناطشة الذي هم في المدينة الذي يروحوا الى عند منطاش الى الميدان، فاني أعرفهم كلّهم ولي مدّة عند منطاش في الميدان، وكلّ من يروح إليهم أعرفه.» فقاعده الناصري جوّا باب النصر وخلى عنده جماعة من الظلمة ايش ما قال لهم يسمعوا منه، وأيّ من قال لهم «امسكوه» يمسكوه في الحال، ويأخذوا كلّ ما كان عليه ومعه، وان اعتنوا به حبسوه والّا قتلوه. وحصل للناس الخوف من الصبي الذي كان يروح والذي ما كان يروح توهم أن يشبهه بغيره يحترق في الحال ويهلك بنارهم، حتّى بقي

---

[516] MS ابا.

[517] MS عمارت.

[518] So in MS, probably for الذين.

[519] MS اخز.

[520] MS يصيح. See notes to Translation.

[521] MS مزار.

[522] So in MS for الذين.

[523] So in MS.

اكثر الناس ما يطلع ولا يعبر خوف[524] من الصبي، ورتب له النائب كلّ
87b يوم خمسة *، وقعد على هذه الحالة مدّة والناس في ضيقة[525] منه يتمنّوا انهم
يبصروه خارج البلد حتّى يقتلوه، ولم يقدر أحد عليه وصار له هيبةً في قلوب
الناس يخافوه أكثر من نائب الشام.

[الناس منادون للتوبة]

وفي يوم ثالث الشهر رأى رجل صالح من المسلمين النبي، صلّى الله عليه وسلّم، في منامه، فقال له: «يا رسول الله! ما ترى ما الناس فيه من الشدّة والنهب والحريق وكثرة[526] الفتن؟» فقال رسول الله، صلّى الله عليه وسلّم: «اذهب الى نائب الشام الناصري، وقول[527] له إنّه يرسم لخطيب جامع بني أمية ان يعظ الناس، فانّهم يجدوا بعد ذلك العفو بعد السّخْط، والرضا بعد الغضب.» فجاء الرجل الى الناصري وقصّ عليه القصّة كما أبصر في المنام. ثمّ إنّ الناصري رسم للخطيب أن يوعظ الناس في الجامع، فلمّا صلّى الخطيب صلاة الظهر صعد المنبر واجتمعت الناس إليه فحمد الله تعالى وأثنى عليه وعلى نبيّه[528] محمّد، صلّى الله عليه وسلّم، وذكر الجنّة وما اعدّ الله تعالى
88a فيها لأهلها وذكر النار وما اعدّ الله تعالى فيها * لأهلها — اجارنا الله تعالى
منها — ثمّ قال:

«يا معاشر المسلمين! إنّما وقعت بنا هذه النازلة العظيمة لكثرة ذنوبنا، وارتكابنا المعاصي، وكثرة[529] الكذب والفجور، وقلّة[530] الامانة، واتّباع الباطل، وأكل الحرام، وشرب الخمور، ومنع الزكاة، وترك الصلاة، وقلّه الحياء، وقلّة الخوف من الله تعالى، واتّباع الهوى، ونياتكم الفاسدة، ولا ترحموا صغير لصغر سنّه، ولا كبير لضعف قوّته، ولا سيّما في مثل هذا الشهر الشريف، شهر شعبان، الذي تتضاعف فيه الحسنات، وتكفّر فيه السيئات وقد ضيعتموه بما أنتم عليه من الهون، فلا حول ولا قوّة الّا بالله العليّ العظيم.

وقد أمركم سيّدنا رسول الله، صلّى الله عليه وسلّم، بالاسترجاع عمّا أنتم عليه، والتوبة والانابة الى الله تعالى وكثرة الاستغفار، فإن رجل من الصالحين

[524] For خوفاً.
[525] MS ديقه.
[526] MS وكثرت.
[527] So in MS for وقل.
[528] MS وعلا بنيه.
[529] MS وكثرت.
[530] MS وقلت.

أبصر نبيّكم في نومه، وأمره أن يقول لنائبكم، إنّه يقول لخطيبكم، إنّه يعظكم، وهانا قد وعظتكم[531] وحذرتكم امتثالاً لما أمر به رسول الله، صلّى الله عليه وسلّم.
88b فايّاكم * ايّاكم، والحذار الحذار من المخالفة والعصيان، «وتوبوا الى الله جميعاً أيّها المؤمنون لعلّكم تفلحون،» وان لم تستدركوا ذلك بالتوبة الحقيقية وكثرة الاستغفار والابتهال الى الله تعالى والدعاء والتضرّع اليه، والّا نزل بكم ما هو اشدّ ممّا أنتم فيه، فقد وقع بكم الخوف، وسفك الدماء، وحظ النفس، واتّباع الهوى، واحترقت ديارکم، وبطلت اسبابکم، وسَبَوْ حريمكم، ولعب الشيطان بكم، وبلغ[532] منكم امنيته، وقد نزلت بكم هذه المصائب، وانّما أخشى عليكم ما هو أعظم من ذلك، وكم أهلك الله تعالى مِنْ قَبْلِكم من القرون الخالية، والأمم الماضية، وما كانوا في بعض ما أنتم عليه في هذا الوقت، فاستيقظوا[533] عباد الله من رقدتكم، وتوبوا الى الله وا ستغفروه، واكثروا من التوبة والاستغفار والاسترجاع بقول، 'لا حول ولا قوّة الّا بالله العليّ العظيم.' أقول قولي هذا وأستغفر الله العظيم لي ولكم ولجميع المسلمين.»[534] فحصل للناس الخشوع[535] والندم والتوبة
89a بما سمعوه في * ذلك اليوم.

[تجديد المنازعات مع منطاش]

ثمّ انّ الناصري يوم الثلاثاء، ثامن الشهر، جمع العوامّ قدّام أبي[536] يزيد، حتّى يعرّفه أنّهم يقاتلوا مع السلطان الملك الظاهر برقوق وما يبقوا مجهود، كلّ حارة بحارتها، وكلّ سوق بسوقه، وحمل بهم على منطاش حملة هائلة ووقع القتال، وعملت العوامّ في ذلك اليوم عمل هائل، وقتل منهم وجرح كثير الى آخر النهار، وقد أعجَبَ أبا يزيد فعل العوامّ ومدافعتهم عن بلدهم، وشكرهم على ذلك، وردّ كلّ ناس الى مكانهم[537].

وفي هذا اليوم مسكوا أربعة معهم بارود من طرابلس تركمان جائزين به الى منطاش فوسّطهم[538] الناصري. والناس على هذا الحال لا يناموا ليلاً ولا نهار، ولا يستلذّوا بمنام الّا مكاحل تصرخ ليلاً ونهار، حتّى ترجّ الأقطار، والناس حائرين في افتكار.

---

[531] MS unclear, possibly وعضكم.
[532] MS وبلع.
[533] MS استيقضوا.
[534] MS المسلمين.
[535] MS الحشوع.
[536] MS ابا.
[537] MS مكاهم.
[538] MS فوصطهم.

وفي هذا اليوم وصل نائب طرابلس أقبغا الصفير وابن الحنش، نجدة لنائب
89b الشام في خلق كثيرة مثل التراب، وفرح بهم نائب الشام * والناس، والتقاهم إلى
القابون وفرحت بهم الناس كثير، وقالوا: عسى أن يكون على يدهم فرج، وقد
هلكت الناس ودقّت البشائر، ودخل في مرهجان[539] عظيم ونزلوا في المصلّى
وميدان الحصى، وذكروا أن نائب حلب جايه[540] خلفهم نجدة، ففرحت الناس
أكثر واكثر وخافت المناطشة منهم، وصبروا حتّى دخل الليل. وركب شكر
أحمد وابن القلانسي ومعهم جماعة كثيرة طماعين، وجاءوا من على الشويكة الى
المصلّى، وقد كسروا الأبواب ودخلوا اليهم مثل الجنّ وهم تعابى، وقد أمنوا على
أنفسهم وناموا وقلعوا سلاحهم،[541] فحطوا فيهم المناطشة بالسيف فقتلوا منهم
كثير، واخذوا منهم سلاح وقماش وخيل كثير، وردّوا تحت الليل الى الميدان.

ولمّا اصبح الصباح وسمع النائب ما جرى على الطرابلسيين[542] جاء إليهم
ونقلهم الى داخل المدينة، وارتصت[543] العساكر من باب الجابية الى باب
الفرج في الدكاكين والطرقات، وهم في أنحس تقويم، واصبحوا الناس خامدين
90a بسبب المناطشة وعسكر * طرابلس.

واما المناطشة؛ فقد أخذوا شيء كثير وتسلّطوا عليهم وخافوا منهم الطرابلسيين[542]،
فإنّهم عرفوا غرماءهم وما حلّ بهم تحت الليل، وما بقوا يقابلوهم واستمرّوا
الناس على حالهم كما كانوا في قتال كلّ يوم من بعيد الى بعيد، وطال الشرح
على الناس. وكانوا قد قالوا في أنفسهم لمّا دخل عسكر طرابلس انّهم يصبحوا
يدوسوا المناطشة دوس لا يقفوا قدّامهم لكثرتهم، لكنّ أرعبوهم، والامور كلّها
الى الله تعالى حتّى يفعل ما يشاء ويحكم ما يريد في عباده، سبحانه لا إله الّا هو.

وفي يوم الخميس عشرين الشهر دقّت البشائر عند المناطشة في الميْدان
وفرحوا، وكان السبب أن عنقاء امير العرب قد وصل اليهم في ألف فارس، وخافت
الناس منهم.

وفي يوم السبت، ثاني عشرين الشهر، ركب الناصري والعساكر كلّها
وتفرّقوا على المناطشة ثلاث فرق، فرقة الى تحت القلعة وجامع يلبغا والعمارة،
90b وفرقة * مع النائب عند باب الميدان، وفرقة الى القنوات الى عند تربة[544] ابن

539 So in MS, probably for مهرجان.

540 So in MS, for جاء. See Introduction.

541 MS سلاجهم.

542 MS الطربلسين.

543 From رصا? ارصى = to settle (in a place).

544 MS توته.

خمار. وعمل[545] الحرب بينهم وأرموا بالمدافع والمناجنيق من القلعة وجرى بينهم[546] قتال في ذلك اليوم تشيب منه الأطفال. وقتل في ذلك اليوم خلق كثير وجرح أكثر وكان يومًا مهولا[547] وأبصر عنقاء شيء ما أبصره عمره، وخافوا على أنفسهم وندموا الذي جوا[548] الى عند منطاش، ولم يزالوا على هذا الحال إلى غروب الشمس، ردّ كلّ فريق الى فريقه، ولم ينالوا غرض من بعضهم بعض والناس تهلك بينهم، وعمائر تحرق وتخرب، وناس تنهب وتقتل، لا غير، حتّى يفرّج الله تعالى. وهم كل يوم في قتال.

[تراجع منطاش ونهب الصالحية]

وفي يوم الأربعاء، سادس عشرين الشهر، تقاتلوا إلى الظهر واذا باخي[549] منطاش تمنتمر جاء إلى عند الناصري مخامر طائع للناصري، ففرح به وخلع عليه ومعه عشرة أنفس، ثمّ جاء بعد ساعة امير يقال له خوضر، ولمّا سمع منطاش أنّ اخاه[550] خامر عليه وخوضر، خاف * لئلا يخامر كلّ من معه، 91a
فركب في الحال هو ومن معه من العساكر بين[551] الظهْر والعصر ومعه عنقاء قدّام الناس، ودقّ حربي، وخرج من صوب المزّة، وجاءت الناس أخبروا الناصري بذلك، فركب الناصري وتبعه فلم يقدرعليه، ومسكوا من كان قد تخلّف ومن كان غائب وعبر منطاش ومن معه الى اللجاة وحال بينهم[552] الليل، وردّ الناصري ومعه جماعة من المناطشة.

وامّا العوامّ فانّهم لمّا راح منطاش من الميدان، دخلت الناس إليه واخذُوا الذي تركوه المناطشة ما لهم به حاجة، وطلعت الناس والتركمان من طرابلس وعشير جبّة عسال وترك وكلّ نحس ما له عرض نهبوا الصالحية، وأخذوا منها شيء كثير وأفسدوا وقتلوا وخربوا وفعلوا كلّ فعل قبيح وما لهم ذنب، قبحهم الله تعالى، حتّى بكيت الناس عليهم. هذا بارادة[553] الله تعالى، وهو الفعال لما يريد، وباتت الناس حاملين همّ أهل الصالحية وما جرى عليهم * ودعوا عليهم 91b

---

[545] So in MS for وعملت.
[546] MS بينهم.
[547] MS يوما مهول.
[548] So in MS for جاؤوا.
[549] MS باخوا.
[550] MS اخوه.
[551] MS بين.
[552] MS بيتهم.
[553] MS بارادت.

الناس وكان أكثر من نهب الصالحية الطرابلسيين[554] والصفديين وعشير من تلفيتا من الجبّة وبعض أهل دمشق الذي ما لهم عرض[555] ولا دين.

واما ملك الأمراء الناصري؛ لمّا ردّ من خلف منطاش في الليل جاءه الخبر ان الأمير نعير وعربه نزلوا على عذراء[556] وضمير وشعثوا على الناس، فركب في الحال وركب معه العساكر كلّها، الطرابلسيين[557] والصفديين[558] وهم تعابى موتة[559]، وطلع بهم تحت الليل الى نعير يواقعه، وجهل الناصري بالعسكر، وحمل على نعير قبل أن تجتمع[560] العساكر وهم تعابى، وخيولهم موتى، وهم على آخر روح، فحملت العربان عليهم حملة واحدة، فما وقفوا قدّامهم إلّا وانكسر الناصري والعساكر وردّ هارب، ونجا كلّ من كان له نصيب فيما عليه وتحته. وكان نهار الخميس، وردّت العساكر ودخلوا الى المدينة وبعد ما صحّوا من الحمار، كلّ اثنين راكبين على حمار، مكشفين الرؤس، قد زهقت * منهم النفوس، 92a
وقد قال الشيخ علاء الدين ابن ايبك شرح حالهم في هذه القصيدة شعرًا:[561]

يَا وَقعَة في ضُمَير مَع نعَيْر جرَتْ
بالأمْسِ مَا بَينَ أتراكٍ وعُرْبَانِ
يَومَ الخمَيْسِ التقَوا وقْتَ الهَجْيرِ وقَدْ
تَمَاوَتوُا بَينَ عَطشَانٍ وتَعبَانِ
تَصَادَمُوا فَوقَ جُرْدِ الخيْلِ واخْتلَطُوا
مِثْلُ اختلاَطِ شوَاهِينٍ وعِقبَانِ
وَالبِيضُ حُمرَ الدماء في وَقعِهَا سفَكَتْ
وَافْجَعَتنَا بأشْيَاخٍ وشُبَّانِ
وَالسُّمر سُمْرُ القنَا للستْرِ قد هتَكَتْ
بكُلّ رُمْحٍ تَلَوّى مِثْلُ ثعْبَانِ
وَفرّقَتْ بَينَ أجْسَادٍ وأنْفُسِهَا
فأصبحَتْ كبُيُوتٍ هَدّهَا البَانِ

[554] MS الطربلسين.
[555] MS غرض.
[556] MS عذرى. Cf. note 623, below.
[557] MS الطربلسين.
[558] MS الصفدين.
[559] So in MS for موتى ?
[560] MS نجتمع.
[561] Meter البسيط.

وَبَعْدَمَا اكَلُوا لَحمَ الظِبَا[561a] اكَلَتْ
لُحُومَهُم أَضبُعٌ سُودٌ وغِربانِ

92b هَذَا * قَضاء قَضَاهُ الرَّبُ مِنْ قِدَمٍ
فَمَا تَفضَوَ لَنَا وَالأَمرُ رَبانِ

ورجعت التُرك مكسورين، وراحت العرب منصورين، ومن أعظم العظائم، أن تفوز العرب من الترك بالغنائم، وقد أجاد الشاعر حيث يقول مفرد[562]:

بِذَا قَضَتِ الايَّامُ مَا بَيْنَ أَهْلِهَا
مَصَائِبُ قَوْمٍ عِندَ قَوْمٍ فَوَائِدُ

ثمّ نعود الى كلامنا. وقالوا الناس: ما جرى هذا كلّه على العسكر الّا بخطية أهْل الصالحية، فإنّهم نهبوهم وليس لهم ذنب، وهكذا جرى عليهم، ونهبوهم المُغْل أيضًا لمّا دخل قازان إلى دمشق، وكان نهبهم في يوم السبت خامس عشر شهر ربيع الاخر سنة تسع وتسعين وستمائة. وكان سبب نهب الصالحية؛ أنّه[563] كان عندهم أمير من المغل يحميهم فوجد امرأةً في جامع المظفري فمدّ يده اليها ومسكها، فاستغاثت بالناس فرماه بعض أهل الصالحية بحجر في رأسة فقتله، فوصل خبره إلى قازان وشكوا على أهل الصالحية حاشية
93a الامير. فقال * قازان، «أهل الصالحية حَسبنَاهم في طاعتنا، وقد ظهر بأنّهم باغين علينا، فقد وقع عليهم السيف وحُكْم سياسة التتار!» فعند ذلك أمر بنهبهم، واحتاطت المغل بهم، ونهبوا اموالهم، وسبوا حريمهم، واحرقوا أملاكهم، وقتلوا رجالهم، واستأسروا أولادهم، وجعلوا الصالحية دكًا الى قرية المزّة، وقد فعلوا كلّ فعل قبيح ما هو مليح، وقيل إنهم أخذوا من بنات الصالحية الأبكار ما ينيف على ألف بنت بكر.

ثمّ إن الشيخ تقي الدين ابن تيمية[564] طلع الى قازان ملك المغل وهو نازل خارج دمشق في مكان يسمّى مرج عذراء يخبره بما جرى على أهل الصالحية، فلم يمكنه الوزير سعد الدين من الدخرل إلى قازان وقال له: «ما هو[565] مصلحة فان جيش الملك ما حصل لهم شيء من المكاسب، وهم يريدون فائدة،

[561a] MS الضبا.

[562] Meter الطويل. Dieterici, *Carmina*, 465.

[563] MS فانه.

[564] MS التيمية. See also fol. 220b below.

[565] MS هوه.

والملك يريد رضاهم، فإن حدثته فيهم شيء ما يسمعه، وأخاف ان يغضب ويلحق أهل دمشق اذيّة بسببهم.» فعاد[566] الشيخ تقي الدين ولم* يدخل إلى قازان. 93b

وقد ذكرنا دخول قازان إلى دمشق وكيف كسّر الملك الناصر على وادي الخزندار، وعود الملك الناصر إلى دمشق، وكيف كُسِرَ قازان وما جرى لهم في دمشق من الحوادث، كما ينبغي في الجزؤ الثاني من كتابنا «درر الافكار في غرائب الاخبار» في ايّام الملك الناصر محمد بن قلاون رحمه الله تعالى.

ثمّ نعود الى كلامنا. وركب الناصري يوم الأحد وقد تجمّعوا بعض العساكر وراح بهم إلى صوب الكسوة يكشف الدروب والطرقات، وقد رحل نعير والعرب عن البلاد وبعث يعتذر إلى نائب الشام ويقول: «أنا مملوك السلطان،» قول زورٌ منه وبهتان، وقتل في هذه الوقعة خلق كثير منهم أمراء مثل ابن منجك أمير عمر، وابن الحنش، وابن الغزاوي، وكرجي، وأحمد والي البرّ، وغيرهم. وقيل: قتل في هذه الوقعة ألف ومائتين وستّين، ما بين جندي وأمير وغلام، وغيره من الفريقين.

94a وفتح* الناصري أبواب المدينة ونادى بالأمان والإطمان، وانشرحت الناس وراحت العساكر إلى بلادهم، وطلعت الناس الى بيوتهم وفتحوا دكاكينهم، ولطف الله تعالى بعباده وفرج عنهم، وقرب شهر رمضان المعظّم والناس في غفلة عنه من عظم ما هم فيه.

ثمّ استهلّ شهر رمضان المعظّم. وفي نهار الاثنين[567] حضر إلى عند النائب مملوك قرادمرداش، وذكر أنّه خلّى السلطان الملك الظاهر في غزّة، ودقّت البشائر وفرحت الناس. وحضر بعد أيّام رجل وخبّر أن منطاش على الأزرق، وقد وقع بينه وبين عنقاء. وحضر بعد أيّام خبر أن منطاش راح الى عند نعير وهو معه. وقرب السلطان الى دمشق ووصل الى الغور، وطلعت الامراء تلاقيه، وطلع نائب الشام الناصري الى السلطان يلتقيه، واحتفلت الناس[568] لدخول السلطان، ونصبوا السقائف.

وفي يوم الخميس ثاني عشرين شهر رمضان المعظم سنة ثلاث وتسعين وسبعمائة*، دخل السلطان الملك الظاهر برقوق الى دمشق والناصري حامل القبّة والطير على رأسه، وشموع موقودة، ومغاني تضرب، وبسطوا[569] له 94b

---

566 MS افعاد.
567 MS الاثنين.
568 MS الناس.
569 MS وبصطوا.

الشقق من باب المصلّى الى باب السرّ على عادة[570] الملوك، وبقيت الناس تدعوا له، والنساء تزغلط، ولم يزال الى باب السرّ. ودخل معه الى القلعة وقد عمّر نائب القلعة أكثر مواضعها، وبيّضها، وفرّشها، ونزل السلطان على كرسيّ الملك، ووقفت أرباب المناصب كلّ واحد في موضعه في خدمة[571] السلطان وفرح بدخوله الى القلعة، بعد أن كان في قلبه من الدخول اليها غصّة، وقد أخرجه الله تعالى من السجن كيوسف في الأزمان، وردّ عليه ملكهُ كما ردّ المُلكَ على سليمان، وهذه أجلّ الكرامات، فعند ذلك مدحه الشيخ شمس الدين الزرخوني[572] بهذه الابيات شعرًا: [573]

مَا * فِي البَرِيّةِ مِن عُربٍ وَمِن عَجمِ (156b)
مِثلُ المليكِ الّذى يَعلُو[574] عَلَى الرُتَبِ
المَالِكُ الظَاهِرُ المخفي[575] حَاسِدُهُ
أبُو سَعِيدِ الذي قَد جَادَ بِالذَهَبِ
لَيثُ الحرُوبِ وَلَيلُ النَقعِ[576] مُعتَكِرًا
إذا الأَسِنَّةُ تَبدُو[574] فِيهِ كَالشُهُبِ
سَلْ عَنهُ يَومَ اللِقَا مَنْ كَانَ حَاضِرُه
يُخبِرْكَ مَا حَلّ بِالأعداءِ من عَطَبِ
أَبَادَهُم بِالقَنا الخطيّ عَنْ عَجَلٍ
وَصَيَّرَ التُربَ تَنعِيهِم إلى التُربِ

[570] MS عادت.

[571] MS خدمت.

[572] MS has الترخوتي, which is probably an error for the name of شمس الدين الزرخوني the place of whose poem on fol. 156a should have been here. See the next note.

[573] Meter البسيط. There is no doubt that the copyist mistakenly exchanged the places of the lengthy *qaṣīdas*, placing the one which belongs here on fol. 156b, and writing here the one which belongs there. Not only do events referred to in the poem originally placed here occur some time after those in the immediate prose context, but as additional evidence there is the following note, written in the margin of fol. 156b: فقد غلط الكاتب فان القصيدة الاوله (sic !) اللي (!) السلطان احمد فيها مذكور كانت تكون هونى وهدي موضع ها ذيك(!)

[574] MS يعلوا, also تبدوا in line 3 of poem.

[575] For المُخْفِي, to fit the meter.

[576] MS النقغ.

وَحَلَّ فَوْقَ سَرِيرِ الملكِ فِيْ حُلَلٍ
مِنْ نَصْرِهِ بَعدَ حَلِّ العَقْدِ وَالكُرَبِ
وَحَقَّهُ السَّعدُ وَالإقبَالُ جَاءَ لَهُ
وَالنَّاسُ فِي فَرَحٍ أضحَوْا وَفِي طَرَبِ
وَأهلَكَ اللهُ مِن اعداءِ دَولَتِهِ
من طَاشَ[577] مِنْهُم وَلَم يَرجِع وَلَم يَتُبِ
هَذَا الذي نَشَرَ العدلَ المُبِيِّنَ وَمَن
طَوَى المظَالِمَ بالعلياءِ والحَسَبِ
هَذَا الذِي تَملاءُ الدُنيَا مَهَابَتهُ
هَذَا الذي فِيه قَصْدُ المرءِ لَمْ يَخِبِ
هَذَا الذي مَا رَأينَا مِثلَ سِيرَتِه
وَلاَ سَمِعنَا عَنِ المَاضِينَ فِي الكُتُبِ
(157a) هَذي[578] * أمُورُ رَأينَاهَا مُعَايَنَةً
صِدقًا فَدعْ عَنكَ مَا قَالُوا مِنَ الكَذِبِ
أتَتْ إلَيْهِ مُلُوكُ الأرض قاطِبَةً
يَبغُونَ قَتلَتَهُ مِن غَيرِ مَا سَبَبِ
رُدّوا بِهَمٍّ وَذُلٍ بَعدَ عِزَّتِهِم
وَلَم يَنَالُوا خِلاَفَ الذُلِ وَالتعَبِ
هَيهَاتَ ان يَقتلُوا مَن كَان قَتْلَتُهُمْ
عَلَى يَدَيه وَذَا مِن أعجَبِ العَجَبِ
اللهُ يُنْجِيهِ مِنْ اعدَائِهِ أبداً
اللهُ يُعطِيهِ مَا يَختَارُ مِن طَلَبِ
وَالله يُبقِيهِ فِي أمنٍ وَفِي دعَةٍ
طولَ الزَمانِ بِلاَ هَمٍّ وَلاَ نَصَبِ

577 So in MS.

578 So for هذه to fit the meter.

مَا دَامَ فَوقَ سَرِيرِ الملكِ جَلستُهُ
ومَا دَعَونَا لَهُ فِي آخرِ الخُطَبِ

96b وَخَلع السلطان على الأمراء على عادة[579] الملوك، وقعدت أرباب الوظائف في مراتبها، ودخلت بعد دخوله الأطلاب والترك ملبّسين، حتى انذهلت الناس من حسن العساكر الذي[580] دخلت مع السلطان، وكان يوم مشهود ما أبصر احد

97a مثله، ونادى في المدينة بالأمان والإطمان، وأن لا يتعرّض أحد *الى احدٍ، ومن له مظلمة يَقف يشكي حاله لمولانا السلطان، وزيّنوا المدينة، والعصرَ طلع السلطان إلى الطارمة، وقعد فيها وبقي يتفرّج على الناس، فسبحان من يعزّ ويذلّ، ويغني ويفقر، لا اله الاّ هو، ورمى على الناس كواغد الفضّة من الطارمة، وبقيت الناس تدعوا له.

وتفرّقوا المصريّين في المدينة وجامعهم كلّ نحس وفاجر، وتسيبوا على أهل دمشق حتى أهلكوا الناس، وكان أكثرهم لصوص يأخذوا مالك وعينك في عينهم، وقد جرى لهم مع أهل دمشق فصُول في نوع الحرام، منها ما قد حكى لي من أثق به؛ أنه نزل في خان برّا المدينه وكان من أهل بعلبك، وكان في الخان نفر السلطان وهم كبار اللصوص قال: «وكان معي حمار فبقيت خائف عليه منهم، فخرجت في بعض أشغالي وقد وصيت الخاني على الحمار، فقضيت شغلي وجئت الى الخان فلم أجد الحمار في مكانه،

97b ففتشت عليه في الخان فلم أجده، ووجدت النفر قد* خرجوا من الخان بالجمال، فقلت، 'يا خاني أين حماري' فقال: 'ما خرج احد بحمار قدّامي،' قلت،[581] 'فاين هو؟' قال، 'ما اعرف،' قلت، 'لا يكون[582] أخذوه النفر،' قال، 'ما خرجوا بحمار، لكن الحقهم الساعة كما خرجوا.' فخرجت خلفهم ولحقتهم عند باب النصر وقلت لهم، 'يا جماعة الخير! الحمار أين هو؟' قالوا، 'اينّا[583] حمار، نحنا[584] ما معنا حمار،' قلت، 'من إحسانكم ولكم الحلاوة،' وتذلّلت لهم وقد قالت الفضلاء، 'لا باس بالتذلّل في طلب الإفادة' ودخلت عليهم قالوا، 'هات!' فوزنت لهم عشرين درهم، فلمّا أخذوا الدراهم بركوا جمل عليه خيش التبن، وشالوا الخيش وإذا بالحمار

[579] MS عادت.

[580] So in MS for التي or الذين.

[581] MS قلت.

[582] So in MS for ليكون as elsewhere.

[583] So in MS. Perhaps for أيّ.

[584] So in MS for نحن.

مربوط على الجمل كانّه خروف، فحلّوه وأخذته، ورديت انتقلت من الخان.»
وهذا يكفي السامع من أوصافهم القبيحة، والذي عنده ذكاء، فاذا كان هذا
في حمار سرقوه وخبّوه حتّى عجز صاحبه أن ينبشه، فما الذي يعملوا في قماش
98a ودراهم وفلوس؟ وقد ذكر الشيخ كمال الدين المعروف * بابن الأعمى في مقامته
التي هي في عشرة من المحارفين، كلّ واحد له حرفة يصفها، منهم لصّ قد وصف
صناعته. قال الشيخ، «فعند ما سمع اللص مقال صاحبه البحري وثب قائمًا وجعل
يقول بلسانٍ جري وجنانٍ قويّ، ولا يفكر فيما يقول، ولا يدري ما اليه أمره
يؤُل[585]، وقال 'يا هذا، لقد قلت فابطأت، وتكلمت فاخطأت، ويحك!
أما سمعت بجوّال السباسب، وخواض الغياهب، السالم من المعايب، المعروف
في المشارق والمغارب، أما علمت أنى قليل العدد، كثير المدد، خفيف الرِّجْلِ
واليد، كم قد أطلقتُ قفلاً موثقا، وفتحت بابًا مُغْلَقا، وأورثت الحزن والكآبة،
وورثت[586] صاحب المال من غير قرابة، كم وسّعت من نقوب، وضيقت من
قلوب، كم استبحت حماً[587] منيعا، وبلغت مكانًا رفيعًا، وأعجزت الولاة
ونوابها، وركبت من الطرق صعابها، لا أخشى نوائب المحذور، ولا أفكر في
98b عواقب الأمور *، لا يهولني الإقدام، ولا تعتريني الأوهام، ولا تغيّرني[588]
الأيّام، واستوى عندي الحلال والحرام، لا أستعين بمحاذي[588a] ولا رفاق، ولا
يفوتني درب ولا زقاق، فمن ذا يبارزني أو يناضل، في هذه الخصائل؟[589]» وهو
كما قال فيه الموّال:

أفـدي للِصٍّ غدَاً بيْنَ الورَى يا زين
هجّام في اللّيلِ شاطِرْ ما يخَافُ الحيْن
ينْشُلْ ببطء، حقيقَةُ صِدْقٍ ما هُوَ ميْن
ويمْسَحُ ٱلكُحْلَ سرْعَة من سوَادِ العيْن

قبحه الله تعالى على هذه الخصائل الردية المذمومة.

مسألة في المَعْنى. سأل بعضهم بعض المشائخ فقال له، «كيف يكون دية
اليد في الشرع، فانها نصف دية ستة الآف درهم، فاذا سرق الرجل وجب

[585] So in MS for يؤول.
[586] MS وورثت.
[587] MS حما.
[588] MS تغيريني.
[588a] MS محادي.

[589] From here to the end of the poem the writing is that of another hand. The poem is a *mawālīyā*, completely unvocalized in the text, and was inserted in a space left blank by the scribe.

قطعها على ثلاثة وثلث.» فقال له الشيخ، «إعلم يا ولدي أنّ اليد لما كانت أمينة كانت ثمينة، ولما خانت هانت.» وقد قال الله تعالى في كتابه العزيز «والسارق والسارقة فاقطعوا أيديهما جزاءً بما كسبا نكالاً من الله والله عزيز حكيم.»

99a وقال رسول الله، صلّى [الله[590] عليه وسلم: «من اقتطع حق إمرىء مسلم] بيمينه* فقد أوجب الله تعالى[591] له[592] النار، وحرم عليه الجنّة.» فقال[593] رجل: «وان كان شيئاً يسيراً يا رسول الله؟» قال: «وان كان قضيباً من أراكٍ.»

حكاية: قال بعض أهل العلم، «رأيت فلان البياع في النوم بعد وفاته فقلت له، 'ما فعل الله بك؟' قال، 'أنا محبوس عن الجنّة.' قلت، 'بماذا؟' قال، 'كنت أبيع في الدكان ويزدحمون الناس فآخذ دراهم أضعها في فمي، فاذا تفرّغت وزنتها وأعطي كلّ واحد حقّه، فاختلط في فمي درهمان، فوزنت الواحد وأعطيته لغير صاحبه وكان زائد حبّة، فلمّا حوسبت بقي على[594] حبّة.' فقلت له، 'ادفع له الحبّة وتتخلص،' فجعل يقلب كفيه ويقول، 'اين هي، اين هي؟' مراراً.» وقال بعضهم «انقص الناس عقلاً من ظلم من هو دونه.»

حكاية: ويروى أن انوشروان كان له معلّم أحسن تاديبه فعلّمه اكثر العلوم، فضربه المعلّم يوماً من غير ذنبٍ فأوجعه، فحقد أنوشروان على معلّمه،

99b فلمّا ولي الملك أنوشروان قال يوماً لمعلّمه، «ما حملك على ضربي في يوم* كذي وكذي[595] ظلماً؟» قال له معلّمه، «رأيتك ترغب في العلم رجوت لك الملك بعد أبيك[596] فأردت ان أذيقك طعم الظلم كيلا تظلم أحداً.» قال: «جزاك الله خيراً» وأحسن اليه، فكان أعدل اهل زمانه، حتّى صار يُضْرب به المثل في العدل، وقيل: كان مكتوب على بساط إيوانه هذه الابيات، وقد أجاد الشاعر حيث يقول:[597]

لا تَظلِمنَّ اذا ما كُنتَ مُقتَدِراً
فالظُّلْمُ مقدَرَةً تُفضِي إلى النَّدَمِ

---

[590] الله is the catchword at the bottom of 98b. As the *ḥadīṯ* which begins 99a is on the same subject as the material on 98b it would seem that the copyist simply skipped the words enclosed in brackets. cf. *Musnad*, V, 260.

[591] Omitted in published text. *Musnad*, *ibid.*

[592] *Musnad*, *ibid.*, has here بها.

[593] *Musnad*, *ibid*, has here له.

[594] For عَلَيَّ.

[595] So in MS for كذا وكذا.

[596] MS ابوك.

[597] Meter البسيط.

تَنَـامُ عَيـنَـاكَ والمظْلُومُ مُنْتَبِهًا
يَدْعُوا عَلَيكَ وعَيَن الله لَـم تَنَـم

وقد قال الله تعالى «ومن لم يحكم بما أنزل الله فاولـئك هم الظالمون» وقد وصفه الله تعالى بالظلم، وقال ميمون، «كفا بهذه الآية وعيداً للظالم.» اللّهمّ ادفع عنّا شرّ الظلمة يا رب العالمين!

[السلطان في حلب . . . حكم سودون باق الشرير في دمشق]

ثمّ نعود الى كلامنا. وفي يوم الجمعة ثامن الشهر، صلّى السّلطان وبرز الى برزة، وطلعت العساكر كلّها، وطلع الناصري معه طالبين بلاد الشمال بلاد حلب وأعمالها، وبقي في دمشق نائب الغيبة سودون باق. ويوم * الاحد رحل عن برزة السلطان. 100a

ويوم الثلاثـاء ثاني عشر الشهر حضر اياس من صفد، وفي يومه خـرج يلحق السلطان وبقي نائب الغيبة سودون باق في دمشق يحكم عسّاف ولا حكم قراقوش، حتّى خافت الناس منه كثير، فإنّه كان ما يفرق بين الظالم والمظلوم.

وفي يوم الاثنين ثاني عشرين الشهر خرج المحمل جريده، وليس معه سبيل، ولا طبلخانات، ولا زاوية[598]، الّا ناس قلائل وكان أمير الركب أقبغا البزلاري.

وفي ثالث عشرين الشهر مسكوا رجلين شباب من تحت القلعـة بعد عشـاء الآخـرة، وجابوهم الى سودون باق فضربهم ورسم بتسميرهم في الحال، سمّرهم لكون أنـهم وجدوهم تحت القلعة بعد عشاء الآخرة، عملوهم[599] مناطشة وسلقوهم. وبقي يحكم أحكام ردية حتّى أقعد أهل دمشق ولا بقي احد يضارب أحداً، فانّه كان أيّ من دخل اليه ضربه سواءُ كان ظالم أو مظلوم وجرى له مع أهل دمشق حكايات كثيرة * لا حاجة لذكرها فانّه ظالم، والسلام من كبار الظلمة. 100b

وفي يـوم السبت آخر الشهر وصلت الأخبار الى دمشق مع مملوك نائب الشام، أنّ السلطان الملك الظاهر قد دخل الى حلب، وفرحت الناس به وأشعلوا له الشموع، وكان لدخوله يوماً مشهوداً[600]، ثمّ إنـه جـرّد الناصري نائب الشام، وأيتمش، وكمشبغا، والامير بُـطا الى البيرة، وبقي هو ومماليكه في حلب

---

[598] MS زاويه, but see note 790 to the translation. Possibly for راوية.

[599] MS غملوه.

[600] MS يوما مشهود.

وبقيّة الامراء وبقي في حلب غلاء عظيم، كلّ رطل خبز[601] بدرهمين، والشعير والتبن ما يوجد، وبقيت أهل حلب معهم في شدّة، وقد خرجوا وخرّبوا أكثر بلاد حلب.

ثمّ استهلّ شهر القعدة والسلطان في حلب، وفي يوم الثلاثاء ثالث الشهر أمر سودون باق أن ينادي في المدينة وخارج المدينة، أن أصحاب الدكاكين والبيوت، أن كلّ منهم يعلق على دكّانه أو بيته قنديل، وفي كلّ طاقة قنديل، ومن خالف
101a أكل الضرب والاهانة[602] فعلقوا الناس خوفًا * منه، فانّه ظالم ما يعرف لعب، حتّى بقيت[603] دمشق بالليل توقد من كثرة الضوء وبقي مرهجان[604]، ويركب هو بنفسه في الليل ويدور في المدينة ويتفقّد أزقّتها وحاراتها وينادي أن لا يخرج أحد من بيته بعد عشاء الآخرة تروح روحه، وخافت الناس منه واندعروا[604a] ومسك مؤذيين كثير[605] وأتلفهم، وبقيت الناس على هذا الحال في المدينة الى آخر الشهر.

ثمّ استهلّ شهر ذو[606] الحجّة. وفي ثاني يوم حضر بريديّ من عند السلطان من حلب، وذكر أن السلطان مسك الناصري نائب الشام وعدّة أمراء كانوا قد اتّفقوا على قتل السلطان، فلمّا سمع سودون باق هذا الكلام انتقل في الحال إلى دار السعادة ومماليكه وأعوانه، وطمعته نفسه أن يكون نائب الشام، فإنّه كان يقرب إلى السلطان، 'والمملوك أقرب من عندهم أبعد من عندهم' وحكم في دار السعادة على عادة[607] النواب، ومسك بعض الامراء كان أمير عشرة
101b وضربه وسمّره لكون * أنّه منطاشيّ، فإنّه ما كان يفتر في أحد، وخافت الناس منه كثير، إلى خامس الشهر حضر بريدي من عند السلطان من حلب، وذكر أن السلطان أنعم على بُطَا[608] دواداره بنيابة الشام، وأن المتسلّم الذي له أقبغا الفيل، وأنّه قد وصل إلى خان لاجين. فلمّا سمع سودون باق هذا الكلام ما هان عليه وانتقل من دار السعادة إلى بيته، وهذا كان من ألطاف الله تعالى الخفية بأهل دمشق الذي ما تولّى عليهم، فإنّه كان يخرّب دمشق لكنّ الربّ كريم.

ودخل متسلّم الأمير بُطَا[608] الى دار السعادة وغيّروا الرنوك في الحال،

---

601 MS خبر.
602 MS الاهنه.
603 MS بقيت.
604 For مهرجان. See note 539 above.
604a MS واندعروا.
605 So in MS for مؤذين كثيرة or كثار.
606 MS ذي.
607 MS عاذت.
608 Vocalized in MS.

وفرحت الناس كثير برواح سودون باق عنهم ومجيء الأمير بطا إليهم نائب، فإنّه كان مشهور بالجودة وشابّ حسن وشكل مليح، ووصل إلى خان لاجين وطلعت الناس التقوه، ودخل إلى دمشق يوم الاثنين ثامن الشهر لابس التقليد، وأشعلوا له الشمع والمغاني[609] على عادة[610] النواب، وفرحت الناس به ودخل
102a الى دار السعادة وحكم بها وكان لدخوله * يومًا مشهودًا[611]. وكان حاكم جيّد كثير.

وحضر أيضا بريدي بعد يومين أو ثلاثة، وذكر أنّ السلطان قد خرج من حلب طالب الشام وأنّه وصل إلى حماة، ودقّت البشائر لقدوم السلطان. وقد أحكا[612] لي من أثق به من كبار الناس أنّ السلطان لمّا مسك الناصري في قلعة حلب، عاتبه على أشياء غير واحدة وقعت منه في حقّ السلطان؛ منها أنّه قال له: «انت قلعة حلب لمّا عَصَتْ عليك أخذتها في ثلاثة أيّام كان لك غرض، ومنطاش يعصي عليك وهو في الميدان بينك وبينه رمية حجر وعندك عسكر الشام وصفد وطرابلس وأهل دمشق، لكن ما كان لك غرض في مسكه، لكن جرى لك كما قال المثل شعرًا[613]:

'وَقُلْ لِمَنْ يَدَّعِي فِي ٱلْعِلْمِ فَلْسَفَةً
حَسِبْتَ شَيْئًا وَغابَتْ عَنْكَ أَشْياء.'»

ثمّ أنّه أمر بقتله فقتل وطرح في بغداد، فإنّ في قلعة حلب جبّ اسمه بغداد وكان أكثر المنجّمين يقولون له، «تقتل وتدفن في بغداد.» وكان يتعجّب من
102b كلامهم فانّه كان في * هذا[614] البلاد، وأين هو وأين بغداد؟ وهذا اتّفاق عجيب.

[انحرافات عن مصادفات غريبة]

حكاية في المغنى ذكرها الحريري في «درّة الغواص»؛

أن عبيد الجُرْهُمِي[615] عاش ثلاثمائة سنة وأدرك الإسلام فأسلم ودخل على معاوية بن ابي سفيان بالشام، وهو خليفة، فقال له: «حدّثني بأعجب ما رأيت في

---

[609] Probably ودقّت should be inserted before this word, or تضرب after it, as in other instances, cf., eg., fol. 94b, above.

[610] MS عادت.

[611] MS يوما مشهود.

[612] So in MS for حكى.

[613] Meter البسيط.

[614] So in MS for هذه.

[615] This is the name as given in the published text cf. Thorbecke, 55–56. MS has عبيده الجرهمى.

عمرك.» فقال، «مررت ذات يوم بقوم يَدْفنون ميتًا لهم، فلمّا انتهيت إليهم عزّيتهم[616] وذرفت[617] عيناي بالدموع فتمثّلت بقول الشاعر أبيات كانت على ذهني شعراً[618]:

'أقُول والقَلبُ بالأحبَابِ مُغْتَبِطٌ
إذ صَارَ في الرَّمس تَعفُوهُ الأعَاصِيرُ[619]
يَبكي الغَريبُ علَيهِ لَيسَ يَعرفُه
وَذوُا قرَابَتـه في الحيِّ مَسْرُورُ.'

فقال لي رجل من القوم، 'أتعرف صاحب هذه الابيات؟' فقلت، 'لا'. فقال، 'انّ قائل هذه الأبيات الذي دفنّاه الساعة، وأنت الغريب الذي تبكي عليه، والذي خرج من قبرِه هو قرابته وهو أشدّ الناس فرحًا بموته.» فقال له معاوية: * «لقد حكيت عجيبًا وهذا من غريب الاتفاق.»[620] 103a

حكاية عن عز الدين ايدمر السناني الدوادار: أنشد القاضي تاج الدين احمد بن سعيد بن محمّد بن الأثير الحلبي كاتب السرّ عند ما خدم بديوان الانشاء في أيّام الملك الظاهر بيبرس أوّل اجتماعه به، ولم يكن يعرف اسمه ولا اسم ابيه، فانشده هذه الأبيات[621]:

كَانَت مُسَائلة الرُّكبَان تُخبِرُني
عن أحمَد بن سَعيدِ أحسَنَ الخَبَرِ
ثُم التَقَينَا فَلَا وَاللهِ مَا سَمِعَت
أذني بِأحْسَنِ مِمَّا قَد رَأى بَصَرِي

فقال له القاضي تاج الدين، «يا مولانا ما تعرف هذا احمد بن سعيد؟» فقال، «لا والله ما أعرفه.» فقال: «المملوك احمد بن سعيد.» فتعجّبا من غريب هذا الاتّفاق. أقول انّ البيتين المذكورين[622] لابن هاني الاندلسي والله اعلم.

---

[616] Thorbecke, *ibid.* has instead أغْرَوْرَقَت.

[617] MS درفت.

[618] Meter البسيط.

[619] In Thorbecke, *op. cit.*, this line is as follows: وبينما آلمَرْءُ في آلاحْيَاءِ مُغْتَبِطٌ إذاً هُوَ آلرَّمْسُ تَعفُوهُ آلأعَاصِيرُ However, Thorbecke gives as a variant for the second hemistich the version given in this MS.

[620] This paragraph is considerably shorter than the text as given by Thorbecke.

[621] Meter البسيط.

[622] MS ان البيتان المذكورة.

[عودة برقوق الى دمشق]

ثمّ نعود الى كلامنا. ثمّ ان السلطان والعساكر وصلوا الى عذراء[623] وضمير وطلعت الناس يلتقوا السلطان.

وفي يوم الجمعة ثامن عشر الشهر دخل السلطان إلى دمشق والعساكر
103b وكـان لدخوله يومًا * مشهودًا[624]، وفرحت النـاس ودخل إلى القلعة على عادته وحكم بها، ونادى في المدينة بالأمان والإطمان. ونزلت العساكر في أماكنها في المدينة على عادتها.

وفي يوم الخميس خامس عشرين[625] الشهر مسك السلطان من على السماط ألابُغا حاجب الحجّاب، وسودون باق، وكان هذا الأمر عاقبة ظلمه، قبحه الله تعالى، ومسك أيضا لاقباي وجبجق، مسك هذه الأربعة وشالهم إلى برج في القلعة ولم يطلع لهم خبر بعد ذلك اليوم، وجعل الأبغا المنجكي حاجب الحجّاب في دمشق، وكان حاجب جيّد، حاكم مليح، رجل عاقل، عارف بمصالح الناس، وحبّوه أهل دمشق. وولّى أرغون شاه نيابة صفد عوض اياس. وولّى قاضي القضاة أحمد الباعوني. وولّى ابن منجّا قضاء الحنابلة، وأقام حرمة الشرع الباعوني كثير، فإنه كان قاضي مليح، وتولّى خطابة الجامع الاموي، وكان خطيب مليح، ينظم الخطب الملاح من رأس القلم، وخافت منه الفقهاء
104a وضرب منهم جماعة كبار بمرسوم السلطان وجرّسهم[626] على جمال في دمشق * وأشهرهم. وكان قدّ الشُّغْل إذا قام في امر أنهاه، وكان السلطان يميل الى قوله ويحبّه، وبغضوه أكثر الفقهاء وحطّوا عليه، وبقوا يرافعوه حسدًا منهم، والسلطان لا يلتفت الى كلامهم.

[اعدام المناطشة]

ثمّ انّ السلطان يوم الحادي والعشرين من الشهر طلب المحابيس في القلعة الذين هم من جهة منطاش، فاحضروهم الى بين يديه، وهم الأمير احمد بن بيدمر، ومصطفى البيدمري خال أمير[627] أحمد، ويلبغا العلائي، وابن أمير علي نائب الشام، وطشتمر رأس نوبة[628] ابن قفجق، وبرصبغا[629] نائب حمص، وألجبغا حاجب

---

[623] MS عذره.

[624] MS يومًا مشهود.

[625] MS عشر بن.

[626] MS وجرصهم.

[627] So in MS for الامير ?

[628] MS نوبه.

[629] Usually written برسبغا.

حجّاب طرابلس، وأزدمر أبو دقن مملوك إينال، وبيبغا نائب حماة، وقرابغا العمري، وجلبان المحمّدي، ورأس نوبة الناصري، وجماعة من الأمراء والمماليك وغيرهم، وكان عدّتهم عشرين نفس. وفي الحال امر بتسميرهم وتوسيطهم فنزلوا
104b بهم من القلعة، وفي أرقابهم الجنازير، حفاة الى[630] اسطبل * السلطان. وأحضروا في الحال عشرين جمل وعملوا عليها لعب، وأحضروا المسامير وكان ذلك اليوم قد مطرت في الليل واصبح طين كثير وزلق، وطلع السلطان قعد في الطارمة حتى يتفرّج عليهم. وقد امتلت تحت القلعة من الناس وأهل المسمّرين واقفين يتباكوا عليهم، وأمّ امير أحمد بن بيدمر وجوارهم حفاة مهتكّين يتباكوا والناس تبكي لبكاءهم. فلمّا تنصف النهار أخرجوهم من اسطبل السلطان مسمّرين كلّهم تسمير عطب، وداروا بهم دورة المدينة في ذاك[631] الوحل والزلق وهم يستغيثوا ما يغاثوا وتهتّكت اهلهم عليهم ولا خاصّة[632] أمير أحمد بن بيدمر فإنّه من أولاد المدينة، وشابّ حسن وليس له إلى احدٍ أذيّة، وكلّ أحد كان يحبّه فانه كان قريب من الناس وابصروه الناس مسمّر في تلك الحالة وأمه وجوارهم قد قتلوا أرواحهم عليهم. وقد أجاد الشيخ علاء الدين ابن ايبك يرثي امير أحمد بن
105a بيدمر *، وما جرى عليه، وكيف بقيت الناس تبكي، وكيف ما قبل السلطان شفاعة فيه، فانشد عند ذلك شرح حاله يقول شعراً[633] :

خَلّوهُ في لُعْبَتِهِ عَرِيسًا — بِلاَ دُفُوفٍ وَلاَ شُمُوعِ
لكِنّ عُيُونُ الوَرَى عَلَيْهِ — له انتثَارٌ مِنَ الدُّمُوعِ
وكُلُّ قَلبٍ يَذُوبُ حُزْنًا — بِلَوْعَةٍ دَاخِلَ الضُّلُوعِ[634]
فَيَا لَهُ مِنْ شِهَابِ حُسْنٍ — قَدْ غَابَ عَنَّا بِلاَ طُلُوعِ

وجابوهم إلى عند جسر الزلابية، والسلطان ينظر إليهم من الطارمة، ثمّ إنّهم نزّلوهم من المسامير وصاروا يوسطوهم واحد بعد واحد، وبقي إلى آخرهم أمير احمد بن بيدمر، فلمّا أبصر ما حلّ باصحابه ولم يبق الاّ هو، تنفّس الصعداء وأنشد هذا البيت المفرد[635] :

---

630 الى repeated in MS.
631 MS داك.
632 For وخاصّة ?
633 Meter البسيط.
634 MS الظلوع.
635 Meter الطويل.

أَرَى المَوتَ بَينَ السّيفِ والنّطعِ كَامِنًا
يُلاَحِظُنِي[636] مِن خيث ما أتلفتُ[637]

105b ثمّ انهّم وسّطوه وأخـذوا أهـل الموسّطين كلّ ناس أهلهم يدفنوهم* وأحضروا نعش واخذوا فيه أمير أحمد، ومصطفى[638] أربع قطع إلى تربتهم، وغسلوهم وخيّطوهم وكفنوهم وصلّوا عليهم ودفنوهم.

[انحرافات في الصبر]

وما جرى على نساء هذا الزمان، ما جرى على قلب أمّه من الاحزان، ولا على الخنساء لمّا فقدت أخاها[639]، فان الخنساء فقدت أخاها[639] لا غير، وهذه فقدت ولدها وأخاها[639] وأباها[639] وزوجها، وخربت ديارها، ولمّا فقدت أخت صخر أخاها[639] رثته بهذه الابيات تقول:[640]

أَلا يَا صَخْرُ لَا أَنْسَاكَ حَتَّى
أُفَارِقُ عِيشَتِي وَأَزُورُ رَمْسِي
وَلَوْلَا كَثْرَةُ البَاكِينَ حَوْلِي
عَلَى أحبَابِهِمْ لَقَتَلْتُ نَفْسِي
وَمَا يَبْكُونَ مِثْلَ أَخِي وَلَكِنْ
أُسَلِّي النّفسَ عَنْهُم بِالتّأسِّي[641]

ولمّا قتل قابيل أخاه هابيل قالت حَوّاء[641a]، «ويه ويه.» فقال لها آدم عليه السّلام، «عليكي وعلى بناتك لا عليّ ولا على بنيّ، فللرجال الحزن والصبر الجميل، وللنساء البكاء والعويل.» وأجاد القائل مفردًا[642]:

---

636 MS يلحاضني.

637 So in MS for أَتَلَفَّتُ.

638 MS ومصطفا.

639 MS اخوها وابوها.

640 Meter الوافر.

641 These verses appear in Cheikho, *Dīwān*, 50, as verses 13, 9, and 12 of قافية السين. The version given there varies as follows:

verse 13:
فَلَا وَاللّٰهِ لا أَنْسَاكَ حَتَّى
أُفَارِقَ مُهْجَتِي وَيُشَقَّ رَمْسِي
verse 9:
وَلَوْلَا كَثْرَةُ ٱلْبَاكِينَ حَوْلِي
عَلَى إِخْوَانِهِمْ لَقَتَلْتُ نَفْسِي
verse 12:
وَمَا يَبْكُونَ مِثْلَ أَخِي وَلَكِنْ
اعَزِّي النَّفْسَ عَنْهُ بالتَّأسِّي

641a MS حوي.

642 Meter الطويل.

106a خُلِقْنَا * رِجَالًا لِلتَجَلُّدِ وَالأسَى
وَتِلْكَ الغَوَانِي لِلبُكَاء والمآتِم

وقال رسول الله -صلّى الله عليه وسلّم- لمّا مات ولده إبراهيم، «انّ العين لتدمع، وإن القلب ليحزن، وإني بفراقك يا إبراهيم لمحزون، ولا اقول إلّا ما يرضي ربّنا.»

حكاية في المعنى :

قيل: ان الاسكندر -رضي الله عنه- كتب الى امّه في المرض الذي مات فيه كتابًا يقول لها فيه: «إنك تجمعي نساء كبار البلد وتعملي لهم وليمةً، وتمدّي لهم سماط، فاذا تقدّموا للأكل قولي لهم، 'لا يأكل احد من سماطي ممن[643] هو محزون،' تري[644] العجب.» فلمّا وصل الكتاب اليها عملت ما قال لها فيه، وعملت وليمةً ودعت النساء المحتشمات، كبار أهل البلد، الى عندها، ومدّت السماط وقدّموا الناس ليأكلوا، وقفت على رأس السماط وقالت لهم: «لا يأكل منْ سماطي هذا محزون.» فلمّا سمعوا كلامها تقدّموا كلّهم عن 106b السماط، فلمّا راتهم قد تاخّروا قالت لهم، «ما بالكم تأخّرتم؟» قالوا * لها، «ما فينا أحد الّا وهو محزون، كلّ ناس على قدّهم، هذه مات ولدها، وهذه مات أخوها وهذه مات زوجها، وهذه خرّبت ديارها، وهذه ماتوا أهلها، وما يخلو أحد[645] من الحزن.» فلمّا سمعت هذا الكلام منهم تعجّبت، فعند ذلك عرّفوها أنّ ولدها الاسكندر قد مات، رحمه الله تعالى، فصبرت وأحتسبت. فللّه درّ هذه المرأة أمّ امير[646] أحمد أصيبت بهذه الأحزان كلّها، وقد أجاد الشاعر حيث يقول شعرًا شرح حالها في المعنى :[647]

يَا لَهَا حُرْمَةَ أُصِيبَتْ بِسَهْمٍ   سَاقَهُ حَادِثُ الزَمَانِ اليَهَا
لَمْ يَصُبِ القَضَا عَلَى أُختِ صَخرٍ   بَعضَ ما صَبَّهُ القَضَا عَلَيْهَا

فصبّرها الله تعالى فصبرت واحتسبت، فللّه درّها من امراة. وقد قال الله تعالى في كتابه العزيز، «وبشّر الصابرين الذين إذا أصابتهم مصيبة قالوا 'انّا لله وانا اليه راجعون' اولئك عليهم صلوات من ربّهم ورحمة وأولئك هم المهتدون.»

---

643 MS ممس.
644 So in MS for تَرَيْنَ.
645 MS وما يخلوا احدًا.
646 So in MS for الامير.
647 Meter الخفيف.

107a وقد * قال الله تعالى، «انّما يوفي الصابرون أجرهم بغير حساب.» وقـــال تعالى،
«يا أيُّها[648] الذين آمنوا استعينوا بالصبر والصلاة[649] انّ الله مع الصابرين.»
ويروى أنّ النبي—صلّى الله عليه وسلّم—سئل عن الايمان فقال: «الصبر
والسماحة.» وقيل في قوله تعالى، «فاصبر صبرًا جميلا.»

قيل انّه الصبر الذي لا شكوى[650] فيه ولا بثّ، وقـال عليّ عليه السلام،
«الصبر ستر من الكروب، وعون على[650a] الخطوب.» وسئل بعضهم، «ما حدّ
الصبر؟» قال، «تجرُّع المرارة من غير تعبيس.» وقال بعض السلف الصالح: «إن
صبرتَ جرى القلم وأنت مأجور، [a] والّا جرى وأنت مأزور.»[651b] وقد أجاد الشاعر
حيث يقول مفرد شعرًا:[652]

وَإِذَا اتَتْكَ مُصِيبَةٌ[653] فَاصْبِرْ لَهَا عَظُمَتْ مُصِيبَةُ مُبْتَلَى لا يَصْبِرُ.

وقد أجاد قائل هذا البيت المفرد حيث يقول:[654]

الصَّبْرُ مِثْلُ اسمِهِ مُرٌّ مَذَاقَتُهُ
لكِنْ عَوَاقِبُهُ أَحْلَى مِنَ العَسَلِ

107b وقد أجاد الشاعر حيث يقول في المعنى[655]:

إِذَا ابتُلِيتَ فَثِقْ بِاللهِ وَارْضَ بِهِ
انَّ الَّذِي يكشِفُ البَلْوَى هُوَ اللهُ
إِذَا قَضَى اللهُ فَاسْتَسْلِمْ لِقُدْرَتِهِ
مَا لامرِءٍ حِيلَةٌ فِيمَا قَضَى اللهُ

وفي الصبر ايضاً[656]:

إذا مَا[657] خَانَكَ الأَمرُ فَكُنْ بالصَّبْرِ لَوَّاذَا
وإلّا فَاتَكَ الأَجْرُ فَلاَ هذَا وَلاَ هذَا

واعلم يا أخي—وفقك الله تعالى—ان الصبر على ثلاث طبقات؛ صبرٌ على الطاعة،

---

[648] MS يايها.
[649] Usually written والصلوة in Koran.
[650] MS شكوا, possibly for شكواء.
[650a] MS عون عن.
[651a-b] Written in margin by another hand.
[652] Meter الكامل.
[653] MS مَصِيبَةً.
[654] Meter البسيط.
[655] Meter البسيط.
[656] Meter الهزج.
[657] ما inserted above line by another hand.

وصبر على النائبة والبلية — وصبر على المعصية، وهو أرفع الدرجات. فالصبر على الطاعة مثل الصبر على الصوم في يوم حرّ، ومثل الوضوء في يوم البرد وما أشبه ذلك، وهو بثلاث مائة درجة؛ والصبر على النائبة والبلية مثل موت الولد، وفقد الاخ، وذهاب المال، وخراب الديار وما اشبه ذلك، وهو بستمائة درجة؛ والصبر على المعصية مثل الرجل الذي يحبّ الخمر وتاب عنه لوجه الله تعالى، أو يحبّ

108a الزنا[657a] وتاب عنه خوفاً من * الله تعالى وما اشبه ذلك، وهو بتسعمائة درجة؛ وهو أعلاه. وقد كتب بعض الصحابة الى عمر بن الخطّاب يقول له، «يا امير المومنين أيّنا أفضل؛ رجل كان في المعاصي وتركها لوجه الله تعالى، أو رجل ما ارتكب معصية وهو مقيم على توبته وما هو فيه؟» فكتب اليه عمر يقول: «إن الذين كانوا يرتكبون المعاصي وتركوها لوجه الله تعالى، أولئك الذين امتحن الله قلوبهم للتقوى، لهم مغفرة واجر عظيم.»

حكاية في المعنى: قيل كان لعلي بن ابي طالب — رضي الله عنه — جارية تخرج تقضي أشغالهم، فكان يتعرّض لها رجل يقول لها، «والله أنا احبّك.» فقالت لعليّ — رضي الله عنه، أنه يقول لها 'والله أنا احبّك،' فقال لها عليّ رضي الله عنه، «إذا قال لكي 'والله أنا احبّك،' قولي له 'والله وأنا احبّك،' وانظري ما يقول وعرفيني.» قال فخرجت الجارية على عادتها فأبصرها ذلك الرجل فقال لها، «والله أنا أحبّك.» قالت

108b له، «والله وأنا أحبّك.» فقال * لها: «نصبر حتى يوفينا الله الذي «يوفي الصابرون أجرهم بغير حساب.»» فجاءت الجارية وقالت لعليّ — رضي الله عنه — ما قال لها الرجل، فبكى عليّ لمّا سمع قولها وقال لها، «أطلبيه الى عندي.» فخرجت إلى مكان الرجل وقالت، «أجيب سيّدي.» فقام وأتى معها إلى عند الامام عليّ — رضي الله عنه — فقال له: «خذها قد وفاك الذي «يوفي الصابرون أجرهم بغير حساب.»» فانظر يا اخي الى هذه الحكاية ما أعجبها في هذا الفصل. واعلم ان الصّبر من أرفع الدرجات عند الله تعالى، وأن الله تعالى قد ذكره في كتابه العزيز في أكثر من سبعين موضع، ومن أعظم الادعية «اللّهمّ أفرغ عليّ[658] صبراً وتوفني من المسلمين.»

فللّه درّ هذه المراة، أمّ أمير[659] احمد، كيف عرفت أن الصبر من أرفع

[657a] So in MS for زناء or زنى.

[658] MS عليه, probably for عليّ since it is followed by توفني (written توفنى).

[659] So in MS for الامير.

الدرجات، وأنّ الله تعالى يعوض الصابرين لا سيّما من صبر على البلية في الدنيا، ويعوضه الله تعالى في الآخرة بالجنّة. واعلم انّ * الله تعالى قال في كتابه العزيز[660] 109a
لأهل الجنه «سلام عليكم بما صبرتم فنعم عقبى الدار.» وهذه البشارة تكفي الصابرين من الله تعالى والسلام! وقد اجاد الشاعر حيث يقول شرح حال هذه المراة على فقد ولدها شعرًا:[661]

أضْحَتْ بِخَدّي للدُّموعِ رُسُومُ أسَفاً عَلَيكَ وَفي الفُؤادِ كُلُومُ
وَالصَّبْرُ يُحمَدُ في العَواقِبِ كُلِّها إلّا عَلَيكَ فإنّهُ مَذْمُومُ

وقد أجاد الشاعر أيضا في المعنى حيث يقول:[662]

أقُولُ وَقدْ فَاضَتْ دُمُوعِي حَسْرَةً
أرَى ألارْضَ تبقَى والاحبّاء تَذْهَبُ
أحبّاي لَوْ غيرَ الحِمَامِ أصابَكُم
عَتَبْتُ ولكِنْ مَا عَلَى الموتِ مَعتَبُ

وقد أجاد الشاعر ايضًا في المعنى حيث يقول:[663]

فَوَا أسَفِي عَلَى زَمَنٍ تَقَضَّى
وَنَحْنُ مِنَ الحوادِثِ في أمَانِ
فَشَتَّتَ شَملَنَا صَرْفُ اللَّيالي
وَفَرَّقَ بَيْنَنَا رَيبُ الزَّمَانِ

وقد * أجاد صاحب هذا الفرد حيث يقول:[664] 109b

أقولُ وَقَد أفكَرْتُ في جَمْعِ شَملِنَا
سَلَامٌ عَلى العَيشِ الّذي كَانَ وانقَضا

وقد ذكرنا هذا الفصل في الصبر في هذا المكان عسى الله تعالى ينفع به من قرأه ويحصل لنا الأجر ان شاء الله تعالى.

ثمّ نعود الى كلامنا. وفي يوم الاثنين[665] ثاني عشرين الشهر طلع السلطان الملك الظاهر برقوق من قلعة دمشق، ومعه عساكر مصر، متوجّه الى القاهرة

---

660 MS العزير.
661 Meter الكامل.
662 Meter الطويل.
663 Meter الوافر.
664 Meter الطويل.
665 MS الاثنين.

المحروسة في خير وسلامة، وخلّى محمود أستاداره في دمشق يستخلص الأموال من اهلها وهم في شدّة فالله تعالى يفرج[666] عن المسلمين.

[سنة ٧٩٤/٩٢ – ١٣٩١]

ثمّ استهلّت سنة أربع وتسعين وسبعمائة، أللّهمّ اجعلها سنةً مباركة على المسلمين! وكان اوّلها يوم الاثنين[667]، وكانت الأسعار في دمشق عالية، والناس تحت لطف الله تعالى فنسأل الله تعالى أن يردّ العاقبة الى خير، ويرخص أسعار
110a المسلمين. ولمّا كان يوم * الثلاثاء سابع شهر الله المحرّم حضر بريدي الى نائب الشام الأمير بُطا وعرّفه أن عنقاء قد قُتِلَ، وسببه أن السلطان أرسل له فداوية قتلوه، واستراحت المسلمين منه كثير، فإنّه كان قد أسرف وزاد وأخرب بلاد حوران، وكان ما يصطلى له بنار، وعربه أنحس العربان، وكان قتلته رحمة لبلاد المسلمين، ولو عاش كان أتعب الناس، فانّه كان منطاشيّ، وانضاف اليه كلّ فاجر، وكلّ زنديق، وكلّ نحس من قطّاع الطريق، وقصده ونيته للناس كلّ شرّ، فلمّا علم الله تعالى منه ذلك أرمى كيده في نحْره وأهلكه، وقد قال الله تعالى «ان الله لا يغيّر ما بقوم حتّى يغيّروا ما بأنفسهم.» وقال الله تعالى: «فمن يعمل مثقال ذرة خيرًا يره، ومن يعمل مثقال ذرةٍ شرًا يره.» وقال النبيّ—صلّى الله عليه وسلّم: «انّما الأعمال بالنيات وانّما لكلّ امري[667] ما نوى.»

حكاية في المعنى لمن أضمر لأخيه[668] المسلم شرّاً فانقلبت حيلته عليه:
110b وقد * ذكر الشيخ شهاب الدين أحمد بن ابي حجلة المعروف بالتلمساني، في كتابه المسمّى بـ«السكردان» انّ أحمد بن طولون دخل على أبيه يومًا وهو شابّ فقال له: «بالباب قوم فقراء فلو كتبت لهم بشيء.» فقال: «إتني بدواة.» فذهب حتّى يجيب الدواة فأبصر في دهليز القصر حظيّة[669] من حظايا[670] أبيه قد خلا بها خادم فأخذ الدواة ولم يتكلّم بشيء، وخشيت الجارية أن يسبقها أحمد المذكور[671] الى طولون أبيه ويقول له، فجاءت إليه وقالت له، «ابنك احمد راودني على نفسي.» فصدّقها وكتب كتابًا إلى بعض نوّابه يأمره بقتل حامل الكتاب من غير مشورة، وقال لولده أحمد، «خذ هذا الكتاب ووديه الى فلان.» فأخذه وخرج من على الجارية المذكورة فقالت له، «الى اين؟» فقال، «بهذا

[666] MS يفرح.
[667] So in MS for امرء.
[668] MS لاخوه.
[669] MS حضيه.
[670] MS حضايا.
[671] MS المذكور.

الكتاب الى فلان للأمير.» ولم يعلم ما فيه، فقالت له، «أنا أرسله اليه ولي بك حاجة.» فدفع اليها الكتاب حتى ينفذ[672] القضاء والقدر، لا مردّ لحكم الله تعالى.
111a فدفعته الى الخادم الذي * كان معها في الدهليز وقد علّمها ما قالت لطولون وقالت للخادم: «اذهب بهذا الكتاب إلى فلان وردّ جوابه.» وانّما قصدت أخذ الكتاب من احمد حتّى يزداد أبوه عليها غضبًا، فلمّا وقف نائب الأمير على الكتاب، امتثل أمر مخدومه وقطع رأس الخادم، وبعث به الى الأمير طولون، فلمّا أبصره رأس الخادم، تعجّب واستدعا أحمد ولده وقال له، «اصدقني ما الذي رأيت والّا قتلتك.» ورأى رأس الخادم قدّام أبيه مقطوع فما أمكنه الّا أن يقول الصدق، فاخبر أباه[673] قصّة الجارية والخادم. فطلب الجارية وقال لها: «أصدقيني والّا قتلتك.» فأخبرته بما جرى لها مع الخادم فقتلها وحظي أحمد عنده ونشأ على سيرة حسنة، وطلب العلم، وسمع الحديث، واستقلّت به الأحوال حتّى صار حاكم مصر والشام بعد أبيه[673] طولون، وكان حكمه في آخر عمره من الفرات[674] الى
111b بلاد المغرب. ولمّا مات خلّف ثلاثة وثلاثين ولد[675]، منهم سبعة عشر ولد[675] ذكر * وخلّف من الذهب ألف ألف دينار، ومن المماليك سبعة الآف مملوك، ومن الغلمان، أربعة وعشرين ألف غلام، ومن الخيل، سبعة الآف فرس، ومن الحمير والبغال، ستة الآف، ومن الجمال، عشرة الآف جمل، ومن المراكب مائة مركب في البحر. وكان خاصُّه في كلّ سنة أربعة آلاف الف دينار. فانظر يا أخي الى هذا الأمر العجيب كيف طلبوا قتله فانقلبت حيلتهم عليهم، وقتِلوا وهو ينظر إليهم.

ثمّ نعود الى كلامنا. وفي يوم الخميس تاسع الشهر ركب النائب وسُيِّر تحت القلعة وأوكب، ورجع من الموكب وقد توجّع ولزم الفراش، وأتت اليه الحكماء وبقي ضعيف في دار السعادة إلى يوم الثلاثاء حادي عشرين الشهر، توفي الى[676] رحمة الله تعالى. وحزنت الناس عليه كثير، فانّه كان نائب جيّد، وشابّ حسن، قريب من الناس وكانت مدّة نيابته في دمشق أحد وأربعين يومًا، ودفن في المدرسة
112a التي ليونس في الشرف الأعلى * جوار المدرسة الطواويسيّة.

وفي خامس عشرين الشهر دخل المحمل وحده لا خلفه ولا قدّامه. ومسك

---

672 MS ينفد.

673 MS ابوه.

674 MS الفراه.

675 So in MS for ولدًا.

676 Added above line in MS.

حاجب الحجّاب أمير الركب أقبغا البزلاري[677] وشاله إلى القلعة بغباره لم يدخل إلى بيته.

وفي تاسع عشرين الشهر حضر بريديّ من الديار المصرية وذكر أنّ السلطان دخل إلى القاهرة في خير وسلامة، وجلس على سرير الملك وفرحت به أهل القاهرة، وزيّنوا المدينة لقدومه وحكم على عادته، وقد أجاد قائل هذه الابيات الزهريّات يمدح بها السلطان حيث يقول:[678]

وَبَدَا لِنَرْجِسِهِ الجَنِيِّ مِنَ الهَوَى
عَيْنٌ مُسَهَّدَةٌ وَقَلْبٌ يخفِقُ
وَاحْمرَّ وَجْهُ الوَرْدِ حَتّى قَالَ لي
عَرَقٌ عَلَى عَرَقٍ وَمِثْلِي يَعْرَق[679]
مَا بَانَ فَضْلُ البَانِ الّا انّهُ
ابَداً لَهُ قُدّام جَيْشِي سَنْجَقُ
إنْ كُنْتُ بَعدَ الزَهرِ جِئتُ فَإنَّ لي
كَالظّاهِرِ السلطانِ جَيشًا يَسْبَقُ
مَلكٌ جَنَائِبُهُ الجُنُوبُ تَودُّ لَو
أمْسَتْ بِذَيل غُبَارِها[680] تَتَعَلّقُ
112b ما * شُرِّفَتْ في مِصرَ[681] أرض[682] إذْ غَدَا
وَنَدَاهُ مِنهُ مُغَرِّبٌ وَمُشَرِّق
لاَ زَالَ مُخْضَرَّ الجَنابِ وَبِيضُهُ
يَصْفَرُّ مِنهُنَّ العَدُوّ الأَزْرَقُ

ثمّ استهلّ شهر صفر من السنة المذكورة. وفي يوم الثلاثاء ثالث عشر الشهر

---

[677] MS البرلاري.

[678] Meter الكامل.

[679] In *Sindbād-nāme*, 238, we find the following similar verses:

أَرَقٌ عَلَى ارقٍ ومثلي يَأرَقُ
وجَوًى يزيدُ وعبرةٌ يترقرقُ
جُهْدُ الصبابة ان تكون كما أرَى
عينٌ مسهّدةٌ وقلبٌ يخفقُ

[680] MS عبارها.

[681] MS مِصْرُ.

[682] Added above line in MS by another hand.

خرجت مماليك نائب الشام بُطا، وخيله، وجماله وقماشه، إلى القاهرة ومعهم خلق من أهل دمشق تجّار وغيرهم.

وفي يوم الجمعة سادس عشر[683] الشهر نادى حاجب الحجّاب على الجلّابة أنّهم يسافروا ويجلبوا البضائع وهم طيّبين القلوب ولا خوف عليهم[684]، وان الدروب طيّبة.

[عصيان في القلعة]

وفي يوم الاحد خامس عشرين الشهر، وكان برد وهواء ومطر؛ فبينما الناس آمنين في بيوتهم بعد العصر ركب نقيب القلعة وساق إلى بيت الحاجب الكبير تمربغا وقال له: «إن القلعة قد أخذت.» فقال، «ومن أخذها؟» قال، «أقبغا البزلاري والمحبسين خرجوا من الحبوس والناس غافلين، وهاشوا على القلعية هربوا فغلّقوا أبوابها واختفى نائب القلعة.» فعند ذلك أمر حاجب * الحجّاب بركوب العساكر في 113a
الحال فلبسوا السلاح وجفلت الناس وغلّقوا أبواب المدينة وخافت الناس كثير، ولا بقي احد يعي على أحد، وبقي خوف وبرد وهواء ولا بقي يلتقى رغيف خبز[685] ولا غيره، وقفلوا الناس الدكاكين. وعبر الليل وثارت المناطشة وكلّ نحس على عادتهم، وبقوا فراحي ويقولون إن ابن القلانسي والعشير يصابحوا القلعة صباح ويطلعوا إليها، وتخثر الفتنة ويشتدّ الحرب، والناس كلّما فرغوا من شدّة دخلوا في شدّة حتّى يفرج الله تعالى. وأما المناطشة الذي[686a] في القلعة؛ فإنهم لبسوا من سلاح القلعة ووقفوا على شراريف القلعة وهم خائفين، فإنّهم ناس[686] قلائل، وتمزّق شمل أهل القلعة وتخبّوا في الأبخاش، وركب عسكر الشام وفي الحال دقّوا حربي وجاؤوا الى القلعة ولم يعرفوا من أين يدخلوا اليهم. ودخل الليل وجاء حاجب الحجّاب إلى باب الحديد يكسره فلم ينكسر، والمناطشة من أعلى القلعة يرموهم بالنشاب * والحجارة وأشعلوا المشاعل. ثمّ 113b
إنّهم احرقوا باب الحديد ودخل حاجب الحجّاب وبعض العسكر والقلعيّة عند نصف الليل وهون الله تعالى عليهم، وفرّق الله تعالى شمل المناطشة ودخلوا بالمشاعل والفوانيس وتكاثروا عليهم، وكان في ظنّهم أنّهم ملكوا القلعة وما

---

[683] MS has سادس but the last previous date mentioned was ثالت عشر.

[684] MS عليكم (direct quotation from the proclamation ?)

[685] MS رغيق خبر.

[686] MS ناسٍ.

[686a] So in MS for الذين or التي.

بقي أحد يقدر يصل إليهم وكانوا دون المائة. واصبح الصباح وخرج نائب القلعة فإنّه كان مخبّي وفرحت الناس كثير الذي فرّج الله تعالى هذه الشدّة عن الناس «وكفى الله المؤمنين القتال،» وخمدوا المناطشة حتّى ما بقي يسمع لهم أحد حس، فنسأل الله أن يخمد الفتن، وأرسل حاجب الحجّاب تمربغا يعرّف السلطان بما جرى كلّه.

وامّا أقبغا البزلاري وابن عطاء مقدّم القلعة؛ فإنّه كان محبوس، وهد خبير بالقلعة وبمواضعها وأبواب سرّها. فجاء الى باب سرّ وفتحه وخرج منه هو وأقبغا البزلاري تحت الليل، وخرجوا من الخندق ورحلوا ولم يعرف لهم خبر، فإنّه كان لهم[687]
114a بعدُ* أجل وحياة في الدنيا، فلهذا سَلِمُوا. والأمر كلّه الى الله تعالى وهو الفعال لما يريد.

ثمّ انّ حاجب الحجّاب وسّط الذي[688] مسكوهم في القلعة كلّهم إلّا اميرين فإنّهم كانوا قد أرموا أنفسهم من الخليلية[689] الذي فوق باب[690] القلعة، ما وافقوا أصحابهم على ما عملوا وقالوا: «نحن ما قدّ الشغل ولا نحن مناطشة، نحن مماليك السلطان.» ولما وسّطوهم علّقوهم على شراريف القلعة وأصلحوا باب الحديد كما كان، والحمد لله تعالى كانت الشدّة هيّنة ولطف الله تعالى بعباده الذي أخذوا القلعة في ليلتها، وإلّا كان اتّسع الحرق وجرى[691] أمور غير واحدة، لكن نحمد الله تعالى على ذلك وهو الفعال لما يريد. وبقت[692] هذه الواقعة حكاية على قلعة دمشتق؛ أن اعداء يملكوها نصف يوم ونصف ليلة لا غير، وملوك[693] كثيرة نزلت عليها وحاصروها أيّام وشهور وسنين ما يقدروا عليها، فانّ ما في بلاد المسلمين قلعة أعصى منها ولا أحسن
114b فانّها تسمّى حصن، فإن القلعة التي تكون على رأس جبل، والتي[694] على* الأرض تسمّى[695] حصن. اللّهمّ اجعلها دار إسلام الى يوم القيامة يا ربّ العالمين!

ثمّ استهلّ شهر ربيع الاول من السنة المذكورة[696] وفي يوم الخميس دخل متسلّم[697] نائب الشام سودون الطرنطاوي[697a] وأصلح أحوال دار السعادة، وغيّر

---

[687] لهم occurs only in catchword at foot of 113b.

[688] So in MS for الذين.

[689] برج understood.

[690] Inserted in margin by another hand.

[691] For وجرت ?

[692] So in MS for وبقيت.

[693] MS وملوك.

[694] MS has والذي repeated.

[695] MS unclear, perhaps بيمسا.

[696] MS المذكوره.

[697] MS has مسلّم.

[697a] So in MS. But cf. 127b below.

الرنوك، وذكر أن نائب الشام جايه[698] على مهله يوطئ البلاد، ويردّ الفلاحين، ويصلح أمور المسلمين، وهذه عادة الحكّام. وطلعت الناس إليه مثل أرباب الوظائف، كاتب السرّ ونـاظر الجيش، على عـادتهم، وطلعت الامراء وأكثر النـاس، فلمّا وصل الى غزة كـان نـائب الشام صارم، ونزل عـلى بلاد القدس والخليل إلى الغور، والنـاس تقدم لـه التقـادم على قدر أحوالهم واقعد البلاد.

ثمّ استهلّ شهر ربيع الاخر من السنة المذكورة[699]. في يوم الاثنين[700] ثاني الشهر حضر بريديّ من عند السلطـان ومعه خلعة هائلة إلى حاجب الحجّاب تمربغا أطلسين، فلبسها وأشعلوا له الشموع ودقّت له المغاني، وجرى له يومـًا هائلاً.[701] وكان سبب الخلعة ما فعله في القلعة مع المناطشة، وأنّـه أبذل مجهوده 115a
فأعجب السلطان ذلك منه وأرسل له هذه الخلعة.

وفي يوم الاثنين عاشر الشهر دخل ملك الأمراء سودون الطرنطاوي الى دمشق، وأشعلوا له الشمع ودقّت له المغاني على عادة[702] النـوّاب، وكان يومـًا مشهودًا،[703] ودخل إلى دار السعادة وحكم بها على عادة[702] النوّاب.

وفي يوم الاربعاء تولّى الحسبة ابن الصائغ، وباشرها الى يوم الجمعة أرماه النائب في دار السعادة وضربه وجرّسه[704] على حمار في المدينة، هذا جزاه، وأقلّ جزاه مَن يباشر الحسبة ولم يعرف يباشرها، والأصحّ أنه كان قد أوعدهم بشيءٍ من الذهب وعجز عن حمله إليهم فهذا كان سبب ضربه، ثمّ طلب الشريف وكيل بيت المال وولّاه الحسبة.

وفي هذا الشهر في آخره جابوا رأس أقبغا البزلاري ومملوك آخر وعلقوهم تحت القلعة على جسر الزلابية.

ثمّ استهلّ شهر جمادى[705] الاولى. وفي يوم الاثنين[706] رابع عشر أعرض * 115b
نائب الشام العساكر في دار السعادة وقطع ما ينيف على سبعمائة إقطاع حلقة كانوا أهلها غائبين. وقد حكى لي بعض الأجناد الذي أعرضوا أن جماعة من الأجناد أعرضوا بفرد قبا وكلوتـة وسيف، كلّما طلع واحد من قدّام النائب

[698] So in MS for جاء.
[699] MS المدكوره.
[700] MS الانبين.
[701] MS يومـًا هايل.
[702] MS عادت.
[703] MS يومـًا مشهود.
[704] MS جرصه.
[705] MS جمدي.
[706] MS الانبين.

يلبسهم لآخر ويدخل، فانّهم معذورين، البلاد كانت خراب، ومغلّات ما ثمّ والناس مستورين.

وفي هذا الشهر انباع الخبز رطل بدرهم، وفرحت الناس كثير، وطابت قلوبهم. اللّهمّ أرخص اسعار المسلمين!

ثم استهلّ شهر جمادى الآخرة[707]. وفي يوم الخميس ثاني الشهر رسم نائب الشام للحاجب الكبير والقضاة أن لا يحكم احد في جندي من جهة دَيْن ولا يرسم عليه، فانّ الاجناد لهم نحو أربع سنين مغلّاتهم تنهب، والغنيّ فيهم انكشف حاله، والفقير مات.

116a وفي عاشر الشهر حضر إلى دمشق المقرّ الأشرف المخدومي الصلاحي * ولد المقرّ المرحوم الناصري ولد المقرّ الأشرف تنكز – رحمه الله تعالى – من القاهرة، بسبب عمارة جامع جدّه وما حوله الذي أحرقهم سودون باق، وفرحت المسلمين بحضوره لأجل عمارة الجامع وشرع يعمر فيه.

وفي آخر الشهر خرج النائب بعساكر الشام الى العرب.

وفي هذا الشهر تولّى كاتب السرّ الحمصي، وخلع عليه نائب الشام وباشر الوظيفة كما ينبغي، فإنّه رجل عالم عارف، وشكالةً حسنةً[708]، وقريب من الناس، ينظم الشعر الفائق، فريد عصره في علم الانشاء، ولم يباشر أحد هذه الوظيفة بعد ابن مزهر – رحمه الله تعالى – أحسن منه، وقد مدحه بعض الشعراءِ وأجاد حيث يقول شعراً[709]:

وَكَاتِمُ سِرٍّ لَمْ تَرَ النَّاسُ مِثْلَهُ
لَهُ هِمَّةٌ تَعلو[710] عَلَى ٱلْكَوكَبِ الدُرِّي
116b كَفَاهُ * افتِخَاراً كَتْمُ سِرٍّ خَلِيلِهِ[711]
وَقَد جَاءَ خَيرُ النَّاسِ مُستَودِعُ السِرِّ.

[حريق في دمشق]

وفي يوم السبت سادس عشرين الشهر حضر بريدي من القاهرة وخبّر النائب أنّ الامير إينال توفّي.

---

[707] MS جمدي الآخر.

[708] So in MS.

[709] Meter الطويل.

[710] MS تعلوا.

[711] So in MS, perhaps for كَتْمُ سِرِّ خَلِيلِهِ which would change the meaning.

ثمّ استهلّ شهر رجب. وفي هذا الشهر احترق سوق كنيسة مريم من
أول السوق الى آخره، وراح للناس فيه شيء كثير.

وفي يوم الخميس ثاني عشرين الشهر دار المحمل ولم يطلع النائب من دار
السعادة على عادته، واندار المحمل مليح غاية.

وفي هذا الشهر حضر مرسوم السلطان بأن يطلع أقبغا الصفير كاشف
الكشّاف، وإن لم يطلع والّا يمسكوه ويحبسوه في القلعة فامتنع من ذلك، فمسكوه
وشالوه الى القلعة.

ثمّ استهلّ شهر شعبان من السنة المذكورة، وفي حادي عشرين الشهر احترق
117a الحريق الذي لم ير[712] أحد[713]* مثله في هذا الزمان، فإنّه كان آية من آيات
الله تعالى ومعجزةً، احترقت الورّاقين[714] والمأذنة الشرقيّة والأخفافين[714] الى باب
الخطابة، ودهشة[715] النساء، ودهشتين[716] الرجال، إلى درب العجم الى الحمام، الى
عند قيسارية الزرد، واحترقت للناس فيه شيء كثير. وكان هذا جميعه على مقدار
أربع ساعات وأقلّ، من طلوع الفجر إلى قبل الظهر، وأصبح أكثر التجّار
فقيراً ما يملك شيئا[717]، واحترق فيه نساء ورجال وأطفال وحمل شَرَارُ النار ودخل
إلى الجامع، واحترق منه أربع جسورة[718]، وقاطعت الترك على النار من صوب
المقصورة، وعملوا في ذلك اليوم مع المسلمين الخير، فإن الاعوام[719] مشغولين بنهب
أموال الناس لا غير. ولمّا وصلت النار إلى عند قبر هود، أنشد لسان حال الجامع،
وقد جرت عليه المدامع، مفرد حيث يقول شعراً:[720]

117b مَا* هَذِهِ لِلفِراقِ اوّلَــــةٌ   ذَا خَدّ مِنِّي مُعَوَّدُ اللَّطْمِ

وقد ذكر الحافظ ابن عساكر — رحمه الله تعالى — في «تاريخ دمشق» أنّ الجامع
احترق كلّه في ليلة النصف من شعبان سنة احدى وستّين واربعمائة[721]، من
حرب وقع بين الدولة، فأحرقوا دورًا كانت حوله قريبةً منه، فوصل الحريق إليه
فاحترق جميعه وذهبت محاسنه حتّى ما كأنّه كان[722]، ثمّ عُمِّر وصار هكذا على
ما هو اليوم.

---

712 MS يرا.

713 Catchword is احدا but word in text is vocalized احدٌ.

714 سوق is understood.

715 MS دهشت.

716 So in MS for دهشتا.

717 MS شيأ.

718 So in MS for جسور or اربع جسوره.

719 I.e. العوامّ.

720 Meter المنسرح.

721 MS اربعمايه.

722 So in MS probably for كانّه ما كان.

وفي شهر رجب سنة ستّ وأربعين وستمائة، وقع حريق في المأذنة الشرقية، فاحترق أعلاها ويبوتها والودائع التي كانت للناس فيها من خوف الخوارزمية، لكن سلّم الله الجامع بحمد الله تعالى.

وفي سنة اربعين[723] وسبعمائة في أوّل شهر شوّال في أيّام تنكز[724]، احترقت المأذنة الشرقية، وسوق الورّاقين، والدهشتين، والنحّاسين، واللبّادين، واحترق
118a للناس شيء* كثير، وبقي كلّ وقت حريق في دمشق فضاق صدر نائب الشام تنكز، وبقي يركب في المدينة في الليل، وبقيت الولاة تفحص على من أحرق. فوجدوا الحريق من النصارى وهم كبار دمشق؛ منهم المكين عامل الجيش، والرشيد كاتب سنجر الجمقدار، ويوسف اللحّام، والحليق، وكان سقّاء يسقي المسلمين في جلد خنزير في الجامع[725]. وكان عدّتهم عشرة أنفس، واستقرّوهم بأنّهم أحرقوا لأجل ما جرى على سيس من المسلمين، وكتبوا محاضرهم وسمّروهم، وبقوا على المسامير سبعة أيّام، وأسلم منهم الرشيد، وهو مسمّر، وبعد سابع يوم وسّطوهم تحت القلعة. وقعد الحليق يسقي المسلمين زمان في جلد خنزير، لعنه الله، وأراح الله المسلمين منهم، وحطّوا أيديهم في عمارة الجامع الذي احترق. وسنذكر ما
118b يتعلّق بالجامع وكيف بناه الوليد* بن عبد الملك بن مروان وما يقع فيه من العجائب والغرائب وبالله التوفيق.

[الجامع الاموي في ايّام الوليد]

ولمّا[726] عزم الوليد — رحمه الله تعالى — على عمارة الجامع، طلب النصارى وقال لهم، «اني اريد ان اعمر هذا[727]، يعني نصف الجامع، الذي معكم وأبذل لكم مال كثير.» وأوعدهم أن يعمر لهم كنيسة غيره في المدينة فأبوا ذلك وشقّ عليه أمر عظيم. وقد حكى المغيرة وكان حاجبه قال، «دخلت يومًا على أمير المؤمنين الوليد بن عبد الملك فرأيته مهمومًا[728] فقلت له، ‹ما الذي أهمّك؟› قال، ‹يا مغيرة إعلم انّ المسلمين قد كثروا بحمد الله تعالى وقد ضاق بهم هذا المسجد، يعني الجامع، وقد بعثت إلى النصارى أصحاب هذه الكنيسة يعني نصف الجامع، وارغبتهم في الاموال فابوا ذلك.› قال، ‹فقلت له: «يا مولاي أمير المؤمنين، لا
119a تهتمّ لذلك، عندي ما يزيل همّك إن شاء* الله تعالى.»› فقال ‹وما هو؟› قلت،

---

723 MS اربعين.
724 MS تنكر.
725 MS الحامع.
726 ولما repeated in MS.
727 MS هدي.
728 MS مهموم أ.

’قد دخل خالد بن الوليد—رضي الله عنه—من باب شرقي بالسيف، ودخل أبو عبيدة ابن الجراح—رضي الله عنه—من باب الجابية بالأمان، فنقسم الأرض الى موضع وصل خالد بن الوليد بالسيف، فإن كان لنا حقّ أخذناه والّا داريناهم.‘ فقال الوليد، ’قد فرجت عني همّي، فرّج الله عنك، لكن أريد ان تتولّى هذا الامر أنت بنفسك.‘ فقلت ’سمعًا وطاعة.‘ وخرجت من[729] عنده، قست الأرض من باب الجابية ومن باب شرقي فوجدت خالد قد وصل بالسيف الى عند سوق الريحان، فدخلْت الكنيسة في حساب الذي أخذه خالد بالسيف. فدخلت على امير المؤمنين الوليد فقال ’ما وراءك يا مغيرة؟‘ قلت، ’ما يسرّك يا أمير المؤمنين. قسمت من الباب الشرقي، وجدت خالد بالسيف قد[730] وصل
119b إلى سوق الريحان والكنيسة داخلة * في حدّنا.‘ فسجد الوليد شكرًا لله تعالى. ثمّ إنّه ارسل في الحال خلف النصارى وقال لهم، ’هذا[731] حقنا لِمَ لا نأخذه منكم؟‘ وقصّ عليهم القصّة فقالوا، ’يا أمير المؤمنين أنت قد بذلت لنا فيه أموال كثيرة.‘ فقال، ’ما كنت أعرف.‘ ثمّ أنّه صالحهم على كنيسة مريم وكنيسة حميد، وكنيسة المصلّبة. وأصبح الوليد من فرحه غاديًا وعليه قبا أصفر وقد شدّ ذيله في منطقته وفي يده فاس، وكان في أعلى الكنيسة صورة تمثال، فقال أسقف النصارى للوليد، ’يا أمير المؤمنين! انّا نجد عندنا في كتبنا «أيّ من خرّب هذا التمثال جنّ.»‘ فقال له الوليد، ’أنا أحبّ أن اكون اوّل من جنّ في سبيل الله تعالى.‘ ثمّ إنّه تقدّم الى التمثال وكبّر الله تعالى وسمّى، وضربه بفأسه ضربات عديدة حتّى
120a أخربه والنصارى ينظروا. ثمّ * انّ المسلمين كبّروا وهلّلوا ووضعوا أيديهم في خرابه حتّى هدمه الى الأرض.» وجمع الصناع والمهندسين وأخرج الاموال، وشرع في عمارته وجَمَعَ له الصناع من سائر البلاد حتى كان[732] عدّتهم اثنا[733] عشر الف صانع، والف مهندس، وجمع له الرخام والعواميد والحجارة ولم يأخذ لاحد شيئًا[734] بلا ثمن. وقال بعض المشائخ، «ما تمّ مسجد دمشق الّا باداء الأمانة فانّه كان يفضل عند الرجل من القوام عليه الفلس ورأس المسمار فيجيء ويضعه في الخزانة، فلهذا أقام فإنّه بني على العدل.» ويقال إن اللوحان الرخام السماقي من عرش بلقيس، ولم يكن في الدنيا مثلهم، وأن حيطانه كانت مرخّمة إلى حدّ

---

[729] من inserted below the line.
[730] MS فد.
[731] MS هذي.
[732] So in MS for كانت.
[733] So in MS.
[734] MS شيًا.

الفصوص من الرخام الذي هو فوق محرابه اليوم، فإنّه لم يوجد مثله في هذا الزمان، فإنّه يسمّى عند المهندسين بموج البحر، وهو إذا تأمله الرجل يراه من
120b غرائب الدنيا وعجائبها *، وإنّما عدم ذلك عندما انتقلت الدولة الى بني العبّاس واستولوا عليهم، وأخربوا ديارهم، وتعطّلت الصلاة في هذا الجامع مدّة من الزمان، وأخذوا جميع ما كان فيه من الرخام وغيره، وعزموا على خرابه وعلى إزالة آثاره، وانمّا سلّمه الله تعالى منهم وما ذلك الاّ حسداً لكونه يسمّى بهم.

وعن عمر بن مهاجر، وكان كاتب بيت المال في ايّام الوليد بن عبد الملك، قال: «إنّهم حسبوا غرامة كرمة عملت فوق المحراب وما دخل فيها من الذهب فكان خمسين ألف دينار.» وقال ايضاً: «إنهم حسبوا ما انفقوا على عمارته فكان أربع مائة صندوق، في كلّ صندوق ثمانية وعشرين[735] ألف دينار، وأنّه كان مرصّع بالجواهر، واليواقيت، واللؤلؤ، والمرجان، والعقيق، وجميع اصناف الجواهر. كان ذلك
121a في الكرمة الذي[736] كانت فوق المحراب. وانما * قلع ذلك لمّا احترق وخرب وعوّضوا عنه بالذي فيه اليوم من الفصوص الزجاج وغيرها. وكانت سقوفه على غير هذا الوضع، وإنّما كانت جميعها مدهونة بالذهب، والفضّة، واللاّزورد وغيره، وكانت أرضه كلّها مرخّمة، وكان على أبوابه الستور الحرير الملونة، والبسط الهائلة وقيل: كان فيه ستّمائة[737] سلسلة من الذهب معلّقة، وإنّما كانت تدهش المصلّين عن الصلاة فشالوها، وعملوا عوضها نحاس، وكانت صفائح أبوابه ذهب وفضّة. وعمل في سقوفه طلّسمات للهوامّ، وللحمام، وللعنكبوت، وغير ذلك من الحشرات.»

وقيل: انّه لمّا أراد يسقفه بالرصاص، ما وجد في دمشق ما يكفاه[738]، فسيّر الى ملك الإفرنج صاحب قبرص يطلب منه رصاصاً بثمنه، فلم يجدوا في قبرص
121b رصاصًا، الاّ عند امرأةٍ فساوموها على بيعه فأبت *، فقالوا لها أن خليفة المسلمين قد عمّر جامعًا لهم وقد اعتازوا فيه، ثمّ إنّها لمّا سمعت ذلك أسلمت في الحال وسجدت شكراً لله تعالى، ووهبتهم الرصاص جميعه للجامع ويقال إنّ على بعض الألواح الرصاص مكتوب اسمها. ويقال: إنّهم حسبوا ثمن البقل والخل الذي أكلته الصناع، فكان عشرة آلاف دينار. وقيل: إنّه عُمرَ في مدّة تسع سنين، ومَن لم يصعد الى قبّة نسره ويشاهد عمارته فوق لم يعرف مقداره، ولم يطّلع على عظمته، ومَن لم يتأمّله لم يطّلع على محاسنه. قال قتادة، قال: «اقسم الله تعالى

---

[735] MS وعشربن.

[736] So in MS for التي.

[737] MS ستمانه.

[738] So in MS for يكفيه ?

بأربع مساجد، قال: 'والتين' وهو مسجد دمشق، 'والزيتون[739]' وهو مسجد القدس، 'وطور سينين'، وهو حيث كلّم الله تعالى موسى، 'والبلد الامين' مسجد مكـّة — شرّفها الله تعالى.» وعن كعب الأحبار أنّه قال، «ليبنى في
122a دمشق مسجد يبقى بعد خراب الدنيا أربعين سنة.» * وقيل * انّ هود — عليه السلام — هو أوّل من أسّس الحائط القبلي الذي لمسجد دمشق، ولهذا قال ثوبان، «ما ينبغي أن يكون أحدٌ أشوق إلى الجنّة من أهل دمشق لما يرون حسن مسجدهم.»

وقيل: لمّا قدم أمير المؤمنين المهديّ العبّاسي إلى الشـام يريد زيـارة بيت المقدس، دخل إلى مسجد دمشق ومعه أبو عبيدة الأشعري كاتبه فقال له، «يا أبا عبيدة سبقتنا بني أمية إلى ثلاثة.» قال، «وما هنّ يا أمير المؤمنين؟» قال، «بهذا الجامع، ولا أعلم على وجه الارض مثله، وبنبل الموالي، فإنّ لهم موالي ليس لنا مثلهم، وبعمر[740] بن عبد العزيز، رضي الله عنه، ولا يكون فينا مثله.» فلمّا وصل الى القدس المهدي قال، «يا أبا عبيدة، وهذه الرابعة الذي ما لنا مثلها.» فإنّ عبد الملك عمّر قبّة الصخرة وجامع الاقصى في سنة اثنتين[741] وسبعين من
122b الهجرة، وأمر الناس أن يروحوا اليها ايّام * الحاجّ يطوفوا حولها كما يفعلوه بمكّة، وكان ذلك[742] لما أخذ عبد الله بن الزبير مكّة، فكان عبد الملك يخاف أن يخلى أهل دمشق تروح إلى الحجاز فيأخذ عليهم البيعة عبد الله بن الزبير وقعدوا على هذه الحالة إلى وقت قتل الحجّاج عبد الله بن الزبير — رضي الله عنه.

حكايـة: وقد ذكر[743] بعض ألزام الوليد بن عبد الملك بن مروان أنه دخل يومًا إلى الجامع والصنّاع بتعمل[744] فيه فوجد رجل جالس مفتكر حزين خائف فخاف الوليد أن يكون ظلّمه أحد من المعلّمين أو من المستحثين فجاء اليه وسلّم عليه وقال له، «أراك مفتكر حزين، إن كان أحد ظلمك أخبرني حتّى أخلّص حقّك فإنّ عملي لا يُظلَم[745] فيه احد.» فقـال الرجل، «يا أمير المؤمنين! حكايتي غريبة وقصّتي عجيبة.» قال له، «وما هي؟» فقال

---

[739] MS والريتون.
[740] Unclear in MS.
[741] MS اثنين.
[742] MS دالك.
[743] MS دكر.
[744] So in MS. Perhaps the colloquial Syrian *b-* preformative of the Imperfect or simply a mis-spelling of يتعمّل.
[745] MS يطلم.

123a الرجل، «اعلم يا أمير المؤمنين أنّي رجل حجّار، عندي ستّة أجمال أشيل عليها *
حجارة لعمل أمير المؤمنين، فبينما أنا يومًا خارج بهم من المكان الذي هم فيه
حتّى أسقيهم وإذا شيخ كبير فاني[746] وقف وبهت فيهم زمان فقلت له، ’يا
شيخ! أَلَكَ حاجة؟‘ قال، ’هذه الجمال لك؟‘ قلت، ’نعم.‘ قال، ’ما تقول
في وسق جمالك ذهب الذي تقدر تحمل؟‘ فبهتّ لمّا سمعت ما قال، والدنيا، يا
أمير المؤمنين، محبوبة، قلت له، ’يا سيّدي وأين هذا الذي تقول؟‘ قال،
’عندي، وايش ما قلت لك تسمع.‘ قلت، ’نعم.‘ ثمّ إنّه أخرج كيس
صغير وحلّه ونكثه ملؤ[747] يدي، واذا هو ذهب. قلت في نفسي، ’صحيح ما
يقول هذا الشيخ.‘ وقال لي، ’خذ هذا الذهب أطعم به جمالك إلى مثل اليوم
وأشبعهم ولا تخرجهم من أماكنهم، وكل أنت بالباقي وأنا عندك مثل اليوم.‘
ثمّ إنّه راح. وقد خرجتُ من عقلي وقلت في نفسي، ’وسق ستّ جمال ذهب
123b يبقى مِلْكي،‘ وصرت أحسب أمور، وكيف أتصرّف فيه وما أنام الليل. فلمّا *
كان اليوم الثامن بكرة النهار، وإذا بالشيخ قد أقبل وقال لي، ’ايش عملت؟‘
قلت، ’أنتظرك.‘ فقال، ’خذ هذا الذهب.‘ وأعطاني ملؤ[747] يدي وقال،
’اشتر لنا زوادة، ولجمالك علف يكفي يومين أو ثلاثة وخذ[748] معك ما يكفي ولا
تخلّي لك حاجة، فأنا عندك أغدو[749] من بكرة.‘ وراح فقمت وتحوّجت جميع
حوائجي وتأهّبت للسفر، فلمّا كان ثاني يوم بكرة، جاء الشيخ وقال، ’بقي لك
حاجة؟‘ قلت، ’لا.‘ قال، ’إطلع على بركة الله تعالى بجمالك.‘ فطلعت
ومشى قدّامي إلى صوب باب كيسان، ومقابر اليهود، ورُحْنا على الدرب إلى
آخر العمائر، أخذ عساف في البرّية لم أعرف أين هو رائح إلى نصف النهار
قيّلنا ساعة حتى استراحت الجمال وأكلنا[750] شيء، وقمنا مشينا حتى دخل الليل
فقلت له، ’يا سيّدي متى نصل إلى هذا المكان الذي قلت عنه؟‘ قال لي،
124a ’عند طلوع الفجر.‘ وصرت أحدّثه ويحدّثني إلى * نصف الليل، واذا بالشيخ[751]
يصيح فجئت اليه وقلت له، ’ما بك يا سيّدي[752]؟‘ فقال لي، ’يا ولدي أنا
في هذه الساعة أموت.‘ قلت، ’لا تفعل.‘ وقد انقطع قلبي، قال، ’يا ولدي
واحد يقدِر يردّ الموت، فصعب ذلك عليـــه كثير.‘ فقلت، ’يـا سيّدي أوصني

[746] So in MS for فانٍ.
[747] So in MS for ملء.
[748] MS وخد.
[749] MS اغدا.
[750] MS واكلنا.
[751] MS بالشيح.
[752] MS سدى.

اين هذا الذي نحن رائحين اليه.' قال، 'نعم، يا ولدي، يطلع لك الفجر في ذيل جبل، فاذا وصلت إلى ذيل الجبل إنزل واعقل جمالك وامشي[753] في ذيل الجبل مقدار مائة خطوْة تصل إلى مكان صفة[754] خرابة، ادخل اليها تجد عامود رخام، امشي[753] عن العامود عشر خطاء على يمينك واحفر مقدار قامة، تجد طابقة وشيلها وانزل في درج تجد مكان فيه إيوانين على كلّ إيوان تل ذهب، وفي كلّ إيوان سرير[755]، الواحد عليه شخص ميّت، والآخر ما عليه أحد، خذني وحطّني عليه وخذ من الذهب كفايتك.'

124b يا امير المؤمنين*! بينما هو يحدّثني عن المكان وأنا خائف لا أقوم ما أعرف[756] الموضع. ثمّ مات الشيخ فربطته[757] على جمل خوف لا يقع، وسرت حتّى طلع الفجر وجدت الجبل، قلت في نفسي، 'هذا اوّل علامة،' وجئت إلى ذيل الجبل برّكت الجمال وعقلتهم، ومشيت في ذيل الجبل حتّى جئت إلى الخرابة قلت، 'هذا ثاني علامة،' ووجدت العامود كما ذكر فمشيت كما قال، وحفرت ساعة وجدت طابقة شلتها ونزلت فرأيت مكان يدهش كما ذكر الشيخ، والسرير[758] الواحد ليس عليه أحد، فطلعت وجبت[759] الشيخ ووضعته على السرير كما قال. وطلعت جبت الجمال وبقيت املأ وأطلع الى الجمال[760] حتّى أوسقت الستّة، وردّيت[761] الطابقة، ورديت[761] التراب، وثوّرت الجمال، وطلبت صوب المدينة من موضع جئت. وبعدت عن المكان والشمس
125a على غروب وجدت مخلاة ملانة تبن في وسط الجمال*، قلت في نفسي، 'بدال ما في هذه المخلاة تبن مايكون في ذهب.' وما يملأ عين ابن آدم الّا التراب، وما كفاني الذي اخذت، فبرّكت الجمال وردّيت[761] الى المكان الذي اخذت منه الذهب حتّى املأ المخلاة، افتّش من أوّل الجبل الى آخره ما لقيت شيء وقد عبر عليّ الليل وقلت في نفسي، 'ما تعود تعرف أين الجمال.' وجئت صوب الجمال وقد أظلم الليل فلم أجدهم وتهت عنهم وصرت طول الليل أمشي وأدور عليهم حتّى طلع الفجر ولم أعرف اين راحوا وما وجدت نفسي الّا قريب المدينة، لا أعرف من أين رحت ولا من أين جئت، فدخلت الى

---

[753] So in MS for امشِ.

[754] MS صفت.

[755] MS سَرِير.

[756] See note 985 to Translation.

[757] MS فربطه.

[758] MS السرر.

[759] MS وجت.

[760] Added in margin by another hand.

[761] So in MS for وردّدت.

المدينة وجئت الى هذا[762] وانا قاعد مفتكر في هذا الأمر، وهذه حكايتي وهذه
قصّتي.» قال، فلما سمع أمير المؤمنين الوليد حديثه إلى آخره التفت الى رجل
125b كان معه وقال له، «هات دواة وورقة.» فجاب * له دواة وورقة فأخذ الوليد
الورقة وكتب له وصول[763] إلى الصيرفي بستّة آلاف درهم. وقال الوليد لرجل
معه: «إذهب مع هذا أعطيه جماله وخلّي الصيرفي يعطيه لا يوقفه.» وقال
الوليد للرجل الجمّال: «يا اخي! إعلم انّ الذهب قد وصل الينا، ما لك فيه نصيب،
وقد ساقه الله تعالى إلينا يعيننا به على عمارة[764] هذا المعبد، وانت خذ لك كراء
جمالك كلّ حمل ألف درهم وخذ جمالك.»

وامّا قصة الجمال فان الجمّال كان ينقل عليهم الحجارة الى عند باب الزيادة
فأصبحوا وجدوا الجمال واقفين على الباب فبرّكوهم [و] جدوا عليهم الذهب
[ف] أخبروا به الوليد وشالوه الى الخزانة، فلمّا سمع حكاية الجمّال صرف[764a] له
كراء[765] جماله وأعطاه جماله وهذا أعجب ما يكون، علم الله تعالى نيّته، ساق
اليه هذا المال.

126a وقيل لما فرغ الوليد [من] الجامع وفرشه * ورتب اموره كلّها وقد اجتمعوا
الناس فيه، صعد على المنبر فحمد الله تعالى وأثنى عليه وصلّى على نبيّه — صلّى الله
عليه وسلّم — ثمّ قال، «يا أهل دمشق! إنكّم تفتخرون على سائر البلاد بحسن
بلدكم وكثرة مياهكم[766] وفواكهكم فافتخروا الآن على جميع الدنيا
بحسن جامعكم.»

وقد ذكروا المسافرين أن ما على وجه الارض مدينة أحسن من دمشق،
ولا أحسن من جامعها، ولا أحسن من ترتيبه، وما حوى فيه من العلماء
والفقهاء والمشتغلين بالعلم آناء الليل وأطراف النهار، وليس يوجد هذا في بلد
غيره، وشعيل قناديله في الليل من العجائب، ولطافته ونظافته[767]، وما على
أبوابه من المآكل والمشارب، والهرج والأنس الدائم ليلاً ونهارًا، فلا يوجد هذا
126b في غيره. فضائله كثيرة، وقد أختصرنا منها هذا المقدار ليُعْرَف قدر * فضله،
ولهذا وصفه بعض الشعراء حيث يقول شعرًا:[768]

[762] MS هني.
[763] MS وضول.
[764] MS عمارت.
[764a] MS اصرف.
[765] MS كري.
[766] MS مياتكم.
[767] MS نضافته.
[768] Meter الطويل. Cf. published version in Ibn Nubāta, *Dīwān*, 116.

أَرَى الْحُسْنَ مَجْمُوعًا بِجَامِعِ جِلِّقٍ
وَفِي صَدْرِهِ مَعْنَى الْمَلَاحَةِ مَشْرُوحُ
فَإِنْ يَتَغَالَى فِي الْجَوَامِعِ مَعْشَرًا[769]
فَقُلْ لَهُمْ بَابُ الزِّيَادَةِ مَفْتُوحُ

وكم لِقُبَّة نسره من حظوة، ولعروس مأذنته من جَلْوة، ولهذا وصفها بعض الشعراء، وقد أجاد حيث يقول:[770]

قَاسُوا حَمَاةَ بِجِلِّقٍ فَأَجَبْتُهُم
هَذَا قِيَاسٌ فَاسِدٌ وَحَيَاتِكُم
فَعَرُوسُ جَامِعِ[771] جِلِّقٍ مَا مِثْلُهَا
شَتَّانَ[772] بَيْنَ عَرُوسِنَا وَحَمَاتِكُم

[عقاب اليهود لحرق المسجد]

ثمّ نعود الى كلامنا، وفي يوم الاحد ثاني عشرين الشهر مسكوا اكابر
اليهود، فانّ يوم * السبت، كان يوم الحريق، مسكوا المسلمين يهوديّ في سفل 127a
الدرج، وكان عطّار اسمه سديد، وقالوا له، «ايش طالعك يوم السبت الى
هذا؟»[773] فقال، «بسبب دكاني.» فلم يسمعوا منه وودّوه[774] إلى والي المدينة وكان
ابن العفيف، فمسكه وضربه وقال له، «اكذب على اليهود انّهم احرقوا هذا
الحريق وأنا ما اكلمك.» قال، «نعم هم احرقوه.» فكتب عليه محاضر بما
قال، ثمّ إنّه أسلم. فلهذا مسكوا كبار اليهود واختفوا اليهود حتّى ما بقي يهوديّ
يظهر في دمشق. ثمّ إنّ اليهودي سديد أنكر وقال، «انا ما قلت أنّ اليهود
أحرقوا وما أحرقوا شيء، وانّما قلت هذا من الضرب.» وصار يتكلّم زائد
وناقص وقالوا عنه أنّه ارتدّ فاحرقوه تحت القلعة، وأسلم[775] من الذي مسكوهم * 127b
جماعة؛ منهم الديّان الذي لهم، وخلّوهم في الحبس وكاتبوا فيهم إلى السلطان
وبقوا منتظرين الجواب فيهم.

---

769 So in MS for مَعْشَرٌ.

770 Meter الكامل. These verses are cited by Ibn Taġrī Birdī and are ascribed to Cadi Fatḥ al-dīn Ibn al-Šahīd. Cf. *Nuğūm*, V, 610.

771 MS جَامِعُ.

772 MS شَتَّانِ.

773 MS هني.

774 MS ودّه.

775 MS واسّلم.

ثمّ استهلّ شهر رمضان المعظّم يوم الاثنين،[776] وفي سابع الشهر حضر بريديّ من القاهرة وعرّف حاجب الحجّاب أن كمشبغا الخاصّكي جايه الى دمشق نائب، وسودون قد قوي في الضعف وله مدّة.

وفي ثامن الشهر توفّي سودون الطرنطاي[777] نائب الشام ودفنوه في زاوية الحيدريّة التي بألقبيبات، وحضر في ذلك اليوم متسلّم نائب الشام كمشبغا الخاصّكي ونزل في دار السعادة وغيّر الرنوك وعمل رنك أستاذه.[778]

وفي يوم الثلاثاء حضر بريدي من بلاد الشمال وذكر أنّ نُعير قد مسك منطاش عنده وأنّه يرسله مع أولاده الى نائب حلب، وأنّه يريد من السلطان خبزه حتّى تقعد البلاد * ويتدرّكها على عادته، وراح بهذا الخبر الى 128a
القاهرة يعرف السلطان بمسك منطاش وما صحّ. ووصل نائب الشام الى الغور وطلعت الناس تلتقيه على عادة النوّاب.

ثمّ استهلّ شهر شوّال. وفي يوم الاثنين[779] سابع الشهر دخل نائب الشام كمشبغا الخاصّكي وأشعلوا له الشموع، ودقّت المغاني على عادة[780] النوّاب، ودخل إلى دار السعادة وحكم بها ونادى بالأمان والإطمان، وفرحت به الناس فإنّ سودون كان مسودن ما يقاربه أحد من الأمراء ولا من غيرهم.

وفي[781] رابع عشرين الشهر، طلع المحمل وكان ركب مليح كثير. وكان أمير الركب شنتمر الخاصّكي، وفي هذا الشهر طلع النائب الى المرج، وقعد أيّام وكبس عرب ومسك منهم جماعة وسطّهم على المرج، ودخل الى المدينة يوم السبت سادس عشرين الشهر. * وامّا جامع تنكز؛ فإنّه راح[782] الى الفراغ، قد 128b
فرَغت شبابيكه الذي[783] على الميدان وَفَرغت قبّته وركّبوا هلالها ووزنه نصف قنطار بالشامي.

ثمّ استهلّ شهر القعدة. وفي ثالث الشهر حضر بريديّ من عند السلطان على يده مرسوم بأن يأخذوا من اليهود مائة الف درهم لأجل أنّهم أحرقوا الجامع[784] ويعمروه بها، وأن يخرجوا الى برّا المدينة، وأن كنيستهم تبنى جامع للمسلمين،[785] ووقعوا في أشرّ اعمالهم. وهكذا جرى لهم سنة إحدى وعشرين

[776] MS الاننين.
[777] So in MS, but see fol. 114b where it is الطرنطاوي.
[778] MS استاده.
[779] MS الاننين.
[780] MS عادت.
[781] MS وي.
[782] MS راج.
[783] So in MS for التى.
[784] MS الحامع.
[785] MS المسلمين.

وسبعمائة في أيّام الملك الناصر، تكلّم جماعة من المسلمين في كنيسة اليهود القرايين[786] أنّها مُحْدثة، وعملوا محاضر بذلك واثبتوهم وشهد بذلك جماعة، فورد مرسوم السلطان الملك الناصر أن تهدم، وهدمت يوم السبت عشرين
129a شهر رجب من * السنة المذكورة بحضرة العلماء والفقهاء والحجّاب، وكان يومًا مشهودًا،[787] وقد قال بعض الشعراء لمّا خرّبت الكنيسة وكان[788] حاضرًا فيها وفي اهلها شعرًا:[789]

لِلّهِ قد صَارَ سَيفُ الحَقِّ مَشْهُورُ
وَالدّينُ أبلَجُ لا يُطفَا لَهُ نُورُ
في الحَقِّ قَامُوا وَلِلإسْلامِ قَد نَصَرُوا
وَسَاعَدَتْهُم عَلَى ذَاكَ المَقَادِيرُ
هَذَا زمَانُ الهُدَى حَقًّا لِأَنَّ بِهِ
الحَقّ مُنْتَصِرٌ والشّرِكَ مَقْهُورُ
كُلُّ الطَّوائِفِ غَيْرَ الْمُسلِمينَ لَهُم
ذُلٌّ وَوَيْلٌ وإزْهَاقٌ وتَدمِيرُ
بِحُكْمِهِ أصْبَح آلعِبريُّ فِي عِبَرٍ
مَا عَنْهُ فِي كَثْرَةِ التَّعشِيرِ تَعْشِيرُ
تَرَى سُحَيقَةَ مَسْحُوقًا بِهِ وَكَذَا[790]
عُزَيْرَةٌ قَدْ أَتَاهُ مِنْهُ تَعزِيرُ
129b خَرِبت*[791] كَنيستَهُمْ يَا ذُلُّهُم أبدًا
وَمَا عَلى وَجْهِ دِينِ اللهِ تَغيِيرُ[792]
لاَ تَرْحَمَنَّ يَهُودِيًّا خَلَوْتَ بِهِ
إنَّ اليَهُودَ لَأَخبَاثِ مَدَامِيرُ

---

[786] So in MS for القرائيين.
[787] MS يوما مشهود.
[788] Added in margin by another hand.
[789] Meter البسيط.
[790] MS وكذي.
[791] Meter defective.
[792] MS تَغَيرُ.

قَدْ قَالَ عَنْهُمْ رَسُولُ اللهِ أَنَّهُمْ
بُهْتٌ وَهذَا صَحِيحٌ صِدْقٌ مَشْهُورُ

لَمَّا أَتَى الحَقُّ[793] فِي إِزْهَاقِ بَاطِلِهِمْ
تَيَقَّنَ القَوْمُ أَنَّ الخُبْثَ تَغْرِيرُ

أَليَومَ صَارَتْ دِمَشْقُ السِّتُّ مُشْبِهَةً
دَارِ السَّلَامِ فَعَنْهَا الفَضْلُ مَشْهُورُ

تَاللهِ مَا هَدَمَ البُهْتَانُ ظَاهِرُهَا
إِلَّا وبَاطِنُهَا بِالحَقِّ مَعْمُورُ

وقد جرى لهم مع الوليد بن عبد الملك حكاية داخلة، قيل: كان له نديم داخل
130a يحبّه الوليد كثير لا يقدر يفارقه فقال له* الوليد، «لا تنقطع عنّي لا يوم
ومتى انقطعت ضربتك.» قال، «نعم يا امير المؤمنين.» وصار النديم كلّ يوم
يحضر عند الوليد إلى بعض الأيّام فقده قال، «اين فلان؟» قالوا، «ما جاء اليوم.»
فلمّا كان ثاني يوم جاء، قال له الوليد، «ما قلت لك[794] لا تنقطع؟» قال، «يا أمير
المؤمنين! جرى لي حكاية غريبة.» قال، «وما هي؟» قال، «إعلم انّي ساكن
في حارة[795] اليهود جوار الكنيسة، ولي طاقة صغيرة على الكنيسة أنظرهم وما
ينظروني وكان أمس لهم عيد وهم كلّهم في الكنيسة، فقعدت أتفرّج عليهم
فطلع كبيرهم على كرسيّ وبقي يقرأ لهم في كتاب وهم يسمعون وانا أسمع
أيضاً، حتى وصل الى الجنّة فوصف ما فيها من القصور ثمّ قال، ʼاذا كان
يوم القيامة يجيء الى المحشر خلق كثير فيقال «من هم[796] هؤلاء؟» فيقال، «موسى
130b ابن عمران عليه السلام وامتّه،» وهم نحن* فيقال، «ادخلوا الجنّة،» فندخل
الجنّة ونسكن في أحسن القصور وأحسن المواضع. ثمّ تاتي بعدنا خلق كثيرة
فيقال، «من هم هؤلاء؟» فيقال، «عيسى عليه السلام وامتّه،» فيقال،
«ادخلوا الجنّة،» فيدخلوا ما يجدوا الّا ما قد فضل عنّا فيجلسوا في أماكنهم في
المواضع الذي[797] فضلت عنّا. ثمّ يجيء خلق كثيرة جدًا أكثر منّا ومن قوم
عيسى فيقال، «من هم هؤلاء؟» فيقال، «محمّد صلّى الله عليه وسلّم وامتّه،»

[793] MS الحَقّ.
[794] Written over لَهُ.
[795] MS حارت.
[796] MS منهم.
[797] So in MS for التي.

فنقول نحنا[798]، «سكّروا أبواب الجنّة! قَوْم ما كنّا نقدر نعاشرهم في الدنيا كيف نقدر نعاشرهم في الجنّة؟» فنسكّر أبواب الجنّة ولا نخلّي احدًا يدخل الينا منهم فيجوا[799] يقفوا في الشمس ونبقى نحن في الجنّة.‹» قال فلمّا سمع الوليد قول نديمه ضحك من قوله وتعجّب غاية العجب. ثم إنّه ارسل خلف كبار
131a اليهود وأحضرهم إلى عنده وقال لهم، «اريد* الذي كان يقرأ لكم أمس[800] في صفة الجنّة، وكيف تدخلوها انتم والنصارى ونبقى نحن واقفين في الشمس.» فقالوا، «يا أمير المؤمنين العفو.» فقال لهم الوليد، «ما هو نَصَفَة تسكنوا أنتم في الجنّة في القصور والغرف ونبقى نحن واقفين في الشمس. اعملوا لنا خيمة تظلنا.[801]» فعمل عليهم كلّ سنة خمسة آلاف دينار حقّ الخيمة، وكان كلّ سنة ياخذها منهم وما بطّلها عنهم الّا عمر بن عبد العزيز — رضي الله عنه — وهذا غريب لم يسمع بمثله.

[مقاتلة منطاش في الشمال]

وفي هذا الشهر حضر مرسوم السلطان بأنّ عساكر الشام كلّهم يطلعوا إلى صوب بلاد الشمال ولا يتخلّف أحد.[802] ويبقى حاجب الحجّاب نائب الغيبة، فخرج[803] نائب الشام يوم السبت عاشر الشهر ونزل على برزة، وجاء نائب صفد وعسكر صفد ولحق عسكر الشام.

131b وفي آخر الشهر غمزوا على جماعة مناطشة في* ميدان الحصى، فركب حاجب الحجّاب إليهم ومسك منهم سبعة أنفس والباقي هربوا وحبسوهم، وبقوا أهل ميدان الحصى تحت التهديد مع الحاجب.

ثمّ استهلّ شهر الحجّة. وفي يوم السبت نهار الوقفة دخل النائب والعساكر إلى المدينة وفرق النائب في الميدان أغنام وأبقار كثير[804]. وأصبح نهار الاحد يوم العيد صلّى على عادة النوّاب في المصلى، وانشرحت الناس، وكانت الضحايا غالية نار تشعل.

وفي يوم الخميس خامس عشر، سمّر النائب عشرة أنفس، قالوا عنهم أنّهم مناطشة وهم أجناد وامراء، مقلوب رؤسهم إلى[805] أسفل ورجليهم[806] الى

---

[798] So in MS for نحن.
[799] So in MS.
[800] MS امسك. Lit., "your yesterday."
[801] MS تضلنا.
[802] MS اخد.
[803] MS فحرج.
[804] So in MS for كثيرة.
[805] MS لا prob. coll. for الى.
[806] MS رخليهم.

فوق، وداروا بهم[807] دورة المدينة وحزنت عليهم الناس ولم يعهد في دمشق جرا[808] اخت هذه[809]، حتّى قطّعوا قلوب الناس وما يستطيع يشكو[810] أحد على هذا الفعل. ثمّ إنّهم وسّطوهم تحت القلعة وسلم منهم فرد واحد وقعت
132a فيه * شفاعة.

وقد ذكر لي من أثق به من أهل حلب كان حاضر هذه الوقائع كلّها، بانّ نائب الرّها تصافف مع منطاش وكسره نائب الرها مرّتين، ومسك جماعة من جماعة منطاش وأرسلهم إلى نائب حلب جلبان، فسمّرهم ووسّطهم. ثمّ إنّ منطاش جاء إلى منبج وحاصرها مدّة ايّام وقوي عليهم وأحرقها، وأخذ اموالهم، وقتل منهم خلق. ثمّ انّ نائب حلب جلبان طلب التركمان البياضية وأخذ بخواطرهم وطيّب قلوبهم — وهم جماعة كثيرة وكانوا مع منطاش — وقال لهم: «إعلموا أنّ السلطان الملك الظاهر برقوق هو حاكم البلاد وسلطان الناس اليوم، ولكم الأمان والإطمان، والبلاد بلادكم، وانتم أناس[811] لكم مواشي كثيرة، وأنتم في بلاده والواجب عليكم ان تعطوا عدادكم للسلطان ولا خوف عليكم.» ولم
132b يزال[812] يلاطفهم إلى حين أجابوه بالسمع والطاعة. فعند * ذلك خلع على كبارهم عشرين خلعة وانصرفوا من عنده ونزلوا بأرضهم. ثمّ إنهم اشتوروا[813] فيما بينهم على ان يعلموا منطاش بما جرى من أمرهم فتوجهوا كبارهم إليه واعلموه بما جرى لهم مع نائب حلب، فقال لهم منطاش، «إذا كنتم تعطوا[814] العداد للسلطان برقوق فسلطان البلاد ما يريد منكم عداد.» فقالوا، «ومن هو السلطان غير برقوق؟» قال لهم، «سلطان البرّ نُعير، إذا بلغه انكم اعطيتم العداد لغيره ينزل عليكم بعربه وينهب بيوتكم.» فعند ذلك[815] خامروا وظنّوا أنّ هذا صحيح ثمّ إنّهم بعثوا الخلع إلى نائب حلب، فلمّا بلغ نائب حلب ذلك عظم عليه، وفي الحال ركب وركب عسكر حلب معه وكلّ طمّاع ونهّاب وسار أوّل الليل إلى وقت طلوع الفجر كبسهم، وإذا بالتركمان قد أداروا أغنامهم وأبقارهم
133a حولهم، وبقوا[816] في الوسط على أن الاغنام والابقار ترد عنهم الخيل. فلمّا * وصلت العساكر نزلت إليهم الرجالة من العوامّ، ونهبوا الأغنام، وحطم العسكر

---

807 MS بهم.

808 So in MS, for جراء.

809 MS هادي.

810 Unclear in MS.

811 MS اناسين.

812 So in MS for يزل.

813 Unclear in MS. For use of this form cf. Lane, 1616, under تشاور.

814 MS تعطوا.

815 MS دلك.

816 MS وبقتوا.

عليهم فكسرهم جلبان نائب حلب فانه فارس الخيل، شديد الحيل، بطل من الأبطال، في يوم المَجَال، وهوكما قال فيه الأصمعي، وأجاد حيث يقول شعرًا:[817]

اَنَا في الحَربِ العَواني، أبدًا يُعرَفُ[818] شَاني،
أينَ مَا نَادَى المنَادِي فِي دُجَا النقعِ تَرانَي
خُلِقَ الرُّمحُ لِكَفِّي والحُسَام الِهندوَاني
ومَعِي[819]. فِيالمَهْد كَانَا فَوقَ صَدرِي يُونِسَاني
وَهُمَا عِندَ مَن يُنْكِرُ فِعْلِي شَاهِدَاني[820]
انَّني أطعن خَصْمِي وَهوَ يَقظانٌ يَراني

ونهب العسكر جميع موجودهم، وراحوا التركمان بجلودهم، ورُدّت العساكر غانمين سالمين، لكنّ النائب جرح في رقبته جرح[821] هين ما تألم له، راحوا
133b التركمان إلى منطاش وحكوا[821a] له ما جرى لهم مع نائب حلب وانّه * مجروح مشغول بروحه، فركب منطاش ومن معه وجاء الى المدينة الى الباب والبزاعة قريب من حلب.

[حكم منطاش في الباب]

ولمّا علموا أهل الباب ان منطاش نزل عليهم دربّوا وحصّنوا المدينة فان ما لها سور،[822] وحاموا عن أنفسهم، وبقي منطاش يحاصرهم سبعة أيّام ولم يقدر عليهم، وسمع نائب حلب خبرهم فبعث إلى نائب طرابلس إياس، يقول له، «إنّك تقوم تجيء بعسكر طرابلس فان عدوّ[823] السلطان قريب من حلَب حتّى نتساعد عليه.» فركب إياس وجاء الى حلب ونزل في ميدان حلب.

وامّا منطاش فإنّه بعد سابع يوم أرسل الى أهل الباب يقول لهم، «انا ما جئت أطلب قتالكم ولا خراب بلادكم ولكم الأمان والإطمان، لكن أريد منكم عشرة أحمال بقسماط وشعير ودقيق ومؤنة للذي معي، وأنا اخلّيكم واروح.»
134a فلمّا سمعوا هذا الخبر أرسلوا يقولوا * له، «نعم نحنا[824] نسيّر لك الذي طلبت

[817] Meter الرمل.
[818] MS يِتعرفْ.
[819] MS ومَتَعِّي.
[820] Meter defective.
[821] MS خرح.
[821a] MS واحكوا.
[822] MS صور.
[823] MS عدوا.
[824] So in MS for نحن.

أمهل علينا ثلاثة ايّام.» ثمّ إنّهم جمعوا الذي طلب منهم وفتحوا تدريب المدينة وخرجت الأحمال، فبينما هم قد فتحوا تدريب المدينة وهم خارجين، حطم عليهم وحال بينهم وبينها، وكانت حيلة ومكر منه حتّى فتحوا التدريب، وكان قد أكمن لهم كمين. فدخل إلى المدينة بالسيف، وقتل الكبير والصغير واحتوى على المدينة وما فيها، وهربت الناس إلى حلب وهم حفايا عرايا، وناس تخبّوا في مغاير تحت الارض ما يصل إليهم احد، وبقي يحكم في المدينة ثلاثة أيّام. فبينما هو جالس وإذا برجل فلّاح يستغيث نصيحة فأحضروه[825] إلى بين[826] يدي منطاش وقال له، «ما نصيحتك؟» قال، «يا خوند! العساكر ألشامين[827] والصفدين[827] والحلبيين[827] قد وصلوا إليك فخذ حذرك منهم.» فلما سمع منطاش
134b هذا * القول صعب عليه وخرج هو وعسكره عن المدينة مقدار فرسخ وضرب خيامه هناك، وبقي ينتظر قدوم العساكر، وكانت هذه حيلة من الرجل الفلّاح حتّى أخرجه من البلد، فلمّا خرج من البلد أعادوا التدريب الذي كانوا قد بنوه.

وأمّا عسكر طرابلس؛ فإنّهم بقوا في الميدان أيّام، وكان نائب حلب جلبان قد عمل عليه الجرح الذي في رقبته وما بقى يقدر يركب، فردّ إياس إلى طرابلس خوفاً على بلده. وأمّا منطاش؛ فانّه أخذ من الباب شيء كثير لمّا خرج منها ولم يجيء اليه احد فردّ الى مرعش. فهذا كان سبب جرح نائب حلب في رقبته، ثمّ إنّ الجرح ختم وطاب ودخل إلى الحمّام فالحمد لله على ذلك[828]. وما
135a أحسن قول الشاعر يهنّي بعضهم بالعافية حيث يقول شعراً: *[829]

مَا زِلتُ أدْعُو[830] اللّهَ يَا سَيّدِي بِنِيّةٍ صَادِقَةٍ صَافِيَه
حَتّى أمَاطَ اللّهُ عَنكَ الأذَى والحَمدُ للّهِ عَلَى العَافِيَه

وفي يوم الخميس ثامن عشرين الشهر عُزِلَ القاضي الحنفي المعروف بالكشك، وتولّى ابن الكفري، وتولى نائب القلعة بلبان المنجكي المعروف بالمعلّم.

[سنة ٧٩٥/٩٣–١٣٩٢ ... حوادث في دمشق]

ثمّ استهلّت سنة خمس وتسعين وسبعمائة[831]، ودخلت هذه السنة المباركة

---

[825] MS فاحصروه.

[826] MS بين.

[827] So in MS for الشاميون والصفديون والحلبيون.

[828] MS دلك.

[829] Meter السريع.

[830] MS أدْعُوا.

[831] So in MS.

والأسعار فيها غالية كثير، الخبز[832] كلّ ثمان أواق بدرهم، والناس في شدّة، أللّهمّ ارخص أسعار المسلمين!

وفي نهار الخميس خامس الشهر انقطع النائب ضعيف في دار السعادة، وبقي إلى يوم الاحد ثامن الشهر توفّي الى رحمة الله تعالى، ودفنوه في تربة إينال في سويقة صاروجا جوار الشاميّة.

135b وفي يوم السبت سابع الشهر توفّي القاضي شهاب الدين الزهري وكان * بركة المسلمين، رحمه الله تعالي.

وفي هذا العشر حضر مرسوم السلطان بأن يفرج عن أقبغا الصغير، وأن يتوجّه نائب حماة.

وفي يوم الثلاثاء تاسع الشهر حضر خاصّكي من القاهرة إلى عند الأمير الكبير تنبك بتقليد نيابة الشام، ولبس يوم الخميس على عادة[833] النوّاب وأشعلوا له الشموع، ودقّت له المغاني، وفرحت الناس به، فانّه قليل الأذية للناس، مشكور السيرة، ودخل الى دار السعادة على عادة[833] النواب، وحكم بها.

وفي يوم السبت رابع عشر الشهر حضر من القاهرة القاضي المالكي ابن القفصي وعزل البرهان التادلي[834]. ودخل المحمل يوم الخميس سادس عشرين الشهر وكانت حجّة طيبة ولله الحمد.

ثمّ استهلّ شهر صفر وحضر في أوله أمير[835] إياس من طرابلس على خبز[836] 136a نائب الشام تنبك * أمير كبير — لا كبّره الله تعالى — ما كان أقبح فعاله، وخافت الناس منه، فانّه مشهور بالظلم معروف به.

وامّا جامع المقرّ تنكز رحمه الله؛ فإنّه قد تبيّض داخله، وتركب طرازه المذهّب، وترخّمت حيطانه، وفرغت السّدة، وطلعت المأذنة، وقد ازداد الجامع أكثر من ثلثه، فإنّه أخذ بيت ابن قفجق أضافه الى الجامع وصار معبد بعد ذلك الظلم الذي كان فيه، صاحبه كان من الظلمة، وقدْ أجاد صاحب هذا المفرد حيث يقول شعراً:[837]

إنّي نَظَرتُ إلى البِقَاعِ وجَدْتُهَا   تشْقَى كَمَا تشْقَى الرِّجَال وتسْعَدي

وهذه البقعة حصل لها السعادة الوافرة وصارت بيتًا من بيوت الله تعالى سبحانه.

---

[832] MS الخبر.

[833] MS عادت.

[834] MS التاذلى.

[835] So in MS for الامير.

[836] MS خبر.

[837] Meter الكامل.

136b وقد * فرغت نواعيره ومرجاته، والناس يتفرّجوا فيه ويدعوا له ويترحّموا على جدّه تنكز، وقام فيه قيام الرجال بنفسه وماله، غفر الله له ورحم سلفه.

ثمّ استهلّ شهر ربيع الاوّل والناس فيه مشغولين[838] بموالد رسول الله، صلّى الله عليه وسلّم، والناس في خير آمنين مسترجيين[839] الخير، والأمطار كثيرة، وعين المغلّات مليحة، ولله الحمد.

وفي اخر الشهر فرغت عمارة المدرسة الشامية البرّانية، وصلّوا فيها وحضروا الفقهاء بها على عادتهم.

ثمّ استهلّ شهر ربيع الآخر. وفي يوم السبت سادس الشهر نقل المقرّ السيفي ابن تنكز جهاز بيت الله تعالى؛ التنانير، والطباق، والقناديل، والحُصُر، والبُسُط، وما يحتاج إليه الجامع،[840] وقدّامه الخليليّة تضرب، والناس والسناجق
137a الخليفتية، وخطيبه عليه حلة سوداء، والمؤذنين قدّامه، وفرحت الناس. * وكان عدّة الحمّالين ثمانين حمّال، وثلاث جوق عتّالين حاملين التنانير، وكان يومًا مشهودًا[841]. ولم يبصر أحد أعلى من همّته، ولا أعرف منه. وعمّره في تسع شهور، وفرشوه واتقنوا أمره.

وفي يوم الجمعة جاء النائب صلى فيه وكبار دمشق. وطلع قاضي القضاة الباعوني خطب بالناس خطبةً بليغة، وأسقى بعد الصلاة للنائب مشروب، ولجماعته، وخلع على معلّميه، وعلى خازنداريته، وعلى كاتبه، وامتدحه الشعراء وأوهب وأعطى، وقد صلّى فيه نائب السلطان، وقد أرغم الله تعالى في ذلك اليوم أنف الشيطان، وما أحسن شبابيكه على الميدان، وقد وصفه الشاعر الملسان، حيث يقول شعرًا :[842]

فيَا حُسْنه مِنْ جَامِعٍ لَمْ تَزَلْ بِهِ
تَقُومُ رِجَالُ اللهِ بالفَرضِ والسُنَّه

137b وأمْسَى * لَهُ الأَعْدَاء بالنَّارِ أحرَقُوا
وفي حُسْنِهِ قَدْ أصْبَحَ اليَومَ كَالجَنَّه

ثمّ استهلّ شهر جمادى الاولى.[843] وفي مستهلّ الشهر خرجت من دمشق

---

[838] MS مشعوليں.
[839] So in MS for مسترجين i.e. مسترجون.
[840] MS الحامع.
[841] MS يومًا مشهود.
[842] Meter الطويل.
[843] MS جمدي الاول.

خزانة مولانا السلطان الملك الظاهر برقوق، وهي استعمالات سروج[844]، وأكوار، وأصناف كثيرة على مائة جمل، وقدّامهم القلعيّة، والناس تتفرّج عليها.

وفي خامس الشهر أحضروا إلى عند النائب بنت ميّتة صغيرة كما ولدت، وعلى رأسها عصابة لحم، خلقة عظيمة، وذكرت أمها أنّها لمّا نزلت قامت وقفت وطلعت يمين وشمال وسقطت ميّتة، فتعجّب النائب منها والناس، وأرسلها الى حاجب الحجّاب وخبرها مشهور، ودفنوها في مقبرة باب الفراديس.

وفي يوم الإثنين[845] سابع عشر الشهر خلع النائب على ابن صاحب قلعة الصبيبة بشدّ المراكز وباشرها.

138a وحضر * حاجب مدينة قارا أمير العرب وأخبر النائب «أنّ يوم الاحد سادس عشر الشهر هبّت علينا رياح عاصفة وأمطار كثيرة وبرد، حتّى قلنا إنّ القيامة قد قامت، فبينما نحن في منازلنا وقد أقبل علينا نعير برجاله وفرسانه، فركب ابن قارا وعربه والتقاهم وكسرهم نعير، ثمّ إن ابن قارا ردّ عليهم وكسرهم وقتل منهم جماعة وأخذ سلاحهم وخيلهم، وكانت النصرة لابن قارا على نعير.» وفرح النائب والناس.

وفي نهار الجمعة بعد الصلاة توجّه المقرّ ابن تنكز الى القاهرة بعد فراغ الجامع. الله يكتب سلامته!

ثمّ استهلّ شهر جمادى الآخرة،[846] وخرج نائب الشام والعساكر في اوّل الشهر إلى بلاد الشمال، وخافت الناس ورسم النائب أن لا ينتقل أحد إلى داخل المدينة ينكّد على الناس.

[وقعة مع العرب في حماة]

138b وقد أخبرني من * أثق به وهو تاجر من الرّماحين كان حاضر هذه الوقعة وليس له غرض في الكذب؛ قال، «كنت في حماة وعسكر طرابلس في حماة، وبعد ما جاء عسكر الشام فبينما هم قاعدين جاءهم رجل سائق وذكر ’أنّ نُعير وعربانه ومعه تركمان وغيرهم قد أتوا اليكم، خذوا حذركم منهم،‘ فركبت العساكر وخافت أهل حماة وغلّقوا أبواب المدينة وبقي كلّ واحد يحفظ بيته،

[844] MS سروح.

[845] MS الاثنين.

[846] MS جمدى الآخر.

وقد دقّ العسكر حربي وتواقعوا مع العرب إلى بعد العصر انكسر نعير. وردّوا الترك الى حماة مستظهرين على العرب إلى يوم الثلاثاء جاءت العرب مرّة ثانية، فركبوا العساكر والتقوهم وقتلوا منهم الترك ونهبوا ورجعوا العرب خائبين، وكانت بيوت العرب نازلين في مكان يعرف بدواعين منزلة لهم.»

139a وفي يوم الخميس * أتت العرب ايضًا على عادتهم، فركبت العساكر والتقوهم وأبذلوا فيها المجهود، وتوكّلوا على الواحد المعبود، ووقعت العين على العين، ووقف في موقف الحرب كلّ من الفريقين، وكانت العرب المقهورة أكثر من التورك المنصورة، لكن ثبتوا لملتقى الأعداء، وأخلصوا السريرة، وتلا لسان حالهم «كم من فئة قليلة غلبت فئةً كثيرة.» وحملت الفرسان على الفرسان، وتناخت الأبطالٌ، وجالتّ الصوارم في ضيق المجال، وكشفت الحرب قناعها، ومدّت يدها وباعها، وارتعدت الفرائس والمفاصل، وبرقت السيوف النواصل، وطارت الرءوس، وخمدت النفوس، فلا ترى الّا رءوسًا[847] طائرة،
139b وقلوبًا حائرة، وخيولاً غائرة، ورجال تتخابط، وهامات تتساقط، وهذا * جريح، وآخر طريح، وبيّن[848] في ذلك اليوم شجاعة عظيمة البطل الهمام، والأسد الضرغام،[849] صاحب الوثبات والثبات، الموصوف بالعزم والعزمات، أبو المهمات، وصار بين الصفوف يجول وينشد ويقول شعرًا:[850]

أنَا أقبَغا المَعرُوفُ فِي يَوم ِ الوَغَا
الفَارِسُ البَطَلُ الهمَامُ الضَّيغَمُ
أينَ المَفرُّ لِهَارِبٍ مِنْ سَطوتي
قَلِقُ الجوَانِح ِ لاَ يَلذُّ[851] بمَطْعَم.
ضَاقَت عَلَيْهِ الأرضُ حتّى إنّهُ
أمسَى يُشَاهِدُهَا كَدَوْرِ الدِّرهَمِ
والوَحْش تَرتَعُ[852] فِي لُحومِ غَرِيبَة
وتَضِيفُ أضْيَافَ الطّيورِ الحُوَّمِ

140a وردّ أقبغا الصغير نائب حماة، والعساكر معهم الغنائم، * وراحت العرب

---

847 MS رأوسًا.
848 MS وبيّس.
849 MS الظرغام.
850 Meter الكامل.
851 MS يَلِدُ.
852 So in MS for يرتع.

من تلك الارض بالقائم، ووصل عسكر الشام الى حماة وما لحقوا الوقعة؛ ونزلت العساكر كلّها على بلاد سلميّة وحماة. وورد مرسوم السلطان إلى العساكر أنـهم يقيموا على سلميّة حتّى تشيل الناس مغلاّتهم.

[حوادث اخرى]

وفي سابع عشرين الشهر أمر حاجب الحجّاب أن يعلّقوا القناديل على الدكاكين، وفي الطاقات، ودارت المشاعلية في المدينة ونادوا حسب المرسوم، وعلّقوا الناس القناديل وبقي يتكلّف الفقير أوقيـة زيت بنصف، وهذه سُنّة سودون باق.

ثمّ استهلّ شهر رجب. وفي يوم الجمعة نزل السنجق السلطاني إلى الجامع الأموي.

وفي هذا الشهر وصل القمح إلى ثلاثمائة وخمسين درهم، وبقيت الناس في شدّة، اللّهمّ أرخص أسعار المسلمين[853]!

140b وفي هذا الشهر كان في حلب فَنَاءٌ عظيم كثير جدّا، * حتّى خلت حلب وبلادها. قيل إنّه وصل إلى الف في كلّ يوم. وقد ذكر لي بعض كتّاب الحشر الذي بحلب قال، «أردت أطلب أضبط كم مات من حلب وبلادها فعملت ذلك، فوجدت قد مات من أول الفناء الى آخره رجال ونساء واطفال ويهود ونصارى ثلاثمائة ألف روح وستّين الف روح، وكان أكثرهم اطفال. مات من داخل المدينة مائة الف وخمسين ألف والباقي من برّا البلد ونواحيها.»

حكاية في الفناء: أبصر بعض الناس أنّه قد خرج من بيته في النوم عشرة أنفس موتى[854] وكان عدّتهم عشرة بالرّجل[855] فمات منهم تسعة وبقي هو لا غير تكملة[856] العشرة، انقطع قلبه وما بقي يقابل البيت، فراح نام في بعض الليالي
141a عند بعض أصحابه. ثمّ إنّه جاء ثاني يوم يكشف خبر البيت ففتح ودخل وجد * فيه رجل ميّت، وكان هذا الرجل لصّ، ما لقي فيه احد وفيه حوائج، فخلع الباب الذي للسطوح ونزل إليه فكان فروغ أجله في البيت حتّى يتفسّر منام الرجل، فتعجّب صاحب الدار من هذا الأمر. ثمّ إنّه غسله وكفنه وأخرجه كما ينبغي، وقد طاب قلب صاحب البيت أنّه قد تفسّر منامه وهذا العاشر. وهذا اتّفاق غريب لم يسمع بمثله.

---

853 MS المسلمين.

854 MS موته.

855 MS برّجل.

856 MS تكملت.

حكاية في المغنى :

قال ابو الفرج المعافا، «إني حججت في بعض السنين فكنت في منى فسمعت مناديًا ينادي 'يا أبا الفرج،' فقلت 'لعلّه يريدني،' ثمّ قلت، 'في الناس خلق[857] كثير ممن يكني أبا الفرج،' فلم أجبه فلمّا رأى أنّه لا يجبه أحد نادى، 'يا ابا الفرج المعافا' فهممت أن أجيبه ثمّ قلت، 'لعلّه ينادي غيري،' فلّما رأى انّه لا يجبه أحد نادى، 'يا أبا الفرج المعافا بن زكريا النهرواني،'
141b فقلت، 'لم يبق شكّ بعد هذا *، قد ذكر اسمي وكنيتي[858] واسم أبي وبلدي،' فقلت، 'انا ذلك[859] الرجل، ماتريد؟' فقال لي، 'لعلّك من نهروان الغرب؟' فتعجّبت من اتّفاق الاسم والكنية واسم الأب والبلد وعلمت بالمغرب بلد يعرف بالنهروان وهذا اتّفاق غريب.»

ثمّ نعود الى كلامنا. وفي يوم الإثنين[860] عشرين الشهر دار المحمل دوران خفيف لقلّة العسكر في دمشق وعيّنوا أمير الركب عمر بن منجك.

ثمّ استهلّ شهر شعبان. وفي يوم الخميس خامس الشهر طلب حاجب الحجّاب السماسرة، والطحّانين، والمحتسب، وقال له، «أطلع سعر الخبز الخاصّ رطْل بدرهم، وما دونه رطل وثلث.» فطلع المحتسب نادى في المدينة على الخبز[861] كما ذكر الحاجب؛ رطل بدرهم ورطل وثلث. فاغتاظ ابن النشو
142a السمسار — قبحه الله تعالى — وقال للخبّازين، [862] «لا تبيعوا الّا رطل بدرهم.» ودخل إلى الحاجب وقال له، «هذا مايقوم معهم وتكسرهم.» فقال له المعلم الخبيصة، «نعم يقوم معهم، ولا يحل لك أنت من الله تعالى تقف في طريق المسلمين. اذا كان الله تعالى قد أرخصه تقدر أنت ان تغلّي الأسعار؟» وقال الخبيصة لحاجب الحجاب، «يا خوند وحياة[863] راسك أنا أتدرك الخبز[864] الطيّب رطل وثلث بدرهم ورطل ونصف هذه السنة.» فشكرته الناس على هذا الكلام، وقامت الناس إلى ابن النشو يرجموه فتخبّأ عند الحاجب. وقالوا الناس، «متى طلع ابن النشو رجمناه.» وخاف من الناس ولم يطلع حتّى راحت الناس، ورخّص الله تعالى الخبز على رغم أنف ابن النشو فانّه عدوّ المسلمين.

---

857 MS حلق.
858 MS وكنيني.
859 MS دالك.
860 MS الاثنين.
861 MS الخبر.
862 MS للخباربن.
863 MS وحيات.
864 MS الخبر.

وفي هذا الشهر قتل والي الولاة، قتلوه العرب قريب صرخد وطلع عوضه الزنبكي التركماني والي الولاة *. 142b

ثمّ استهلّ شهر رمضان المعظّم من السنة المذكورة نهار الجمعة. وفي رابع الشهر توفّي زين[865] الدين ابن رجب، أحد علماء المسلمين، رحمه الله تعالى.

[قتل منطاش]

وفي خامسه وصل الخبر إلى دمشق مع بريدي من حلب بأنّ نعير مسك منطاش وأرسله الى نائب حلب مقيّد، وطلع إلى مصر. والبريدي[866] مملوك نائب حلب، وطلع الى السلطان يخبره بهذا الأمر وما يفعل فيه وصحّ ذلك ودقّت البشائر وفرحت الناس الذي همد الشرّ. وراح منطاش وهرب من كان معه وتفرّق شملهم وطابت قلوب الناس في دمشق، وعمرت الناس أملاكها خارج المدينة. وأكثر الناس بين مكذّب ومصدّق، فإنّ كثير مسكوه ويقتلوه وما يصح. ثمّ إنّ نائب حلب ضربه على الذخائر الذي[867] له في مصر حتى قرّره، وبعد ذلك قتله وقطع رأسه وأرسله الى السلطان.

143a وفي يوم الثلاثاء تاسع عشر الشهر حضر بريدي من بلاد حلب * ومعه رأس منطاش في علبة. وطلعت الناس حتى يتفرّجوا على رأس منطاش وازدحمت الناس وبقيت ناس في فرح، وناس في ترح، وحطوه على رأس رمح ودخلوا به قدّام الناس ومعه الترك، والناس مثل التراب والبشائر تدقّ في القلعة وهم داخلين برأسه فوق رمح أعلى من الناس كلّهم، وقد وجدت على بعض الحيطان أبيات وأظنّها خط بعض الأوباش، يرثي بها منطاش، يقول شعرًا:[868]

عَلَا مِنْطَاش فَوقَ سَرِير مِصْرٍ
وتَخْتِ[869] الشّام من كُلِّ الجهَاتِ
وبَعْدَ مَمَاتِهِ فَوقَ العَوالي
عُلوًا في المَمَاتِ وفي الحَيَاةِ

وخلوا به على باب الفراديس الى سوق الخيل الى باب النصر الى القبيبات نزّلوه من على الرمح وحطّوه في العلبة وأخذه البريدي وساق به الى القاهرة * الى 143b

---

865 MS رين.

866 MS والبربدي.

867 So in MS for التي.

868 Meter الوافر.

869 MS وتَخت.

عند السلطان وكان لدخوله الى القاهرة يومًا مشهودًا[870]، أحضروه الى بين[871] يدي السلطان حتّى تحقّقه وأمر بتعليقه على باب زويلة ايّام ثمّ دفن رحمه الله.

ثمّ استهلّ شهر شوّال من السنة المذكورة. وفي رابع عشرين الشهر خرج المحمل الشريف من دمشق ومعه ناس كثيرة، الله يكتب سلامتهم.

وفي هذه السنة كانت فواكه دمشق مليحة ورخيصة، أبيع التين ثلاثة أرطال بدرهم، وأربعة ارطال بدرهم، والدراقن ثلاثة الّا ثلث بدرهم، والعنب ثلاثة بدرهم المليح وشبع الفقير واطمأنّت قلوب الناس، لكنّ الدرهم قليل على الناس لقلّة معايشهم.

[انتصارات تمرلنك في الشرق]

ثم استهلّ شهر القعدة، وفي هذا الشهر تواترت الأخبار من بلاد العراق بأنّ تمرلنك أخذ بغداد، وأنّ السلطان أحمد بن اويس خرج من بغداد هارب من تمرلنك، وأنّه ملكها في عاشر شهر شوّال من السنة المذكورة، وقتل من بغداد خلق كثير، ونهب بيوت الناس، وأحرق أملاكهم، وسبى حريمهم، ويتّم أطفالهم، وضرب الدرهم والدينار باسمه فيها، وجفلت البلاد والعباد، وخافت الناس، وبطل ذكر منطاش، وجاء ذكر تمرلنك — قبّحه الله تعالى — ومن معه من الأوباش. وأنّ السلطان أحمد بن أويس وصل إلى قلعة كامخ، وحطّ فيها ذخائره وما معه، فإنّها قلعة حصينة. ثمّ إنّه أتى الى حلب فتلقاه نائب حلب وأكرمه وأنزله في مكان يليق به، وأرسل أعلم السلطان الملك الظاهر. ثمّ بعد أيّام وصل خبر الى الشام من بلاد العراق أن تمرلنك أرسل جماعة من[872] البصرة ليأخذوها، فتجمّعت عليهم عربان ورجال وواقعوهم، ونصّر الله تعالى المسلمين على الفرقة الباغية، وقتلوا منهم كثير، ودقّت البشائر في دمشق، وفرحت الناس، وردّت الناس الى ما كانوا عليه من الكذب والقال والقيل، وبقيت الناس خائفين وهم معذورين، فإن المسلمين[873] لهم من سنة قازان، وهي سنة تسع وتسعين وستّمائة، ما عاد جاء الى هذه البلاد عدوّ ولله الحمد.

حكاية: لـمّا قصد جربند[874] أخـذ بلاد الشام وكان قد جمع خلق كثيرة من التتر والمغل، وكان هذا جربند[874] بن هلا كون، وكان رافضيّ على مذهب الباطنيّة،

---

[870] MS يومًا مشهود.
[871] MS بين.
[872] So in MS, but probably for الى.
[873] MS المسلمين.
[874] MS حربند and then جربند for جربند, see notes to Translation.

ونقش على الدرهم والدينار الإثنا عشر[875] امام، رضي الله عنهم، فلمّا قصد بلاد الشام ووصل إلى الرحبة وحاصرها ولم يبق الّا أخذها، رأى في المنام تلك الليلة انّ الامام عليّ بن ابي طالب ـ رضي الله عنه ـ قد وضع سنان رمحه في صدره وقال له: «والله لئن لم ترحل غداً[876] عن هذا البلد وتردّ الى بلادك بعساكرك والّا أخرجت هذا السنان من ظهرك.» فأصبح وقد قطع الفرات[877] من شدّة خوفه وما
اعتراه في المنام، فلامه بعض خواصّه عن رجوعه فقال له، «وحقّ الطالب* 145a
الغالب عليّ بن ابي طالب، ما أقدر أخالف عليّ بن ابي طالب.» وردّه الله تعالى خائبًا بكرمه وإحسانه على عباده.

ولمّا اظهروا المسلمين الفساد في الارض سلّط الله تعالى بعضهم على بعض ينهبون الأموال، ويقتلوا الرجال، وأرسل الله تعالى عليهم الطواعين، والفتن تدور دور الطواحين، وهذه الحروب والوقائع والحوادث كلّها كفارات من الله تعالى عنهم، وتمحيص للذنوب التي كانت منهم، وفي الحديث ’يؤجر المرء على الشوكة إذا شاكته.‘ فما قولك فيمن ذهب ماله وقتلت أهله وسبى حريمه؟ فان هذا كلّه كفارة له. وقال الله تعالى «وعسى أن تكرهوا شيئاً وهو خير لكم، وعسى أن تحبّوا شيئاً وهو شرّ لكم.» وفي المثل: ’من لم يمت بالسيف مات بغيره.‘

وكان سبب هجم تمرلنك على بلاد ابن أويس صاحب بغداد فإنّه كان
قد جار على الرعية، وحكم* فيهم بغير[878] الأحكام الشرعية، وأخذ أولادهم 145b
المردان بالقهر، وصار يمسكهم عنده بالسنة لا بالشهر، فكثرت عليه الشكاوى الى الله تعالى، ومَرَضُ الجَوْر ليس له غير عدل الله مداوى، فسمع الله تعالى من عباده الشكوى، وسلّط عليه من هو عليه اقوى، فسلبه سلطانه، وغرّبه عن أوطانه، لكنّ صدق الله العظيم[879] في قوله تعالى «ذلك بما قدمت يداك وأنّ الله ليس بظلام للعبيد.»

حكاية: حكى لي رجل من أولاد بغداد عارف بامور السلطان أحمد قال «كان للسلطان أحمد ثلاثة إخوة مثل الأقمار من أبيه، عندهم عقل وأدب وحشمة، فخاف على الملك منهم، ومال بوجهه عنهم، فقتل منهم اثنين، وأكحل الآخر وتركه بلا عينين، وذبح بين يديه جماعة من أمرائه، ورضي

---

875 So in MS.
876 MS اغدا.
877 MS الفراه.
878 MS بغير.
879 MS العطيم.

146a بالمعكوس من عقله ورأيه، ولم يستغفر من* ذنبه ولم يعتذر، حتّى أخذه الله تعالى أخذ[880] عزيز مقتدر، وأصبحت عساكر تمرلنك في[881] بلاده مقيمة، ومصيبته في نفسه عظيمة، فلو كان من الملوك العادلة، كان الله تعالى ردّ عنه الفرقة الباغية، لكنّه كان في ظلمه شديد، «وما ربّك بظلّام للعبيد.»»

[انحرافات على الحاكم العادل]

ولقد دخل طاوس على المنصور يومًا فقال له، «حدّثني عن أبيك حديثا.» قال، «نعم، حدّثني أبي عن معاذ بن جبل — رضي الله عنه — قال، «قال رسول الله — صلّى الله عليه وسلّم: ‹إنّ أشدّ الناس عذابًا يوم القيامة رجل أشركه الله في ملكهِ، فادخل عليه الجور في حكمه.› ومن هذا الباب إنّ الله تعالى ضمن النصر للملوك[882]، وشرط عليهم بقوله تعالى «الذين[883] إنْ مكنّاهم في الارض أقاموا الصلاة[884] وآتُوا الزكاة[884] وأمروا بالمعروفِ[885] ونهوْا عن المنكر ولله عاقبة الامور.»»

146b فمتى تضعّفت قواعد* ملكهم، او انتقض عليهم من أطراف ملكهم شيء، أو ظهر عليهم عدوّ[886] أو باغي،[887] واضطربت عليهم الأمور، فليلتجئوا إلى الله تعالى، ويستخبّوا[888] من نزول أقداره بإصلاح ما بينهم وبينه، وبإقامة الميزان بالقسط الذي شرعه لعباده، وسلوك سبيل العدل الذي قامت به السموات والارض، وإظهار شرائع الإسلام، ونصرة المظلوم، وقمع الظالم، ومراعات الفقراء والمساكين، وملاحظة ذوي[889] الخصاصة والمستضعفين، وإقامة الشروط المذكورة كلّها. وقوله — صلّى الله عليه وسلّم، «كلّكم راعٍ وكلّكم مسؤل عن رعتيه.» وقال — صلّى الله عليه وسلّم، «ما من رجل وَلِيَ أمور المسلمين ثمّ لم يجتهد لهم وينصح، إلّا لم يدخل معهم[890] الجنّة.» وعن أبي سعيد الخدري — رضي الله عنه — قال، «قال رسول الله — صلّى الله عليه وسلّم — ‹أشدّ

147a الناس عذابًا يوم القيامة الإمام الجائر.› *» وقال ابن سيرين، «جاء صبيان الى

[880] MS اخد.

[881] Repeated in MS.

[882] MS للمملوك but probably to be read as here.

[883] MS الدين.

[884] Usually written الصلوة, الزكوة in the Koran.

[885] MS بالمعروف.

[886] MS عدوا.

[887] So in MS for باغٍ.

[888] MS ويستحبوا.

[889] MS دوي.

[890] Unclear in MS.

عبيدة السلماني يتخائرون بألواحهم في الخطّ، فقال، ’هذا حكم ولا أتولّى حكما ابداً،‘ وما نظر فيه.» وهذا غاية رحمة الله تعالى.

واعلم يا أخي — وفقك الله تعالى — أنّ الانبياء عليهم السلم[891] أعمّ خلق الله تعالى نفعًا، وأنّهم أجلّ الخلق قدرًا، لأنّهم يهدون الخلق إلى الله تعالى، ويُخرجوهم من الظلمات الى النور، فهكذا السلطان، خليفتهم في الأرض، يعمّ نفعه العباد والبلاد، ويَصْلُح بصلاحه الدنيا والآخرة، ومن كان عند الله عظيم، وقدرهُ في العقول جسيم، ومقامه عند الله كريم، وعلى قدر المنفعة يحصل الاجر، على قدر النعمة تكون المنّة، فليس فوق منزلة السلطان العادل منزلة، كذا ليس دون منزلة السلطان الجائر منزلة، لأنَّ شرّه يعمّ، كما ان خير العادل يعمّ. ومتى عدل السلطان انتشر العدل في رعيته فاقاموا الوزن بالقسط، وتَعاطُوا
147b الحقّ فيما* بينهم، ولزموا الحقّ فمات الباطل، وذهبت رسوم الجور، فأرسلت السماء عليهم المطر، وأخرجت الارض بركاتها، فنمت الزروع وشبعت الأغنام، ودرّت الارزاق ورخصت الاسعار، وكان الناس في خير. ومتى جار السلطان انتشر الظلم في البلاد وضعفت النفوس، ومنعت الحقوق، وتعاطُوا الباطل وبخسوا المكيال والميزان، فرفعت عند ذلك البركات، وأمسكت السماء عن المطر وتعطّلت الزروع، وهلكت المواشي بمنعهم الزكوات، وقد فشت فيهم الأيمان الكاذبة، وكثرت فيهم الحيل والمكر، وعظم فيهم العار، ومن هذه صفته ’بطن الارض خيرًا من ظهرها[892].‘

وقال وهب بن منبّه، «وجدت في بعض الكتب الذي[893] أنزلها الله تعالى على بعض الأنبياءِ، عليهم السلام، أنّ السلطان اذا همّ بالظلم وعمل به، أدخل
148a الله النقص في مملكته، وأذلّ اهلها، وإذا همّ بالعدل وعمل به، أدخل* الله البركة في مملكته وأعزّ اهلها.»

حكايه تصديق هذا الكلام: قيل أنّ ملك خرج من ملكه مختفي، فنزل بقرية فيها رجل له مواشي، فحلب له الرجل من فرد بقرة مقدار عشرين[894] رطل، فأعجب الملك تلك البقرة، وحدّثته نفسه بأخذها من صاحبها، فلمّا كان ثاني يوم حلبت نصف ما حابته بالأمس، فقال الملك لصاحبها، «ما بال حليبها اليوم ناقص، لعلّها رعت في غير مرعاها بالأمس؟» قال، «لا ولكن

---

[891] So in MS.

[892] MS طهورها.

[893] So in MS for التي.

[894] MS عشرين.

أظنّ ان ملكنا قد تغيّرت نيّته أو يكون سمع بها فيريد أخذها.» فقال له الملك—ولم يعلم الرجل انّه الملك، «من أين لك هذا الخبر؟» قال: «اما علمت أنّ الملك اذا ظلم وهمّ بالظلم ذهبت البركة من بلاده، واذا عدل وهمّ بالعدل كثرت[895] البركة في بلاده؟» فتعجّب الملك من كلامه وعاهد الله تعالى أنّه لا يأخذها ولا يظلم[896]، فحلبت ثاني يوم مثل ما حلبت اوّلاً.

حكاية في المعنى:

148b قيل * إنّ امرأة كانت بالمغرب، وكانت لها حديقة فيها قصب السكر، وكانت كلّ قصبة منها تعصر قصعة، فعزم الملك على أخذها منها، فلمّا جاء إلى عندها حتّى يشاهدها، عمدت إلى قصبة منها فلم يطلع منها نصف قصعة، فقال لها الملك، «أين ما قيل عن قصب حديقتك؟» قالت، «هو ما بلغك عنها الّا أن يكون السلطان قد عزم على أخذها منّي، فارتفعت منها البركة.» قال فتاب السلطان وأضمر انّه ما بقي يأخذها، ثمّ إنّها عصرت له قصبةً ثانيةً فلت[897] القصعة، فتعجّب الملك من ذلك واستمرّ يحكم بالعدل.

ويروى أنّه كان في الصعيد نخلة تحمل كلّ سنةٍ نحو العشر أرادبّ تمر[898] فلم يكن في الزمان مثلها، فسمع بها السلطان فأخذها غصبًا من أهلها، فلم تعود تحمل بعدها تمرةً واحدةً، وهذا أعجب ما يكون في الدنيا. وفي هذا الباب

149a اخبار * كثيرة. وقد بان بما ذكرناه المقصود، و ُفي الإشارات ما يغني عن الكلمى[899]، وقد قال البستي ما يتعلق بهذا المعنى وأجاد حيث يقول شعرًا:[900]

إذَا وُلِّيتَ فَاعْمِرِ مَا تَلِيهِ بِعَدْلِكَ فَالإمَارَةَ بِالعِمَارَه
وَأَفضَلُ مُسْتَشَارٍ كُلَّ وَقتٍ زَمَانكَ فَاقتَبِسْ[901] مِنهُ الاِشَارَه

[استعدادات لتمرلنك]

ثمّ نعود الى كلامنا. ثمّ استهلّ شهر الحجّة، وفي يوم الثلاثاء حادي عشرين الشهر حضر مرسوم السلطان الى نائب الشام ان يجهز العسكر ويخرج بهم الى الفرات،[902] يقعد في وجه العدوّ. وقيل لبعضهم، «ما تخرج الى لقاء العدوّ؟» فقال، «والله أنا ما رأيتهم في عمري ولا رأوني، فمن أين يصيروا اعداء

[895] MS كثرب.
[896] MS يطلم.
[897] So in MS for فلأت.
[898] MS تمراً.
[899] So in MS for الكلام ?
[900] Meter الوافر.
[901] MS فَاقتُبِسْ.
[902] MS الفراه.

لي؟» ثمّ إنّ أهل الشام حفظوا بلدهم وأموالهم، وركبت القضاة وقدّامهم
149b السناجق * والناس، وهم يقرؤُا مرسوم السلطان ويحرّضوهم على القتال، والتأهب لهذا[903] العدوّ المخذول، وأن السلطان وعسكر مصر جايه[904]، وكان يومًا محتفلا[905]، وجفلت قلوب الناس وخافوا على أنفسهم فنسأل[906] الله أن يردّ العاقبة الى خير.

وفي يوم الخميس، خامس عشرين الشهر، حضرت قصّاد من عند نائب الرحبة، ومعهم قاصد من عند تمرلنك، ومعهم طيور وفهود، وذكروا قصّاد نائب الرحبة أنّ تمرلنك أرسل هذه الهديّة الى نائب الرحبة، على أنّه يكون معه ويضرب الدرهم والدينار باسمه[907]، وأرسل اليه جماعة فمسكهم ووسّطهم. وما خلّى منهم الّا هذا الذي معنا،[907a] وقد بعثه وبعث الهديّة يخبر السلطان بما قد جرى، وركبوا في الحال وتوجّهوا إلى القاهرة.

وفي تاسع عشرين الشهر أمر نائب الشام أن تُعرض العساكر. ورَسَمَ أيضا
150a أن يختم على حواصل الشعير الذي * للناس، برسم الركاب الشريف، وبقيت الناس في شدّة أمرّ من ايّام منطاش، وقد أجاد الشاعر حيث يقول شعرًا[908]،

وَمَا مَرَّ يَوْمٌ[909] أرتَجِي فِيهِ رَاحَةً
وَاعتبُهُ إلا بَكَيْتُ عَلَى امْسِي

والناس معذروين[910] فانّهم سمعوا ما عمل في بغداد بأهلها، وانّهم يحرقوا الناس بالنار حتّى يُحْضِروا الأموال، وأن معه طوائف كثيرة، فخافت الناس منه، وأنّه قاصد بلاد الشام. وذكروا أن معه خمسمائة ألف مقاتل، وباعت الناس الغالي بالرخيص، ومُزِّقت أنفس الناس من أمور متواترة، وفتن خلّف بعضها بعض، والأمر كلّه الى الله تعالى، يحكم ما يشاء ويفعل ما يريد، سبحانه لا اله الّا هو، ربّ العرش العظيم.

[سنة ٧٩٦–١٣٩٤]

ثمّ استهلّت سنة ستّ وتسعين وسبعمائة. اللّهمّ اجعلها سنةً مباركة على
150b المسلمين! والأسعار * فيها رخيصة، والناس في جفلة، وقد عملت عساكر الشام

---

903 MS بهدا.

904 So in MS for جاء or جائين.

905 MS محتقل.

906 MS فنسل.

907 MS باسمه.

907a MS معني.

908 Meter الطويل.

909 MS يوماً.

910 MS معدورين.

ما يحتاجوا إليه وهم منتظرين ما يَرِدُّ من السلطان. ووصلت أخبار تمرلنك إلى الشام في هذا الشهر، أنّه قد أخذ سيواس، وأنّه نازل على الرُّها، خافت أهل دمشق أكثر وأكثر.

ثمّ استهلّ شهر صفر. وفي هذا الشهر حصّنوا القلعة بالستائر وغيرها.

وفي هذا الشهر حضر مرسوم على يد[911] بريديّ يطلب السلطان احمد بن أويس إلى القاهرة.

وفي نصف نهار يوم الجمعة دخل السلطان أحمد وطلع نائب الشام والعساكر جميعها التقوه، ودخل معه من جماعته مقدار خمسمائة نفس، ونزل في القصر الأبلق والميدان، وتسيّبوا في دمشق وهم قوم مفسدين، أَكْلُ الحشيش عندهم ليس بعيب، يتظاهروا بالفواحش، وقد جرى عليهم ما جرى وهم ما يرتدوا عن الفواحش، ومقتوهم أهل دمشق على قلّة دينهم، وما سلّط الله

151a تعالى * عليهم تمرلنك الاّ ببعض ما يستحقّوه.

ثمّ إنّهم قعدوا في دمشق أيّام، وتوجّهوا إلى القاهرة وطلع معهم شنتمر الخاصّكي، ودخلوا إلى القدس في طريقهم يزوروا وقعدوا فيه ثلاثة ايّام. وقد ذكر لي والي القدس شرف الدين المرجاني ـــ رحمه الله تعالى ـــ قال، «لمّا دخل السلطان أحمد إلى القدس التقاه نائب القدس الشريف، ودخل إلى القدس وزار، عَمِلْنا له ما يجب علينا من جميع ما يحتاج إليه، ونحن واقفين في خدمته حتّى رحل، والذي معه لم يشتغلوا بعبادة ولا صلاة، لكن مشتغلين بقلّة الدين.» ولقد ذكر أنّه سأل الذي[912] يبيعوا الحشيش، «بكمَ بعتوهم؟» قال، «بألف ومائتين درهم.» وهذا أعجب ما يكون. اللّهمّ تب علينا وعليهم!

ثمّ استهلّ شهر ربيع الأوّل. وفيه وصل الخبر الى دمشق أنّ السلطان أحمد دخل إلى القاهرة، وكان لدخوله يومًا هائلًا[913]، وخرجت جميع عساكر مصر

151b التقته، ودخل على السلطان فأكرمه وأحسن * اليه، وخلع عليه وطيّب قلبه، أنّه يخرج معه بعساكره ويأخذ بثاره.

[مراسلة بين تمرلنك وبرقوق]

وفي هذا الشهر وصل من تمرلنك كتاب الى السلطان الملك الظاهر برْقوق، فلّما وصل كتاب تمرلنك إليه وقرأه كاتب السرّ عليه، وجد فيه مكتوبًا:

---

911 MS يدّ.

912 So in MS for الذين.

913 MS يومًا هايل.

بسم الله الرحمن الرحيم، «قل اللّهمّ فاطر السموات والأرض عالم الغيب والشهادة أنت تحكم بين عبادك، فيما كانوا فيه يختلفون.» إعلموا أنّنا جند الله خلقنا من سخطه، وسلّطنا على من حلّ عليه غضبه، لا نرقّ لشاكي، ولا نرحم عَبْرَةَ باكي، قد نزع الله الرحمة من قلوبنا، فالويل كلّ الويل لمن لم يكن من حزبنا، قد خرّبنا البلاد، ويتّمنا الأولاد، وأظهرنا في الأرض الفساد. خيولنا سوابق، ورماحنا خوارق، وسهامنا موارق[914]، وسيوفنا سواحق[915]، وقلوبنا كالجبال، وعددنا كالرمال، مَن رامنا سَلِم، ومن نال حربنا[916] ندم، فمُلكنا لا يُرام، وجارنا لا يُضام[917]، فان أنتم قبلتم
152a شرطنا، وأطعتم أمرنا، كان لكم ما لنا، وعليكم ما علينا. فالحصون * من أيدينا لا تمنع، والعساكر للقائنا لا[918] تَرُدُّ ولا تنفع، ودعاكم علينا لا يستجاب ولا يسمع، لأنّكم أكلتم الحرام، وارتكبتم الآثام، وضيعتم الجُمَع، وغرقتم في الطّمع، وسلكتم في طريق البغي والعدوان، فأبشروا بالمذلّة والهوان، «اليوم تُجزَوْن عذاب الهون بما كنتم تستكبرون في الأرض بغير الحقّ وبما كنتم تفسقون.» وقد ثبت عندكم اننّا كفرة، وقد ثبت عندنا أنكم فجرة، وقد غرّتكم الدنيا فكثيركم عندنا قليل، فنحن ملوك الارض شرقًا وغربا، «وناخذ كلّ سفينة غصبا.» وقد أوضحنا لكم طرائق الصواب، فأسرعوا إلينا بالجواب، من قبل أن ʼنكشف الغطا،ʻ ويقع الضرب والشطا، وتوقدُ الحرب نارها، وترمي عليكم شرارها، وما يبقىَ لكم باقية، ينادي عليكم منادي الفنا، ويلحقكم الويل والعنا، وقد أنصفناكم[919] اذ راسلناكم، ونثرنا لكم جواهر هذا الكلام والسلام!
152b فلما قُرِئ هذا الكتاب على السلطان * الملك الظاهر[920] برقوق، أمر في الحال أن يكتب لهم جواب كتابهم، فكتب الكتاب وهو:

بسم الله الرحمن الرحيم، والصلاة والتسليم على سيّد المرسلين، «قل: اللهم مالك الملك، تؤتى الملك من تشاء وتنزع الملك ممن تشاء وتعزّ من تشاء وتذلّ من تشاء بيدك الخير، إنّك على كلّ شيءٍ قدير،» والصلاة والسلام على سيّدنا محمّد النبيّ الأمّي، وعلى أصحابه وآله وأهل بيته وسلّم يا ربّ تسليمًا كثيرًا! أمّا بعد، فقد وقفنا على كتاب مخبرٍ عن الحضرة اليلخانية، والمملكة المعظمية

---

914 Cf. *Nuǧūm*, V, 556, واسنّتنا بوارق.
915 MS صواحق, cf. *Nuǧūm*, *ibid.*, صواعق.
916 MS حزبنا.
917 MS يظام.
918 Added in margin.
919 MS انصفاكم.
920 MS الطاهر.

السلطانية، تقولون أنّكم مخلوقون من سخطه، مسلّطون على من حلّ عليه غضبه[921]، لا ترقّون لشاكي، ولا ترحمون باكي، قد نزع الله الرحمة من قلوبكم، فقولكم من أقبح عيوبكم، وهذه الشهادة من صفات الشياطين، لا من صفة السلاطين، وكفى بهذه الشهادة لكم وعظا، وبما وصفتم به أنفسكم مرضا، وفي كلّ كتاب لُعِنْتم، وبكلّ قبيح وُصفتم، وعلى لسان كلّ رسول ذكرتم، وعندنا خبركم، منَ حين خلقتم، وزعمتم أنكم الكفرة «ألا لعنة الله على الكافرين،» ومنْ تمسك بالأصول، لا يبالي بالفروع.

153a فنحن المؤمنين[922] حقّا*، والقائلين[922] صدقا، لا يدخلنا عيب، ولا يصدّنا ريب، القرآن على نبيّنا نزّل، تحقّقنا[923] تنزيله، وعلمنا تأويله، وإنّما النار لكم خلقت، والجحيم لكم سُعِّرَت، وأعجب العجب تهديد الرتوت بالتُوت، والسباع بالضباع، فنحن خيولنا فريقية، وسيوفنا يمانية، ورماحنا خطّية، وسهامنا خلنجية، وزردياتنا داوديّة، وخوذنا عادية، وقرقلاتنا حديد، وبأسنا شديد، وأكتافنا قوية المضارب، ووصفنا في المشارق والمغارب. إن قتلناكم فنعم البضاعة، وأن قتلنا فبينا وبين الجنة ساعة، «ولا تحسبن الذين قتلوا في سبيل الله أمواتا بل أحياء عند ربّهم يرزقون.» وأمّا قولكم 'قلوبنا كالجبال، وعددنا كالرمال،' القَصّاب لا يبالي من كثرة الغنم، «وكم من فئةٍ قليلةٍ غلبت فئةً كثيرةً بإذن الله، والله مع الصابرين،» إن عشنا عشنا سعداء، وان متنا متنا شهداء ألا «إن حزب الله هم الغالبون،» «ولقد جئتم شئيًا،[923] تكاد السموات يتفطرن[924] منه وتنشقّ الارض وتخرّ الجبال[925].» وهذا جوابكم والسلام، والحمد لله ربّ العالمين.

153b ثمّ ختمه وبعثه مع الذي جاء بالكتاب، فلّما وصل إلى تمرلنك هذا الكتاب، انفتح للشرّ أبواب، وأظهر المكر والدّها، حتّى فتح الرُّها، وأخذ أموالها، وسبى حريمها، وأشعل جمرة الخامد، حتّى ملك رأس العين وآمد، وأخذ مدينة ماردين، وخرجوا أهلها شاردين، وفعل في بلاد العراق، ما تفعله النار في الحراق، ويخشى تمرلنك اللعين[926] أن يدخل بلاد الشام، أو ينال منها

---

[921] MS غظبه.

[922] So in MS for القائلون ,المؤمنون.

[923] The word ادّا is omitted from the Koranic citation in MS.

[924] MS ىنفطرن.

[925] MS omits هدّا here.

[926] MS ويخشا تمرلنك العين, possibly تخسى intended. The translation is based on the emendation given here.

ما قصد ورام، ولو دخلها أهلكه الله تعالى، فانّها مقرّ الانبياء ومدينة الأولياء، ما قصدها جبّار الّا قصمه الله تعالى. وتصديق هذا أن سالم كان عاملاً عليها من جهة المتوكّل على الله وكان ظالماً، فوثبوا عليه أهل دمشق وقتلوه، فلمّا بلغ ذلك المتوكّل قال، «مَن للشام يكون مثل الحجّاج في ظلمه؟» فقيل له، «أفريدون التركي.» فولّاه أمر دمشق، وأباح له القتل فيها يومًا إلى ارتفاع الشمس، فخرج اليها في سبعة الاف فارس، واباح له نهبها فجاء ونزل بقرية بيت لهيا، ولمّا اصبح قال، «يا دمشق، يا ما تحلّ بكي مني اليوم!»
154a وأضمر لها كلّ شرّ، ثمّ إنّه دعا ببغلة له دهماء حتّى * يركبها، فلمّا وضع رجله في الركاب ضربته بالزوج علىً فؤاده فسقط ميّتًا، لا رحمه الله، وقبره معروف في بيت لهيا، ورجع من كان معه إلى العراق خائبين. فهذا تصديق الحديث وهذا عجيب.

[فضائل دمشق والشام]

وفي الحديث عن ابن عباس رضي الله عنه، أن رجلا جاءَ الى النبيّ، صلّى الله عليه وسلّم، فقال، «إني أريد أن اغزو،»[927] فقال، «عليك بالشام فانّ الله تعالى تكفّل لي بالشام وأهلها.»

وعن خريم[928] بن فاتك الأسدي، أنّه سمع رسول الله صلّى الله، عليه وسلّم، يقول، «أهل الشام سوط الله في أرضه، ينتقم بهم ممن يشاء.»

فاذا كانت هذه مناقبها وفضائلها، وقد وردت فيها هذه الأحاديث وغيرها عن النبيّ، صلّى الله عليه وسلّم، وقد ذكرها الله تعالى في كتابه العزيز في قوله «سبحان الذي أسرى بعبده[929] ليلاً من المسجد الحرام الى المسجد الاقصى الذي باركنا حوله.» وقد صحّ عند العلماءِ أنّ الشام من الأرض المقدّسة وقال فرات القزّاز[930] «سمعت الحسن يقول في قوله تعالى «مشارق
154b الأرض ومغاربها التي * باركنا فيها» قال 'هي مشارق الشام ومغاربها.'»

وروى مالك[931] عن زيد بن أسلم[932] «التي باركنا فيها» قال 'هي قرى الشام.'» وكذلك قال سفيان والسدّي وغيرهم.

وعن ابي أمامة أن النبيّ، صلّى الله عليه وسلّم، تلا هذه الآية «وآويناهما

---

927 MS اغزوا.
928 MS حريم.
929 MS نعبده.
930 MS القزان.
931 MS ملك.
932 MS اسلم.

الى ربوة ذات قرارٍ ومعين» قال، «هل تدرون أين هي؟» قالوا، «الله ورسوله أعلم.» قال «هي بالشام بارض يقال لها الغوطة بمدينة دمشق، وهي خير[933] مدائن الشام.» وكذلك روى عكرمة عن ابن عباسٍ قال، «هي دمشق» وعن ابي هريرة، رضي الله عنه، قال، «لا تسبوا أهل الشام فانّهم جند الله المقدّم.»

وفضائل دمشق كثيرة، ومناقبها جليلة، ولو دخل تمرلنك إلى دمشق في هذا الزمان، كان أهلكه الله تعالى كما أهلك من قبله قازان، لكنّه كما قال فيه بعضهم موّاليّا:

قَتَلْ تَمرلَنك أهلَ العِلم فِي الأسفَارْ
وَزَادَ بَغيُه وحَقِّ الوَاحِدِ الغفَّارْ
أتَى باقوامٍ أكثرهُم مِنَ الكُفَّارْ
مَا * ظَن ذَا الكَلْب دمه قَط إلا فَارْ[934] 155a

أو كما قال الشيخ شهاب الدين الحريري شعرًا:[935]

مَاصَدَّقَ النَّاسُ حتَّى أُخمِدَت فِتَنٌ
في الحَربِ مَا بَينَ بَرْقُوقٍ وَمِنطَاشِ
ظَهَرْ تَمِرلنك في جَيْشٍ كَثِير غدَوَ
مُجَمَّعِينَ مِنَ الأطْرَافِ أوْبَاشِي

او كما قال مؤلّفه، عفا الله تعالى عنه، موّاليا:

قَتَل تَمِرلنكْ فِي بَغدَاد لِلاْ شرَافْ
وزَادَ بَغيُه وَأسْرَف غَايَة الإسرَافْ
وَقَد قَصَدْ أخذ مُلك الشّام وَالأعرَافْ
بِحَاشِيَةٍ مِن بِلاَدِه كُلُّهُم أطرَافْ

[رحلة برقوق الى الشام]

وقد ذكرنا هذا الفصل على وجه الاختصار كيلا يطول الكلام. ثمّ نعود الى كلامنا. ثمّ إنّ السلطان الملك الظاهر برتوق فرّق على مماليكه الخيول

---

[933] MS خيز.

[934] For a discussion of this line see note 1218 to the Translation.

[935] Meter البسيط.

والسلاح، وأعلم الأمراء أنّهم يتهيّؤا للرواح، وركب السلطان في جيوشه وأعوانه، والخليفة امير * ألمومنين أمامه، وسار في الجيوش والجحافل، 155b
والصوارم والعوامل، والبركستوانات[936] السوابل، والصوارم والرماح، والجنائب والسلاح، والخوذ والزرديات، والقراقل المثمنات، والترك قد تنوعوا في الملابس، كأنّهم أسودٌ عوابس، قد ركبوا السوابق العربية، وأخلصوا الى الله تعالى النّية، وذوائب العصائب تخفق، ولسان النصر ينطق، وجيوش قد سدّت القفار، كأنّهم شعلة نار، تُكاثِرُ النجوم بعددها، وتبهر العيون بحسن ملابسها.

وسار مولانا السلطان، أوحد ملوك الزمان، بعسكره المنصور، وسعيه المشكور. وطلع في ركابه الشريف السلطان أحمد مسرور، وأيقن أنه على عدوّه تمرلنك منصور، وقصد السلطان بلاد الشام، وطَيْرُ عزِّه فوق رأسه قد حام، والأكوام تبتهج لمسيره، وتشكر حسن ثنائه وتأثيره، وانسرّت لقدومه الأكوان، وتمايلت فرحًا به الأغصان، وكاد أن يسعى الى تقبيل الأرض بين يديه القصر والميدان، وغنّت الأطيار، وصفقت الأنهار، وتضوّع عرف
156a الأزهار، وانتشرت البشرى *[937] في الاقطار، وتزخرفت القلعة وانجلت، وأعرضت في أحسن حلةٍ وتبدّت، وأظهرت سلطان[938] منعتها، وأبدت للعيون حسن زينتها، وافتخرت على القلاع والثغور، وابتهجت حتّى لاح على وجه أسوارها السرور، وتلقته الرعايا مبتهلين، وبجوده وإحسانه شاكرين، ووصلت أخبار السلطان أنّه في الغور، وطلع نائب الشام وعساكر الشام فور بعد فور، وطالعوا الفواكه والحلاوات إليه، وقبّلوا الارض بين يديه.

ودخل السلطان الى دمشق على عادة[939] الملوك، وعدوّه بغبنه مضنوك، وكان دخوله يوم الإثنين،[940] حادي عشرين جمادى الأولى من السنة المذكورة، ودخلت الأمراء قدّامه، والسلطان أحمد بن أويس أمامه، وقد بسطوا له الشقق الحرير تحت حوافر جواده، والشموع توقد[940a] حوله وقدّامه، وأيتمش حامل القبّة والطير على راسه، والبشائر تدقّ والمغاني، والناس ترقص فرحًا من التهاني، ودخل الى القلعة في أشرف ساعةٍ، وأحسن طلعة، وجلس على سرير ملكه، وقد انتظمت عقود سلكه.

---

936 MS البركصطوانات.

937 البشرى repeated in MS.

938 For للسلطان ?

939 MS عادت.

940 MS الاننين.

940a MS تقد.

156b ولمّا جلس على سرير الملك وأظهر سطوته[941] الشديدة* امتدحه شمس الدين الزرخونيّ بهذه القصيدة وهي[942]:

[94b] دَعْ مَدحَ غَانيَةٍ تُسْبِيكَ بِالشَّعْرِ
وَامدَحْ مَلِيكَ الوَرَى بَرقُوق بالشِّعْرِ

[95a] المَالِكُ* الظَّاهِرُ المَشْكُورُ سِيرَتُهُ
أَبُو سَعِيدٍ ٱلَّذِي قَدْ خُصَّ بِالنَّصْرِ

زَين المُلُوكِ وَعَين ٱلملكِ أَفرَسُ مَن
صَادَ العُدَاةَ بِرَأيِ الرُّمحِ فِي القِفَرِ

أَلحُكْمُ بِالحِلْمِ والاحسَانِ شِيمَتُهُ
والجِدِ وَالجُودُ وَالإنعَامِ بِالبِرِّي

سَلْ شَقْحبًا عَن حُرُوبٍ كَانَ وَاقِدُهَا
شَرَارُهَا الشَّر إذْ تَرْمِيه كَالقَصْرِ

وَابنُ بَاكِيشَ سَلْهُ عَن وَقَائِعِهِ
وَسَلْ لمِنطَاشَ ذَاكَ ٱلمُدْبِرِ العَفْرِ

وَسَلْ جُيُوشَ دِمَشْقَ الكُلَّ أَهزَمَهُمْ
وَرَدَّ حبراً لَهُمْ بِالسَّيفِ فِي كَسْرِ

وَشَكَّ مِنْ غَيْرِ شَكٍ قَلْبَ عَسْكَرِهِمْ
نَعم وَقصَّ الجنَاحَين الّذِي تَسْرِي

كَذاكَ جِبْرِيلُ لمَا جَاءَ يَطلُبُهُ
أتَاهُ عِزْرِيلُ أفنَاهُ عَلَى الأَثرِ

---

941 Here (fol. 156a) another hand has added the following lines in the margin perhaps from another copy of the same work: في قلعته المنيعه دقت البشاير فصفقت من دمشق انهارها السبعه، واصبحت جبهتها (MS حبهتها) مباركة الطلعه، واتسق زهر ربوتها، وتالف ورقص غصن بانها، وتقصّف واخذت (MS واخدت) الاسواق فى الزينه، وابرزت من جواهرها اقفاص مسموعها [مجموعها ?] كلّ درةٍ ثمينه، فخرجت الناس لرويتها يهرعون واقامو من الفرح سبع ليالى قليلاً من الليل ما يهجعون ولمّا جلس واظهر صطوته الشديده . . .

942 Meter البسيط. For the transfer of this *qaṣīda* from fol. 94b and of the *qaṣīda* originally here to that page, see note 573 above.

[95b] مُحمدٌ* شَاه فِيهِ صَيَّرَهُ
مِن حُسْنِ سيرَتِهِ في الكَرِّ وَاليسْرِ
يَقِدُ بِالقُضبِ مَنظُومَ الدُّرُوعِ كَما
قَهرًا يَردُ بِهِ الهَامَاتِ في نَثْرِ
لَيثُ المعَامِعِ عَبسِيٌّ لِعَبستِهِ
تَضَاحكَ البِيض بَلْ تبكِينَ بِالحُمْرِ
قِيلٌ اِذَا جَالَ كَانَ النَّصْر يَخْدُمُهُ
غَيثٌ اِذَا جَادَ عَمَّ القُطْر بِالقَطْرِ
يُمنَاهُ بِالعينِ لاَ نَهرٍ وَلاَ سَاءَمٍ
كَالسَّيْلِ مِن بِرِّهِ نَابت عَن البَحرِ
وَحِينَ نَالَ الوَفَا مِن نَيْلِ خَالِقِه
وَأَكسَرَ النَاصِري الأَصْلَ في الشَرِ
وَجَاءَ مِنطَاشُ فِي ذُلٍ وَفي نَكَدِ
مَقطُوعَةً رَاسَهُ بِالذُلِ وَالنَحْرِ
كَم مِن عَرَائِس[943] مُدْنٍ مرَّ خَاطِبُهَا
مِن غَيْرِ مَهرٍ لَهَا لكن عَلى مُهْرِ
كُلُ المُلوك أَتتْ اَبوابَ قَلعَتِهِ
يَسْتَنجِدُونَ بِهِ في مُعظمِ الأَمْرِ
أَتَى لَهُ اَحمَدُ السُّلْطَان مُنهزِمًا
فِي بَعضِ جُنْدٍ لَهُ يَشكُو مِنَ القَهْرِ
[96a] أَعَانَهُ* ثُم بِالفُرْسَانِ أَنجَدَهُ
وَقَالَ طِبْ سَوْفَ يَأْتِي الله بِاليُسْرِ
وَأَعْرَضَ التركَ فِي البَرْكِ الّذِي دَخَرُوا
مِنَ السلاَحِ وَجِيد الخَيلِ مِن دَهْرِ

---

943 MS عَرَايِس.

فَأَقبَلُوا مِثْلَ عَادَاتٍ لَهُمْ أَبَداً
عَلَى خُيُولٍ تَفُوقُ البَرق إذ تَجْرِي

عَلَيْهِمُ[944] كُلُّ دِرعٍ كَالدرّاعِ قَباً
مِنَ الحَدِيدِ عَلَيه أحرَف النَّصْرِ

مُسَرْبَلِينَ بِقُمْصَانٍ لَهُمْ زَرَدٌ
مِن نَسْجِ دَاوُدِ زُهر مِن عَلَى زَهْرِ

وَرَكَّبُوا البِيْضَ في هَامَاتِهِمْ حَذراً
وَأمسَكُوا البِيضَ لَمَّا سَرَّحُوا السُّمْرِ

وَكُلّ تُركِي يُحَاكِي الشَّمسَ إذ بَزَغَتْ
لَمعًا وَفِي الدُّورِ تَحكي دَارَةَ[945] البَدْرِ

وَكَم دَبَابِيس مُلْوُ العَينِ تُصْبِحهُم
وَكَم حِرَابٍ خَرَابَ العُمرِ إذْ تَسْرِي

وَافَوا صُفُوفًا وَرَبّ العَرشِ يَحْرُسُهُم[945a] [96b]
مِنَ التَغَابُنِ بَيْنَ النَّاسِ لِلحَشْرِ

وَعَايَنَتْ أَهْلُ بَغدَادٍ وَمَالِكُهُم
ملكًا فَلا يَنْبَغِي للعَينِ فِي العُمرِ

وَقَالَ قَائِلُهُمْ يَا جَبرَ كَسَرْتِنَا
وَالأَخذَ بِالثّار بِالبَتّارِ فِي الإثْرِ

ثُمَّ اطمأنتْ نُفُوسُ القَومِ حِينَ رَأَوْا
مَسِيرَ عَسْكَرِهِ لِلشَّامِ مِنْ مِصْرِ

هٰذَا هُوَ الملكُ المَندُوب أشْجَعُ مَنْ
جَرَّ الرِّمَاحَ لِطَعْنِ الظَّهْرِ والصَّدْرِ

يَا رَبِّ أنْصُرْهُ[946] وَأبصِرهُ بِعَينِ رِضًا
وَغِثْهُ عِنْدَ وُقُوعِ العُسْرِ بِاليُسْرِ

[944] Necessary for meter. MS عَلَيْهِمْ.

[945] MS دَارَتَ.

[945a] MS يَحرُسُهم.

[946] MS أَنصُرْهُ.

157a ثمّ * دخل بعد دخوله الى القلعة الخيول والأطلاب، حتّى أذهلت[947] الألباب،
وتفرّقوا في المدينة برّاها وجوّاها، في البيوت والقاعات، والأساطبل والخانات،
ونزل السلطان أحمد في القصر والميدان، وضيّقوا المصرين[948] على أهل دمشق في
مساكنهم، وتسلّطوا عليهم بالأذى وأخذ اشيائهم[949]، وإن تكلّموا نهروهم،
وبقت[950] الناس معهم في ضيقة والسلام. وأهل دمشق عندهم مناحيس
مناطشة[951]، وأهل مصر يبغضوا أهل دمشق من قبل هذه الواقعة، ويحبّوا
157b الحلبيين[952]، وما ذاك الّا حسد وغيرة بحسن * مدينتهم ولطافتهم، وحسنِ
ملابسهم وما يتعانوه من الصنائع الملاح، فإنّ على أهل دمشق تروح الارواح.

[مدح دمشق]

وقد قال بعضهم، «عجبت لمن يجمع في دمشق مال، فإن دمشق معشوقة، والمعشوق يأخذ ما يعطي،» وهذا عجيب. والحلبيين[953] أيضًا يكرهوا أهل دمسق. وسبب ذلك وحَسَدهم لأن حلب ومصر أطراف، والشام واسطة العقد، كما قال بعضهم شعرًا:[954]

لَهَا مَعَانٍ بِالعُقُولِ تَلْعَبْ مَن رَامَ يَحْكِيهَا فَذَاكَ أَشْعَبْ

وأمّا الشعراء الذين وصفوا دمشق ومحاسنها، فذلك شيء لا ينحصر من المتقدّمين والمتأخّرين، فمنهم حسّان بن ثابت الأنصاري، رضي الله عنه، فإنّه قد مدحها بقصيدته التي منها حيث يقول[955]:

لِلّهِ دَرُّ عِصَابَةٍ نَادَمْتُهُم يَومًا بِجِلّقٍ في الزَّمَانِ الأوَّل
يَغْشُونَ حَتّىَ ما تَهِرُّ كلابُهُم ولا يسألون[956] عن السَّوَاد المقبِلِ

ومدحها من المتأخّرين الشيخ زين الدين ابن الوردي يقول شعرًا:[957]

158a دِمَشق * قُل ما شِئتَ في وَصْفِهَا واحْكِي عَنِ الرَّبْوَةِ ما تَحْكِي

---

[947] So in body of text. أدهلت in margin by another hand.
[948] So in MS for المصريون.
[949] MS اشياتهم.
[950] So in MS for بقيت.
[951] From ... واهل to منطاشة is repeated in MS, the first time with نحسين instead of مناحيس.
[952] MS الحلبين.
[953] So in MS for الحلبيون.
[954] Meter الرجز.
[955] Meter الكامل.
[956] MS يسئلون.
[957] Meter السريع.

فَالطَّيْرُ قَدْ غَنَّى عَلَى عُودِهَا   في الرَّوضِ بَيْنَ الدُّفِ والجَنْكِي [958]

وقال ابن لؤلؤ الذهبي يصفها حيث يقول: [959]

أرَأيتَ وَادِي النَّيرَبَينِ فَمَاءُهُ   يُبْدِي لِنَاظِرِكَ العَجِيبَ الأعجَبا
يَتَكَسَّرُ الماء الزلال على الحَصَى   فإذا غَدَا بَيْنَ الرِيَاضِ تَشَعَّبَا

وقال بعضهم وأجاد حيث يقول: [960]

رَعَا اللهُ وَادِي رَبْوَةِ الدَّهرِ [961] إنَّهُ   بِمَشْرَقَةِ الأقمارِ تَبدُو وتَطلَعُوا
فَلَوْلم يَكُن وَادِي دِمشَق مُقَدّسٌ   لَمَا كَانَ مَن يَأتِيه نَعلَيهِ يَخلَعُ

وقد قال صدر الدين ابن الوكيل يصفها: [962]

وَمَنَازِلٍ بالنيربَينِ عَهِدْتُهَا   تُهدِي إليكَ الرُّوحَ والرَّيحَانُ
يَا مَن يَقِيسُ بِهَا مَنَازِلَ غَيرِهَا   هَا دُونَكَ الشَقْراءُ والمَيدَانُ

وقد قال أيضا فيها جمال الدين بن نباته: [963]

لِلَّهِ يومًا لي [964] بِوَادِي جِلّقٍ   وتَنَزُّهِي مَعَ ذَا [965] الغَزَالِ الحَالِي
مِنْ أوّلِ الجَبْهَةِ قَبَّلتُه [966]   مُرْتَشِفًا لآخر [967] الخَلخَالِ [968]

158b وقد مدحها ابن المعمار المصري وهذا يكفاها افتخار. وقد* ذكرناه في هذا
الكتاب في غير هذا الموضع، وقال مؤلفه مواليًّا، عفا الله تعالى عنه:

---

958 In the top margin the following poem is written in another hand: فى الربوه

بربوت (!) الحسن لا بامنيتى وقرّ قلبى وهي دار القرار
وطيرها المنشد على بانها غنا على جنك وعود وطار

Compare this with the following verses ascribed to al-Šaraf al-Qawwās in *Nuzhat*, 88:

بربوه الشام رجت منيتى   وقر قلبي وهي دار القرار
وطيرها المطرب فى جنكه   غنى نای [على بان for ?] وعود وطار.

959 Meter الكامل.

960 Meter الطويل.

961 So in MS, here read as الدهرَ.

962 Meter الكامل.

963 Meter الرجز with second hemistich of each verse rhyming.

964 Cf. Ibn Nubāta, *Dīwān*, 419, يا حبذا يومي.

965 Cf. *ibid.* وفرجتى مع, but *Nuzhat*, 76, has وتزهتي مع.

966 Meter defective. Ibn Nubāta, *op. cit.*, has قد قبلته, but *Nuzhat*, *op. cit.*, has same as MS.

967 MS لآخر but see Ibn Nubāta and *Nuzhat*.

968 MS الخيلْخَالِي.

لِلكْ يَا دِمشَق شَرَفْ عَالِي وَشَهْر الصَّوْم
ونَيْرَبَين وَرَبْوه عَالِيه فيَ السَّوْم
وَحُسن جَبْهِه وَلِك خَلْخَال يَسْبِي دَوْم
وَتَحت قَلْعَه وجامِع كَم جَمَع مِنْ قَوْم

ومدحها خلق كثير ، وقد ذكرنا أحسنه خوفًا أن يطول الكلام وكتابنا مختصر ، وفي هذا كفاية والسلام.

[مكث السلطان في دمشق]

ثمّ نعود الى كلامنا. ولمّا استقرّ السلطان الملك الظاهر في القلعة المحروسة بعد يومين ، رسم أن يسيروا الخيول الذي[969] ليس لهم بها حاجة الى المرج ، وكذلك الجمال إلى الغور ، وأنّه مقيم في دمشق حتّى يكشف أخبار تمرلنك قبحه الله تعالى ، وقد أرسل القصّاد في كشف الاخبار.

وفي يوم الجمعة نزل السلطان من القلعة والامراء في خدمته وصلّى في
الجامع الأموي ، وأشعلوا له الشموع وصلّى في المقصورة وردّ الى القلعة
وبقي كلّ وقت يركب* وينزل ، يسير إلى ظاهر المدينة وتركب الأمراء في 159a
خدمته ، والسلطان أحمد معهم يركب في خدمته ويستجير به ، ولمن صحّ هذا
من الملوك المتقدّمة؟ وبقت أهل دمشق يتفرّجوا على ركوب السلطان ونزوله
ويدعوا له ويفرحوا به.

ثمّ استهلّ شهر جمادى الآخرة[970]. وفي عاشر الشهر خلع السلطان على قاضي القضاة الباعوني باستمراره ، وجاءت نوّاب البلاد الى مولانا السلطان يقبّلوا أياديه الكريمة. ولمّا وصل جلبان نائب حلب الى دمشق وطلع اليه وقبّل الأرض بين يديه ، وأنشد لسان حاله يقول[971] شعرًا:[972]

قَدْ زَادَ شَوْقي وحَقّ الله يا سَنَدِي
إلى مُحيَّاك يا سَمعِي وَيَا بَصَرِي
وكُلُّ يَوْمٍ مَضَى إن لَمْ أرَاكَ بِهِ
فلَسْتُ أحسُبُ ذَاكَ اليَوْمَ من عُمْرِي

---

[969] So in MS for التى.
[970] MS جمدي الآخر.
[971] MS بقول.
[972] Meter البسيط.

فترحّب بـه وزَاد إكرامـه، وخلع عليه وزاد إنعامه، وردّه الى بلده وأوعده
بكلّ خير، فرُدّ إلى حلب سريعاً[973] وقد جدّ في السير، وتواترت * الأخبار 159b
في دمشق أن تمرلنك أخذ ماردين، فخاف في دمشق الغني والمسكين، فنسأل
الله أن يردّ العاقبه الى خيرٍ يا ربّ العالمين!

ثمّ استهلّ شهر رجب. وفي هذا الشهر حضر سالم الدوكاري أمير التركمان، وجاب معه التقادم والهدايا، وطلع إلى بين يدي السلطان، وقبّل الأرض بين يديه، وقدم التقادم فخلع عليه السلطان بنيابة جعبر، فإنّها على جانب الفرات[974]، ورُدّ الى نيابته.

وفي هذا الشهر دار المحمل على عادته وأقلّ من عادته، وقالوا الناس إنّه يدور مليح حتّى يتفرّج عليه السلطان، واحتفلت لفرجته الناس، وطلع خلاف ما قاسوا عليه، وبقيت الناس متعجّبين، فانّ الناس ما كانوا منشرحين من جهة تمرلنك وأخباره.

وفي هذا الشهر عزل قاضي القضاة الباعوني وتولّى عوضه قاضي القضاة علاء
الدين ابن ابي البقاء، فإنّه أهلها كما كان أخوه ولي الدين قاضي قضاة الشام،
فإنّه من اكابر الناس، ويعرف أهل دمشق وأحوالهم، وطيّ الجنبة، كرم الكف،
سمح النفس، يعطي الفقير، ويجبر الكسير، ويحبّ الفقراء، ويجيز الشعراء،
ماله في الكرم نظير *، كما قال فيه لسان التقصير، وأجاد حيث يقول شعرًا:[975] 160a

يَا وَاحِدَ النَّاسِ الَّذِي أَضْحَى وَلَيْسَ لَهُ نَظِيرُ
لَوْ كَانَ مِثْلُكَ فِي الوَرَى مَا كَانَ فِي الدُّنْيَا فَقِيرُ

وفي هذا الشهر تولّى والي الولاة أرغون مملوك السلطان، وطلع الى البلاد القبليّة وأخربها في آخر ولايته، فإنّه كان ظالم.

[عودة السلطان أحمد الى بغداد]

ثمّ استهلّ شهر شعبان من السنة المذكورة. وفي هذا الشهر وصلت الأخبار إلى مولانا السلطان؛ أنّ تمرلنك المذموم خرج من بلاد بغداد إلى بلاد الروم إلى مدينة يقال لها أَرْزِنكَانْ،[976] وخلّى في بغداد واحد من جهته، وأرسلوا أصحاب السلطان أحمد بن أويس يقولوا له، «انّك تقوم تجيء فانّه قد اجتمع على

[973] MS ستريعاً.
[974] MS الفراء.
[975] Meter الكامل مرفّل.
[976] Vocalized in MS.

الفرات[977] من جماعتك خلق كثير ينتظرونك، حتى يدخلوا معك الى بغداد. ونـاخذهـا من نائب تمرلنك،» فعند ذلك رسم السلطـان الملك الظـاهر برقوق للسلطـان أحمد بالمسير إلى بلاده وأرسل معه شنتمر الخاصكي أمير طبلخانـة،
160b وأعطاه * السلطان خيل، وقماش، وعـدد، وسلاح، وخلع عليـه خلعةً هائلة، وودعه وطلعت الأمراء معه ودّعوه، ونزل على سطح برزة. وكان يوم السبت ثالث عشرين الشهر ونـادى السلطـان في الشام على الأعـاجم، «ايّ مـن تخلّف في دمشق عن المسير مع السلطـان أحمد راحت روحـه بلا معاودة.» وقـال لـه السلطان برقوق، «ايش مـا جرى لكَ في الطريق إبعث عرفني فاني في دمشق قاعـد حتّى تعبر الى مدينتك بغداد، وتجلس على سرير ملكك ولا تدخل إلى جلب، وروح[978] على البريّـة على القريتين إلى الرحبـة.» فعند ذلك ركب السلطـان أحمد ومن معـه على برزة يوم الإثنين طالب بلاده.

ثمّ استهلّ شهر رمضان المعظّم يوم الثلاثاء. وأمّا مماليك السلطان فانّـها طال عليهم المقام في دمشق، وفرغت نفقاتهم. وأكثرهم في سكر، وقحاب، وغير ذلك، فمنهم من بـاع خيله، ومنهم من بـاع قماشه، وانكشفت أحوالهم، وجرى لهم كما قـال المثل، «عديم ووقـع في سلّة تين» وتهتّكوا في دمشق غـايـة التهتّـك
161a وقد قال * الصادق المصدوق «اذا لم تستحي[979] فاصنع ما شئت.» واكثرهم تغيّر عليه المـاء والهواء، فضعف منهم خلق كثير، ومـات منهم جماعـة، وحصل للناس ضرر كثير من مماليك السلطـان وغيرهم، فإنّـهم بقوا يطلعوا إلى بساتين النـاس وإلى البلاد القريبـة الذي[980] في الغوطة، ويأخذوا التبن والشعير، وأيّ من تكلّم قتلـوه، اللّهمّ فـرج عن المسلمين!

وفي سابع عشرين الشهر توفّي مشدّ شربخانة السلطان وكان أمير مائة، مقدّم ألـف، وخرج[981] لـه جنازة كبيرة، وفقد من مماليك السلطـان نـاس كثير، وبلعتهم دمشق، والسلطـان الملك الظـاهر في القلعـة المحروسة في أكل وشرب، وهدايا وتقـادم وانشراح، والعدوّ المخدول قـد راح صوب بلاد الروم، واطمأنت قلوب النـاس، وطـابت قلوبهم، وبـاعت الناس واشتروا على المصريين[982] ولطف الله تعالى بعباده.

---

[977] MS الفراه.

[978] So in MS for وَرُحْ.

[979] Cf. Wensinck, *Concordance,* I, 540.—MS تستح.

[980] So in MS for التي.

[981] So in MS for وخرجت.

[982] MS المصر بين.

ثمّ استهلّ شهر شوّال من السنة المذكورة، وصلّى السلطان صلاة العيد في الميدان الصغير، وفرحت الناس ودقّت البشائر والناس يتفرّجوا على السلطان، وردّ الى القلعة والجيش كلّهم ماشين قدّامه*، وطلع من باب السرّ، فسبحان مالك الملوك لا اله الا هو. 161b

وفي عاشر الشهر فرّق السلطان الجمال على المماليك للسفر.

وفي ثاني عشر خلع السلطان[983] على الهيذ باني[984] بنيابة القلعة ورسم السلطان أن يبرزوا الخام إلى برزة، فنصب خام السلطان في برزة، وخرج السلطان بجيوشه المنصورة من دمشق، ونزل على برزة،[985] وطلعت خلفه الأطلاب تنجرّ خلف بعضها بعض. ورحل السلطان من على برزة طالب بلاد حلب.

وفي يوم الخميس خرج المحمل من دمشق وأمير الركب اخو الزنبكي التركماني، وكان ركب قليل. وخلّى السلطان في دمشق نائب الشام تنبك الظاهري لم يأخذه معه الى حلب.

وفي عشرين الشهر توفّي كاتب السرّ ابن فضل الله، ولمّا وصل السلطان الى حلب فرحت به أهل حلب، وأشعلوا له الشموع، وكان لدخوله يومًا مشهودًا.[986] ونزل في قلعة حلب وأحسن الى نائبها[987]، وأنشد لسان حاله بين يديه شعرًا:[988]

يَا مَلِكًا قَدْ فَاقَ فِي السَّعْدِ مَجدُهُ[989]
فَمحلُّه فَوقَ السُهَا والفَرقَدِ

أفنَيتَ* مَن عَادَاكَ فِي يومِ الوَغا وَالخَيلُ تَعثُرُ فِي الوَشِيجِ[990] الامدِ 162a
مَلِكٌ تَفَرَّدَ بالشجَاعَةِ والسخَا فلِذاكَ ما يُولِيهِ غَيرَ مُنكَّدِ
الظَّاهِرِ المنصُور دَامَ مُؤيدًا يَفنِي العِدَى بمُثقَّفٍ ومُهَنَّدِ

واقام السلطان في حلب حتّى كشف أحوال تلك البلاد والقلاع والحصون وعمل مصالحهم، ووصل إليه خبر السلطان أحمد بن أويس صاحب بغداد أنّه دخل الى بغداد، وجلس على سرير ملكه على عادته وأنّ الذي كان فيها من

---

[983] MS السلطاني.
[984] MS الهيدباني.
[985] MS برزه.
[986] MS يوماً مشهود.
[987] In margin by another hand.
[988] Meter الكامل.
[989] Does not fit meter. Perhaps read يَا مَلِكُ قَدْ فَاقَ سَعْدًا مَجْدُهُ.
[990] MS الوشيح.

جهة تمرلنك خرج منها، ورُدّت أهل بغداد إليها، وطابت قلوب أهلها، وفرح السلطان بدخول السلطان أحمد الى بغداد، لكون أنّه قام معه، لكنّه ما يفلح فانّه مؤذي[991] ظالم، قليل الدين، وما هذه شيمة الملوك، ولا يعتبر بما جرى عليه، ولا يحمد الله تعالى على رجوع الملك اليه.

وقد ذكرلي إنسان من بغداد جاء إلى دمشق، أنّ السلطان أحمد لمّا دخل الى بغداد ظلم أهلها، وأخذ اموالهم، وفعل معهم كلّ قبيح، والنحس ما يجيء منه جيّد، حتّى ذكروا أن الذي كان فيها من جهة تمرلنك أنّه* 162b
أجود منه كان في حقّ أهل بغداد، وبقوا يتأسّفُوا عليه.

وذكر إن إنسان كبير وجد[992] مصحف للسلطان أحمد من الذي[992] نهبت له في ايّام تمرلنك، فأراد الرجل يعمل حشمة وردّ المصحف إليه، فلمّا أبصره قال للرجل: «وأين الكتب التي كانت مع المصحف؟» قال، «هذا وجدته مع بعض الناس وفيه اسم السلطان احمد فشريته وجبته[993] إليك تقربنًا لخاطرك،» قال له: «ما أعرف ما تقول، أريد الكتب الذي[992] كانت معه كلّهم[994] وإلّا قتلتك.» فطلع الرجل حائر وقد وقع في يد هذا الظالم ولم يُسَيِّبُهُ حتّى أخذ منه خمسين ألف درهم. فإنّه كان من كبار الناس فبهذا سادت الملوك ولم يعود أحد يردّ عليه شيء، وهذا من نحس تدبيره.

ثمّ استهلّ شهر القعدة. وفي يوم السبت سافر نائب الشام بعساكر دمشق إلى البلاد القبلية من شان العرب، فإنّهم بقوا يؤذوا الناس، ويشعثوا في البلاد على الفلاحين وغيرهم. فلمّا طلع النائب راحت العرب، وحصل للناس خيركثير بطلوعه، وقعد* برّا حتّى شالت الناس مغلّاتهم، ورُدّ الى المدينة. ودخلت 163a
العساكر وأشعلوا له الشمع على عادة[995] النوّاب.

وأمّا السلطان، فإنّه في حلب مقيم، أقام بها شهر القعدة والحجّة، ونوّاب القلاع تبعث إليه الهدايا والتقادم، وغيرها. ولم يصل أحد من الملوك الذي للترك إلى حلب، غير الملك الظاهر بيبرس — رحمه الله تعالى — وطلع من حلب وقطع الفرات[996] إلى التتار، وهلك من الجيش كثير في الفرات[996]، فإنّها كانت زائدة، وقطع السلطان الفرات[996] فما أمكن أحدًا يتخلّف، وأرموا الناس خلفه

---

[991] So in MS for مُؤْذٍ.
[992] So in MS for التي.
[993] MS وجبته.
[994] So in MS for كلّها.
[995] MS عادت.
[996] MS الفراه.

أنفسهم فهلك من هلك ونجا من نجا. ولم يكن ذلك رأيًا مباركًا وندم على ذلك، لكنّه كسر التتار قاطع الفرات[996]، وما خاب مقصده ولله الحمد.

والظاهر برقوق وصل إلى حلب ولو كان على الفرات[996] العدوّ كان فعل كما فعل الظاهر بيبرس، فإنّ همّته عالية — أدام الله تعالى ايّامه — ولم يسمّى أحد من الترك الظاهر غير بيبرس وبرقوق. ولا وصل أحد من الملوك إلى حلب غيرهم، 163b وهذا اتّفاق عجيب. وردّ السلطان من حلب بعساكره في خير وسلامة ولله* الحمد.

[سنة ٧٩٧/٩٥ — ١٣٩٤ —— عودة برقوق الى القاهرة]

ثمّ استهلّت سنة سبع وتسعين وسبعمائة وتواترت الأخبار بمجيء السلطان من حلب إلى الشام، وطلعت الناس اليه بالحلاوات والفواكه، وطلع نائب الشام يلتقي السلطان وعسكر الشام.

وفي ثالث عشر شهر المحرّم دخل السلطان إلى دمشق من حلب، وأشعلوا له الشموع ودقّت البشائر وفرحت الناس، ودخل الى القلعة وجلس على سرير ملكه، ولمّا جلس على سرير ملكه وطابت له الأوقات، فقام بعض الحاضرين وأنشده هذه الابيات:[997]

غَدَا سُلْطَانُنَا مَلِكُ البَرَايَا	رَعَاهُ اللهُ يَعدِلُ في الرَّعَايَا
فيَا مَلِكٌ لَهُ في الحُكْمِ رَايٌ	بِهِ يَقْضِي اذا اشْتَبَهَتْ قَضَايَا
لئِن أَمْسَيتَ[998] عارٍ[999] من عُيُوبٍ	فَقَد كُسِيَتْ بِنَا تِلكَ العَرَايَا
وإن صَلّتْ سُيُوفُكَ في الآعادِي	رأت تِلكَ الصلَاة من الخَطَايَا
وَوَجْهُكَ حَازَ كُلّ الحُسْنِ طُرًّا	فَهَلْ خَلّفْتَ خَلفكَ من بَقَايَا

ثمّ انّ السلطان نادى بالإقامة في دمشق عشرة أيّام لا غير، فشرعوا 164a المصريين[1000] في تجهيز حوائجهم وما يحتاجون إليه* من هديّة وغيرها، وباعوا أهل دمشق عليهم بيع كثير، وقد طالت غيبتهم، فإنّهم دخلوا دمشق حادي عشرين جمادى الاولى.

وفي يوم الخميس ثاني عشرين شهر المحرّم خرج السلطان وعساكره المنصورة من دمشق، فكانت إقامتهم في دمشق وحلب ثمان شهور وثلاثة عشر يومًا.

---

996 MS الفراه.

997 Meter الوافر.

998 MS امسيتُ.

999 So in MS instead of accusative, to fit the meter.

1000 So in MS for المصريون.

وخرجت العساكر خلف السلطان تنجرّ خلفه، ونزل على قبّة يلبغا. وأخذ السلطان معه حاجب حجّاب دمشق تمربغـا المنجكي وأخذ موضعه أمير[1001] أحمد بن الشيخ علي، وتوجّه السطان والعساكر الى القاهرة في خير وسلامة.

ثمّ استهلّ شهر صفر وفي آخر الشهر حضر بريديّ وخبر أنّ السلطان الملك الظاهر برقوق أبو سعيد – نصره الله – قد وصل الى القاهرة في خير وسلامة وفرحت به أهل مصر، وكان لدخوله يوماً مشهوداً،[1002] ودخل الى قلعة الجبل. ولمّا جلس على سرير ملكه امتدحه بعض الشعراء بهذه الأبيات مُوَشّحاً وانشده بين يديه[1003]:

164b هَمَّتِ* الأَزهَارُ بالضّحكِي   فَرَحاً بالأَدْمُعِ[1004] الدِّيَمِ
هَاتِهَا في الكَاس نـارٌ ومَـا
ألبَسَتْ ثـوبَ الـدُجَى عَلَمَا
وَكَأَنَّ الجوّ قـد نُظِمَـا
حَولَهـا من أنجُمِ الفَلَكِ   شُهُبٌ[1005] مِن ثَغْرِ مُبتَسِمِ
أيُّمَا تِبرٌ وَصهْبَـاءُ[1006]
جُمِعَا[1007] في كَفِّ عَذْرَاءُ[1006]
لَبِسَتْ مِنْ نَسْجِ صَنْعَاءُ[1006]
غُصُنٌ يَهتَزُّ في فَنَكِي   مُثْمِرٌ بالنُّورِ والظُلَمِ
إنَمَا رَوضُ المُنَى الزَاهِرْ
حَيثُ يَمضِي المرهفُ البَاتِرْ
مَن سَطَا سُلطَانَنَا الظَاهِرْ
دَرُّهُ للـه من مَلِكِ   جَامِعٌ للسيفِ والقَلَمِ
أسَدٌ تَحْمِيه أُسْدُ شَرَا
زَحفَتْ اجنَادُه زُمَرَا
165a وَكَأَنّ* الانجُمَ الزُهْرَا
نَزَلَتْ للأَرضِ في شَكْلِ   وَمَشَى بَهرَامُ بِالعَلَمِ

1001 So in MS for الامير ?
1002 MS يوماً مشهود.
1003 Meter المديد.
1004 So for meter, MS has بأَدْمُعِ.
1005 MS شُهُباً.
1006 MS rhymes in ء.
1007 MS قَدْ جمعا, which does not scan.

[شتاء قحط وسيئة الزمان]

ثمّ نعود الى كلامنا، وقد اطمأنت قلوب العباد، وطابت البلاد، ولله الحمد. ثمّ استهلّ شهر ربيع الاوّل، وفي هذه السنة توقّف المطر كثير على المسلمين، وخافت الناس وبقوا يدعوا الى الله تعالى، فنسأل الله تعالى أن يردّ العاقبة الى خير. ولم ير أحد في هذا الزمان أقلّ من مطر هذه السنة، حتّى نظم فيها بعض أصحابنا يقول: [1008]

أهْلُ الشـام دَعُوهُـم[1009] عَلى الذُنُوبِ[1010] نَدَامَا[1011]
شِتَاهُم قَدْ تَقَضَّى وَهُمْ حَيَارَى بِلَا مَا

وقد نشفت أبيارهم، ورحلوا من بلادهم، وهلكت مواشيهم لقلّة الزرع، والناس منتظرين رحمة الله تعالى، وغالب الناس مشغولين في لهو الدنيا، ولولا فضل الله علينا ورحمته لحلّ بنا عذابه.

وأمّا المردان، فما يحتاج[1012] حالهم الى بيان، في هذا الزمان، وليس الخبر كالعيان، كلّ واحد منهم يحبّ أن يكون معشوق، ويتمشّى * في السوق، على اهل الفسوق، وقد كانت الصبيان احيى من البنات، فانعكست الأمور، وتغيرت الدهور، وانكشف ما كان مستور، حتّى صاروا بالسقال والملابس، في زي العرائس، يأتون الفاحشة مجهر، ولا ينكر أحد عليهم منكر، وأكثر الناس قد لبسوا ثياب العار، وافتخروا بالاوزار، ولا أحد على ولده يغار، وقد أبدلوا أعراضهم في هوى أغراضهم، وهذه اموراً[1013] تقشعر منها الجلود، ويشيبُ منها المولود، وقد رأينا في هذا الزمان من المنكرات ما لم نكن نراه، وسمعنا فيه ما لا سمعناه، وأبصرنا عجائب، وشاهدنا غرائب، فلهذا الحال قلّت الارزاق[1014]، وكسدت بضائع الأسواق، وقلّ نزول الغيث، وتعطّلت أسباب الناس، وقست قلوب الملوك، وتجبر الغنيّ على الصعلوك[1015]، فهلكت الرعية، وعظمت البلية، فسبحان الكريم المسامح، الذي لا يعجل على عبد عصاه، سبحانه لا اله الّا هو. وقد أجاد صاحب هذه القصيدة في المعنى حيث يقول شعراً: [1016] 165b

[1008] Meter المضارع.

[1009] Meter defective, perhaps read واهل الشام.

[1010] Meter defective.

[1011] So in MS for نَدَامَى.

[1012] MS بحتاج.

[1013] So in MS for امورٌ.

[1014] MS الازراق.

[1015] MS السعلوك.

[1016] Meter الخفيف.

166a قُلْ * لِمن يَرتجي مِنَ النَّاسِ حُسْناً

لَا تُدَانيهِمْ فتشقَى وتَعنَى

نَحنُ وَاللّهِ في زمَانٍ عَجِيبٍ   لَوْ رَأيناهُ في المَنام فَزِعْنَا
أصْبَحَ النَّاسُ فيهِ في سُوءِ حَالٍ   حَقّ[1017] مَن مَاتَ مِنْهُم أنْ يُهنَّا
قَدْ رأينا في ذَا الزمَانِ عَجيباً   وَأُموراً بِبَعْضِهَا قَد ذُهِلْنَا
لاَ حَيَاء[1018] ولاَ دِيَانَة فيهِم   فَإلَيْهِم ما عِشتَ لا تُطْمَئنَّا
ضلّ[1018a] وَاللهِ سَعْي مَنْ يَتَرَجَّى   مِنْهُم صَالِحاً وَقَدْ خابَ ظَنّاً
قد رأيْنَا فيهِ الارَاذِل سَادُوا   وَاسْتَطَالُوا فَحَقُنَا أنْ نَجنَّا
قَد وَصَلْنَا إلَى أشَرِّ زَمَانٍ   قَد حَسَدْنَا بِهِ الذي مَاتَ مِنَّا

ورَأينا مَا لَم نَكُن[1019] قَد رَأينَا

وسَمِعنَا مَا لَم نَكُن[1019] قَدْ سَمِعْنَا

فَالذي مَاتَ نَال[1020] بِالمَوتِ فَوْزاً

وَالذي عَاشَ بِالهُمُومِ تَعَنَّى

لَيْتَ شِعْري بأهْلِه قُولِبَ الدَّهر   انْقِلَاباً أمْ نَحْنُ فيهِ مُسِحْنَا
كَانَتِ النَّاسُ كَالزُّلالِ صَفَاءً   هَكَذَا عَهْدُنَا بِهِم مُذْ نَشَانَا
خَلَفُونَا في ذُلِّ حَالٍ وَرَاحُوا   لَيتَنَا مِن بَعدِهِم لَيْسَ عِشْنَا
فَرَعَا اللهُ سَالِفاً مِن زَمَانٍ   فيهِ كَانُوا عَلَى السُّرُورِ وكُنَّا

166b ثمّ * نعود الى كلامنا، اللّهمّ اصلح احوال المسلمين! وفي شهر آذار فتح الله على المسلمين بمطر كثير واستغلّت الناس بعض مغلّات ولله الحمد.

ثمّ استهلّ شهر ربيع الآخر. وفي هذا الشهر دخل من بلاد الشمال تركمان وفلّاحين بأبقارهم، وأغنامهم، وجمالهم، وحريمهم، وأولادهم، وبيوتهم، خلق كثيرة من قلّة[1021] المطر والمرعى، وتفرّقوا في البلاد.

1017 So in MS, for حَقٌّ لِمَنْ ?

1018 MS حيّاً, which does not fit the meter.

1018a MS ظلّ.

1019 MS نكون.

1020 MS has مات قد نال which does not fit the meter.

1021 MS قلت.

[ظهور ابن النشو]

وفي يوم الاثنين[1022] سابع عشر الشهر حضر من الديار المصرية قاضي القضاة البرهان المالكي وعزل ابن القفصي.

وفي ثامن عشر تولّى ابن مشكور نظر الجيوش المنصورة على عادته وفي ثاني عشرين ربيع الآخر لبس ابن النشو خلعة مليحة بامرية عشرين، ومشدّ المراكز، وصار حاكماً، وعمل شدّ المراكز كما ينبغي، وبعد قليل صار نائب ملك الامراء على الأغوار، وحاكم على دار الضرب وغيرها، والناس إلى بابه، وأقبلت الدنيا عليه، وقد قال[1023] الشاعر:[1024]

167a إذا * أَقْبَلَتْ كَادَتْ تُقَادُ بِشَعْرَةٍ

وَإِنْ أَدْبَرَتْ كَادَتْ تَقُدُّ السَّلَاسِلَ[1025]

والربّ سبحانه وتعالى هو المعطي، وهو المانع، لا مردّ لحكمه، وهو الفعال لما يريد. وقد قال الشاعر شعراً:[1026]

عَلَيْكَ بِالْعَدْلِ إِنْ وَلِيتَ[1027] مملكة

وَاحْذَرْ مِنَ الْجَوْرِ فِيهَا غَايَةَ الْحَذَرِ

فَالْمُلْكُ يَبْقَى مَعَ الْكُفْرِ الْبَهِيمِ وَلَا

يَبْقَى مَعَ الْجَوْرِ فِي بَدْوٍ وَلَا حَضَرِ

لكن غرّتهم الأماني، وقتلهم حبّ الدنيا، وجمع المال، وطلب الرياسة، وكلّ أحد يخاف الفقر، فانّ المسألة[1028] إلى الناس صعبة، الموت دونها. وقد قال بعضهم، «ما أمرّ السؤال ولو 'كيف الطريق.'» وفي هذا كفاية. وقد أجاد قائل هذه الأبيات في المغى شعراً:[1029]

يَا أَيُّهَا السَّائِلُ عَنْ حَالِ مَنْ   أَصْبَحَ فِي ضُرٍّ وَإِفْلَاسِ

167b لا * تَسْأَلِ الْمُحْتَاجَ[1030] عن حَالِهِ   وَيْلٌ لِمَنْ يَحْتَاجُ لِلنَّاسِ

وقد صار ابن النشو أكبر امراء دمشق، ودَيْنُه على كبارهم، وبهذا صارت

1022 MS الاننين.

1023 MS فال.

1024 Meter الطويل.

1025 MS السّلاَسِلاَ. cf. fol. 19 (31)a, above.

1026 Meter البسيط.

1027 MS وُلينتَ.

1028 MS المسلة.

1029 Meter السريع.

1030 MS تَسَأ لَ المحتاح.

كلمته مسموعة عند الدولة، وله عليهم اليد، وقد جاد قائل هذه القصيدة[1031] في المعنى شعراً[1032]:

مَن كَانَ يَملِكُ دِرْهَمَانِ تَكَلَّمَت
شَفَتَاهُ انْوَاع الكَلَامِ وَقَالاَ

وَتَقَدَّمَ الأَقوامُ واستَمَعُوا لَهُ   وَرَايتهُ مُتَبَختِرًا مُختَالاَ

لَولَا دَرَاهِمُهُ التِي فِي كُمِّهِ   لَرَايتَهُ أزرى البَرِيَّةِ حَالاَ

إنَّ الدَّرَاهِمَ فِي المَوَاطِنِ كُلِّهَا   تَكسِي الرِّجَالَ مَهَابَةً وجَمَالاَ

فَهِيَ اللِّسَانُ لِمَنْ ارَادَ فَصَاحَةً   وهي السِّلَاحُ لِمَنْ أَرَادَ قِتَالاَ

إنَّ الغَنِيَّ اذَا تَكَلَّمَ بِالخَطَا   قَالُوا صَدَقتَ وَمَا نَطَقتَ ضَلَالاَ

وَكَذا الفَقِيرُ إذَا تَكَلَّمَ صَائِبًا   قَالُوا كَذَبتَ وَقَدْ نَطَقتَ مُحَالاَ

168a لاَ * قَاتَلَ اللهُ الدَّرَاهِمَ إنَّهَا   قَوَّتْ قَلْبًا[1033] وسَتَّرَتْ أَحْوَالاَ

لاَ قَاتَلَ اللهُ الدَّرَاهِمَ إنَّهَا   تَدَعُ الجَبَانَ يُبَارِزُ الأَبْطَالاَ

لاَ قَاتَلَ اللهُ الدَّرَاهِمَ إنَّهَا   تَقضِي المُرَادَ وتُبلِغُ الآمَالاَ

لاَ قَاتَلَ اللهُ الدَّرَاهِمَ إنَّهَا   تَدَعُ البَلِيدَ مُجَادِلًا جَوَّالاَ

لَو رَامَ مَن مَلكَ الدَّرَاهِمَ نَقْلَ مَا
فِي البَحرِ مِن دُرَرِ الجَوَاهِرِ نَالاَ

لَو أنَّ صَاحِبَهَا أَرَادَ بِبَذْلِهَا
نَقلَ الجِبَالِ أَتَتْ إِلَيهِ جِبَالاَ[1034]

لَو أنَّ مَالِكَهَا يَرُومُ تَطَاوُلًا   نَحوَ الثُرَيَّا بِالدَّرَاهِمِ نَالاَ

فَهِيَ الذِي[1035] مَن حَازَهَا خَضَعَتْ لَهُ
هَامَ[1036] الأُسُودِ وَعَمَّهُ الإقبَالاَ

وَهْيَ الذِي[1035] لِلوَعدِ تَرفَعُ جَانِبًا
وبِهَا سَطَا النَّذلُ اللئِيمُ وَطَالاَ

[1031] MS القصده.

[1032] Meter الكامل.

[1033] MS قَلُوباً which does not fit the meter.

[1034] Accusative ? Perhaps نقالا was intended.

[1035] So in MS for التي.

[1036] For هَامُ ?

وَبِهَا تَحَصَّنَتِ الحُصُونُ وَشُيِّدَتْ

وَأَقَامَ فِيْهَا لِلقِتَالِ رِجَالاَ

لِلّٰهِ كَمْ جَبَرَتْ كَسِيرًا مُفْلِسًا[1037]

مِن بَعدِ ذِلَّتِهِ مَشَى مُخْتَالاَ

لِلّٰهِ كَمْ مَن لَيسَ يَملِكُ حَبَّةً   مِنهَا وَآخَرُ دَائِمًا يَكْتَالاَ

هَذَا هُوَ السِّرُّ الَّذِي مِن أَجْلِهِ   دَهِشَ اللَّبِيبُ وحَارَتِ العُقَّالاَ

قَسَمَ إلاهُ[1038] فَلاَ حَرِيصَ بِحَرْصِهِ

نَالَ الغِنَاءَ[1039] فَلاَ تَكُنْ مُحتَالاَ

كُلُّ* آمرِءٍ[1040] يَأْتِي إلَيهِ رِزْقُهُ   لا حُكمَ إلّا لِلْإِلاَهِ[1041] تَعَالَى 168b

مَن ظَنَّ أَنَّ الرِزْقَ يَأْتِ بحِيلَةٍ   خَابَتْ مَسَاعِيهِ وَظَنَّ مُحَالاَ

وَقَد أَجاد قائل هذه الابيات في المعنى شعرًا:[1042]

إنَّ الغَزَالَ الذِي قَد كَانَ يَهجُرُنِي

استَأنَسَ اليَومَ مِنِّي بَعد مَا نَفَرَا

أَرسَلْتُهَا ظَاهِرِيَاتٍ وَقَد رَبَضَتْ   فِيهَا سِبَاعٌ رَآهَا الظَّبْيُ فانكَسَرَا

وَمِمَّا انشدنا بعض اشياخِنا وتنسَبُ هذه الابيات الى ابليس—لعنه الله—شعرًا:[1043]

إذا أَردتَ الآنَ أن تُكرِمَا   فَأَرْسِلِ الدِينَارَ والدِّرهَمَا

فَكُلُّ مَا أَبصَرْتَ شَيْئًا فَلَم   تَقْدِرْ بِأَنْ تَاْتِي[1044] أَرسِلْهُمَا

فَلَيْسَ فِي الأَرضِ وَمَا فَوقَهَا   أَقضَى لِشَيْءٍ[1045] يُشْتَهَى مِنهَا

[غلاء في مصر]

ثمّ نعود الى كلامنا. ثمّ استهلّ شهر رجب[1046] من السنة المذكورة، وفي

[1037] MS كَسِيرِ مُفْلِسِ

[1038] Meter defective, perhaps قَسَمَ آلْاَلاهُ as in second hemistich of next verse below.

[1039] MS الْغِنَاءُ.

[1040] MS امْرِءٍ. Usually either إِمْرُؤٌ, إِمْرَأً, or إِمْرَءٍ.

[1041] MS لِلْاَهِ, does not fit meter.

[1042] Meter البسيط.

[1043] Meter السريع.

[1044] MS يَأْتِي.

[1045] MS لَشَيْءٍ.

[1046] MS رجب.

هذا الشهر رسم ملك الامراء أن يجدّدوا خان الوالي، وأن يكبّروه، وعَمِلت فيه الصناع، وجاء مليح الى الغاية، وانجبرت الناس به ولله الحمد.

وفي هذا الشهر خرج نائب الشام الى المرج على عادة النّواب، وقعد ايّام ورُدّ * الى المدينة. 169a

وفي يوم الخميس عاشر الشهر دار المحمل ودار مليح.

وفي[1047] هذا الشهر تواترت الأخبار بأنّ في القاهرة غلاء عظيم وقد هلكت الناس والخبز يباع فيها رطلين ونصف بدرهم، بعد أحد عشر رطلا وأكثر بدرهم. ومن العصر ما يجدوا خبز، وذهبت أهلها منها على وجوههم في البلاد من الغلاء، فإنّ مصر تحمل الجور وما تحمل الغلاء.

وفي ايّام الملك العادل زين الدين[1048] كتبغا، وقع فيها غلاء عظيم جدّا وأكلوا فيه الموتى[1049] وفي أيّام الملك العادل الكبير، أخو صلاح الدين يوسف، وقع فيها أيضًا غلاء عظيم، وهلك فيه خلق عظيم من الأغنياء والفقراء، وأكلت الناس في هذه السنة في القاهرة الكلاب والميْتة، وأكلوا أولادهم، ولا ينكروا على بعضهم بعض من الجوع، ومن قوي على رفيقه قتله وأكله، وفقد كثير من الأطباء في هذه السنة يستدعوهم إلى المريض فيذبحوهم ويأكلوهم. وقد استدعي في هذه السنة رجل لطبيب فخاف الطبيب على نفسه وذهب معه وهو خائف، فجعل * يكثر في الصدقة في الطريق والذكر، فلمّا وصل الى الدار وجدها الطبيب 169b خرابة فتاخّر عن الرجل، فخرج إليه رجل وقال له، «مع هذا[1050] البطاء العظيم جئت لنا بصيد؟» فلمّا سمع الطبيب قول ذاك ولّى هاربًا وقد نجا بنفسه.

وقد وقع فيها ايضًا غلاء عظيم في أيّام المستنصر العلوي الذي أدعوا انّهم فاطميين من أولاد عليّ عليه السلام وكذبوا. قيل إنّه كان إذا ركب يركب وحده والجيش كلّهم مشاة، فإنّهم أكلوا دوابّهم وخيلهم، [و] السعيد الذي عنده فرس مثل أمير، أو وزير، فكانوا يتساقطوا إلى الارض من الجوع. وفي بعض الأيام ركب وزيره بغلة إلى دار الملك فلمّا نزل عنها ودخل الى الملك أخذوها العوامّ من غلمانه وقطعوها بالحياة وتناهبوها من الجوع، فإنّ الجوع كافر، فلمّا خرج الوزير أخبره غلمانه بما جرى عليهم من العوامّ فمسك منهم جماعة وشنقهم فلم يصبح لهم أثر، أخذوهم في الليل وأكلوهم.

1047 MS وق.

1048 MS الذين.

1049 MS الموتي.

1050 MS هدي.

وقد[1051] وقع في ميّافارقين غلاء عظيم لمّا حاصرها هلاكون. وقد ذكر من
170a كان فيها في أيّام* الحصار[1052] أن غرارة[1053] القمح أبيعت فيها باربعين
ألف درهم، ورطل[1054] الخبز[1055] بسبعمائة درهم، وأوقية[1056] البصل بثلاثة
وخمسين،[1057] ورأس كلب بستّين درهم، وأبيعت بقرة بتسعين ألف درهم،
اشتراها نجم الدين أيوب مختار، واشترى بعض الكبار رأسها وكوارعها بستّة
آلاف وخمسمائة درهم، وفي هذا كفاية عن غيره لئلا يطول الكلام.
اللّهمّ لا تبلينا بقضاءٍ نحير فيه، يا ربّ العالمين!

ثمّ استهلّ شهر شعبان وأهل دمشق آمنين مطمئنين والناس في خير. وفي يوم الخميس عزل ابن دغا الشريف عن ولاية البرّ، تولّاها إياس مملوك ابن الغاوي.

وفي تاسع الشهر مسكوا الوزير وكان خارج ليس له محبّ، وقد أخذ[1058] الناس في صدره، وقطع أرزاق الناس، وفرحت الناس بمسكه وطلبوا منه دراهم كثيرة، وباعوا خيله وقماشه وموجوده، ومن أساء لا يستوحش. وقد تبهدلت[1059] الوزارة وتولّاها غير أهلها ولها اسوة بغيرها.

170b ثمّ استهلّ شهر رمضان المعظّم من السنة المذكورة. وفي هذا الشهر حكى*
لي من أثق به أنّه كان حاضر هذه الحكاية، قال، «في خامس عشرين
الشهر، وكان يوم الاثنين،[1060] جاء فقير من بعض فقراء المسلمين إلى قرية في
الغور تسمّى الشجرة، دخل إليها يطلب منها شيءٌ[1061] يأكل فلم يعطه أحد منها
شيء،[1061] فخرج منها وهو مكسور القلب، فأومأ بيده الى السماء ودعا على
أهل القرية وراح، فما كانت إلّا ساعة وإذا بنار قد خرجت لا يعْرف أحد من
أين هي، فاحرقت البلد كلّه وما فيه من المغلّات، وما نجا إلّا من نجا بنفسه
واحترق فيها شيء كثير جدّا لم يسمع بمثله.» وهذا عجيب.

وفي خامس عشرين الشهر حضر مرسوم السلطان الى نائب الشام أنّه يعزل ابن البانياسي أستادداره فعزله، وفرحت الناس بعزله فإنّه من الظلمة، وتولّى عوضه شخص يقال له كمشبغا، وهو رجل جيّد مشكور السيرة، وبقي ابن البانياسي تحت الترسيم.

[1051] On margin by another hand.
[1052] MS الحصاز.
[1053] MS الغراره.
[1054] MS الرطل.
[1055] MS الخبر.
[1056] MS الوقيه.
[1057] MS ونمسين.
[1058] MS اخد.
[1059] MS تبهذلت.
[1060] MS الاننين.
[1061] So in MS for شَيْئًا.

وفي ثاني عشرين الشهر طلبه النائب وطلب المباشرين وعملوا محاسبته، فخرجوا عليه شيء كثير، ورسم النائب * بالكشف عليه، فجاؤوا الناس، 171a
وشكوا عليه الفلّاحين والمعاملين وغيرهم، وسلّمه النائب للاستادار الجديد كمشبغا فضربه وحكم فيه، وهذا عاقبة الظلم في الدنيا، ولهم في الآخرة عذاب عظيم. وقال له النائب «ما خفتَ الله تعالى في المسلمين.» فانظر يا أخي كيف عنّفه الذي كان يأخذ أموالَ الناس ويعطيه له ويتقرّب إليه بها، ومع هذا لا يحمده ولا يشكره على فعاله، وهذا من أعظم المصائب في الدنيا والآخرة، وما أحسن ما قال الشاعر في المعنى شعراً:[1062]

يَا أَيُّهَا[1063] الظَّالِمُ فِي فِعلِهِ ... وَالظُّلْمُ مَرْدُودٌ عَلَى مَنْ ظَلَمْ
إِلَى مَتَى تَعصِي وحَتَّى مَتَى ... تَشْكُو[1064] المُصيبَاتِ وتَنسَى النِّعَمْ

اللّهمّ أصلح حكّام المسلمين يا ربّ العالمين! وبقيت الناس في خير الى آخر السنة.

[سنة ٧٩٨/٩٦–١٣٩٥ – حكم دمشق]

ثمّ استهلّت سنة ثمان وتسعين وسبعمائة، والناس آمنين مطمئنين، ونواب البلاد كلّ واحد في بلده، نائب حلب تغري بردي الظاهري، ونائب حماة يونس
171b الظاهري، ونائب حمص أمير[1065] خليل التركماني *، ونائب غزّة ألطنبغا العثماني الظاهري، ونائب طرابلس أرغون شاه الظاهري، ونائب صفد قطلو بغا الظاهري، ونائب الكرك بتخاص، ونائب بعلبك أمير[1065] خليل ابن القرمشي، ونائب دمشق تنبك[1066] الظاهري، وحاجب[1067] الحجّاب أمير[1068] أحمد بن الشيخ علي، وقاضي القضاة الشافعي سري الدين، والحنفي تقي الدين ابن الكفري، والحنبلي شمس الدين النابلسي، والمالكي البرهان التادلي،[1069] وكاتب السرّ أمين الدين الحمصي، وناظر الجيوش المنصورة ابن مشكور، والوزير فخر الدين ابن ابو[1070] شاكر المصري، ومشدّ الدواوين أحمد بن بجاس، والمحتسب بدر الدين بن منصور الحنفي، والناس في خير من فضل الله تعالى.

[1062] Meter السريع.
[1063] MS يآيُّهَا, which does not fit the meter.
[1064] MS تَشْكُوا.
[1065] For الامير ?
[1066] MS تيبك.
[1067] MS وحاحب.
[1068] For الامير?
[1069] MS التاذلي.
[1070] So in MS.

وملكُ الأمراء مجتهد في عمارة التربة التي عمّرها في القبيبات، فإنّه عمّرها في غاية الحسن.

وتوفّيت في هذا الشهر زوجة ملك الأمراء تنبك ودُفنت في التربة المذكورة، وكان لها جنازة هائلة رحمها الله تعالى. ثمّ عمّر بعد التربة العمارة التي عند باب الميدان. وعمّر تلك الناحية أحسن ما كانت، ثمّ إنّه فتح بعدها العمارة التي

172a داخل * المدينة جوار البزوريين،[1071] وعمّرها في غاية الحسن، وما رأى أحد مثلها في بلاد المسلمين وهي من عجائب دمشق. وتولّى عمارتها ابن القرمشي الذي كان ناظر الجامع، فإنّه رجل عارف بالعمائر وما يتعلّق بها، وأقامها في مدّة يسيرة.

وفي هذه السنة أحضروا الى نائب الشام أسدين[1072] صغار ملاح[1073]. وبقوا عند باب الميدان، ولمّا توجّه الى القاهرة أخذهم في جملة التقادم.

حكاية، روى الشعبي في كتابه، قال: «خرج أسد وذئب وثعلب يتصيّدوا، فصادوا حمار وحش وغزال وأرنب. فقال الأسد للذئب، ‹أقسم علينا هذا الصيد،› فقال، ‹الحمار للملك يعني الأسد، والغزال لي، والأرنب للثعلب.› قال فلما سمع الأسد هذه القسمة رفع يده ولطم الذئب طير رأسه عن جثته، وقال للثعلب: ‹اقسم انت!› قال، ‹نعم، الحمار الوحش يتغدّاه الملك، والغزال آخر النهار، والارنب في وسط النهار.› فقال الأسد وقد أعجبته هذه القسمة، ‹لله درّك ما أقضاك! من علّمك هذا القضاء؟› قال له، ‹القضاء الذي نزل على رأس الذئب.›»

172b وفي شهر ربيع * الاوّل من السنة المذكورة عُزل الهيذباني من نيابة القلعة، وتولّاها يلوا من أمراء طرابلس، وفرحوا أهل القلعة بعزل الهيذباني عنهم كثير، فإنّه من الظلمة الكبار.

وفي شهر شعبان من السنة المذكورة، دخل الى دمشق علاء الدين ابن السّنجاري وزيرًا، وحكم بها، ولم يلبس في ولايته شاش ولا فرجية إلّا على عادته أجنادي، ولم يستهيبه أحد في دمشق، وكانت مدّته يسيرة، وعزل عنها وبقي بطال.

وفي هذه السنة تضارب نائب الشام وحاجب الحجّاب ابن الشيخ على،

[1071] MS البزورين.

[1072] MS اسدين.

[1073] So in MS, plural instead of dual.

ووقَع بينهم كلام وحش، وكانت[1074] كلّ واحد منهم الى السلطان. وبعد أيّام عزل الحاجب وراح إلى غزة نائب، وجاء نائب غزة إلى دمشق حاجب حجّاب، وهو رجل[1075] جيّد مشكور السيرة، أدام[1076] الله تعالى أيّامه.

[حريق في دمشق]

وفي سادس عشرين شهر رجب من السنة المذكورة احترق في المدينة حريق ما رأى أحد مثله، سوق الحريريين، والصابونيين[1077]، والقطّانين، والدقّاقين، والفرائين، وقيسارية الصوف، وقيسارية الإقباعيين، وقيسارية العبى، * وقيسارية ابن البابي، ودرب السامُرّي، وخان الشقق، وخان الحبّالين، وكان حدّه من الحمّام الذي في سوق البطائنين الى باب الصرف الذي بحدّه[1078] المسجد في العرض وفي الطول إلى قبّة الشحم، ومن جهة القبلة الى قريب حبس باب الصغير، وراح للناس فيه شيء لا يقدر أحد يحصره، ونهب للناس فيه شيء كثير، واحترق للافرنج فيه شيء كثير، فإنهم كانوا ساكنين في تلك الخانات، وأكثرهم في قيسارية ابن البابي، واحترق للناس في خان مخشي الذي يعرف بخان الشقق شيء كثير، فإنّه كان جميعه مخازن للتجّار، وهذه البقعة وسط اسواق دمشق، وأكثر أموال الناس في تلك الناحية.

وما فرغت الناس من هذا الحريق إلّا واحترق في ظاهر المدينة بعد قليل حريق آخر، وذلك في شهر صفر من السنة المذكورة أكبر من الذي احترق جوّا المدينة، ولم يُرا[1079] مثله في دمشق، فإنّه كان آخر الليل، وكان الهواء[1080] قويّ كثير، وعملت النار في قيسارية يلبغا[1081]، والطواشي، وطارت النار الى سوق القشّاشين، فعملت * النار فيها من تحت النخلتين إلى باب الفرج نازل الى قريب باب الفراديس، واحترق باب الفرج وما ردّ النار عن المدينة الّا السور[1082] والنهر، واحترق من الجانب الآخر الى حارة[1083] البغيل الى قريب المصالخ[1084]، وبقي الهواء[1085] يحمل شرار النار ويرميها على المدينة، واحترق

[1074] So in MS. Emendation to كاتب for translation here, for كتب.
[1075] MS رحل.
[1076] MS اذام.
[1077] MS والصابونين.
[1078] بحده or بحده ?
[1079] For ولم يُرَ.
[1080] MS الهوي.
[1081] On margin by another hand.
[1082] MS الصور.
[1083] MS حارت.
[1084] MS المصالح, see notes to Translation.
[1085] MS الهوي.

من الشرار بعض درابزين مأذنة العروس التي بالجامع الاموي، وبقوا الناس في المدينة واقفين يطفئوا النار الذي[1086] نازلة عليهم فوق الأسطحة، وبقي شرر النار في الهواء مثل الجراد إذا طار، حتّى وصل بعض الشرار وخرج من المدينة إلى جسر الغيدي، وهذا لم يسمع بمثله، فإنّها كانت آية من آيات الله تعالى، حتّى بقي جامع بني أميّة ما يقدر احد يقف فيه من الدخان، والنار نازلة عليهم، فسبحان اللطيف الخبير، وذلك بأمره وارادته، لا مفرّ من قضائه وحكمه، واحترق فيه جماعة كثيرة.

حكاية: وقد ذكر القاضي كمال الدين ابن الصائغ في تاريخه قال: «في سنة أربع وستّين وخمسمائة، وقع حريق في مدينة حماة، كان حريق كبير جدًّا،
174a وكذلك في أنطاكية احترق فيها حريق عظيم في* تلك السنة. وقد ذُكر عن رجل شيخ أنّه رأى ملائكةً تسوق النار وتقول، ’بهذا أمرنا‘ ثمّ مات من يومه وهذا عجيب.»

[المشاجرة بين اياس وتنبك. سنة ١٣٩٧/٧٩٩]

وفي هذه السنة المذكورة تنافس نائب الشام وإياس، وقد درى بذلك أكثر الناس، فعند ذلك طلب الأمير إياس الحضور الى الأبواب الشريفة، فأجيب الى ذلك، وحصّل تقادم هائلة، خيول، وجمال، وقماش كثير، وتوجّه إلى القاهرة في شهر القعدة من السنة المذكورة، ووصل إلى القاهرة ودخل إلى السلطان فلم يلتفت اليه، والذي حسبه انقلب عليه.

ثمّ إنّ ملك الأمراء تنبك—حرسه الله تعالى—لما توجّه إياس إلى عند السلطان خاف، كيلا يتكلّم في حقّه بما لا يليق، فطلب الحضور إلى الأبواب الشريفة فأجيب إلى ذلك فعمل تقدمة هائلة وأرسلها وخرج خلفها.

ثمّ استهلّت سنة تسع وتسعين وسبعمائة، وطلع النائب الى القاهرة في سادس
174b شهر المحرّم، وقد توكّل على الله وقد قال الله* تعالى «فاذا عزمت وتوكّل على الله انّ الله يحبّ المتوكّلين.» وقال «قل ’حسبي الله‘ عليه يتوكّل المتوكّلون*.» ولمّا ركب ملك الأمراء من دار السعادة إلى السفر، أنشد لسان الحال يقول شعرًا:[1087]

[1086] So in MS for التي.

[1087] Meter الكامل مرفّل.

سَافِرْ فَوجْهُ السَّعْدِ سَا فِر فَلْتَرْجِعَنَّ[1088] وأنتَ ظَافِرْ
وَلَتُنْصَرَنَّ عَلَى عِدَا كَ[1089] فَإِنَّ حِزْبَ اللهِ ظَاهِرْ
بَادِرْ فَمِثلكَ مَنْ يُبَا دِي في الْفِعَالِ وَمَنْ يُبَادِرْ
فَلَقَد أطاعَتكَ القُلُو بُ وَأخلَصَتْ فيكَ الضَّمَائِرْ
وَلَقَد تساوَتْ في مَحَبَّ بَتِكَ البواطِنُ والظَّوَاهِرْ
مَا زِلتَ[1090] تَنْظِمُ عِقْدَهَا دُرَرًا وتَأْتِي بِالجَوَاهِرْ

وعزم[1091] بهمّته العالية محفوظاً في أمان الله تعالى. اللّهمّ زوّده التقوى، ووجهه الى الخير ايّما توجّه! شعراً:[1092]

سَافِرْ عَلَى خيرَةِ الرَّحمن في دعةٍ تَلْقَى بِمِصْرَ أَمَانًا ثُمَّ تنتصرُ
نَستَودِعُ اللهَ مَوْلانَا وَنَسأَلُهُ حُسنَ الايَابِ فَمِنهُ النصرُ والظَّفَرُ

175a ويروى * في مسند الإمام أحمد بن حنبل —رضي الله عنه— عن ابن عمر —رضي الله
عنه— عن رسول الله —صلّى الله عليه وسلّم— أنّه قال: إنّ الله تعالى اذا استُودِع
شيئًا حَفِظَه. حكاية. رُوي عن زيد بن أسلم —رضي الله عنه— قال، «خرج
رجل[1093] غازيًا فشيعته امرأته إلى باب الدار، وكانت حامل فلمّا ودعها
أشار بيده الى بطنها وقال، 'استودع الله تعالى ما في بطنك' وسافر ثمّ إنّ المرأة
ماتت في غيبة الرجل فدفنت وولدها في بطنها فكان يُرَى[1094] على قبرها في
كلّ ليلة نور كثير،[1095] حتّى أبصره كلّ أحد. ثمّ إنّ زوجها قدم من السفر
فأخبروه انّها ماتت ودلّوه على قبرها، فلمّا جاءَ الى عند قبرها انشقّ القبر
وإذا امرأته في كفنها، وإذا ابنها[1096] في كفنها يرضع، فبادرت زوجها وقالت
له، 'يا فلان! دونك وما استودعت الله تعالى فخذه، ولو استودعتنا لوجدتنا،'
175b فأخذ الصبيّ حيًّا وانطبق القبر عليها.» قال زيد، «لقد رأيت الصبيّ يلعب مع *
الصبيان.» وهذا تصديق حديث رسول الله صلّى الله عليه وسلّم.

ولمّا قرب إلى القاهرة تلقاه مطبخ السلطان إلى الصالحية، ولم يحصل ذلك

[1088] MS has فَلْتَرْجِعَنَّ, which does not fit the meter.

[1089] MS عِدَاكِ, which does not fit the meter.

[1090] MS زُلتَ.

[1091] MS وغزم.

[1092] Meter البسيط.

[1093] MS رجلاً.

[1094] MS ويرا — must be passive here.

[1095] MS نوراً كثيراً.

[1096] On margin.

لأحد من النوّاب، وطلعت إلى ملتقاه العساكر والامراء الكبار، واحتفل لدخوله الكبير والصغير، وقد قال الله تعالى «ادخلوا مصر إن شاء الله آمنين.» وقال تعالى «له معقبات[1097] مِنْ بين[1098] يديه ومن خلفه يحفظونه من أمر[1099] الله.» ثمّ دخل إلى القاهرة معزوز مكروم، وتمثّل بين يدي مولانا السلطان الملك الظاهر نصره الله، فأقبل عليه ورفع قدره وأحسن اليه.

وفي الحديث أنّ السلطان ظلُّ الله في أرضه يأوي إليه كلّ مظلوم من عباده وَفدَه[1099a]. ومن طلب الريّ من الفرات[1100] لم يخشى الظمأ في ورده، ومن قصد الكريم برجائه لم يخف الخيبة في قصده، أعزّ الله تعالى نصره، وأنفذ في العالمين
بالحقّ أمره، وأوزع كافّة الخلق شكره، بلغه الله من الأماني أقصاها، ومن * 176a
النواصي أعصاها، ويديم أيّامه، وينفذ[1101] احكامه، ويجمع عليه القلوب المتنافرة، فقد أقام دولته أحسن قيام، فسدّ أركانها بالتقوى، وشيّد بنيانها بالعدل، وأحكم نظامها بحسن السياسة، واستمال قلوب الأعادي بالاحسان، وعمّ إحسانه البعيد والقريب، بارك الله للمسلمين في حياته، وبسط له القدرة في حركاته، وعلّا درجاته، وضاعف حسناته، أنار الله به البلاد، وغاث به العباد، وقسم له في التقدير، وجوه التدبير، ذلك فضل الله يؤتيه من يشاءُ، والله ذو الفضل العظيم، وقال تعالى، «وجعلناهم[1102] أئمةً يهدون بأمرنا وأوحينا إليهم فعل الخيرات» «فاتاهم الله ثواب الدنيا وحسن ثواب الآخرة والله يحبّ المحسنين.»

وقعد في القاهرة أيامًا في هناءٍ وسرور، وقد نصره الله تعالى، وصار عدوّه مقهور، وقد عدم عدوّه رشده والتوفيق، وأخطأ الصواب وسلك المضيق،
وزاحم * مع ضعفة من ساعدته الأقدار وكان السعد له رفيق، وسلك مسالك لم 176b
يكن لها يطيق، وركب جواد الحرب وليس بفارس، وحمل قوس الرمية وليس برامي مصيب، وشهر سيف البغى وقُتِل به وما ذاك عجيب، فللّه الحمد على ذلك.

ثمّ انّ مولانا ملك الأمراء خرج من القاهرة في خير وسلامة الى الشام على نيابته معزوزًا مكرومًا، فطلعت الناس إلى ملتقاه، وشكروا الله الذي بلّغه مناه، وانشرحت الصدور، وزاد عند الناس السرور، وقرّت العيون، وخابت من

[1097] MS has here يحفظونه, but cf. *Koran*, XIII, 12.

[1098] MS بين.

[1099] Above the line in MS.

[1099a] Perhaps وَفدَاه intended here.

[1100] MS الفراه.

[1101] MS ينفد.

[1102] MS وجعلنا منهم.

الأعداء الظنون، واحتفلت الناس لدخوله، وَطلعت الأمراء الى ملتقاه، وأرباب الوظائف[1103] على عاداتهم، ودخل المقرّ الأشرف العالي المولوي المخدومي السيفي تنبك الظاهري يوم الاثنين[1104] تاسع شهر ربيع الاوّل من السنة المذكورة على عادة النّواب، عليه خلعة السعادة على جاري العادة، فالحمد لله الذي منّ
177a علينا بكشف الغمّة، وجعل تلك النقمة بفضله * نعمة، وأعقب الشدّة بفضله فرحًا ورحمة. ودخل قدّامه كاتب السرّ، وناظر الجيش، وعليهم خِلعُ الرضا، وكان لدخوله يومًا مشهودًا[1105]. وزيّنت دمشق لقدومه، وهذا ما جرى لغيره وأنشد لسان الحان يقول شعراً:[1106]

مَلأَ الهَنَا بِقُدُومِكَ الأكوانــا   وَأَتَى السُّرورُ وزَالَ ما أَكْوَانـا
كُنَّا عَلَى حَذَرٍ فَـآمنَ خَوفنَا   رَبُّ العبَادِ وأذْهَبَ الأحزَانـا

وقد قال الله تعالى «فخذ ما آتيتك وكن من الشاكرين.» وقال تعالى «لئن شكرتم لأزيدنكم» وفي الحديث[1107]، «لا يشكر الله[1108] من لا يشكر الناس.» وأجاد قائل هذه الابيات حيث يقول:[1109]

لَكَ الحَمدُ يَا مَن لاَ لَهُ أبدًا بُـدٌ
عَلَى نِعَمٍ أولَيتَهَا مَا لَهَا عَـدٌ
وَمَـن لي إلَـهي اَنْ أَقُـومَ بِشُكْرِهَا
إذَا كَانَ مِن نِعمَاكَ قَولي لَكَ الحَمْدُ

177b ولما * استبشرت دمشق بقدوم مولانا ملك الامراء انشد لسان حالها يقول:[1110]

كَرِّرْ عَلَيَّ فَمَا لِي بَعدهَا وَطَرٌ   بِشَارَةً كُنْتُ أرجُوهَا وانتَظرُ
هَبَّتْ عَلَينَا رِيَـاحُ النَّصرِ هَاتِفَةً
لَمَّا سَرَتْ سُرَّ مِنْهَا السَّمعُ والبَصَرُ[1111]
فَيَا لَهَا نِعمَةً جَـاءَ البَشِيرُ بِهَـا
مِن بَعْدِ مَا كَادَتِ الأَكبَادُ تَنفَطِر

1103 MS الوضايق.
1104 MS الانين.
1105 MS يوماً مشهود.
1106 Meter الكامل.
1107 MS has here من لا يشكر, but cf. *Musnad*, II, 258.
1108 Added above the line by another hand.
1109 Meter الطويل.
1110 Meter البسيط.
1111 MS البَضَر.

يَا قَلب وَيحكَ لاَ تَجزَع لِغَيبتِه
خَابُوا عُدَاهُ وَحِزبُ اللهِ مُنتَصِرُ
يَا وَارِدٍ اورَدَ البُشرَى على عَجَلٍ كَرِّرْ عَلَيَّ فِدَاكَ السمعُ والنَظرُ
سَعوا بِإثمٍ وبُهتَانٍ بِهِ خُذلُوا يَا ذُل مَن خَانَهُ في سعيه القَدرُ
فَالحمدُ لِلّهِ لَو كُنَّا كَمَا ذَكَرُوا
لمَا نُصِرْنَا وَلاَ ذُلُّوا[1112] ولا قُهِرُوا
أنتَ السَّمِيعُ لِشَكْوَانَا بِنِيتِهِ
وَزَادَهُ شَرَفًا يَسْمُو[1113] وَيَنتَشِرُ
مَنُّو عَلَى الدِينِ وَالدنيَا بِعَودَتِه
فَالشَّامُ مُذ حَلَّهَا قَد حَلَّهَا خفَرُ
178a قُدِمتَ* مِن مِصرَ مَسرُورًا بمَا صَنَعَتْ
أيدِي الزَّمَانِ فَلاَ خوف وَلَا حَذَرُ
دَخَلتَ في مَوكبٍ عَزّتْ مَوَاكِبَه
لم يَأتِ في مِثلِه هَذَا الزَمان[1114] بَشَرُ
يَا مِنَّةٍ عَمَّتِ الدُنيَا بَشَائِرُ
وعَمَّتها مِنْ نَدَاهُ ألسَّحبُ والْمَطَرُ
ولَمْ يَزَلْ حَاكِمُ الإسْلام ذَا مِنَنٍ
عَلَى الانَامِ بِفَضْلٍ لَيْسَ يَنْحَصِرُ
وَأحسِنْ كَمَا أنتَ مُعتَادًا فَمَا احَدٌ
إلا وَعَادَ بِفَضْلٍ مِنكَ يَشتَهِرُ
الحمَدُ لِلّهِ لَمْ نَعتِبْ عَلَى قَدَرٍ
نِلنَا المرَادَ وَذَنبُ الدَّهرِ يُغتَفَرُ

وقد اطمأنت العباد لمّا ردّ إلى البلاد واستمرّ على عادته ولله الحمد.

[1112] MS ذَلوا.
[1113] MS يسموا.
[1114] Meter defective unless read الزمانْ.

[نوّاب دمشق تحت حكم المماليك]

وسنذكر[1115] نياب[1115a] دمشق على وجه الاختصار واحدًا واحدًا[1116] على
الترتيب[1117] ونذكر السنة[1118] [التي] دخل فيها كلّ واحد منهم حتى تزداد فضيلة
الكتاب، وأرجو[1119] من الله في ذلك الصواب، وسأذكرهم[1120] كما ينبغي في
كتابنا الجزء الثاني من «درر الأفكار في غرائب الأخبار» مع الملوك، ونذكر * لهم 178b
غرائب وملح غير واحدة.

فأوّل من ملك دمشق من ملوك الترك، الملك المظفّر قطز رحمه الله، فإنّ
دمشق كانت في يد[1121] بني أيوب، وآخر ملوكها من بني أيوب، الملك الناصر
يوسف بن محمّد بن غازى بن صلاح الدين يوسف بن أيوب بن شاذي رحمهم
الله، حتّى دخلها جيش هلاكون قبّحه الله، وجرى لهم مع أهلها ما جرى،
ومسكوا صاحبها الملك الناصر المذكور، وولده وأخوه[1122] وجماعة كبار من الناس
وأرسلوهم الى هلاكون فقتلهم، وبقيت أهل دمشق معهم في شدّة. فعند ذلك همّ
الملك المظفّر صاحب مصر همّة[1123] الملوك، وكان قد اجتمع عنده عساكر
كثيرة من البلاد، فإنّهم هربوا من هلاكون ومن جيوشه وحلفوا له، وخرج
بهم إلى ملتقى التتار وهم في دمشق. وكبيرهم يومئذ كتبغا المقدّم على كبارهم
وصغارهم في تسعين الفًا من التتار، ولمّا علم كتبغا بقدوم السلطان الملك
المظفّر من مصر وأنّه * قرب إلى الشام خرج إليه في عساكره، والتقى الفريقان 179a
على عين جالوت في شهر رمضان سنة ثمان وخمسين وستمائة، وكان النصر
للمسلمين وانكسرت التتار. وقتل مقدّمهم كتبغا وتفرّق شملهم، وذاك بما
فسدوا في الارض «والله لا يحبّ المفسدين.» ولم ينجو[1124] منهم الّا كلّ طويل
العمر، ودخل الملك المظفّر قطز إلى دمشق منصورًا وفرحت به أهل دمشق
وغيرهم، وفرّج الله عن المسلمين واستراحوا من التتار. ودخل[1125] إلى القلعة
وتملّك دمشق وبلادها، وحلب وسائر البلاد الشامية، وقعد في دمشق مقدار
شهرين حتّى طابت البلاد وراحت التتار عنها، وقطعوا الفرات[1126] وبعث إلى

1115 MS وسّندكر.

1115a So for نواب.

1116 On margin in another hand بعد i.e. for بعد واحد.

1117 MS الترتيّب.

1118 MS سنة.

1119 MS وارجوا.

1120 MS وَسَّأدكرهم.

1121 MS يدّ.

1122 So in MS for اخاه.

1123 MS همت.

1124 MS ينجوا.

1125 MS ودحل.

1126 MS الفراه.

كلّ بلد نائب من جهته. ولمّا كسروا الترك التتار وهم أبناء جنسهم قام بعض الشعراء فيهم يقول شعرًا:[1127]

غَلَبَ التَتَارُ عَلَى البِلادِ فَجَاءَهُم
مِن مِصْرِ تُرْكِيٌّ يَجُودُ بِنَفْسِهِ
فِي الشامِ أَهلَكَهُم وشَتَّتَ شَمْلَهُم
وَلِكُلِّ شيءٍ آفَةٌ مِن جِنْسِهِ

179b فلمّا * رُدَّ الملك المظفّر إلى القاهرة خلّى في دمسق نائب من جهته الأمير الكبير سنجر الحلبي، وهو أوّل نائب[1127a] تولّى دمشق من جهة ملوك الترك؛ ولمّا رُدَّ السلطان الملك المظفّر قطز إلى القاهرة قُتِل في الطريق قبل أن يدخل مصر في شهر القعدة من السنة المذكورة، وتسلطن الملك الظاهر بيبرس، وتملّك دمشق في هذه السنة أربع ملوك وهذا غريب، فإنّها كانت في يد الملك الناصر الى نصف شهر صفر، ثمّ صارت في حكم التتار إلى شهر رمضان، ثمّ صارت في حكم الملك المظفّر قطز الى شهر القعدة، ثمّ صارت في حكم الملك الظاهر باقي السنة، وهذا عجيب.

ولمّا سمع علم الدين سنجر أنّ السلطان قطز قُتل، شقّ ذلك عليه، تسلطن في دمشق وملك القلعة وغلت الأسعار فيها حتّى ابيع الخبز رطل بدرهمين،[1128] واللحم كلّ رطل بثمانية عشر درهمًا، والجبن أوقية[1129] بدرهم، ثمّ إنّ الأمراء اتّفقوا عليه وحاصروه مدّة في القلعة، فلمّا رأى الغلبة خرج

180a منها تحت الليل * إلى بعلبكّ، ثمّ إنّهم مسكوه وأرسلوه الى الملك الظاهر.

ثمّ تولّى بعده نائب دمشق الامير الكبير طيبرس الوزيري، ودخل الى دمشق في شهور سنة تسع وخمسين وستّمائة. وكان حاكم مليح. ثمّ بعد مدّة وصل من القاهرة أمير اسمه الدمياطي ومعه عسكر، فطلع نائب دمشق حتّى يلتقيه، فمسكه الدمياطي وركبه بغلة وأرسله إلى القاهرة، واخذ جميع موجوده وبقي نائب غيبة الأمير أيدغدي التركي حتّى يحضر نائب.

ثمّ تولّى بعده الأمير الكبير جمال الدين أقوش النجيبي مملوك الملك الصالح

1127 Meter الكامل.
1127a MS نايبًا.
1128 MS بدرهمين.
1129 MS وقيه.

وكان يعتمد عليه في جميع أموره، ودخل إلى دمشق في شهر الحجّة سنة ستّين وستّمائة. وأقام في دمشق عشر سنين وعزل.

ثمّ تولّى بعده الأمير الكبير عزّ الدين أيدمر الظاهري، كان نائب الكرك، ولمّا خرج السلطان الملك الظاهر من القاهرة وجاء الى الكرك في المحرّم سنة سبعين وستّمائةٍ يكشف أحوالها وجاء الى دمشق، خرج معه عزّ الدين من
180b الكرك الى دمشق. ولمّا دخل السلطان إلى * دمشق عزل جمال الدين وولّى عزّ الدين المذكور،[1130] ولم يزل في دمشق نائب حتّى مات الملك الظاهر رحمه الله تعالى، وجاء ولده الملك السعيد إلى دمشق، وتغيّرت عليه قلوب الأمراء وجرى لهم معه ما جرى، وخلعوه من الملك وولّوا أخوه[1131] بدر الدين سلامش، مسكوا نائب الشام عزّ الدين وشالوه الى القلعة.

ثمّ تولّى بعده الأمير الكبير شمس الدين سنقر الأشقر وكان الملك الظاهر يعظّمه كثير، ودخل إلى دمشق في شهر جمادى[1132] الآخرة سنة ثمان وسبعين وستّمائة[1133] ولمّا خُلِعَ السلطان سلامش[1134] وتولى الملك المنصور قلاوون عصى نائب دمشق سنقر الأشقر وتسلطن في دمشق، ودخل إلى القلعة وسمّى نفسه الملك الكامل، وخطبوا له في الجامع وبقي يركب في منزلة السلطان إلى شهر صفر سنة تسع وسبعين وستّمائة، جاء جيش مصر إليه فخرج إليهم فلم يَرَا[1135]
181a نَفْسَه قدّهم فهرب الى صوب الرحبة. *

ثمّ تولّى بعده الأمير الكبير حسام الدين لاجين المنصوري، ولمّا تسلطن سنقر ودخل إلى القلعة كان لاجين نائب القلعة، مسكه وحبسه فيها، فلمّا هرب ودخل جيش مصر وكان المقدّم عليهم الأمير علم الدين الحلبي أخرج لاجين من الحبس، وولّاه نيابة دمشق ودخل معه إلى دار السعادة في شهر صفر سنة تسعٍ وسبعين وستّمائةٍ، وبقي نائب أحد عشر[1136] سنة، وكان حسن السيرة ثمّ عزل عنها.

ثمّ تولّى بعده الأمير الكبير علم الدين سنجر الشجاعي المنصوري وزير الديار المصرية، ودخل إلى دمشق في شهر جمادى[1137] الآخرة سنة تسعين

[1130] MS المذكور.

[1131] So in MS for اخاه.

[1132] MS جمدي.

[1133] ستمئه written above crossed-out سبعمئه.

[1134] MS سلامس.

[1135] So in MS for لم ير.

[1136] So in MS for احدى عشرة.

[1137] MS جمدي.

وستّمائة ، وكان الوزير[1137a] في القاهرة ابن السلعوس بقي يحطّ على الشجاعي فكتب إليه بعض أقاربه من دمشق شعرًا يقول فيه ملغزًا[1138] :

تَنَبَّه يَا وَزِيرَ الأَرضِ وَاعلَمْ   بأنكَ قَد وَطِيتَ عَلَى الأَفاعِي
وَكُنْ باللهِ مُعْتَصِمًا فَإنِّي   أَخَافُ عَلَيكَ مِن نَهشِ الشُّجَاعِي

181b وهكذا * جرى ؛ ظَفَر الشجاعي بالوزير ، وصادره ونهشه حتّى أخلطه ، وطلب صاحب الشعر وقال له ، «أنت نصحته ما انتصح ،» واجازه على شعره ، وهو الذي بنى هذه البناية فوق برج الطارمة في أيّام الملك الأشرف خليل.

ثمّ تولّى بعده الأمير الكبير عزّ الدين أيبك الحموي ، ودخل إلى دمشق في شهر شوّال سنة إحدى وتسعين وستّمائة ، ولم يبرح نائب حتّى جاء السلطان الملك العادل كتبغا الى دمشق في شهر القعدة سنة خمس وتسعين وستّمائة وعزله.

ثمّ تولّى بعده الأمير الكبير شجاع الدين غرلوا مملوك الملك العادل كتبغا في السنة المذكورة ، ولم يزل فيها حتّى خلع أستاذه[1139] وتسلطن لاجين.

ثمّ تولّى بعده الأمير الكبير سيف الدين قبجَق المنصوري ، ودخل إلى دمشق في شهر ربيع الأوّل سنة ستّ وتسعين وستّمائةٍ ، وقفز[1140] إلى قازان هو ، والبكي ، وبكتمر السّلاح دار ، وجاؤوا مع قازان إلى دمشق ، ولمّا رُدّ

182a قازان الى بلاده ترك * قبجق نائب دمشق على عادته ، ثمّ إنه طلع إلى السلطان طائع[1141] ، وحديثه كثير يذكر في غير هذا الموضع . ولمّا راح قبجق[1142] من دمشق إلى عند قازان جاء نائب الى دمشق بعده الأمير جمال الدين الأفرم ، وبقي فيها حتّى دخلها قازان ، فهرب الأفرم الى القاهرة إلى عند السلطان الملك الناصر ، ثمّ رُدّ الأفرم الى دمشق على عادته في السنة المذكورة ، وبنى الجامع الذي في الصالحية ، وكان حسن السيرة.

ثمّ تولّى بعده الأمير الكبير قرا سنقر المنصوري نيابة حلب ، ومصر ،

1137a MS وزير.

1138 Meter الوافر. Al-Ṣaqā'i, fol. 71a, has the following variants :

تبصّر يا وزير الوقت واعلم   بانّك قد وطيت على الافاعي
وان تك سالما منهم فاني   اخاف عليك من لذغ الشجاعي

1139 MS استاده.

1140 MS وقفر.

1141 So in MS for طائعاً.

1142 MS فنجق.

ودمشق. وكان معروفاً بالشجاعة، ودخل إلى دمشق في أواخر سنة تسع وسبعمائة.

ثمّ تولّى بعده الأمير سيف الدين كراي المنصوري، ودخل إلى دمشق في شهر المحرّم سنة إحدى عشر وسبعمائةٍ، وكان سمح النفس، جواداً، رحمه الله تعالى.

ثمّ تولّى بعده الأمير الكبير جمال الدين أقوش الاشرفي، كان نائب الكرك،
182b ودخل إلى دمشق في شهر جمادى الآخرة[1143] سنة احدى* عشر وسبعمائة.

ثمّ تولّى بعده الأمير الكبير تنكز[1144]، ودخل إلى دمشق في شهر ربيع الآخر سنة إثني[1145] عشر وسبعمائةٍ، وتمكن في دمشق وسار بالعساكر، وفتح ملطية سنة خمس[1146] وعشرين وسبعمائةٍ. وما كان أمير يقدر يظلم أحداً في أيّامه، وكان يمشي[1147] في الليل بنفسه في المدينة، ويتفقّد مصالح الناس رحمه الله. وكان السلطان الملك الناصر لا يفعل شيء إلا برأيه. وكان الناس يدعوا بطول حياته. وكان يتوجّه في كلّ سنة إلى الأبواب الشريفة، ويعود معظماً مكرماً. وقد حكى القاضي شرف الدين ناظر الخاصّ أن إنعامه[1148] يبلغ في بعض السنين سبعمائة ألف ألف من الخزانة، خارجاً عن خيول وقماش. وكانت الخلعة الذي[1149] لبسها آخر سفرة غرامتها على السلطان ألفين دينار مصرية، ومركوبه جميع شيءٍ عليه ذهب، حتّى طبل الباز ذهب. وكان السلطان يخرج الى بير
183a البيضاء يتلقّاه، ويترجّل السلطان له ويكاربه.[1150] وتزوّج السلطان ببنت تنكز وزوّج السلطان اولاد تنكز ببناته.

وحكى القاضي شرف الدين المذكور، قال: «خرج السلطان يتصيّد كراكي،»
وقد أجاد الشيخ[1151] جمال الدين بن نباته حيث يقول في المعنى شعراً:[1152]

وَمُولَعٍ بِشِبَاكٍ يَمُدُّهَا وَشِرَاكِي
قَالَتْ لِي العَينُ، مَاذَا يَصِيدُ؟ قُلتُ، كراكي،[1153]

[1143] MS الاخر.
[1144] MS تنكر.
[1145] So in MS for اثنتي.
[1146] MS خمسه.
[1147] MS يمشي.
[1148] Added in margin.
[1149] So in MS for التي.
[1150] Unclear in MS. Read as يكاربه for يقاربه; cf. Lane, 2602.
[1151] MS الشيح.
[1152] Meter المجتثّ.
[1153] Meter defective in the first hemistich of this line. Cf. with a poem cited in Ibn Nubāta, *Dīwan*, 371, with the same rhyme words.

فلمّا خرج تنكز[1154] للصيد مع الأمراء وسبق السلطان، قال شرف الدين، «وكنت قد خرجت في ركاب السلطان أتفرّج، وقد رأيت بعيني مملوك سائق إلى أن وصل الى الامراء وقال هذا، 'السلطان واصل، يقول لك، يا نائب الشام، لا تنزل عن جوادك.' فما كان[1155] إلّا ساعة حتّى اقبل السلطان وقدّامه أربع امراء خاصّكية ذاك الزمان، الواحد ملكتمر الحجازي، ويلبغا اليحياوي، وألطنبغا المارداني، وأقسنقر، وعلى يد كلّ واحدٍ منهم سنقر، فقال السلطان لما وصل،
183b 'يا أمير تنكز أنا أمير شكارك وهؤلاء بزادرتك، * وهذه السناقر إذا رحت إلى دمشق خذهم معك لتتفرج فيهم.' فاراد تنكز[1156] النزول ليبوس ألارض فمنعه، وهذا لم يحصل لأحدٍ من النوّاب.» ولقد أجاد الشاعر حيث يقول في أمير شكار شعراً:[1157]

بِي مِن أمير شِكَــــارٍ هَوَاهُ يُذِيبُ الجَــوانِـحْ
لمّا حَــكى الظَّبيَ حُسْنــاً حَنَّتْ عَلَيْهِ الجَــوارِحْ

وكان تنكز رجل جيّد ديّن. وقد ذكر ناصر الدين دواداره قال: «أبصرت منه شيء ما أبصرته من غيره، كان له كاتب للزكاة لا يعمل غيرها، إذا دخلت السنة يكتب جميع ما في حواصله وتحت يده، ويظهر الذي وجب عليه من الزكاة فيصرفها لمستحقّها، رحمه الله تعالى.» ولم يزل على هذه الصفة حتّى مسك في شهر الحجّة سنة أربعين وسبعمائة، والذي وجد عند تنكز[1158] لما مسك موجوده ثمان مائة حمل جمل، ما بين ذهبٍ وفضّة وقماش وغير ذلك، وسنذكر[1159] باقي ترجمته في أيام الملك الناصر خوفاً كيلا يطول الكلام.

184a ثمّ * تولّى بعده الأمير الكبير علاء الدين ألطنبغا الحاجب الناصري، ودخل إلى دمشق في شهر المحرّم سنة إحدى واربعين وسبعمائة، ولم يزل نائبها حتى خرج السلطان أحمد من الكرك، وعصى حمّص أخضر[1160] في حلب وكان نائبها، وقام في تولية السلطان أحمد، وطلع إليه والتقاه ألطنبغا نائب دمشق بالعساكر. ولمّا دخل ألطنبغا إلى حلب هرب منها حمّص أخضر إلى صوب سيس، ولمّا رُدّ نائب الشام وجد فيها قطلوبغا الفخري[1161] قد ملكها، وكان قوصون

[1154] MS تنكر.
[1155] Added in margin.
[1156] MS تنكر.
[1157] Meter المجتثّ.
[1158] MS تنكر.
[1159] MS وسند كر.
[1160] MS احصر.
[1161] MS قطلوا بغا الفحري.

قد بعثه من مصر في الفين فارس يحاصر السلطان أحمد في الكرك، فلمّا التقى دمشق ما فيها أحد، جاء إليها وتملكها وأخرج السلطان أحمد من الكرك والتفت عليه الناس.

ثمّ إنّ نائب الشام خامر عليه وعسكر دمشق، ودخلوا إلى الفخري فهرب ألطنبغا نائب الشام الى القاهرة وكان من جهة قوصون. ثمّ إنّ المصريين مسكوا قوصون ومسكوا نائب الشام وطلع الفخريّ والسلطان أحمد والعساكر إلى مصر، وسلطنوا السلطان أحمد، ورُدّ طشتمر حمّص أخضر من بلاد الشمال، وفرح

184b به الفخري. وولّى السلطان أحمد* نياب[1162] البلاد، وولّى دمشق للفخري، ونيابة حلب لايدغمش، والملك نيابة[1163] حماة، والأحمدي نيابة صفد، وأقسنقر نيابة غزّة، وطشتمر حمّص أخضر نيابة مصر، وأخرجوا[1164] كلّ نائب الى بلده. ثم إنّ السلطان أرسل مسك الفخري في الطريق وولّى أيدغمش[1165] نيابة دمشق، وأرسل الفخري وحمّص أخضر الى الكرك الذي أقاموه.

ثمّ تولّى بعده الأمير الكبير أيدغمش، وأرسل الى حلب غيره، ودخل الى دمشق في أواخر سنة اثنتين[1166] وأربعين وسبعمائة، وتوفّي في دمشق. وكان موته من أعجب العجب، وهو أنّه سمع حسّ جواريه[1167] في دار السعادة فأخذ في يده عصاة ودخل إليهم وضرب واحدة عصاتين ووقع ميّت.

ثمّ تولّى بعده الأمير الكبير سيف الدين طقزدمر الناصري ودخل إلى دمشق من حلب، فإنّه كان نائبها في شهر رجب سنة ثلاث وأربعين وسبعمائة.

ثمّ تولّى بعده الأمير الكبير سيف الدين يلبغا اليحياوي الناصري، وكان السلطان الملك الناصر يحبّه كثير، وكان من أحسن الناس، ودخل إلى دمشق في

185a شهر ربيع الاوّل سنة ستّ* واربعين وسبعمائةٍ، وقد حكى لي الحاجّ حسين أستاد داره قال: «جرى يوماً بين يدي السلطان الملك الناصر ذكر عشرين الف دينار، فقال يلبغا، 'والله، يا خوند، عمري ما أبصرت عشرين ألف دينار.' فلمّا خرج من عنده طلب السلطان القاضي شرف الدين ناظر الخاصّ وقال له، 'أحضر لي الساعة خمسة وعشرين ألف دينار، وخمس تشاريف أطلس أحمر، وطرزها، وحوائصها.' فلمّا أحضر الذي طلبه السلطان قال له 'احمل التشاريف

[1162] So in MS for نواب ?

[1163] MS بيابه.

[1164] So in MS. وخرجوا meant ?

[1165] MS ايدعمش.

[1166] MS اثنين.

[1167] MS جواره.

الى بيت[1168] يلبغا، وقل له «إذا جاءت اليك الجمدارية بالذهب[1169] إخلع عليهم هذه التشاريف.»، وطلب السلطان خمسة من الجمدارية وحملهم الذهب وبعثهم إليه، فلمّا وصلوا اليه خلع عليهم تلك التشاريف.» وكان السلطان يحبّه ولم يزل نائب في دمشق حتّى جرى له ما جرى، وبنى الجامع الذي تحت القلعة ولم يتمّه، وتمام ذكره في موضعٍ آخر كما ينبغي. ولمّا مسكوه وقتلوه في قاقون رثاه القاضي صلاح الدين الصفدي يقول شعراً:[1170]

أَلَا إنَّمَا الدُنيَا غُرُورٌ وبَـــــاطِـلٌ[1171]
فَطُوبَى لِمَنْ كَفَّاه مِنْهَا تَفَرُّغاً[1172]
وَمَا * عَجَبي إلّا لمِن بَاتَ وَاثِـقـــاً 185b
بِأيَّـامِ دَهرٍ مَا رَعَتْ عَهدَ يَلْبُغَا

ثمّ تولّى بعده الأمير الكبير سيف الدين أرغون شاه، وحظي[1173] عند الملك الكامل ودخل إلى دمشق في جمادى[1174] الآخرة سنة ثمان وأربعين وسبعمائة، وكان في أيامه الغلاء، وخطفوا في دمشق الخبز،[1175] وقطع أيديهم وكانوا ثمانية عشر رجلاً، وسمّر منهم سبعة، وتمكّن في نيـابة دمشق، ولمّا جرى له مع ألجبغا والفخري ما جرى، ومسكوه من القصر الأبلق وقتلوه، جرى له ولهم فصول يطول شرحها، وسنذكر ذلك في غير هذا الموضع كما ينبغي، إن شاء الله تعالى، ورثاه القاضي صلاح الدين الصفدي بهذه الأبيات:[1176]

لَمَّا بَغَى الجُبُغَـا[1177] وَاعْـتَلَـى
إلىَ السُّهَا في ذبْحِ أَرغُونِ شَـــاهْ
قَبلَ انسلاخِ الشَّهْرِ في جِلّـقٍ عُلِّقَ في عَرْقُوبِهِ مِثلُ شَاهْ

ثمّ تولّى بعده الأمير الكبير سيف الدين أيتمش الجمدار الناصري، تولّى وزارة مصر في أيّام الملك الصالح ودخل إلى دمشق في شهر جمادى[1178] الآخرة سنة خمسين وسبعمائة.

1168 MS بيت.
1169 MS بالدهب.
1170 Meter الطويل.
1171 MS غُرُوراً وَبَاطِلاً.
1172 MS تَفَرَّغا.
1173 MS وحضي.
1174 MS جمدي.
1175 MS ألخبر.
1176 Meter السريع.
1177 Vocalized thus in MS.
1178 MS جمدي.

186a ثمّ * تولّى بعده الأمير الكبير أرغون الكامل نشو الملك الصالح، وزوّجه بأمّه. وتولّى نيابة حلب في أيّام بيبغا روس.[1179] وجرى له معه أمور يطول شرحها في هذا الكتاب. ودخل إلى دمشق في شهر صفر سنة إحدى وخمسين وسبعمائة، ولمّا ظفروا ببيبغا روس في بلاد حلب وقطعوا رأسه وأرسلوه إلى السلطان قال فيه صلاح الدين الصفدي شعراً:[1180]

لاَ تَعجَبُوا مِن حَلَبٍ إذْ غَـدَا أرغُون فِيهَا جَبَلاً رَاسِي
مِن أجْلِ هَذَا لَم نَزَلْ فِي هَنَا وَبَيْبُغَا رُوسُ بِلَا رَاسِ

ثمّ تولّى بعده الأمير الكبير عليّ المارداني راس نوبة الملك الناصر. وكان رأس نوبة في زمان الأشرف. وكان رجلٌ ديّن عالم، يحفظ القدوري على مذهب الإمام ابي حنيفة، رضي الله عنه، وقرأ القرآن، وسمع البخاري، وحجّ مرّتين، وكان في الجود نهاية، رحمه الله تعالى. ولمّا خرج السلطان الملك الصالح،
186b وطاز، وصرغتمش، وشيخو[1181] الى دمشق بسبب بيبغا روس * جعلوه في القاهرة نائب غيبة لِما يعرفوا من ديانته. ولمّا رُدّوا الى القاهرة وقُتِلَ بيبغا روس، اتّفق رأيهم على ان يكون نائب دمشق أمير علي، فارسلوه نائب دمشق فدخل إلى دمشق في شهر الحجّة سنة ثلاث وخمسين وسبعمائة، وعمل النيابة كما ينبغي، وعمّ الناس إحسانه. وما كان يقبل لأحد شيئاً. ثمّ عُزِلَ وتوجّه إلى حلب نائب.

ثمّ تولّى بعده الأمير الكبير منجك. وكان قد تولّى وزارة مصر أيّام وتولّى نيابة طرابلس، ودخل إلى دمشق في شهر جمادى[1182] الآخرة سنة تسع وخمسين وسبعمائة. وأقام بها إلى يوم عرفة من السنة المذكورة، وعزل وراح الى صفد نائب.

ثمّ تولّى بعده أمير[1183] علي المارداني، وردّ من حلب إلى دمشق وفرحت به أهل دمشق كثير، ودخل إلى دمشق في شهر الله المحرّم سنة ستّين وسبعمائة.

ثمّ تولّى بعده الأمير الكبير أَسَنْدَمُر[1184] اليحياوي. ودخل دمشق في شهور سنة ستّين وسبعمائة.

187a ثمّ تولّى بعده الأمير الكبير بيدمر، ودخل * إلى دمشق من حلب في شهور

1179 MS بيبغادوس.
1180 Meter السريع.
1181 MS شيوخوا.
1182 MS جمدي.
1183 For الأمير ?
1184 Vocalized thus in MS.

سنة إحدى وستّين وسبعمائة في ايّام الملك الناصر حسن. وفي هذه الولاية عصى بيدمر في القلعة وجرى له ما جرى.

ثمّ تولّى بعده أمير علي المارداني مرّة ثالثة، ودخل إلى دمشق في شهور سنة اثنتين[1185] وستّين وسبعمائة.

ثمّ تولّى بعده الأمير الكبير سيف الدين بيدمر، ودخل إلى دمشق في شهر شوّال سنة ثلاث وستّين وسبعمائة.

ثمّ تولّى بعده الأمير الكبير منجك ثاني مرّة، ودخل إلى دمشق في شهور سنة سبعين وسبعمائة، وفرحت به أهل دمشق وعزّل الطرقات من الحجارة من الكسوة الى الغور. وبنى في الكسوة زاوية ورتب لها سماط للفقراء. وبنى في دمشق دار القرماني، والخان، والحمّام الذي في باب الفراديس. ثمّ عزل عنها وطلب إلى مصر.

ثمّ تولّى بعده الأمير الكبير سيف الدين بيدمر، ودخل من حلب إلى دمشق في شهر شوّال سنة خمس وسبعين وسبعمائة، وفي هذه السنة كان غلاء عظيم
187b في بلاد حلب حتّى * أكلوا فيه الكلاب والميتة، وجت[1186] الناس من بلاد الشمال إلى دمشق مثل التراب. وغلا فيها الخبز أيضاً حتّى انباع رطل بدرهمين ونصف، وقاست الناس شدّة. أللّهمّ ارخص اسعار المسلمين!

وبيدمر في دمشق قد أهمل مصالح الناس مشغول بأخذ اموال الناس، وقد طلب منه السلطان الملك الأشرف ما تعتازه العمارة التي له بالقاهرة مثل شبابيك، وأبواب، وصفائح، وحلق، وغير ذلك مما يحتاج[1187] اليه العمارة. وشرع بيدمر يعمل ما طلب منه السلطان والناس في شدة وغلاء وموت، وبقوا الصنّاع يعملوا في دار السعادة زمان حتّى انتهى العمل وأعرضوه على بيدمر. وقد ذكر لي من كان مباشرهم في دار السعادة أنّهم جمعوا العمل وأعرضوه على بيدمر الذي هو من ذهب وفضّة لا غير، مثل صفائح، وحلق، ومسامير، وزوايا، وأطواق، وسواقط، ورِزَز[1188] وغلاقات، وهلالات، برسم رؤس القباب، فجمعوا ذلك كلّه وقبّنوه، فكان ما يزيد على اثني[1189] عشر قنطار ذهب وفضّة لا غير. هذا
188a خارجاً * عن النحاس المكفت، والذي فوق الخشب. وأرسلهم الى القاهرة على مائة وستّين جمل.

[1185] MS اثنين.

[1186] So in MS, for وجاءت ?

[1187] So in MS for تحتاج.

[1188] MS ورزز.

[1189] MS اثنا.

وطُلِب بيدمر إلى القاهرة وتَمثّل بين يدي السلطان وأقبل عليه وأنعم عليه، ورُدّ إلى دمشق وفرحت الناس به، وكان لدخوله يومًا مشهودًا هائلا[1190]. ودخل الى دار السعادة وحكم بها على عادته.

ثمّ بعد أيّام وصل إليه مرسوم السلطان، «انّك تعمل للحريم زَوايا وطرز، وتعمل أيضا كنابيش وخلع وما نعتاز إليه من أمر الحجاز.» فعند ذلك طلب التجّار وكبار دمشق وطرح عليهم الأموال وطلب الصنّاع وأخرج لهم الذهب والفضّة، وبقوا يعملوا وبقيت دار السعادة معمل حتّى ما بقي لأحد موضع يحطّ رجله من الصنّاع: ناس يزركشون، وناس يخيّطوا، وناس يصوغوا، وناس يعملوا في أكوار، وناس تحزم، وناس تقبّن. وقد ذكر من كان يباشر العمل في دار السعادة أنّه كان من جملة العمل سبعمائة زاوية، في كلّ زاوية من ثلاثمائة
188b مثقال الى خمسمائة مثقال. وعمل أيضاً إبر ذهب[1191] برؤس لؤلؤ ألفين إبرة، * وإبر فضّة برسم الجواري[1192] برؤس ذهب ثلاثة آلاف إبرة، وعمل ألف ومائتين زوج طرْز يلبغاوي، ومثلها كنابيش، وأخراج أطلس مزركشة، مائة وعشرين خرج، وثلاثمائة كور ملبسة ذهب وفضّة، وستّين ركاب ذهب وفضّة، وسلاسل، ومخاطم برسم الجمال شيء كثير.

وكان يرسل خزانة إلى مصر، وقبل أن تصل الى مصر يجهز أخرى بحيث أنه تكون خزانة في غزّة، وخزانة في الغور، وخزانة خارجة من دمشق، وخزانة في يد الصنّاع، ولم يقدر نائب يعمل هذا بعد بيدمر.

وفي هذه السنة حجّ السلطان الملك الأشرف، وهي سنة ثمان وسبعين وسبعمائة وجرى له ما جرى وعزل بيدمر ودخل إلى دمشق طشتمر الدوادار وجرى له في دمشق ما جرى. وأرسلوا نائب الى دمشق الحنبلي.

ثمّ تولّى بعده الأمير الكبير أقطمر الحنبلي، وكان ديّن عاقل، ودخل إلى دمشق سنة تسع وسبعين وسبعمائة، وكانت مدّته يسيرة، وتوفّي فيها الى رحمة الله تعالى.

189a ثمّ * تولّى بعده الأمير الكبير سيف الدين بيدمر، وكان في دمشق بطّال في بيته، وكانت مدته يسيرة من السنة المذكورة.[1193]

ثمّ تولّى بعده الأمير الكبير كمشبغا، ودخل إلى دمشق سنة ثمانين وسبعمائة وعزل.

1190 MS يوما مشهود هايل.
1191 MS دهب.
1192 MS الجوار.
1193 MS المذكوره.

ثمّ تولّى بعده الأمير الكبير سيف الدين بيدمر، ودخل إلى دمشق وفرحت الناس به، في شهر المحرم سنة اثنتين[1193] وثمانين وسبعمائةٍ وعزل.

ثمّ تولّى بعده الامير عاشقتمر، ودخل إلى دمشق في شهورٍ سنة اثنتين[1194] وثمانين[1195] وسبعمائة ثمّ عزل.

ثمّ تولّى بعـده الأمير سيف الدين بيدمر سادس مرّة، وهذا لم يحصل لأحد من النوّاب. ودخل إلى دمشق في شهور سنة ثلاث وثمانين وسبعمائة ثمّ عزل.

ثمّ تولّى بعده الأمير الكبير ألطنبغا الجوباني، ودخل الى دمشق في شهر صفر سنة تسع وثمانين وسبعمائة، وكان نائب جيّد، رحمه الله تعالى.

ثمّ تولّى بعده الأمـير الكبير طُرُنْطَـاي[1196] نيـابة دمشق في شهر القعدة

189b سنة * تسعين وسبعمائة.

ثمّ تولّى بعـده الأمير الكبير بزلار، ودخل الى دمشق في شهر شعبان سنة احدى وتسعين وسبعمائة ومات.

ثمّ تولّى بعده الأمير الكبير شنتمر[1197] أخو طاز، ودخل إلى دار السعادة في أواخر شهر رمضان سنة إحدى وتسعين وسبعمائة.

ثمّ تولّى بعده الأمير الكبير ألطنبغـا الجوباني ثاني مرّة، ودخل الى دمشق في شهر جمادى[1198] الآخرة سنة اثنتين[1199] وتسعين وسبعمائة.

ثمّ تولّى بعده الأمير الكبير الناصري في شهر شعبان سنة اثنتين[1199] وتسعين وسبعمائة.

ثمّ تولّى بعده الأمير الكبير بُطا[1200] السيفي، ودخل إلى دمشق في شهر الحجّة سنة ثلاث وتسعين وسبعمائة، ومات بها.

ثمّ تولّى بعده الأمير الكبير سودون الطُّرُنْطَـاءِي،[1200] ودخل الى دمشق في شهر ربيع الآخر سنة أربع وتسعين وسبعمائة، ومات بها.

ثمّ تولّى بعـده الأمير الكبير كمشبغا الخاصّكي ودخل إلى دمشق في شهر شوّال سنة أربع وتسعين وسبعمائة، ومات بها.

190a ثمّ * تولّى بعده المقرّ الكريم، العالي، المولوي، المالكي، المخدومي، السيفي،

1193 MS المذكوره.

1194 MS اننين.

1195 MS وسبعين.

1196 Vocalized thus in MS.

1197 For جردمر ? See note 454 to Translation.

1198 MS جمدي.

1199 MS اننين.

1200 Vocalized thus in MS.

تنبك المحسني[1201] الملكي الظاهري، أدام الله تعالى أيّامه، في شهر الله المحرّم سنة خمس وتسعين وسبعمائة.[1202]

[وصول الوزير ابن الشهيد الى دمشق][1203]

190b ثمّ* نعود الى كلامنا. وفي شهر الله المحرّم من السنة المذكورة وصل الى
191a دمشق ألمقرّ الشريف العالي المولوي القضائي شهاب الدين* ابن الشهيد، وطلعت اليه الناس التقوه وفرحت به الناس. ودخل إلى دمشق وهو لابس خلعة الوزارة، زاده الله تعالى من كلّ خير في الدارين، فإنّه رجل جيّد كثير الخير، يحبّ الفقراء ويحسن اليهم، ويتصدّق عليهم، ويعرف مقادير الناس، وطيّ الجنبة، سمح النفس، كريم الكفّ، جعل الله قواعد سعوده أئمة التشهيد،[1204] وموادّ إقباله أخذة في المزيد، وأدام شرفه، ورحم سلفه. ولمّا نزل في داره وقد فرحت به أهله واصحابه، أنشد لسان حالها يقول شعراً:[1205]

أهلاً بِمَقدَمِكَ السَّعيدِ ومَرَحباً   يَا مَن أعَادَ قُدُومُهُ زَمنَ الصِّبَا
أحْيَا النفوُسَ دُنُوّ دَارِكَ مِثْلُمَا   أحيَا الّذي بِحُلُولِهِ نَبتَ الرُّبَا

ثبّت الله قواعد مجده، وأنار كواكب سعده، فهو كما قال فيه الموّال مواّليّا:

191b
هَا* مَنزِلَكْ بِالوِزَارَه مَا بَرِح رَاحِبْ
كَفَّكَ نَدَاه السَّحَايِبْ لِلعِدَى سَاحِبْ
وَأنتَ فَرحَان ضِدّكْ مَا بَرِح نَاحِبْ
وَفِي وِزَارَتكَ تُدْعَى صَاحِبَ الصَّاحِبْ

[قتل اياس]

وفي شهر ربيع الأوّل من السنة المذكورة، وصل من القاهرة مملوك الأمير الكبير جلبان، وخبّر نائب الشام أنّ السلطان قتل إياس حتّى مات. وانّ

[1201] For الحسني.
[1202] Remainder of the page is blank in MS.
[1203] Fol. 190b was left blank by the scribe except for two lines at the very bottom. The following verses were added at the top of the page by another hand: سعر [!]

ترا [?] عصافير على ايكَةِ في اطيب العيش [العيس MS] وفي لذته
فرقرق الواحد من بيننا فتنبه الباشق من رقدته
من حلقت لحيه جار [حار MS] له فليكب [فليسكب ?] الما على لحيته.

[1204] Unclear. See n. 1550 to Translation.
[1205] Meter الكامل.

السلطان انعم على الأمير جلبان بخبزه وبيته. وقد استراحت الناس من إياس، قبحـَه الله تعالى، ما كان أظلمه، [1206] فانـّه ما كان في قلبه رحمة، وفي الحديث: «إرحم من في الارض يرحمك من في السماء.» وفي الحديث: «انّ الله يرحم من عباده الرحماء.» وكانت أفعاله قبيحة، ليس فيها دقـّة مليحة، وكان يحبّ الإفرنج كثير ويقـرّبهم ويمجـّد قدرهم، وكانوا قـد طمعوا في المسلمين في أيـّامه حتـّى كان يعبر اليه الرجل من أهل العلم ما يلتفت اليه، ويدخل إليه الفرنج يقف لهم ويجلسهم إلى جانبه، ويودّه، ويتقاضى حوائجه، وكان يميل إليهم
192a كثير، وما * ذاك إلا كما قال بعضهم: «شبيه الشيء منجذب اليه.»

وأعجب ما جرى له معهم أنـّه لمـّا كان نائب طرابلس سنة اربع وتسعين وسبعمائة، أراد يأخـذ جامع طرابلس يعطيـه للافرنج يعيدوه كنيسة، وكانوا قد اوعدوه بذهب[1207] كثير وهو طمـّاع، فقاموا عليه القضاة وكبار البلد والعوامّ وارادوا يرجموه، ثمّ إنّ السلطـــان عزله وأرسلـه الى دمشق أمير كبير. وهكذا فعل في دمشق، قيـل إنّ في بعض بلاده قطعـة أرض وقف على مسجد بلد، فطلبوها النصارى منه يوقفها على دير لهم، فأعطاهم إيـّاها وخلا[1208] المسجد بغير وقف، قبحه الله تعالى على هذه الفعال.

وقيل: إنـّه قطع في بلاد الغور سبعين يد[1209] ظلم، وقطع رِجـْل رَجـُل مسلم لكونه وطىء برجله صليب افرنجي، وأخرب الغور وهربوا أهله منه، وهو كان سبب هلاكه وكـان من كبار الظلمة 'لا يرقّ لشاكي، ولا يرحم عبرة باكي' وبقيت أهل دمشق معـه في ضيقة[1210] وهو لا يسمع من نائب ولا من حـاجب.

192b وقيل: إنـّه دخل اليه في * بعض الأيـّام رجل شريف له معه طلب فضربه بالعصى حتـّى كاد يموت وهو يقول، «كرامة لله كرامة لرسول الله،» ما يلتفت اليه وبجنبه افرنجي يحدّثه. ثمّ إن الافرنجي شفع فيه فقبل شفاعته، فقال له الشريف، «أنا اقول لك[1211] 'كرامة لله كرامة لرسول الله' ما تقبل وتقبل من افرنجي، اضربني حتـّى اموت، ولا اقوم بشفاعة عدوّ الله تعالى!»

وقد حضر بعض أصحابي له حكومة وأحكاها[1212] عنه قال: «إنّ فلّاحين من فلّاحينه[1213] تضاربوا، قـُتـِلَ منهم واحد، فمسكوا أهل المقتول للقـاتل ونزلوا إليه

[1206] MS اطلمه.
[1207] MS بدهب.
[1208] So in MS, for وخلـّى ?
[1209] MS بدّ.
[1210] MS ذيقه.
[1211] MS له.
[1212] So in MS for وحكاها ?
[1213] So in MS for فلاحيه.

يشكوا حالهم ويقتل الذي قتل قرابتهم، فلمّا وقفوا قدّامه قال لهم، ’ما تريدون؟‘ قالوا له، ’يا خوند! هذا قتل أخانا.‘[1214] قال لهم ’والقاتل من[1215] أين هو؟‘ قالوا، ’يا حوند! الاثنين[1216] فلّاحينك.‘[1217] قال، ’مليح هذاك قُتِلَ واقتل انا آخر.‘ وقال لهم، ’روحوا بلا فشار،‘ فغوشوا أهل المقتول فأرماهم وضربهم بالعصي، وأمر بهم إلى الحبس وترك القاتل.»

193a فانظر يا اخي * الى هذه الأحكام الردية، وإلى هذه الاوصاف الدنيّة، وله مثل هذا كثير. وإنّما اختصرنا هذا حتى يبان الجيّد من النحس، فإنّ الرجل الجيّد ما يقدر أحد يتكلّم في عرضه بشيءٍ، وما قتله الّا الطمع وحبّ الدنيا، وعمّر عمائر كثيرة، وكثرت أملاكه، وما علم أنّ عاقبتها هلاكه، وقد فرح بموته كلّ من في دمشق، واتّفق من الاتّفاق العجيب انّ ثاني يوم زيّنت المدينة. فانظر الى هذا الظالم وإلى سيرته الردية، وافعاله المذمومة مع الرعيّة. أما علم ان كلّ راعٍ مسؤل عن رعيته؟ وانّ الله تعالى يوقفه بين يديه ويسأله عمّا فعل من خير وشرّ؟ فيا ليت شعري ما يكون جوابه، وكيف يكون اعتذاره؟ وقد أجاد بعض الشعراءِ حيث يقول فيه شعراً:[1218]

قَطعَ أَياسٌ أَياساً من سَلَامَتِه[1219]
وَالظُلْمُ فِي الذُلِ والتوبيخ صَيَّرهُ
طُرُقَ الشَّرِيعَةِ فِي الأَغوارِ غَيَّرَهَا
مِن أَجلِ ذَا غَارَ رَبُّ العرشِ غَيرَهُ

193b وقد * أجاد بعضهم حيث يقول شعراً:[1220]

قُلْتُ لَهُ لما قَضَى نَحبَهُ لاَدرك الرَّحمانُ مِن هَالِكِ
أَمَا وقَد فَارَقتَنَا فَانتقِلْ مِن مَلِكٍ[1221] الموتِ إلىَ مَالِكِ

ولما ضربه السلطان، وصار بعد عزّه في هوان، تمثّل بعض الشعراء بهذه الأبيات وأجاد، حيث يقول شعراً:[1222]

1214 MS اخونا.
1215 Added in margin.
1216 MS الاثنين for الاثنان.
1217 So in MS for فلاحوك.
1218 Meter البسيط.
1219 MS has سَلَامَةِ which does not fit the meter.
1220 Meter السريع.
1221 MS مَلِكُ.
1222 Meter الطويل.

أبَا حَسَنٍ هَذا جزاء الّذي جِنتْ   يَداكَ فَذُقهُ والقَ ما أنتَ لاقيهِ
شَفَى غُلَّتي اني رَايتُكَ شَارِباً
بِكَاسٍ مِنَ الظُلْمِ الّذي أنت ساقيهِ

وقد قاست أهل دمشق منه الموت الأحمر حتى أراحهم الله تعالى منه.

[انحرافات في الجزاء بعد الموت]

حكاية: قال القاضي شمس الدين ابن خلكان وغيره من أرباب التاريخ،[1223] عن دلف بن ابي دلف، أنه قال، «رأيت في المنام انّ رجل أتاني وقال لي، 'أجب الأمير.' فقمتُ معه ودخلت داراً وحشةً سوداء مظلمة، ثمّ أدخلني
194a داراً غيرها * أوحش منها، أثر النار في حيطانها، وإذا بأبي دلف وهو عريان، واضع رأسه بين ركبتبه قال لي 'دلف،' فقلت 'نعم.' فانشأ يقول:[1224]

'بَلِّغنَ أهلنَا وَلَا تُخفِ عَنْهُم[1225]
مَا لَقينَا مِنَ البَرزخ الخفاقِ
قَد سُئلنا عَن كُلِّ مَا قَدْ فَعَلْنَا
فَارحَمُوا وَحشَتِي وَمَا قد أُلاقي.'

ثمّ قال لي، 'فهمت؟' قلت، 'نعم فهمت.' ثمّ أنشد يقول:[1226]

'فلَو كُنّا اذَا مِتنَا تُركنَا   لَكَانَ المَوْتُ رَاحة كُلِّ حُرّي
وَلكِنّا إذَا مِتْنَا بُعِثنَا   وَنُسأَلُ بَعدَ ذَا عَنْ كُلِّ أمْرِي'.

ثمّ قال لي، 'فهمتَ؟' قلت، 'نعم فهمت.'

وكان هذا دلف نائب أمير المؤمنين المأمون على دمشق، وقعد زمان حاكم بها، وكان جواداً وسيرته مليحة في كتب التواريخ[1227]. فانظر يا أخي الى هذا المنام الذي أبصره له ولده، ولو نقله غير ولده كان يُتّهم في ذلك. هذا وسيرته كانت حسنة فما بال مَن سيرته قبيحة؟ اللّهمّ لا تغضب علينا يا ربّ.

194b وقد * ذكر ابو عبد الله محمد الغرناطي في كتابه «التحفة»[1228] قال، «كان في بلدي رجل حاكم ظالم غاشم، فعند موته بنى له تربة مليحة وزخرفها

[1223] MS تاريخ.
[1224] Meter الخفيف.
[1225] Cf. Ibn Ḥallikān, I, 423, بَلِّغَنْ، تخفَ.
[1226] Meter الوافر.
[1227] MS التواريخ.
[1228] See note 1563 to Translation.

وبيّضها وعمل ما يحتاج إليه، فلمّا توفّي دفنوه بها فأصبحت التربة سوداء مثل الفحمة، وبقي طالع من قبره دخان أسود يشاهده كلّ أحد وشاع ذكره في سائر البلاد، وكان ذلك عبرة لمن اعتبر من أهل الظلم، ورُدّ بذلك عن الظلم خلق كثير. وكانت الناس تقصده من سائر البلاد حتّى يتفرّجوا عليه.» اللّهمّ اجرنا من النار، يا عزيز! يا جبّار! ومثل هذا مشهور في أهل الظلم. وقد أردنا منه هذا القدر، عسى الله تعالى أن يردّ به ظالم اذا قرأه. ويعتبر بما يراه، فانّ الربّ — سُبحانه وتعالى — كريم، يقبل التوبة عن عباده. سبحانه لا اله الّا هو!

[مدح جلبان]

ثمّ نعود الى كلامنا. وفي شهر ربيع الآخر من السنة المذكورة يوم الخميس ثامن عشر الشهر، دخل إلى دمشق المقرّ الأشرف العالي، المولوي، الأميري، 195a الكبيري، العالمي، العادلي، الزاهدي* العابدي، المجاهدي، المرابطي، المؤيدي، الهمامي، النظامي، الدخري، الغياثي، الملكي، الظاهري، السيفي، جلبان. غيث الأنام، بهجة الليالي والأيّام، منشيء الممالك والملوك، جبَر الغنيّ والصعلوك، السيد السند، الممدوح المحمود، محيي العدل، ناصر الحقّ، مغيث الخلق، أنار الله به البلاد، وأغاث به العباد، وهو كما قال فيه الشاعر وأجاد، شعراً[1229]:

صَلُحَتْ بِهِ الأَيامُ بَعدَ فَسَادِهَا وَأَضاءَ وَجْهُ الأرضِ بَعدَ ظَلَامِهِ
نَفْسِي فِدَاؤُكَ مِنْ أَميرٍ صَالحٍ ظَهَرَتْ نُجومُ العَدْلِ فِي أَيامِهِ

فلا زال موفور الدواعي، موقوف المحامد على أشرف المساعي، وهو — أعزّه الله تعالى — كما قال فيه الشاعر شعراً[1230]:

أَميرُ عَلا فَوقَ السماكَينِ مَجْدُهُ
ولٰكِنْ لأهْلِ العِلمِ فيهِ تَواضُعُ
تَوَاضَعَ للهِ [فَ]عَلّى[1231] مَحَلَّهُ وَمَكّنَهُ فِي الأَرضِ والسَّعد طَالِعُ
وَصَرَّفَهُ فِي المُلْكِ تَصرِيفَ مَالكٍ
أَوَامِرُهُ تَجرِي بِمَا اللهُ صَانِعُ

[1229] Meter الكامل.
[1230] Meter الطويل.
[1231] MS has عَـلّا, which does not fit the meter.

فَبحرٌ* وَلكِنْ بـالنَّدَى مُتَلَاطِمٌ 195b
وَحبرٌ لأشتَاتِ الفَضَائلِ جَـامِـعُ

وقد قال بعضهم، «ما من عبد أنعم الله تعالى عليه نعمةً الّا كثرت حوائج الناس اليه، فمن قام فيها بما يحبّ الله ورسوله فقد عرضها للدوام والبقاء، ومن قصر فيها يحبّ الله ورسوله فقد عرضها للزوال والفناء، فإن النعمة زكاتها العدل.»

ولمّا دخل إلى دمشق فرحت به أهلها، فانّه ــ أعزّه الله تعالى ــ مشكور السيرة، حسن السريرة، وحاشيته أجواد، وهو رجل عاقل عارف، قريب من الناس، صاحب تدبير في أحكامه، ادام الله تعالى أيّامَه. وقد قال بعضهم، «التدبير في الرجل زيادة في عمرهِ، ويصل به إلى بلوغ[1232] أمره.» والتدبير هو مضاف الى العقل، إذا كان الإنسان كامل العقل كان حسن التدبير.

[انحرافات في الحكام الصالحين]

حكاية في المغنى: قال بعض السلف الصالح: «إنّ الاسكندر، رحمه الله، لمّا إنتهى الى ملِك الصين ونزل على بلاده حتّى يأخذها كما فعل بغيره، أتاه حاجبه، وقد مضى من الليل شَطْره، وقال له، 'هذا رسول ملِك الصين على
196a باب * خيمتك[1233] يستأذن في الدخول عليك.' فأذن له، فلمّا دخل وقف بين يدي الإسكندر وسلم عليه ثمّ قال، 'إن رَأي الملك ان يَستَخْلِيني.' فأمر الاسكندر من كان عنده من أصحابه أن ينصرفوا، وبقي بعض خاصّته فقال له، 'إنّ الذي جئتُ فيه لا يحتمل أن يسمعه غيرك.' فأمر بتفتيشه فلم يوجد معه شيء من السلاح، فوضع الإسكندر بين يديه سيف وقال له، 'قف مكانك وقل ما شئت.' وخرج كلّ من كان عنده ولم يبق عندهما أحد. فقال له، 'أنا ملكُ الصين لا رسوله، جئت أسألك عمّا تريد، فإن كان يمكن عمله، ولو على أصعب الوجوه، عملته وأعفيتك من الحرب والقتال.' فقال له الإسكندر، 'وما خفت مني أن اقتلك؟' قال 'لا، فإنّ علمي بك رجل عاقل، وما بيننا عداوة ولا مطالبة قديمة، وأنت تعلم إن قتلتني لم يسلموا إليك أهل الصين ملكهم، بل يقيموا لهم غيري يقوم مقامي ثم تنسب أنت الى
196b غير الجميل.' فطرب الإسكندر كلامه وعرف * أنّه رجل عاقل عارف قد جرّب الامور فقال له الاسكندر: 'الذي أريد منك ارتفاع مملكتك ثلاث

[1232] MS بلوع.

[1233] MS حسمك.

سنين عاجلاً، ونصف ارتفاعها في كلّ سنة.' قال: 'هل غير هذا من شيء؟' قال، 'لا.' قال، 'قد أجبتك الى ما قلت.' فشكره الإسكندر وانصرف الى أهله راجعاً. فلمّا كان ثاني يوم طلوع الشمس أقبل جيش ملك الصين حتّى ارتجّت الأرض من كثرتهم، واحتاطوا[1234] بجيش[1235] الإسكندر حتّى عاينوا الهلاك مع كثرتهم، فإنّه كان في جيشه ألف قاضي يحكموا بين الناس بالحقّ. وقيل: كان معه من أرباب الصنائع الذي[1236] يعتازهم معه في الأسفار من أهل كلّ صنعة أربعين الفاً، فما يكون هذا الجيش. ومع هذا خافوا من جيش ملك الصين وفي هذا كفاية. فلمّا قرب اليهم جيش ملك الصين ركب الإسكندر وركبت جيوشه واستعدّوا للحرب، فبينما هم كذلك اذ تقدّم ملك الصين الى

197a عند الإسكندر وسلّم * عليه فقال له، 'غدرت بنا.' قال، 'لا والله.' قال، 'فما هذه الجيوش؟' قال، 'انّي أردت ان أوريك أنّي ما اطعتك من قلّة[1237] جيوشي ولا ضعف رجالي وانّ الذي تراه من الجيوش، الغائب اكثر منه، لكن رأيت الله تعالى معك، ومقبلاً عليك، وينصرك على من هو اكثر منك رجالاً، وأقوى منك، وأنّك مُعَانٌ من الله تعالى، ومن حارب الله تعالى غُلِبَ وقُهِرَ، فأردت طاعته بطاعتك، ودخلت تحت حكمك.' فقال له الإسكندر، وقد تحيّر من حسن كلامه وعقله، 'ليس مثلك من يؤخذ[1238] منه شيء، فما رأيت أعرف منك، ولا أحسن تدبير. وقد أعفيتك من جميع ما أردته منك، وأنا منصرف عنك.' ثمّ ردّ كلّ واحد منهم إلى مكانه، ثمّ بعث له ملك الصين من الهدايا والتحف أضعاف ما كان طلبه منه.»

فانظر يا أخي — وفقك الله تعالى — إلى هذا الرجل العاقل، ما أحسن تدبيره، وأحسن ما قيل في العقل قول شاعر:[1239]

197b فَمَنْ * كَانَ ذَا عَقْلٍ وعِلْمٍ وقُدرَةٍ
وَسَارَ بعَدْلٍ فِي الأنَامِ مَعَ الفَضْلِ
أتَتْهُ مُلُوكُ الأرْضِ طَوعاً لِأمْرِهِ
وَدَانَتْ لَهُ الأمْلاكُ بالقولِ والفِعْلِ

[1234] MS واحطاطوا.
[1235] MS بحيش.
[1236] So in MS for الذين ?
[1237] MS قلت.
[1238] MS يوخد.
[1239] Meter الطويل.

واعلم أنّ الله تعالى لم يخلق في بني آدم شيئاً أشرف من العقل. وقيل: إنّه اجتمع العقل والسعادة، فافتخر العقل على السعادة، فقالت السعادة، «دع عنك، والله ما جئت الى أحد واحتاج اليك.»

وقال بعض الشعراءِ في المعنى شعراً:[1240]

لاَ تَرقُبَ النّجم فيِ أمْر تُحاوِلُهُ[1241]
فاللّهُ يفعَلُ لاَ جَدْيٌ وَلاَ حَمَلُ

مَعَ السعَادَةَ مَا للنّجْمِ مِن أثَرِ
فَلاَ يَضُرُكَ مَرِّيخٌ وَلاَ زُحَلُ

ونحن لا نوافق على انّ السعادة أشرف من العقل، فقد قال بعض الملوك يوماً لبعض أولاد العرب: «أتريد ان تكون أحمق ولك منّي مائة الف درهم؟»
198a قال، «لا.» قال، «لأي شيءٍ؟» قال، * «أخاف ان احمق حمقةً واحدةً تروح المائة ألف دينار، وأبقى طول عمري أحمق فلا اريد هذا.» فما أحسن جواب العاقل!

ومن حسن صفات الملوك العادلة، رحمهم الله تعالى، أن يكون ذا[1242] حكمٍ عند الغضب، وذا[1242] أناة، عند القدرة، وذا[1242] سطوة عند المغالبة، وذا[1242] عقوبةٍ عند الاجترام، ويكون سهل النول، حسن النكال، الناس معه بين راجٍ وخائفٍ، فهذه سير الملوك المتقدّمة رحمهم الله تعالى، ورحم من اقتدى بهم وتبعَ آثارهم، فإنّ الدنيا زائلة والآخرة باقية، والمرجوع[1243] الى الله تعالى وما يبقى إلّا روايات وأخبار.

ثمّ نعود الى كلامنا. واستمرّ الأمير جلبان في دمشق على احسن سيرة ولله الحمد. أللّهمّ اصلح حكّامنا يا ربّ العالمين!

[تقليد قاضي القضاة الجديد]

وفي شهر جمادى[1243] الاولى يوم الخميس لبس قاضي القضاة علاء الدين، ثقة الملوك والسلاطين، مجد الاسلام والمسلمين، شيخ شيوخ العارفين، خالصة
198b أمير المؤمنين، شرح * الله صدره، ورفع ذكره، وعلّى قدره، ويسر أمره،

[1240] Meter البسيط.
[1241] MS تُحَاولُهُ.
[1242] MS وذوا، ذوا.
[1242a] MS إناءة.
[1243] MS جمدي.

ولمّا كانت دمشق المحروسة كالشامة في وجنة الشام، وكالجوهرة التي هي أوسط عقد النظام، وقد أزانها أيّده الله تعالى بالحكّام الرضية، والأخلاق السنية، والعطايا البهية، واتّبع سنّة آبائه الذين كانوا في الدنيا أئمة زمانها، وعلامة أعلامها، رحمهم الله تعالى، وأجرى قلم الصدقات جري النيل في البلاد، وعمّ بفضله وإحسانه الحاضر والباد، فبذلك عظم قدره، وطاب ذكره، وحسنت سيرته، فأتت اليه الفقراء، ومَدَحتْهُ الشعراء، وقد قال فيه بعض الشعراء:[1244]

لَمَّا نُصِبْتَ إلى الأَحكَامِ مُرتفِعاً
وَجَرَّ غَيرُكَ[1245] أذيالاً مِنَ الخَجَلِ
وَطَّتْ أعَادِيكَ مَا عَلَوْهُ مِنْ حَسَدٍ
وَلَا عَجِيباً إذا وَطَوْ وأنتَ عَلِي

199a ثبّتَ الله قواعد مجده، وأنار كواكب سعده، وأن يهنّاً بالمرتبة التي أحلّها، والأحكام التي ملك زمام عقدها وحلّها، وكانوا أحقّ بها وأهلها، شعر:[1246]

خَطِيبٌ[1247] وَقَاضٍ وَابنُ قَاضٍ ومَجْدُهُ
فَعَالٍ وهَذَا فَخرُهُ وَعُلاَهُ
فَمَنْ يَنتَسِبْ مِنْهُم بِمِثْلِ انْتِسَابِهِ
وَمَنْ يَرْتَقِي مِن رتبَةِ العِلْمِ مَرقَاهُ
فَلاَ زَالَ مَوْصُولَ الحَيَاةِ بِغبْطَةٍ
وَلاَ زَالَ يَلْقَى الصالحَاتِ وتَلْقَاهُ
وَكَمْ شَهِدَ الفَضْلُ العَمِيمُ بِمَجْدِهِ
فَقَامَ النَّدَى مِن رَاحَتَيْهِ فَزَكَّاهُ

وهو – حرس الله مجده، وأرغم ضدّه – رحيب الصدر، كريم النفس، عذب اللسان، مطاع الأمر، لا زال إماماً للمتقين، وقدوةً للصالحين، وهوكما قيل فيه[1248] شعراً:[1249]

[1244] Meter الطويل.
[1245] MS غَيْرَكَ.
[1246] Meter الطويل.
[1247] MS خطيبٍ.
[1248] MS فيه.
[1249] Meter الوافر.

أَخُو وَرَعٍ لَهُ التَّقْوَى شِعَارٌ   مُنِيبٌ مُخْلِصٌ سِرًّا وَجَهْرَا
لَهُ البُشْرَاءُ فِي الدُّنْيَا خَطِيبٌ   وَفِي ٱلْأُخْرَى فَيَرْقَى ثُمَّ يَقْرَا

199b أدام *الله تعالى أيّامه، وأنفذ أحكامه، وختم لنا وله وللمسلمين بخير في عافيةٍ يا ربّ العالمين!

[القحط العظيم]

ثمّ نعود إلى كلامنا. وفي شهر جمادى[1250] الآخرة من السنة المذكورة في أوائل الشهر طلع حاجب الحجّاب وجماعة إلى عين الفيجة، بسبب قلّة الماء في الأنهر وسدّ مواصي كثيرة[1251] من النهر، وتفقّد حاله، وبقت[1252] الناس في ضيقة[1253] عظيمة من قلّة الماء وراح يفرغ شهر آذار[1254] ونهر بردى ليس فيه ماء يدير حجر طاحون، وغلقوا الناس طواحين كثيره لقلّة الماء، وتَلِفَتْ أكثر مغلات الناس، ومع قلّة الماء فالمطر قليل جدّا، وقد عاينت الناس الموت، وبقت[1255] الناس كما قال الله تعالى «وترى الناس سُكَارى ومَا هُمْ بِسُكَارى» سكارى بغير خمرٍ من الهمّ، لكنّ الربّ — سبحانه وتعالى — كريم، وهو الفعال لما يريد. ولم يبصر أحد في السنين المتقدّمة مثل قلّة[1256] الماء في هذه السنة. لكن ذكر بعض المشائخ أنّ في زمان منجك نائب الشام قلّ الماء ولم يكن هكذا، فطلع إلى عين الفيجة، وجمع الرجال* من وادي بردى، وعزّل 200a
النهر، وسدّ مواصي، وتفقّد النهر، وكان المطر قليل أيضا. وهذه العين المباركة جميع مياه دمشق وانهارها منها، وهي رأس المنبوع، فان كانت مليحة كانت الأعين ملاح، وإن كانت غير ذلك فلهم أسوة بها.

[حكايات من القحط]

وقد ذكر بعض مشائخ الفيجة، وهي قرية جوار العين، قال، «انقطعت العين في بعض السنين بالجملة،[1257] ولم يبق[1258] يخرج منها شيء، ونزلنا إليها ودخلنا فيها وإذا في صدرها مثل باب معمول من حجر يخرج منه الماء من داخلها، فبينما نحن واقفين متعجبين وإذا حسّ الماء قد جاء من داخل تلك المواضع، فهربنا إلى خارجها وطلعنا من النهر، وإذا بالعين قد خرج منها الماء قليل قليل حتّى

[1250] MS جمدي.
[1251] So in MS for مواصين كثيرة.
[1252] So in MS for وبقيت.
[1253] MS ذيقه.
[1254] MS أذار.
[1255] So in MS for وبقيت.
[1256] MS قلت.
[1257] MS بالجمله.
[1258] MS يبقا.

تكامل كما كان، وكان انقطاعها مقدار نصف نهار وأقلّ.» وذكر أنّ ثاني يوم
خرج منها الماء متغيّر مثل ماء الزيادة قال، «والذي حَزَرْنا على سبب انقطاعها
وخروج الماء منها متغيّر، أنّ قطعة وقعت داخل العين فسدّت الماء عن
200b الخروج، فلمّا بَحَرَّ قوي * عليه فأخذه وخرج وهذا هو الصحيح، والله تعالى
أعلم.» ولم يعلم أحد من اين يخرج ذلك الماء الخارج منها، فانّ الروم صنعوها
واتقنوا أمرها وهي من عجائب دمشق.

نكتة في المعنى وجدتها في كتب التواريخ: وهي لمّا أزادوا يعملوا جسر ابن
جامع[1259] الذي في الغور على الشريعة، طلعت إليه الصنّاع وجمعوا له حجارة
ونحتوها وحصّلوا آلته كلّها، وكانت الشريعة زائدة فبقوا حائرين كيف يعملوا في
الأساس. فبينما هم ذات ليلةٍ نائمين على حافة الشريعة وقام واحد منهم لحاجته
فوجد الشريعة مقطوعة والأرض يابسة، فزعق على الصنّاع فقال، «قوموا
اعملوا الأساس.» فقاموا الصنّاع إليها وبادروا واجتهدوا في العمل حتّى طلع
الأساس مقدار ذراعين ثلاثة، وإذا بالماءِ وقد جاء عليهم مثل الجبال فهربوا
منه وصبروا حتّى خفّ، ثمّ إنّهم بنوا فوق الأساس حتّى فرغوا ثمّ انّهم
201a كشفوا خبر انقطاع الماء [ف] وجدوا سبب انقطاعه أن قطعة من الجبل وقعت *
في الشريعة فسدّت الماء وانحبس الماء الى خلف حتى بنوا[1260] الأساس، فلّما
قوي الماء استرقّ موضع وخرج منه، وكان ذلك رحمة من الله تعالى حتّى
تنتفع الناس به وهذا عجيب.

وفي هذه السنة المذكورة[1261] كان الماء قليل في دمشق، والمطر ايضا قليل،
وكذلك بلاد الشمال كان ماء العاصي قليل جدّا، وماء الفرات[1262] كذلك،
وتقطّعت أكثر عيون بلاد الشمال، وبلاد الشام، ونشفت أبيار دمشق، وانقطعت
عين الكرش بالجملة أيّام بعد أن كانت تدير حجر طاحون. وقد ذكر لي
البستاني الذي هي في بستانه أن سبب انقطاعها كانت أهل تلك الناحية
يجوا[1263] إليها ويشربوا الخمر عندها ويفعلوا كلّ قبيح فنشفت، فلّما رأوها
نشفت منعوا الناس عن القعود عندها وعزّلوها فجرت قليل مثل غيرها وذلك من
فضل الله تعالى على المسلمين، فانّها ينتفع بها ناس كثير.

[1259] See note 1581 to Translation.

[1260] MS بنو.

[1261] MS المدكوره.

[1262] MS الفراه.

[1263] So in MS for يجيئون.

وَلقِلّـة الماءِ والمطر في هذا الزمان غلت الأسعار، وأبيع القمح في هذا الشهر
201b المذكور بثلاثمائة درهم الغرارة، وأكلت الناس الشعير، وأبيعت عشرة[1264] أرطال الطحين من الشعير بمبلغ خمسة عشر درهماً وأكثر، وبقيت الناس في شدة حتّى نظم بعض الشعراء شرح حال الناس؛ يقول شعراً:[1265]

سنينَ القَحطِ قَدْ دَارَتْ عَلَيْنا   وَعَمَّتْ لِلكَبيرِ مَعَ الصَّغيرِ
وَبِعنَا الفُرُشَ وَالبُسطَ الغَوَالِي   وَنِمنَا بِالثيابِ عَلَى الحَصِيرِ
لَقِينَا مِن أَذَاهَا مَا لَقِينَا   وَزَاحَمْنَا ٱلْحَمِيرَ عَلَى ٱلشَّعِيرِ

وأعجب شيء جرى في قلّة الماءِ في هذه السنة المذكورة، أن أنسان كان عنده قصيل، وقد جاء خيرة فباعه بألف درهم ومائتين بالدرهم الحاضر، على أنّه يسقيه للمشتري شربة ماءٍ، فاشترى له ماء بمبلغ مائتي[1266] درهم، فلم يكفاه ربعه، فتقايل هو والمشتري فانّه وجد ثمنه ما يقوم بسقيه وقد غرم عليه جمله، فاتّكل على الله تعالى لعلّه أن يسقيه من كرمه وإحسانه. وناس
202a كثير جرى لهم * هكذا، اللّهمّ اغثنا يا أرحم الراحمين!

وقد ذكر عماد الدين الكاتب الاصفهاني صاحب «كتاب البستان في تواريخ[1267] أهل الزمان» أن في سنة إحدى عشرة وثلاثمائة،[1268] لم يكن فيها مطر قطّ، وكانت في غاية الخصب تعرف بسنة الحشيش، فإنّ الربّ، سبحانه وتعالى، هو اللطيف[1269] الخبير بعباده وبلاده «لا يُسأل عمّا يفعل وهم يسألون» وقال تعالى «انّ الله يعلم ما لا تعلمون» صدق الله العظيم.[1270] وفي الحديث يقول الله تعالى «يا عبدي أنت تريد[1271] وأنا اريد[1271] وما يكون إلاّ ما أريد.[1271]» سبحان اللطيف الخبير.

وفي زمان تنكز جاءت سنة مثل هذه قليلة الماء والمطر جدّا، ولطف الله تعالى بعباده[1272] حتّى كانوا ينادوا على الخبز،[1273] «يا خبيز الهواء[1174]» فإنّه تربّى بالندى والهواء،[1274] ذلك من لطف الله تعالى بعباده، فإنّه لا بد لهم من

[1264] MS العشرة.
[1265] Meter الوافر.
[1266] MS ماتي.
[1267] MS تواريح.
[1268] MS ثلثمايه.
[1269] MS اللطيف.
[1270] MS العظيم.
[1271] MS اريـّد ,تريـّد.
[1272] MS بعباده.
[1273] MS الجبر.
[1274] MS الهوى.

رزق يأكلوه، وقد تكفّل بأرزاقهم. وما أحسن ما قال المثل «الّذي شقّ الأشداقَ يأتيها بالارزاق.»

202b نكتة في المعنى: قال* كان في زمن الملك الناصر رجل كبير يتوجّه بمكاتبات السلطان الى أمير العرب مهنّا، قال الرجل، «كنت عنده في بعض الأيّام نتحدّث وإذا برجل يقول له، 'لك البشارة، يا أمير مهنّا، قد ولدت الفرس الفلانية،' وكانت عزيزة عنده ففرح بذلك، ثمّ جاءه رجل آخر وقال، 'أظنّ هذا الفلو ميشوم[1275] على أمّه.' فقال له مهنّا، 'ولِمَ ذلك؟' فقال، 'يا أمير، ما في بزّها ولا قطرة لبنٍ إلّا ناشف.' فقال له الأمير، 'انظر الفلو لا يكون[1276] أصمّ يعنى ليس له فم.' فذهب ذلك الرجل فنظر الى المهر وجاء اليه فقال له، 'صدقت إنّه اصمّ.'» قال، «فتعجّبت من قوله لذلك الرجل 'لا يكون أصمّ' وظهر الأمر كما قال، فقلت، 'يا أمير، كيف علمت ذلك؟' قال، 'اخذت من قول القائل «ما شقّ ألاشداق الّا ويأتيها

203a بالأرزاق» فلمّا قال لي «ليس في ثديها لبن*،» عرفت أنّه أصمّ ما لهُ رزق، لو كان لهُ في هذه الدنيا رزق كان في بزها اللبن.'» قال «فتعجّبت[1277] من ذكاه[1278] وحسن معرفته.» وما أحسن هذه الحكاية، فيها عبرة[1279] لمن اعتبر.

وقد[1280] ذكر العماد الكاتب أيضا قال، «انّ المنجّمين في بعض السنين ذكروا أنّ تلك السنة تكون كثيرة الماءِ جدا حتّى يخاف على الناس من السيول، وخافت الناس من ذلك؛ فكان ضدّ ما قالوا، وكان الماء قليل في تلك السنة كثير، حتّى هلكت الناس من قلّة الماء.» قبّحهم الله تعالى ما أكذبهم.

وفي سنة احدى وثمانين وخمسمائة أيضا ذكر بعض[1281] المنجّمون أنّ ليلةً في تلك السنة المذكورة تكون كثيرة الهواء، تخرب به دور كثيرة، ويقلع الأشجار، ويهلك الناس، ولا ينجو[1282] منه إلّا من يأوى الى الجبال والمغاير. فخافوا الناس من ذلك، وكان في دمشق رجل منجّم يقال له عبّاس[1283] وله

203b بعض* إصابات، ثمّ إنّه اتّخذ له مغارةً ووضع فيها جميع ما يحتاج إليه، فلمّا كانت تلك الليلة المعيّنة عَمِد الى المغارة حتّى يبات فيها خوفاً من الهواء،

1275 MS ميّشوم.

1276 So in MS for لَيَكون. See note 1594 to Translation.

1277 MS فتعجبت.

1278 MS دكاه.

1279 MS عبرةً.

1280 MS وقد.

1281 Added in margin with a mark after المنجمون. Latter should be المنجمين.

1282 MS ينجوا.

1283 MS عياش. See note 1597 to Translation.

والناس في شدّة من قوله، فأرسل إليه صفي الدين إبن القابض[1284]، وأخذ منه مفتاح المغارة وقال له، 'ما تسلم أنت وتهلك الناس، لك أسوة بكلّ من في دمشق.' » قال «فبات المنجم في هم عظيم ولم يهب في تلك الليلة هواء يحرك ورقة، حتّى أنّ الناس شكوا الحرّ والوهج في تلك الليلة.»

فانظر يا أخي إلى كذب هذه الأقوام، ولقد صدق الذي قال فيهم حيث يقول شعراً:[1285]

أَعَرَّافَ النُّجُومِ احتَلْتُمُونَا عَلَى عِلْمٍ أَرَقُّ مِنَ الهَبَاءِ
كُنُوزُ الأَرضِ قَدْ خَفِيَتْ عَلَيكُم فَكَيفَ عَرَفتُمُوا عِلمَ السَّمَاءِ

وقلّة الماء ليس بعجيب، فإنّ الدنيا انقامت على[1286] مثل هذا الحال، ما دامت
204a ألانهر تنقطع وتجري وتنقص وتزداد، وكذلك الأنهار الكبار والصغار تارةً تنقص وتارةً تزيد، فسبحان الفعال لما يريد.

وقد ذكر القاضي كمال الدين ابن الصائغ في تاريخه انّ سنةَ سبع[1287] وسبعين ومائتين[1288] من الهجرة النبوية، على صاحبها أفضل الصلاة والسلام، لم يطلع نيل مصر بالجملة، وغلت الاسعار بها في تلك السنة، وبقت[1289] الناس في شدة ولطف الله تعالى بعباده، فإنّ الشدّة ما تدوم. ومن كلام علي بن ابي طالب أنّه قال، «أودُ أن أكون في شدّةٍ وانتظر الفرج، ولا أكون في فرج وأنتظر شدّةً،» رضي الله عنه.

وكذلك الفرات[1290] والعاصي وسائر الانهار لم تزل تنقص وتزيد، وسنذكر[1291] مخارج الأنهار الكبار والصغار وكلّ نهرٍ إلى أن ينتهي، ليزداد قارئ كتابنا به معرفة، وقد ساقنا إلى هذا الفصل نقصان نهر دمشق بردى كما ذكرنا وبالله المستعان.

[منابع الانهار ومصبها]

204b فنقول * مخرج نهر سيحون[1292] من بلاد الروم، وإذا انتهى يصبّ[1293] في البحر الشامي.

[1284] MS قانص. See note 1598 to Translation.

[1285] Meter الوافر.

[1286] Repeated in MS.

[1287] MS سبعة.

[1288] MS ماتين.

[1289] So in MS for بقيت.

[1290] MS الفراه.

[1291] MS وسند كر.

[1292] MS سيحوں.

[1293] MS بصب.

مخرج جَيحُون، وهو نهر المصيصة، يخرج من بلاد الروم أيضا وينتهي الى البحر الشامي.

مخرج نيل مصر من عند جبل القمر ويصبّ في بحرتين خلف خط الاستوى، ويطوف بأرض النوبة والحبشة ويجيء إلى مصر فيصبّ بعضه في دمياط في البحر الرومي.

مخرج الفرات[1294] من قاليقلا، وهي بأرض الروم، يستمدّ من عيون كثيرة، ويجيء منبج[1295]، ويخرج على ميلين من ملطية، ويجيء سميساط،[1296] فيحمل من هناك السفن.[1297]

مخرج الدجلة من جبال آمد ويمرّ بجبال السلسلة ويستمدّ من عيون كثيرة من نواحي أرمينية، ثمّ تصبّ بعضها في البطائح، ويصبّ باقيها في البحر الشرقي.

مخرج[1298] نهر أنطاكية، وهو العاصي، أصله من بلاد الشام مما يلي طريق إربد،[1299] وهو يجري مع الجنوب ويصبّ في بحر الروم.

205a مخرج قويق نهر حلب * من قرية يقال لها سبنات[1300] على سبعة أميال من دابق، ثمّ يمرّ على حلب ثمّ إلى المرج الأحمر ثمّ يصبّ في الأجمة.

مخرج ماء الشريعة من بلاد حوران ومن عيون تسيل إليها من تلك النواحي وغالبها من حوران، فإنّ في بلاد حوران أربعة عشر وادي، سبعة منها تروح صوب البرية، وسبعة تنزل صوب الشريعة وتنتهي الى بحيرة طبرية، والله اعلم بذلك كلّه.

مخرج نهر دمشق من عين الفيجة، وهي أصل المنبوع ويضاف اليها عيون التوت وغيرها من العيون، ويتفرق منه مياه دمشق. والذي يَفْضُل عن دمشق وبلادها يخرج إلى المرج ينتفعوا به، ومهما فضل منهم يصبّ في البحرة.

[الاستسقاء]

ثمّ نعود الى كلامنا. وفي تاسع عشر جمادى الآخرة[1301] من السنة المذكورة

[1294] MS الفراه.

[1295] MS طنج; see note 1610 to the Translation.

[1296] MS شميساط.

[1297] Unclear in MS, probably written الفس.

[1298] MS مخرح.

[1299] See note 1620 to Translation

[1300] See note 1622 to Translation.

[1301] MS جمدي الآخر.

ركب قاضي القضاة والمحتسب وجماعة وجاءت الناس من كلّ مكان بالمصاحف والسناجق واجتمع * خلق كثير بسبب قلّة المطر. فإنّه قرب فراغ شهر 205b
آذار[1302] ولم يقع فيه[1303] مطر، وفي الحديث،[1304] «السنة بآذارها.[1305]» فركب القاضي والناس معه وبقوا في تهليل وتكبير وبكاء ودعاء إلى الله تعالى والناس يطلبوا من الله تعالى أن يغيثهم. واعلموا الناس أن يصوموا ثلاثة أيّام، وفي يوم السبت، وهو الرابع، يخرجوا يستسقوا[1306] وكان يوماً مشهوداً.[1307] فصامت الناس من يوم الأربعاء إلى يوم السبت ولم يطبخ في دمشق طبّاخ من بكرة،[1308] ولا فتح خبّاز، وصاموا الناس بأجمعهم الّا من له عذر، وبقوا الناس في الجوامع والمساجد يطلبوا من الله تعالى أن يغيثهم، وكثرت في هذه الأيّام المواعيد والذكر والدعاء وخافت الناس من الله وتاب كثير من الناس، وحصل لهم الخير وبقوا الناس ينهوا عن الفواحش،[1309] والناس ينشدوا في المواعيد هذه الأبيات شعراً:[1310]

يَا مَنْ يَغِيثُ ٱلوَرَى مِنْ بَعدِ مَا قَنطُوا
إرحَم عَبِيداً أَكُفَّ الذُّلّ قَدْ بَسَطُوا
وَاسْتَنزَلُوا * جُودَكَ ٱلمَعهُودَ فَاسْقِهِمِ[1311] 206a
رَيَّا يُرِيهِم رِضاً مَا شَانَهُ سَخَطُ
وَعَامِلِ الكُلّ بِالفَضْلِ الذي أَلِفُوا
يا عَادِلاً لا يُرَى فِي حُكْمِهِ شَطَطُ
إنَّ البَهائِمَ أَضْحَى المَحْلُ مَرْتَعُهَا
والطَّيرُ أَصبَحَ لِلْحَصْبَاءِ يَلْتَقِطُوا[1312]
وَٱلأَرضُ مِن حُلَلِ ٱلأَزهَارِ عَاطِلَةٌ
وَكَانَ للِزَّهرِ فِي فَيْحَائهَا بُسُطُ[1313]

[1302] MS ادار.

[1303] MS فيّه ? See note 1321, below.

[1304] MS الحديّث.

[1305] MS بادارها.

[1306] Note the construction.

[1307] MS يوماً مشهود.

[1308] MS has فى البكور crossed out and من بكره written on margin.

[1309] MS العواحش.

[1310] Meter البسيط.

[1311] Final vowel not in MS but is necessary for the meter.

[1312] MS يَلتَقِطُوْا.

[1313] MS فيحاها بسطوا.

فَـأَنت أَكرَمُ مَسْئُـول تُـمدُّ لَهُ
أَيْدِي العُصَاةِ وإِن جَارُوا وَإِنْ قَسَطُوا
فَمَا ذُنُوبُ ٱلْوَرَى فِـي جَنْبِ رَحمَتِه
وَهَل يُقَاسُ بِأَعلَى الأَبْحُرِ النُقَطُ[1314]

وكانت الناس اذا سمعوا هذه الأبيات يتباكوا ويتضرعوا إلى الله تعالى. وبقت الناس على هذه الحالة إلى يوم السبت رابع عشرين الشهر المذكور، فعند ذلك خرج * الناس إلى سطح المزّة يستسقوا في سطح المزّة، وطلعت القضاة مشاةً 206b
ومعهم المصاحف والسناجق، والناس في دعاء وذكر وابتهال الى الله تعالى، وطلع حاجب الحجّاب وكلّ أمير في دمشق ماشين، وكان النائب في الغور، وطلعت العلماء والمشائخ والفقهاء والفقراء، وكان غالبهم حفاة باكين متذلّلين[1315] خاضعين، وقد اتّبعوا السنّة، وطلع جميع الصبيان الذي[1316] في المكاتب وعلى رؤسهم المصاحف يذكروا الله تعالى، وطلع معهم الشيخ إبراهيم الصوفي ليستسقوا به، فإنّه شيخ كبير ورجل صالح، وهذه العوائد. وطلعت الناس خلف بعضهم بعض في بكاء ودعاء واستغفار متذلّلين بخشوع وانكسار يطلبوا من مولاهم، وهم خلق لا يُحْصِي عددهم الّا الله تعالى، من أبواب المدينة إلى سطح المزّة، ما تشقّ بينهم إلّا بالكتف من كثرتهم، وانتشروا في سطح المزّة وفي لحف الجبل، ونُصِبَ لقاضي القضاة منبر[1317] في الوطاة[1318] على جاري عوائد الناس، وبقوا الناس واقفين بين يدي الله تعالى
207a مثل يوم القيامة *، منتظرين رحمته وإحسانه سبحانه لا الٰه الّا هو. وكان نهار غيم خفيف واستبشروا الناس به، وقد عملوا الناس السنّة كما أُمِرُوا فغار الشيطان منهم لمّا رآهم في هذا الخير العظيم؛ لأنّهم كانوا بأجمعهم على قلب واحد في بكاء واستغفار وإقلاع عن الذنوب، فصعب ذلك على الشيطان ولم يزل حتّى فعل ما سنذكره فلَعَنَهُ الله.

[قتل ابن النشو]

فبينما الناس واقفين منتظرين الإمام حتّى يطلع على المنبر؛ واذا بضجّةٍ عظيمة قريب المنبر وجفلت الناس حتّى ظنّ البعيد عنهم أن السماء أرعدتْ

[1314] MS نُقَطُوا.
[1315] MS متذللين.
[1316] Perhaps for الذين.
[1317] MS منبراً.
[1318] So in MS, for الوطاءة ?

فاستبشر بذلك وما عرف أنّها مصيبة، ولا بقي أحد يعرف ما الخبر، وتشوّشت خواطر الناس. ثمّ بعد ساعة ظهر الخبر أنّ ابن النشو السمسار وثبوا عليه وقتلوه العامّة فإنّهم كانوا يبغضوه كثير وقد ضيق[1319] على الناس،
207b وقد زاد في الأمور وما بعد الزيادة الّا النقصان، وقد تطلّع إلى أرزاق الناس *، فإنه[1320] كان يأخذ غالب مغلّات دمشق يشتريها ويحتكرها ويبيعها مثل ما يريد وكذلك يفعل في غالب البضائع؛ والربّ، سبحانه وتعالى، قد أنعم عليه بدنيا متّسعة، وبقي كلّ يوم في زيادة، وانتقل من السّمسرة إلى أن أخذ إمرية وباشر وظائف[1321] كثيرة في دمشق، منها المراكز، والمهمّات، ودار الضرب، والأغوار، وصار نائباً لملك الأمراء في غالب هذه الوظائف،[1321] والنائب كان يحبّه ويقرّبه، فإنّه كان يخدمه، والدنيا محبوبة، وما على يده يد في دمشق. وبقي يطرح على الناس البضائع ولم يقنع بما أعطاه الله تعالى الّا هلّ من مزيد، وأهل دمشق تعرفه وهو مغربل في باب الفرج من قريب، وما بقي يكبر في عينهم حتّى نفذ فيه[1322] حكم الله تعالى، والله تعالى يمهل الظالم ويقبضه ما يفلته، لا مردّ لحكمه. وقال بعضهم، «اذا اراد الله تعالى إنفاذ قضائه[1323] وقدره سلب أهل العقول عقولها حتى ينفذ القضاء والقدر.» وكانت
208a الناس * تدعي[1324] عليه الليل والنهار الصغير والكبير، وما كأنّ الناس اجتمعوا في هذا المكان الّا لقتله، فأهلكه الله تعالى في هذا الجمع العظيم، وكفى بهذه عبرة[1325] للظلمة. ووقع في قلوبهم روعةً عظيمةً لمّا رأوا ما حلّ به. وكان سبب قتله أنّه لمّا طلع مع الناس الى منيّته برجليه. وما أحسن ما قال بعضهم في هذا المعنى شعراً:[1326]

إلى حَتْفِي أرَى قَدَمِي   أرَى قَدَمِي أراقَ دَمِي

وكان قد زاد وبغضتة الناس. فإنّ الناس في شدّة من الغلاء سنة على سنة، وهو يحتكر الطعام. وهلكت الناس وهو يقف في طريقهم كما ذكرنا، فأضمروا له أنّهم يقتلوه وما قال أحد أنّه يطلع الى المزّة، ويردّ سالم «والفال موكّل بالمنطق.» وما كان موضع قتله قتل الله القاتل فإنّه نكّد على الناس بقتله، وكان ميشوم في حياته وفي مماته.

1319 MS ديق.
1320 MS فاته.
1321 MS الوضايف, وضايف.
1322 MS فيّه.
1323 MS قضاه.
1324 So in MS for تدعو or تدعون.
1325 MS عبرةً.
1326 Meter الوافر.

208b ثمّ انّه قعد بين الناس عند ناظر الجيش * قريباً من المنبر ومعه جماعة من
كبار[1327] الناس، وبقي خائف من الناس، وبقوا يشتموه في وجهه ويدعوا على
الظالم ويفتحوا معه باب شرّ، فقام من بين الناس صبي صغير ورماه بحصاة
صغيرة، فلمّا رأوا الناس ذلك رموه بالحجارة، فوثب حتّى يهرب فبادر إليه عبدٌ
وضربه أرماه، ووضعوا الناس أيديهم فيه حتّى مات تحت أرجلهم. وقد
انقلبت الناس بعضهم على بعض فرحاً بموته، الكبير منهم والصغير من العوامّ
وغيرهم من الجلهة، واشتغلت قلوب الناس عن الذي كانوا فيه في ساعةٍ
واحدةٍ، وبطّلوا البكاء والدعاء والاستغفار واشتغلوا به. ولم يرضي بهذا الأمرً
مَن عنًده عقل ودين، فإنّ هذه مصيبة وأي مصيبة قتل النفس التي حرمها الله
تعالى، ولم يجب عليه قتل بسيف الشرع، وتشارك أكثر الناس من العوامّ في
دمه الّا من عصمه الله تعالى، ولم يعرف أحد كيف خطب الخطيب وبعض
209a الناس صلّى وبعضهم لم يصل، وكان مثل يوم * القيامة لا يشتغل أحد باحد،
وفرح الشيطان بذلك غاية الفرح وانسرّ غايه السرور، فإنّه كان قدً
عاين الموت لمّا رأى الناس قد طلعوا على تلك الحالة المذكورة، وما هم عليه
من الخير. اللّهمّ لا تجعل للشيطان علينا سبيلاً، يا ربّ العالمين!

ونزل الخطيب من على المنبر وقد تفرّقت الناس ولم يقع مطر، وبقي أكثر
العوامّ يقول، «قد رُحِمنا بقتل ابن النشو.» وقد صدق الذي قال 'انّ
العامّة عمى.' ثمّ أخذوه بعد أن قطعوا رأسه وربطوا رجليه وجرّوه إلى المدينة الى
تحت القلعة، وكانوا خلق مثل التراب، ثمّ انّهم أحرقوه بايديهم ولم يقل لهم
أحد من الترك ولا غيرهم شيء، ثمّ أنّ العوامّ نهبوا بيته[1328] ودياره وأخربوا
حمّامه وبستانه على ساعةٍ واحدة، ووجدوا في بستانه أحقاق خمر. وأعجب
من هذا كلّه أنّ العوامّ لمّا خربوا بيته الذي في[1329] أرض النيرب بقي كلّ
209b من يجيب[1330] معه شيء من الخشب يرميه عليه * تحت القلعة ويحرقوه به،
قبحهم الله ما أقلّ خيرهم. وهذا من أعجب العجب بقي يحترق بماله في
الدنيا. واختفوا أهله، وخربت دياره، ونهبوا ماله، وما كأنّه كان[1331] في
الدنيا على ساعة واحدة. صدق الله العظيم[1332] «وسيعلم الذين ظَلَمُوا أيّ

1327 MS كابر.

1328 MS بيتّه.

1329 MS ى.

1330 MS بجيب.

1331 So in MS, for كانّه ماكان ? See note 75 above.

1332 MS العطيم.

مُنْقَلَبٍ ينقلبون.» فتعلم يا أخي ان هذه الدنيا من تمسك بها ندم، فإنّ الواثق بها خجلان، وما أحسن ما قال علي بن عيسى في هذا المعنى شعراً:[1333]

مَا النَّاسُ إلّا مَعَ الدُنيَا وصَاحِبِهَا
فَكَيْفَ مَا[1334] ٱنقَلَبتْ يَوْماً بِهِ ٱنقَلَبُوا
يُعَظِّمُونَ أخَا الدُنيَا فَإنْ وَثَبَتْ
يَوماً عَلَيْهِ بِمَا لاَ يَشْتَهِي وَثَبُوا

وما أقلّ عقول طلّاب هذه الدنيا الذي[1335] تفعل بهم هذه الأمور وهم يرغبوا فيها ويطلبوها ولا يرجعوا عنها.

[حبّ الدنيا]

حكاية: قيل إنّ إنسان مرّ على مكان وجد فيه ذهباً فبينما هو واقف واذا ثلاثة قد أقبلوا عليه فقالوا له، «ما هذا؟» قال، «ذهب وجدته في هذا المكان وهو لي ولكم.» ثمّ * إنّهم جاعوا فذهب[1336] منهم واحد ليحضر لهم 210a
طعاما فقال في نفسه، «اسمّ لهم الطعام فاذا أكلوا ماتوا وآخذ أنا الذهب وحدي.» ثمّ إنّه سمّه لهم وجاء به، ثمّ إنهمّ قالوا مثل ما قال الذي سمّ لهم الطعام، واتّفقوا عليه انّهم يقتلوه ويأخذوا الذهب، فلمّا حضر الطعام وثبا عليه وقتلاه، ثمّ إنّهم أكلوا الطعام المسموم فماتوا كلّهم حول الذهب. فانظر يا أخي الى هذه الجماعة، كيف قتلتهم الدنيا وما بلغ أحد منها ما طلبه.

ولمّا جرى لهذا[1337] الرجل ما جرى من هذه الامور المذكورة وقد نزلت به[1338] هذه الفتنة على ساعةٍ واحدة نظم[1339] بعض الشعراء في المعنى شعراً:[1340]

أَلَا لَا تَقْرَبِ الأَوْبَاشَ إنّا وَجَدْنَا ربحَنَا مَعَهُم خَسَارَهْ
خَرَجْنَا نَطْلُبُ السُّقيَا جَمِيعاً فَأُمْطِرْنَا بِأَيْدِيهِمْ حِجَارَهْ

[1333] Meter البسيط.
[1334] Cf. *'Iqd*, III, 31, فحيثما.
[1335] So in MS for التى.
[1336] MS فدهب.
[1337] لهذا repeated in MS. Second occurence crossed out.
[1338] On margin.
[1339] MS نطم.
[1340] Meter الوافر.

[قصص عن استسقاءات لم تحقق في الحال]

ولمّا انقطعت هذه الحركة وردّت الناس ولم يمطروا بقيت خواطر الناس
مشوّشة لقلّة عقلهم. يقولوا كيف طلع في هذا اليوم العلماء والمشائخ والفقراء
210b ولم يمطروا، وما * يقول هذا الّا من ليس له عقل فإنّ الأمور كلّها بيد
الله وهو الفعال لما يريد. قال الله تعالى في كتابه العزيز «إنّ الله يعلم ما لا
تعلمون.» وفي هذه الآية كفاية في مثل هذا الموضع لمن يتدبّر. والله تعالى
كريم حلَيم، إن شاء يرزق عباده بمطر، وإن شاء رزقهم بغير مطر، سبحانه
لا اله إلّا هو، ولم تزل الأولياء والأنبياء والصلحاء على مثل هذه الحالة
يستسقوا،[1341] تارةً تمطر وتارة لم تمطر، وليس هذا بعجيب.

وقد استسقى موسى، صلوات الله عليه، بقومه نبي إسرائيل يوماً على يوم ولم
يمطروا، وهذا أمر قديم. وقيل إنّ موسى لمّا خرج في بني إسرائيل حتّى
يستسقوا وكانوا سبعمائة ألف روح، فلمّا طلع بهم يوماً على يوم ولم يمطروا
شكا ذلك إلى ربّه فقال له الربّ سبحانه وتعالى، «يا موسى إنّ بينكم رجل
عاصي وقد مُنِعتُم الغيث به فَأمُرْه أن يخرج من بينكم حتى تسقوا.»
فقام موسى في بني اسرائيل، وقال لهم ما قال له ربّه عن الرجل العاصي
211a ثمّ * قام موسى في بني إسرائيل وقال، «ناشدتك الله تعالى أيّها الرجل
العاصي إلا ما خرجت من بيننا فقد منعنا الغيث بسببك.» قال: وكان ذلك
الرجل له أربعين سنةً يبارز الله تعالى بالمعاصي، فعرف نفسه أنّه هو المطلوب.
وقد ناشده نبيّ الله موسى بالله أن يقوم ويخرج من بين الناس وقال في
نفسه، «إن قمت انفضحت بين بني إسرائيل أنا وأهلي وولدي، يقولون لهم
'أولاد العاصي'، وإن قعدت أخاف،» فحار في أمره. ثمّ إنّه اخلص نيّته مع
الله تعالى وبكى وتاب إلى الله تعالى توبةً نصوحةً[1342]. وفي الحديث أن التائب
من الذنب كمن لا ذنب له. قال، «فأمطروا ولم يخرج من بينهم أحد فتعجب
موسى من ذلك وقال، 'يا ربّ، أنت قلت عن العاصي أنّه فينا، وما تمطر
علينا حتّى يخرج وما خرج أحد وقد مطرنا من فضلك وإحسانك.' قال
الله تعالى، 'يا موسى الذي منعتكم به الغيث أسقيتكم به.' قال موسى،
'يا ربّ أرني هذا الرجل.' قال الله تعالى، 'يا موسى قد عصاني أربعين
211b سنة * وما فضحته، أفضحه وقد تاب إليّ؟' فسبحان الستار.»

1341 Unclear in MS.

1342 MS نصوحاً.

وكثير من الأولياء استسقوا وما سقوا وبعد ذلك يسقيهم الله تعالى وهذا أمر لا يطلع عليه غيره فسبحان الفعال لما يريد.

وقد[1343] ذكر صاحب كتاب «الكنز المطلوب في مناقب الحبشة والنوب» عن ابن المنكدر قال، «احتبس عنّا المطر في المدينة في بعض السنين،» قال، «فخرج الناس يستسقوا فلم يسقوا ورجعوا، فلمّا كان من الليل جئت صلّيت عشاء الآخرة في مسجد رسول الله، صلّى الله عليه وسلّم، واستندت[1344] إلى الحائط ولم يراني أحد، فجاء رجل أسود تعلوه صفرة متّزر بكساء وعلى رقبته كساء، فتقدم وصلّى ركعتين وجلس وقال وأنا أسمعه، 'يا ربّ، خرج أهل حرم[1345] نبيك يستسقون فلم تسقهم وانا اقسم عليك إلا ما سقيتهم.'» قال ابن المنكدر، «فقلت 'مجنون أظنّه،' فوالله ما وضع يديه حتّى سمعت صوت الرعد وقد مطرت.» قال، «فلمّا سمع المطر حمِد الله تعالى بمحامد لم أسمع بمثلها ثمّ قال، 'ومن أنا وما أنا يا ربّ حتّى استجبت لي؟' ثمّ قام ولم يزل يصلّي حتّى صلّينا الصبح، فصلّى معنا، فلمّا سلّم الإمام
212a قام وخرج فخرجت خلفه* حتّى أعرفه فصار يرفع ثوبه حتّى يخوض[1346] الماء وتبعته أرفع ثوبي وأخوض[1346] خلفه فلم أدر اين ذهب. فلما كان ثاني ليلة صلّيت وجلست وإذا به قد جاء ولم يزل يصلّي حتّى صلّى الصبح وسلّم الإمام فقام وخرج فتبعته حتّى دخل إلى دار في المدينة أعرفها. فرجعت وجلست حتّى طلعت الشمس ثمّ خرجت حتّى لقيت[1347] الدار واذا به إسكاف يعمل الأخفاف، فلمّا رآني عرفني وقال، 'مَرحباً، ألك حاجة؟' فقلت، 'لا' ثمّ جلست وقلت، 'الستَ بصاحبي البارحة وبارحة أمس؟' فلما سمَع ذلك منّي ابيضّ سواده وصاح، 'يا ابن المنكدر ما أنت وذلك؟' ففزعت منه وقمت عنه. فلمّا كانت الليلة الثالثة رقبته في المسجد فلم يج فلمّا أصبحت قصدت داره وإذا باب البيت مفتوح وما في البيت شيء فقالوا لي جيرانه، 'يا عبد الله ما لك ولهذا الحبشيّ بالأمس؟' فقلت، 'وما فعل؟' قالوا، 'لمّا قمتَ من عنده بسط كساه وجمع حوائجه وحملها وذهب.'» قال ابن المنكدر، «فطلبته بعد ذلك في جميع البلاد فلم أره.»

[1343] MS وقد.
[1344] Unclear in MS.
[1345] MS جرم.
[1346] MS واخوضن ,يخوضن.
[1347] Unclear in MS.

212b وقد ذكر ايضاً * صاحبُ كتاب «الكنز[1348] المطلوب» قال، «روى ملك قال، ’احتبس علينا المطر في مدينة البصرة في بعض السنين فخرج الناس يستسقوا وخرجت أنا وعطاء السلمي، وثابت البناني، ومحمد بن واسع، وحبيب العجمي، وصالح السري،[1349] في جماعة من الفقراء حتّى أتينا المصلّى مع الناس، واستسقوا فلم تمطر علينا، وردّ الناس وأقمت أنا في المصلّى الى الليل، وإذا قد دخل الى المصلّى رجل أسود، دقيق الساقين، عليه مئزران من الصوف، فصلّى ركعتين ثمّ رمق بطرفه إلى السماء وقال، ’سيّدي إلى متى تردّ عبادك فيما لا ينقصك أنـفـذَ[1350] ما عندك؟ أقسمت عليك بحبّك لي إلا ما سقيتنا غيثك الساعة الساعة!‘ فوالله ما أتمّ كلامه حتّى غيّمت السماء ومطرت كأفواه القرب، فَعجِبت من الأسود وما قال، فقمت إليه وقلت له، ’أما تستحي تقول «بحبّك لي»؟‘ فقال، ’وما يدريك أنّه [لا] يحبّني؟ أما سمعته يقول، سبحانه وتعالى، «يحبّهم ويحبّونه»؟ فقدّم محبّته لنا على محبّتنا له ولولا محبّته لي ما أوجدني.‘ ثمّ تركني وانصرف.»

213a وقد[1351] ذكر ايضا * صاحب كتاب «الكنز المطلوب» يسنده الى عبد الله ابن المبارك قال، «قدمت الى مكّة في بعض السنين وقد أصابهم قحط عظيم، فخرج الناس للاستسقاء في المسجد الحرام، فكنت مع الناس وهم يدعون وليس ثمّ مطر، واذا غلام أسود، عليه قطعتا عباءة، فوقف في موضع خفيّ قريب منّي فسمعته وهو يقول، ’الهي أخلقت الوجوه كثيرة الذنوب ومساوئ الأعمال، وقد منعتنا غيثك حتّى تؤدب عبادك. يا من لا تعرف عباده منه الّا الفعل الجميل، أسقهم الساعة الساعة!‘ ولم يزل يقل[1352] ’الساعة‘ حتّى استوت السماء بالغمام، وأقبل المطر من كلّ مكان، فجلس مكانه ثمّ قام، فتبعته حتّى دخل دار النخّاس فجئت الى الفضيل بن عياض فقال، ’ما لي أراك تبكي؟‘ فقلت، ’سبقنا إليه غيرنا.‘ فقال، ’وما ذاك؟‘ فَقَصصْتُ عليه القصّة فصاح وسقط وقال، ’ويحك يا ابن المبارك! خذني إلية.‘ فقلت، ’قد ضاق الوقت، الى غدا.‘ فلمّا كان الغد صلّيت الصبح وخرجت أريد

213b موضع الغلام واذا * الشيخ النخّاس جالس على باب الدار، فلمّا رآني قال،

[1348] MS الكنر.

[1349] So in MS, probably for المري. See note 1662 to Translation.

[1350] So in MS. Probably a question, but perhaps the verb is to be read نَفِدَ = *exhausted*.

[1351] MS وقد.

[1352] So in MS for يقول.

’مرحباً، ما حاجتك؟‘ قلت ’أريد[1353] لي غلام.‘ فصاح النخّاس على الغلمان وأعرضهم عليّ واحداً بعد واحدٍ حتّى خرج الغلام، فلمّا رأيته عرفته قلت، ’هذا أريد.‘ قال ’ما أبيعه فإنّي أتبرّك به وما يأكل لي شيء.‘ فقلت، ’ومن أين يأكل؟‘ قال، ’يعمل كلّ يوم[1354] في الشريط بنصف درهم يقتات به، وأخبرني عنه الغلمان أنّه ما ينام الليل.‘ فقلت، ’تردّني خائب بغير قضاء حاجتي.‘ فقال، ’خذه بما شئت.‘ فوزنت له عشرين ديناراً وأخذته وانصرفت. فلمّا خرجت به قال، ’يا مولاي.‘ قلت، ’لبّيك، ما[1355] حاجتك يا حبيبي؟‘ فقال. ’أنا ضعيف البدن ولا أطيق الخدمة، وقد كان لك في غيري منفعة، وقد وجدتَ من هو أقوى منّي على الخدمة.‘ فقلت، ’لا يراني الله تعالى وأنا أستخدمك، لكن أنا أخدمك بنفسي.‘» قال «فبكى، فقلت له، ’ما يبكيك؟‘ قال، ’أنّك لم تفعل بي هذا الّا وقد رأيت بعض متّصلاتي بربّي.‘ فقلت، ’نعم، دَعْوَتُكَ عند الاستسقاءِ.‘ قال، ’أنت رجل صالح، فإنّ لله، عزّ وجلّ، خيرةً من خلقه، لا
214a يطّلع عليهم إلّا من أحبّ من عباده.‘ ثمّ قال، ’ترى أن أجوز * أصلّي ركعتين في هذا المسجد.‘ قلت، ’هذا منزلي قريب.‘ قال، ’لا بل هنا[1356] أمر الله لا يؤخّر.‘ فاذنت له، فدخل فسمعت[ه] ينشد هذا البيت المفرد:[1357]

’يَا صَاحِبَ السرِّ إنَّ السِّرَّ قَد ظَهَرَا

فَلَاَ أُرِيدُ حيَاةً بَعد ما اشتهَرَا.‘

ثمّ إنّه صلّى والتفتّ اليه وقال، ’يا عبد الله هل لك من حاجة؟‘ قلت، ’وما تريد؟‘ قال، ’إنّي اريد الانصراف.‘ قلت، ’الى أين؟‘ قال، ’الى الآخرة.‘ فقلت، ’لا تفعل. دعني أُسَرُّ بك.‘ فقال، ’انّما كانت تطيب الحياة حيث كانت المعاملة بيني وبينه، فلمّا اطّلعت عليها اطّلع عليها غيرك.‘ ثمّ إنّه سجد وجعل يقول، ’اللّهمّ اقبضني اليك الساعة.‘ فدنوت منه فاذا هو ميّت رحمه الله تعالى.»

فانظر يا أخي الى هؤلاء القوم كيف استسقوا كلّهم ولم يمطروا في أوّل مرّة في مثل ذلك الزمان، ومثل تلك السادات. ثمّ بعد ذلك أمطروا بدعوات

[1353] MS اريذ.

[1354] MS يوم.

[1355] Followed in MS by قال above the line. Unnecessary here.

[1356] MS هني.

[1357] Meter البسيط.

هذه[1358] الأولياءِ فما هو عجب[1359] إذا لم تمطر في هذا الزمان في يوم الاستسقاء،
والخير عند الله تعالى كثير وقال تعالى «قل يا عبادي الذين أسرفوا على
أنفسهم لا تقنطوا من رحمة * الله» فالربّ سبحانه وتعالى كريم، وهذا الفصل 214b
في من[1360] استسقى ولم يُسقَ في اوّل مرّة من الأ نبياءِ[1361] والاولياءِ والصالحين
حتّى تطيب قلوب أهل هذا الزمان، ويعلموا أنّ هذا الأمر قديم وأنّ الله على
كلّ شيء قدير.

ومن الأنبياء والأولياء والصالحين من استسقى ومطرت عليهم في الحال كثير،
فقد استسقى بعد موسى، عليه السلام، داود، عليه السلام، فجمع قومه وخرج[1362]
بهم كما ينبغي، واجتمع العلماء الذين كانوا في زمانه عنده، فاختار منهم ثلاثة
يدعون بالناس وداود وقومه يؤمّنوا على دعائهم. فقام الاوّل فقال، «اللّهمّ
أنت أمرتنا في كتابك التوراة أن لا نظلم أحداً وقد ظلمنا أنفسنا فاغفر لنا
وارحمنا.» فقال داود وقومه، «آمين.» ثمّ قام الثاني فقال، «اللّهمّ أنت
أمرتنا في كتابك التورية[1363] أن لا نردّ احداً عن بابنا، وقد أتينا بابك فلا
تردّنا خائبين.» قال داود وقومه «آمين.» ثمّ قام الثالث فقال، «اللّهمّ أنت
أمرتنا في كتابك التورة أن نعتق رقاب عبيدنا، فاعتق رقابنا واسقنا الغيث من
فضلك يا أرحم الرا حمين.» قال، «فما ردّوا حتّى سقوا * من فضل الله تعالى.» 215a

وقد[1364] قال بعضهم إن المكان الذي استسقى فيه داود، عليه السلام، كان عند
جبل فسمعوا من خلف الجبل ضجة عظيمةً وأصوات غير أصوات بني آدم،
فطلع من كشف خبرهم فوجدهم وحوش واقفين يطلبوا من الله تعالى مع الناس،
فسبحان الرزّاق ذو[1365] القوّة المتين! وفي الحديث، «لولا مشائخ ركع، وأطفال
رضعٌ، ودوابّ رتع لصبّ عليكم البلاء صبّاً.»

نكتة في المغنى: قال رجل من عمّال السلطان في ناحية قهستان، «كنت اذا
حجّيت[1366] أمضِي على طريق رباط، وكان فيه رجل صيّاد فكان يضيفني[1367]
اذا عبرت عليه لحم الصيد، فاتّفق أنّي حجيت[1366] في بعض السنين وعبرت
عليه على عادتي فلم يضيفني [على][1368] عادته فسألته عن ذلك[1369] فقال،

[1358] So in MS for هؤلاء.
[1359] So in MS for عجيب ?
[1360] MS فيمن.
[1361] MS الابىآء.
[1362] MS وجرج.
[1363] MS التوريه.
[1364] MS ومد.
[1365] MS ذوا.
[1366] MS حجيت for حججت.
[1367] MS يطيفني.
[1368] Not in MS but implied by context.
[1369] Added in margin by another hand.

’اتّفق لي قضية عجيبة[1370] فتركت الصيد لأجلها.‘ فقلت له، ’اخبرني بها.‘ قال، ’نعم آعلم أنّي خرجت يوماً في طلب الصيد ونصبت الشبكة على مورد الوحوش، وقعدت في طلب الصيد[1371a] فلما حمي النهار جاء ظبي[1371b] وأراد
215b أن يشرب فلمّا نظر الى الشبكة نفر عن الماء ورجع *، فلمّا كان ثاني يوم جاء وهو عطشان فلمّا نظر الى الشبكة نفر عن الماءِ ورجع، فلمّا كان اليوم الثالث جاء وقد قلّت همّته من العطش، فوقف على مورد الماءِ ودموعه تحجر على وجهه وهو لم يراني، ثمّ إنّه رفع رأسه إلى السماءِ ساعة فما ردّه حتّى غيّمت السماء من ساعتها وارعدت وأبرقت حتّى كدت أنا اموت من الفزع، ومطرت حتّى شرب الظبي[1372] من بين يديه حتّى روي ثمّ راح وهو فرحان. فلّما شاهدت هذا الأمر من الظبي وأنّ الله تعالى قد تقبل دعاه تبت إلى الله تعالى عن الصيد.‘ فتعجّبت من هذه الحكاية غاية العجب.» قال صاحب الكلام، «ومثل هذه الحكاية كثير.»

نكتة في المعنى: قد ذكر المعلّم الحافظ اليغموري، رحمه الله تعالى، قال، «لمّا حاصر صاحب الموصل قلعة جعبر، وكان صاحبها عزّ الدولة، عدم الماء من عندهم، فأرسل رسوله الى صاحب الموصل يبدل[1373] له مال عظيم على أنّه يرحل عنه، فلمّا نزل رسول عزّ الدولة عن فرسه عمد إلى شوربة الرزّ فشرب
216a منها، فلمّا نظر صاحب الموصل هذا قال، ’ما فعل هذا الفرس * هذا الأمر الّا وما بقي عندهم ماء.‘ وكان كما قال ورُدّ الرسول خائبا.»

قال، «وكان في القلعة بقرة وحش[1374] فلمّا أجهدها العطش صعدت على شرافة من القلعة ورفعت رأسها الى السماءِ وصاحت صيحة عظيمة، فما نزلت من مكانها حتّى أرسل الله سبحانه سحابةً على القلعة ومطرت عليهم، حتّى شربوا من تحت أرجلهم وامتلت أماكنهم. وقتل صاحب[1375] الموصل أقرب من كان عنده ورحل الجيش عنهم.»

فانظر يا أخي هذه الوحوش طلبت من الله تعالى فلم يخيبها وأغاثها. اللّهمّ لا تخيبنا من رحمتك، يا أرحم الراحمين، واغثنا، إنّك على كلّ شيء قدير.

[1370] MS عجيبةً.

[1371] The words between a and b were written above between الصيد and ونصبت, and were crossed out.

[1372] MS الظيي.

[1373] MS ببدل. Perhaps يبذل is meant.

[1374] Gender agreement.

[1375] MS صاحب.

وقد استسقى بعده ولده سليمان، عليه السلام، وجمع الأنس والجنّ والطير
والوحش وخرج بهم يطلب من الله تعالى. وقيل: كان طول عسكره مائة[1376]
فرسخ خمسة وعشرين بريد، فلمّا وصل الى الصحراء وجد نملةً سبقت الناس
كلّهم واقفة تدعو[1377] الى الله تعالى فسمعها سليمان، عليه السلام، * وهي تقول، 216b
«اللّهمّ أنا من خلقك وليس لنا غناً عن سقياك ورزقك، إمّا أن تسقينا
وترزقنا [و]إمّا تهلكنا.» قال، «فاستحسن سليمان دعاؤها وقال لقومه،
'ارجعوا فقد سقيتم بغيركم.' فما رجعوا حتّى مطرت عليهم من فضل الله تعالى
وإحسانه.» وقَبِلَ الله تعالى دعاء النملة فكيف يردّ عباده الموحّدين
خائبين، وخزائنه ما تنفد أبداً فسبحان اللطيف الخبير.

وقد[1378] استسقى بعده عيسى، عليه السلم، فجمع قومه وخرج بهم الى الصحراء،
فأمره الله تعالى أن لا يدعو[1379] الّا من لا عمل خطيئةً قطّ قال، «فردوا كلّهم
ولم يبقى غير عيسى، عليه السلم، ورجل أعور، فقال عيسى، 'ما بهم كلهم
ردّوا؟' قال له الرجل الأعور، 'يا نبيّ الله إنّ بني آدم مركّبُون على
الذنوب والخطايا وليسوا معصومين. ومن هو الذي لا يقع منه ذنب في عمره؟'
فقال له عيسى، عليه السلم، 'ما بك أنت واقف؟' قال، 'أنا لم اذنب قطّ ولا
عصيت الله تعالى قطّ.' فقال له عيسى، 'ما بعينك، هكذا الذي بها[1380]
خلْقَة أم حادث حدث لها؟' قال، 'يا نبيّ الله نظرتْ الى ساق امرأة
فَقَلَعْتُها.' فتعجّب منه عيسى، عليه السلم، وقال له، 'أنت أحقّ * أنْ 217a
تدعو[1381] الله تعالى وأنا أقول على دعائك[1382] آمين.'»

قال، «فرفع الرجل يديه وقال، 'اللّهمّ أنت خلقتنا وقد علمت ما نفعل من
قبل أن تخلقنا، فما منعك ذاك أن لا تخلقنا، فكما خلقتنا وتكفّلت بأرزاقنا فأرسل
السماء علينا مدراراً يا ربّ العالمين!'» قال، «فما ردّ الرجل يديه حتّى مطرت
عليهم.»

وقد استسقى بعده عبد المطّلب، قال ابن المقفّع: «إنّ بلاد قيس قحطت
في بعض السنين إلى أن هلكوا هم ودوابّهم فاجتمعوا للمشورة في بعضهم بعض،
فقالت فرقة منهم، 'ننزل إلى وادي التيم.' فقال بعضهم، 'إنّ عدّة تميمٍ كثيرة

[1376] MS مایة.
[1377] MS تدعوا.
[1378] MS وقد.
[1379] MS يدعوا.
[1380] MS بها.
[1381] MS تدعوا.
[1382] MS دعاوك.

ولن يفضل عنهم شيء.' فقال بعضهم، 'يا معشر قيس إنكم قد أصبحتم في أمرٍ عظيمٍ وقد بلغنا أن سيّد البطحاءِ عبد المطّلب بن هاشم استسقى بقومه فسقي. اجعلوا قصدكم إليه واعتمادكم عليه أنجح لكم وأقرب.' فقالوا، 'نعم ما رأيت.' فارتحلت قيس حتّى أتوا[1383] عبد المطّلب فسلّموا عليه وعظّموه فقال لهم، 'أفلحت الوجوه، ما الذي جاء بكم؟' فقالوا، 'يا أبا الحارث! نحن

217b ذو[1384] رحمك، أصابنا[1385] سنة * مجدبة[1386]، أفقرت الغنيّ، وأهزلت السمين، وقد بلغنا خبرك وبان لنا أثرك فاشفع لنا إلى من شفعك.' فقال، 'حبّاً وكرامة يا قوم. أليس سيّدنا كريم وإلٰهنا[1387] عظيم يجيب الداعي ويكشف الهمّ؟ قالوا، 'بلى.' قال، 'موعدكم غدا جبل عرفات.'» قال، «فلمّا كان من الغد طلع عبد المطّلب في قومه وسائر طوائف العرب ثمّ تقدم فقال، 'أللّهمّ ربّ البرق الخاطف، والرعد القاصف، والريح العاصف، مالك الرقاب، ومثير السحاب، ومسبب الأسباب، هذه مضر خير البشر قد شعثت شعورها، وأحدبت ظهورها[1388]، وغارت عيونها، ويبست جلودها، وقد جاؤُا وأناخُوا ببابك يشكون سوءَ حالهم وشدّة[1389] زمانهم، وقد خلّفوا نساء ظُلعاء،[1390] وأطفال رضعاء، وبهائم رتعاء، اللّهمّ أغثهم بغيث منك يضحك أرضهم، ويملأ ضرعهم ويذهب[1391] ضرّهم.'» قال، «فما فرغ من دعائه حتّى طلعت سحابة دكناء لها دَوِيٌّ، فقال عبد المطّلب، 'هذا والله أوان خروجك

218a يا معشر قيس، ارجعوا فقد سقيتم.' فرجعوا وقد كثرت المياه واخضرّت* الارض.»

قال بعضهم، «لمّا مات عبد المطّلب زارت قيس قبره وأقاموا عليه ثلاثة أيّامٍ ينحرون البُدن على قبره.»

وقد[1392] استسقى النبيّ، صلّى الله عليه وسلّم، نبيّ هذه الأمّة، وكاشف الغمة، صلّى الله عليه وسلّم. عن عائشة، رضي الله عنها، قالت، «شكوا الناس الى رسول الله، صلّى الله عليه وسلّم، قلة المطر، فأمر بمنبر[1393] فوضع في المصلّى ووعد الناس يوما يخرجون فيه، وخرج رسول الله، صلّى الله عليه وسلّم، حين

[1383] MS اتو.
[1384] MS دو.
[1385] So in MS for اصابتنا.
[1386] MS مجذبة.
[1387] So in MS for وإلاهنا.
[1388] MS طهورهم.
[1389] MS وشدت.
[1390] So in MS, perhaps for ضلعاء.
[1391] MS ويدهب.
[1392] MS وقد.
[1393] MS بمنبر.

بدأ حاجب الشمس فقعد على المنبر، صلّى الله عليه وسلّم، فكبّر وحَمِد الله عزّ وجلّ ثمّ قال، ‹إنّكم شكوتم جدب[1394] دياركم واستئخار المطر عن إبّان[1395] زمانه عنكم، وقد أمركم الله سبحانه وتعالى أن تدعوه ووعدكم أن يستجيب لكم.› ثمّ قال: ‹الحمد لله ربّ العالمين، الرحمن الرحيم، مالك يوم الدين، لا اله الّا الله يفعل ما يريد، اللّهمّ أنت الله لا اله الا أنت الغني ونحن الفقراءُ، أنزل علينا الغيث، واجعل ما انزلت لنا قوّةً وبلاغاً الى حين.›
218b ثمّ رفع يديه فلم يزل في الرفع حتّى بدا بياض إبطيه ثمّ حوّل الى* الناس ظَهر وقَلب رداءه[1396] أو حوّله وهو رافع يديه، ثمّ أقبل على الناس ونزل فصلّى ركعتين فأنشأ الله تعالى سحابة فأرعدت وأبرقت. ثمّ مطرت باذن الله تعالى، فلم يأت المسجد حتّى سالت الأودية وأسرعوا الناس الى بيوتهم، فضحك، صلّى الله عليه وسلّم، حتّى بدت نواجذه وقال، ‹أشهد انّ لا اله الّا الله، وأشهد انّ الله على كلّ شيء قَدير، وأنّي عبد الله ورسوله.›» هكذا ذكره النواوي رحمه الله تعالى.

وعن جابر، رضي الله عنه، قال، «أتت النبيّ، صلّى الله عليه وسلّم، بواكي[1397] فقال، ‹اللّهمّ أسقنا غيثاً مياً[1398] مَريعاً، نافعاً غير ضارٍ، عاجلاً[1399] غير آجلٍ.› فاطبقت السماء وروينا.»

وقال[1400] الشافعي، رحمة الله عليه، «وليكن من دعائهم ‹أللّهمّ أمرتنا بدعائك ووعدتنا أجابتك، وقد دعوناك كما أمرتنا فأجِبْنَا كمَا وعدتنا، أللّهمّ امنن علينا بمغفرةِ ما قارفنا، وإجابتك سقَائنا، وسعة أرزاقنا.› ويدعوا المؤمنين والمؤمنات، ويصلّوا على النبيّ، صلّى الله عليه وسلّم، ويخطب الأمام في الاستسقاء
219a خطبتين كما يخطب في صلاة العيد*، يكبّر الله تعالى فيها ويحمِده، ويصلّي على النبيّ، صلّى الله عليه وسلّم، ويكثر فيها من الاستغفار حتّى يكون أكثر كلامه.»

وقد[1401] استسقى بعد النبيّ، صلّى الله عليه وسلّم، عمربن الخطّاب، رضي الله عنه، أمير المؤمنين عام الرمادة، وخرج بالناس إلى المصلّى وفعل كما فعل النبيّ، صلّى الله عليه وسلّم، وكان أكثر دعائه الاستغفار وكان يكثر

1394 MS جذب.
1395 MS ابان.
1396 MS ردَاه.
1397 So in MS for بواكِ.
1398 So in MS for مريئاً.
1399 MS عاجلٍ.
1400 MS وقال.
1401 MS وقد.

من قوله تعالى «فقلت استغفروا ربّكم إنّه كان غفّارا، يرسل السماء عليكم مدرارا» الآية. واستسقى بعمّ النبيّ، صلّى الله عليه وسلّم، العبّاس وقال في دعائه، «اللهمّ إنّا كنّا نتوسّل إليك بنبيّنا محمّد، صلّى الله عليه وسلّم، فتسقنا، وإنّا نتوسّل إليك بعمّ نبيّنا، صلّى الله عليه وسلّم، فاسقنا.» قال، «فَسُقوا في الحال بفضل الله تعالى ورحمته.»

وقد[1401] استستقى بعده معاوية بن أبي سفيان، رضي الله عنه، وقد أتت عليهم سنة مجدبة،[1402] فخرج بالناس إلى المصلّى وفعل كما ذكرنا واستسقى بالسود بن[1403] زمعة فسقوا من فضل الله.

نكتة: قد ذكر الشيخ جمال الدين ابي عبد الله محمّد صاحب كتاب «كشف الكروب في أخبار* بني ايوب»، أنّه تواقعت الإفرنج والمسلمين بأطراف 219b
الشام في شهر المحرّم سنة تسع وسبعين وخمسمائة قال، «جاءت الإفرنج إلى نواحي الدارون، فنهبوا وشعثوا فخرجت إليهم المسلمين فسبقوا الإفرنج ونزلوا على الماء وحالوا بين المسلمين وبينه، فجاؤوا المسلمون وهم عطاشى وكادوا أن يهلكوا من العطش، فوجدوا الفرنج قد سبقوهم إلى الماء،» قال، «فعاينوا الموت ودعوا إلى الله تعالى بنيّةٍ صادقةٍ،» قال، «فأنشأ الله تعالى سحابة بلطفه وكرمه على المسلمين فمطرت عليهم حتّى شربوا من تحت أرجلهم، وشربت خيولهم ودوابّهم، وردت نفوسهم إليهم، وكان زمان[1404] القيظ. فسبحان اللطيف الخبير ثم إنّ المسلمين حملوا على الإفرنج فكسروهم وغنموا منهم شيء كثير، ورُدّوا منصورين.» فأنظر يا اخي إلى هذه النكتة ما أعجبها وأحسنها!

نكتة في المغنى. من كرامات الأولياء على الله تعالى انهّم مهما سألوه أعطاهم فإنّهم كما قال الله تعالى «رجالٌ، صَدَقُوا ما عاهدوا الله عليه، فمنهم من قضى نَحْبَهَ ومنهم من ينتظر، ومـا بدّلوا تبديلا»* رضي الله عنهم، 220a
وارض عنّا بهم.

ذكر صاحب «مرآة[1405] الزمان» منهم العبادي الواعظ صاحب البراهين الهائلة والكرامات، وكان يخدمه رجل اسمه منصور قال، «جاء إلى الشيخ في بعض الأيّام رجل ليتوب على يديه. قال له الشيخ، ’قف مكانك حتّى يطهرك ماء المطر.‘ ولم يكن في السماء قطعة غيم،» قال، «فارتفعت سحابة في الحال

1401 MS ووقد.
1402 MS مجذبة.
1403 MS بالسود بن.
1404 Unclear in MS, looks like زخان.
1405 MS مرآت.

وانتشرت ومطرت على الرجل حتّى اغتسل منها.» فانظر الى نيّة هذي[1406] الاثنين ما أحسنها، وتوفّي الشيخ العبادي، رحمه الله تعالى، في سنة أربع وتسعين واربعمائة.

وقد استسقى الامام أحمد بن حنبل، رضي الله عنه، وخرج بالناس الى الصحراء كما ذكرنا، ودعوا إلى الله تعالى فاستجاب لهم ومطروا في الحال ببركة الإمام احمد، رضي الله عنه.

وقيل في سنة ستّ وتسعين ومائتين[1407] مطرت ببغداد في أول السنة مطراً كثيراً وما خرجت السنة حتى خرجوا واستسقوا من قلّة المطر في أيام امير المؤمنين
220b المقتدر[1408] * بالله وهذا عجيب.

وقد استسقى في هذا القرن بالناس قاضي القضاة نجم الدين احمد بن صرصري[1409] في أيّام تنكز، وخرج بالناس الى المصلّى على عادة[1410] الناس كما ذكرنا، واستسقى بالشيخ تقيّ الدين ابن تيمية[1411]، وقال بعضهم: بنائبه الداراني. وقيل بهما وهو الأصحّ. فانّ هذين الرجلين كانا غايةً في ذلك الزمان رحمهم الله تعالى. وسقوا من فضل الله تعالى ولم يعد أحد يستسقي في دمشق الى هذه السنة المباركة.

وقد ذكرنا هذا الفصل كما ينبغي حتّى يعرف من نظر في هذا الكتاب وغيره أنّ الامور في ذلك قديمةً، فتارةً يسقوا في الحال وتارةً[1412] لم يسقوا، والربّ، سبحانه وتعالى، هو الفعال لما يريد، وأنّه يرزق المؤمن والكافر والطير والوحش، وقد تكفّل بأرزاقهم، يرزق الدود في الحجر الجلمود.

[رزق الله لكلّ مخلوق]

نكتة في المغني: قيل إنّ سليمان، عليه السلام، كان يوماً[1413] جالساً على حافّة[1414] البحر،[1415] وإذا بنملةٍ في فمها حشيشة خضراء، فجاءت إلى حافّة البحر، فلمّا قربت منه وثب إليها من البحر ضفدع فطلعت على ظهره[1416]،
221a فأخذها الضفدع ونزل بها في البحر وسليمان ينظر إليهما وقد تعجّب منهما، فغابا

[1406] So in MS for هذين.

[1407] MS ماتين.

[1408] MS المقتدى. See notes to Translation.

[1409] So in MS for صصرى, see Introduction.

[1410] MS عادت.

[1411] MS التيمية. See note 563, above.

[1412] MS وثارة.

[1413] MS بوماً.

[1414] MS حافت.

[1415] MS النحر.

[1416] MS ظهرها.

ساعةً ثمّ طلع الضفدع[1417] والنملة على ظهره وليس في فمها شيء، فوثب بها إلى البرّ فنزلت عنه ورجع الضفدع[1417] الى البحر. فقام اليها[1418] سليمان، عليه السلام، وقال لها، «أيّها النملة، قفي. فقد رأيت منكما أمراً عجيباً.» قالت، «وما هو يا نبيّ الله؟» قال[1419] رأيتكي[1420] حين جيتي[1420] ومعك حشيشةً خضراء وأطلع اليكي[1420] الضفدع فركبتي[1420] على ظهره فاخذك ونزل في البحر وغاب ساعةً ورجعتي[1420] وليس معك شيء من الحشيشة الخضراء ورجع الضفدع الى البحر.» قالت، «نعم يا نبيّ الله، اعلم أنّ الله تعالى خلق في سفل هذا البحر صخرة[1421] عظيمةً وفي وسطها دودة.[1422] فانا أحمل اليها رزقها في كلّ يوم الى هذا المكان، ثمّ يطلع هذا الضفدع[1423] يحملني وينزل بي الى تلك الصخرة فتخرج الدودة منها تأخذ ما جبت لها وتُرَدّ إلى مكانها. وسمعت منها شيء عجيب تقوله.» قال، «وما هو؟» قال، «تقول 'سبحان الذي خلقني، وفي البحر
221b صيرني،[1424] ومن الرزق * لم ينسني، أللّهمّ كما لم تنساني من الرزق لا تنسى امّة محمّدٍ من رحمتك يا أرحم الراحمين.'» قال، «فتعجّب سليمان من كلامها، صلوات الله وسلامه عليه.»

فانظر يا أخي الى هذه الدودة على ضعفها في مثل هذا الموضع[1425] والربّ — سبحانه وتعالى — لم ينساها ويرزقها، فينبغي على الإنسان أن يتّكل على الله تعالى في أموره كلّها ولا يتعرّض[1426] على الله تعالي فيما ليس له به علم، فيحصل له الخير في الدنيا والآخرة. فان الله تعالى قال في كتابه العزيز «ومن يتوكّل على الله فهو حسبه، إن الله بالغ أمره، قد جعل الله لكل شيءٍ قدراً.» وكفي بهذه الآية موعظة في مثل هذا الموضع والسلام.

نكتة في المعنى: قيل إنّ رجل كان ينظر[1427] قمحاً واذا بزنبورٍ يجيء كل يومٍ الى ذلك القمح يأخذ منه قمحة بعد قمحةٍ ويذهب مراراً. فقال الرجل في نفسه، «هذا عجيب، زنبور يأكل قمح. لا بدّ لهذا الزنبور شأن عظيم، ولا بدّ لي أن أنظر الى أين يتوجّه بالقمح.»[1428] فلمّا جاء الزنبور على عادته أخذ

1417 MS الصفدع.

1418 MS has اليهـا which does not fit the context.

1419 MS فال.

1420 So in MS for اليبكِ, وجئتِ, رايتكِ, فركبت, etc.

1421 MS صحرة.

1422 MS دودةً, as second object of خلق ?

1423 MS الصفدع.

1424 MS صيز ني.

1425 MS الموضغ.

1426 MS يتغرض.

1427 MS ينطر.

1428 MS يالقمح.

222a قمحةً وذهب بها فتبعه الرجل مسرعاً معه حتّى جاءَ الى * مكان فيه بخش، فلمّا قرب[1429] منه واذا بعصفورٍ أعمى قد أخرج رأسه من ذلك المكان وفتح فمه فحطّ الزنبور القمحة في فمه وردّ ليأخذ[1430] غيرها. فانظر يا أخي إلى هذا الأمر الذي يذهل العقول في هذا المعنى، وقد صدق قول القائل، «ما شقّ الاشداق إلّا ويأتيها بالارزاق.»

نكتة في المعنى: [1431] قيل إنّ في زمان الملك الناصر محمّد بن قلاون كان له بريديّ شيخ يروح له في أشغاله إلى مهمّاته الى مهنّا ملك العرب. فأحكى البريدي قال، «رأيت، وأنا عند مهنّا، جرت نكتة عجيبة، وهي أنّي كنت عنده يوماً جالساً وأنا اتحدث، انا وهو، واذا عبد قد جاءَ إليه وقال له، 'يا أمير، لك البشارة ولدت فرسك الفلانية.' وكانت عنده عزيزة ففرح بها وإذا عبد آخر قد جاءَ وقال له، 'ما أظنّ هذا المهر مبارك على أمّه.' فقال له، 'لأيّ شيءٍ؟' قال، 'ما في ثديها ولا قطرة لبن.' فقال له مهنّا، 'لا يكون[1432] أصمّ[1433]' يعني ما له فم.» قال، 'ما أعرف.' ثمّ إنّه غاب ساعةً * وجاء وقال له، 222b 'صدقت يا سيّدي المهر أصمّ.' فتعجبت منه كيف علم ذلك. قال «فقلت له، 'يا أمير من أين عرفت إنّه أصّم؟' فقال، 'من قول القائل «ما شقّ الأشداق الّا ويأتيها بالارزاق.» فلمّا قال العبد «ما في بزها ولا قطرة لبن» قلت في نفسي «لو كان له فم كان في بزها لبن».' فتعجّبت من معرفته غاية العجب وأحكيتها للملك الناصر فطرب لها.» تمّ هذا الفصل.

[هطول الامطار]

ثمّ نعود إلى كلامنا. ثمّ استهلّ شهر رجب الفرد من السنة المباركة. وفي أوّل الشهر المذكور وقع في[1434] بلاد الزبداني وجبل الثلج الى حوران، مطركثير وثلج، ولم يقع على غوطة دمشق منه شيء، وحصل عقيب هذا هواء عظيم بارد، وبقيت الناس خائفين على الشجر منه من السقعة إلى يوم الاثنين ثالث الشهر المذكور أصبحت غالب غوطة دمشق مسقوعة، خاصّة الأرض التحتانية، فإنّ جميع ضياعها احترقت فاكهتهم كلّها، ولم يسلم لهم إلّا النادر من جميع الفواكه، وسقع الزرع الذي كان قد أسبل كلّه الى المرج.

[1429] MS قرب.

[1430] MS لياخد.

[1431] The same story appeared previously, see fol. 202b, above.

[1432] So in MS for ليكون ? See note 1276 above.

[1433] MS اضم.

[1434] MS فى.

223a وقد ذكر لي رجل عاقل جاء من بلاد حلب قال، «سقعت غالب فواكه حلب ووصلت السقعة إلى الباب والبزاعة عقيب ذلك الهواء فكانت طامة عامّة.»

ووصلت السقعة أيضا إلى بعلبك، والزبداني، والى بعض بلاد صفد، وتلفت الكروم والزرع وغلا الدبس حتى بقي بمائتين[1435] وثلاثين وخمسين[1436]، والزبيب من مائتين[1437] الى ثلاثمائة، ولم يسمع أحد بمثل هذا في هذا الزمان. وعدمت الناس أشياء[1438] من هذه السقعة، لكنّ الارض الفوقانية مثل المزّة، والربوة، والنيرب، وأرض الصالحية، وكلّ ما هو فوق نهر ثورى فإنّه — بحمد الله تعالى — كان قليل السقعة[1439] وذلك لطف من الله تعالى وموعظة[1440] لعباده، فسبحان الفعال لما يريد.

ويبس للناس مغلّ قمح وشعير كثير في غوطة[1441] دمشق، وفي غيرها لم يحصل له ماء يشرب، والمطر قليل فيبس، وبعض الناس رعوه بالدواب فإنّه تلف من العطش. وهذا شيء لم ير أحد مثله.

وذكر[1442] أكثر الشيوخ أنّهم لم يروا في دمشق ابدا زرع يبس الا في هذه
223b السنة. وخرج شهر آذار[1443] ونيسان ولم تمطر فيه على دمشق وبلادها * ولا ساعة واحدة مع قلّة الماء الذي في النهر، فلهذا تلفت غالب مغلّات الناس. ولم ينظر أحد في هذا الزمان مثل قلّة الماء والمطر في هذه السنة المذكورة،[1444] وبقوا الناس حائرين، ذهبت أرزاقهم وأموالهم وما ذاك الّا لنحس نيّاتهم، وقلّة أماناتهم، وكثرة[1445] خياناتهم، جعل الله ذلك موعظة لهم حتّى يعتبروا ويتوبوا ويردّوا عن ما هم فيه[1446] من الفواحش، وإلّا يحلّ بهم ما هو اعظم من ذلك كلّه. وقد قال الله تعالى، وهو أصدق القائلين، «وَلَنَبْلُوَنَّكُمْ بشيءٍ من الخوف والجوع ونقصٍ من الأموال والانفس والثمرات وبشر الصابرين» الآية. اللّهمّ أصلح احوال المسلمين!

وفي عشرين الشهر المذكور دار المحمل على عادته، داره نائب القلعة، ونائب الغيبة حاجب الحجّاب، فإنّ النائب كان في الغور.

[1435] MS بماتين.

[1436] So in MS, for الى مائتين وخمسين ?

[1437] MS ماتين.

[1438] MS اشيئا.

[1439] Added in margin by another hand.

[1440] MS وموعظةً.

[1441] MS عوطه.

[1442] MS ودكر.

[1443] MS ادار.

[1444] MS المدكورة.

[1445] MS وكثرت.

[1446] MS فيه.

وفي يوم الاثنين[1447] رابع عشرين الشهر دخل نائب الشام من الغور وأشعلوا له الشمع على عادة[1448] النوّاب، ودخل الى دار السعادة.

[عقاب المجرمين لقتل ابن النشو]

وفي[1449] يوم السبت تاسع عشرين الشهر جلس [النائب][1450] من بكرة في
224a دار السعادة * وطلب المحابيس الذين حبسوا بسبب ابن النشو السمسار الذين
مسكهم حاجب الحجّاب في غيبة النائب، مثل العبد الذي قال إنّه قتله، والذي قطع رأسه، والذي جرّه، والذي أحرقه، والذين[1451] نهبوا بيته، وجماعة الذين نفذ فيهم القضاء والقدر. فكان[1452] عدتهم ثلاثة وثلاثون رجل، ومات منهم في الحبس الصبيّ الذي ذكرنا أنّه اوّل من قام ورجمه يوم الاستسقاء. فلمّا احضروهم إلى عند النائب، وقلبه عليهم ملآن، فإنّه صعب عليه قتل ابن النشو كثير، ووقف ابنه وأخوه[1453] وشكوا عليهم وأكثروا البكاء والصياح قدام النائب، فأمر النائب بتسميرهم كلّهم وتوسيطهم. فشفع كاتب السرّ في أربعة منهم وهم أعيانهم من أرباب المال فرجعوا بالأربعة الى الحبس وسمّروا الباقي كلّهم وهم سوقة معثّرين مجمعين. فعند ذلك خرجوا بهم في جنازير الى ان أحضروهم إلى عند المسجد[1454] جوار تربة أرغون شاه فحبسوهم
224b فيه وجابوا في * الحال الجمال والخشب والمسامير، وعملوا لهم اللعب، وركبت
الترك مقلّدين بالسيوف أكثر من خمسمائة مملوك خوفا عليهم من العوامّ. وأمّا تحت القلعة؛ فقد امتلت من الناس المتفرّجين وغيرهم. وأمّا أهل المسمّرين؛ فانّهم حفاة، مهتكّين، يبكوا على أهلهم، والناس تبكي لبكائهم، وكان يوم غضب. أللّهمّ لا تغضب[1455] علينا ولا تسلّط علينا بذنوبنا من لا يرحمنا! فعند ذلك شفع شيخ القبّة في رجل خيّاط منهم فأخرجوه من المسجد وبعثوه إلى الحبس، لكن تقضّى ما كتب عليه ورأى الموت بعينه. ثمّ إنّهم أخرجوهم وسمّروهم وعدتهم ثمانية وعشرين رجل، ودارت الترك حولهم ووصلوا بهم الى باب الجابية، فوسّطوا منهم خمسة عند دكّانه، وخمسة عند الحمّام الذي

[1447] MS الاننين.

[1448] MS عادت.

[1449] MS وى.

[1450] MS الناس which does not fit the context unless it is taken as "the emirs."

[1451] For الذين in this context.

[1452] So in MS for فكانت.

[1453] MS واخيه.

[1454] MS المسحد.

[1455] MS بغضب.

أخربوه. وفي حقيقة الأمر أنّهم كانوا قد أسَوْا فيما عملوه في يوم الا ستسقاء، فإنّهم قتلوه بأيديهم، وجرّوه، وأحرقوه، وخربوا أملاكه، ونهبوا دياره، وسبوا
225a حريمه. ولم يكن يجب عليه شيء من ذلك الذي * فعلوه كلّه. ولم يحسبوا عواقب الأمور، وكيف يحسبوا وقد جعلهم الله من أهل القبور، وقد نفذ فيهم حكم العزيز الغفور، فأنشد لسان حالهم يقول شعراً:[1456]

هـذه الدّار سَكَنْهَا قبلَنَا   عُصْبَةٌ راحُوا وَخلُّوها لَنَا
ثُمّ تَفْنينَا وتَبْقَى بعدَنَا   لَيْسَتِ الدُنْيَا لِحيٍّ وَطَنَا

ثمّ إنّهم رَدّوا الباقي إلى تحت القلعة ولم يُدَوِّروا[1457] بهم المدينة، وكان في ذلك خير عظيم، ثمّ إنهم نزّلوهم إلى تحت القلعة حتّى يوسّطوهم فأنشد لسان حال بعضهم يقول شعراً:[1458]

قَدِّمْ لِنَفْسِكَ صَالِحاً   مَا دُمْتَ مَالِكَ مَالِك
مِنْ قَبْلِ أنْ تَتَغَانَى   وَلَونُ حَالِكَ حَالِك
وَلَسْتَ تَعلَمُ حقًا   أيّ المسَالِكِ سَالِك
اما لِجنَةِ عَدْنٍ   أَوْ سَلّموهُ لِمَالِك

ثمّ إنّهم وسّطوهم وبكت الناس عليهم، وكان يوماً مشهوداً[1459]. وخافت العوامّ لمّا رَأوا ما حلّ بأصحابهم والسلام.

[اهمال الحكّام بلاء الناس]

225b ثمّ * استهلّ شهر شعبان المبارك وفي أوّل هذا الشهر عقيب هذه الأمور كلّها قلّ القمح من المدينة كثير حتّى أبيعت الغرارة بثلاثمائة[1460] وخمسين وأربع مائة ولم يوجد، والشعير بمائتين[1461] وكسر. ويشحط الخبز[1462] في المدينة على الناس كثير جدا. وبقيت الناس على الأفران يتزاحموا صفوف خلف بعضهم بعض من المطلع الى المغيب، وهو عجين أسود، كلّ سبع أواق بدرهم. وكثير من الناس ما يحصل له خبز[1462]، وبقي الرجل يقف نصف يوم حتّى يحصل له خبز،[1462] يبطل عن شغله[1463] بأكثر من درهمين.

[1456] Meter الرمل.
[1457] So in MS.
[1458] Meter الكامل.
[1459] MS يوماً مشهود.
[1460] MS بلثمايه.
[1461] MS بماتين.
[1462] MS الخبر, خبر.
[1463] MS شعله.

وهكذا كان الغلاء في حلب، انباع عندهم في الشهر المذكور بثلاثة
ونصف الرطل. وفي[1464] حماة، وحمص، وطرابلس. وبقيت الناس في شدّة عظيمة،
وكلّ شيء يؤكل غالي، اللحم بأربعة ونصف، وعين الفاكهه قليل كثير
بسبب السقعة. وغالب الضياع ما زرعوا بطيخ، ولا خيار، من قلّة الماء،
والناس منتظرين الفرج من الله تعالى ومع ذلك الحكّام لم ينظروا في مصالح
226a الناس إلّا * في مصالحهم، ولم يلتفتوا إلى فقير ولا إلى مسكين فما لله العجب
من ملوك هذا الزمان، كيف لا يتذكّروا ألآخرة. لكنْ شغلتهم الدنيا بحبّها
وأدهشتهم، وركنوا إليها وهي دار الغرور. وكم قد أهلكت من القرون، وما هي
والله إلّا كما قال فيها بعضهم حيث يقول:[1465]

وَتُبدِي لَنَا الُدنيَا غُرُوراً وبَعضُنَا
لِبَعْضٍ عَلَيهَا لِلشَّقَاوَةِ نَحْسُدُ
ولاَ فَرحَةً فِيهَا لَنَا مُسْتَمِرَّةً
وَلَكِن إِذَا غَرَّتْ وَسَرَّتْ تُنَكِّدُ
وَبَعدَ الهَنَا تَرمِيكَ فِي البُؤسِ وَالعنَا
وَتَغدُرُ يَا مِسْكِين أيضاً وتَفسُدُ
سَيَفنوا بَنُوا الدُنيَا ويَخرُبُ مَا بَنَوْا
وَمَا عَمَّرُوا فِيهَا المُلوكُ وَشَيَّدُوا[1466]
وَمَن عَاشَ فِيهَا مَاتَ عَنهَا بِرِغْمِهِ
وَمَا ثَم الّا الله والكُلّ يَنفَدُ
فيَا أَيُّهَا[1467] النَّاسُ استَعِدُّوا وَقَدِّمُوا
لأَنْفُسِكُم دَاراً مِنَ الخَيرِ تَسْعُدوا[1468]
226b وَلا * تَترُكُوا أَشيَا أُمِرتُم بِفِعلِهَا
فَتَشقَوا ولكِن قَارِبُوا ثُم سَدِّدُوا

[1464] MS .وِي
[1465] Meter .الطويل
[1466] MS .وشَيَّدُ
[1467] MS .فَيَايتَهَا
[1468] On margin.

وَلَا تَطْلُبُوا طُولَ الحَيَاةِ لِرَغْبَةٍ
وَفِي هَذِهِ الدُّنْيَا الدَّنِيَّةِ فَازْهَدُوا

فَأَيُّ حَيَاةٍ تُسْتَلَذُّ وَعِيشَةٍ
تَطِيبُ وَقَدْ مَاتَ النَّبِيُّ مُحَمَّدُ

حكاية: قال محمّد بن كعب، «دخل على هارون الرشيد بعض المشائخ فوعظه فقال له، 'إن أردت النجاة من عذاب الله تعالى غدا، فليكن كبير المسلمين لك أباً، وأوسطهم لك أخاً، وأصغرهم لك ولداً، وأن تحبّ لهم ما تحبّ لنفسك.'» قال، «فبكى هارون حتّى غمي عليه، ومع هذا كان يتصدّق في كلّ يوم بمائة دينارٍ على الفقراء والمساكين، وكان له معروف كثير رحمه الله تعالى.»

وقد ذكر ابن الجوزي أنّ في سنة خمسٍ وتسعين وخمسمائة جاء غلاء عظيم في القاهرة حتّى أكلوا الناس فيه الموتى. وكان فيها الحاجب لؤلؤ — رحمه الله — كان يتصدّق على الفقراء في كلّ يوم بمبلغ أربعة وعشرين الف رغيف خبز،[1469] هذا هو الخير والمعروف. وما أحسن ما قال بعضهم 'كان وكان' في أهل الخير:

227a مَا* كُلُّ مَنْ نَالَ مَا تَمَنَّى ذي
إلّا هَدَايَا تُهْدَى لِمَنْ يَشَا الرَّحْمن.[1470]

فتعلم يا أخي — وفقك الله — أن ناس أعطاهم الله تعالى الدنيا والآخرة، وناس أحرمهم الدنيا والآخرة، وناس آخرة بلا دنيا، وناس دنيا بلا آخرة، فلا حول ولا قوّة الّا بالله العلي العظيم. وفي الحديث أنّ الرجل إذا تصدّق بدرهم في حياته خير من سبعين بعد وفاته، لكن أين الأنفس التي تسمح في مثل هذه الأوقات بالخير؟ وقد قال الله تعالى «إنّ النفس لأمارة بالسوء» ولهذا ينبغي للإنسان إذا همّ بحسنة يبادر إليها، والّا غلبته وبطّلتها وتستعين عليه بالشيطان، والإنسان في هذه الدنيا بين أعداء يروه، وهو لم يراهم[1471] كما قال بعضهم:

النفس وَالشيطَان وَالدُّنيا وَالهَوَى
كيف السبيل وهؤلاء أعْدَائي[1472]

[1469] MS خبر.

[1470] With the omission of تهدى in the second hemistich the meter is nearest البسيط, deviating only in the last feet of each hemistich.

[1471] So in MS for لم يرهم.

[1472] Meter resembles الكامل but is defective in last feet of each hemistich.

وقد ذكر الاصمعي أنّه جاءَ في بلاد العراق غلاء عظيم، وكان خالد القسْري[1473] أميراً عليها في زمان بني أمية، كان يقول على المنبر، «إنّي أطعم
227b كلّ يومٍ ستّة وثلاثين ألف إنسان التمر * والسويق، فساعدوا إخوانكم ايّها الناس!» فانظر يا أخي الى نفس هذا الرجل الذي سمحت بهذا الخير العظيم. وله سيرة حسنة رحمه الله تعالى.

وقال الأصمعي أيضاً، «دخل على خالد القسريّ[1473] أعرابي فقال له، ’قد قلت فيك بيتين من الشعر،‘ فقال له، ’قل!‘ فأنشد الرجل يقول:[1474]

’لَزِمتَ[1475] ’نَعَمْ‘ حتّى كَأنّكَ لَم تَكُنْ
سَمِعتَ مِنَ الاشْيَاءِ شَيْئاً سِوَى نَعَمْ
وَانكَرتَ ’لا‘ حتّى كَأنكَ لَم تَكُنْ
سَمِعتَ بِهَا فِي سَالِفِ الدهرِ والأُمَم.‘»

قال، «فأعطاه عشرين ألف درهم.»

وفي هذا الشهر المذكور فتح أمير عمر بن منجك، أسعده الله تعالى ورحم سلفه، مخزن قمح أكثر من مائتي[1476] غرارة وتصدّق منه وباع الباقي لأرباب البيوتات، ثلاثة أكيال ونصف غرارة وغرارة لا غير. ولم يبع منه شيء لطحّان ولا لسمسار، وحصل للناس بذلك خير عظيم. ودعت له الناس كثير، وباعه بناقص مائة درهم كلّ غرارة عن ما يبيع الغير. وفي هذا الزمان ما رأينا أحداً سمحت نفسه بمثل هذا وقد حصل له أجر عظيم. ومع ذلك فانّ دمشق
228a تحمل الغلاء * وما تحمل الجور، بدعوة عيسى ــ عليه السلام ــ لها. وكان سبب دعاه لها نكتة غريبة ذكرها صاحب كتاب «فضائل الشام» قال، «انّ عيسى ــ عليه السلام ــ لمّا حاصروه بني إسرائيل في دمشق في النيرب وحجبه الله تعالى منهم على صخرة عظيمة، وبقي أيّام محصور على تلك الصخرة لا يأكل ولا يشرب، فلمّا قوي عليه الجوع وعلم الله تعالى حاله أرسل عليهم النوم فنَاموا كلّهم، فنزل من على تلك الصخرة في الليل ومشى بين البساتين[1477] فوجد رغيف خبز ساقه الله تعالى إليه فأخذه وأكله وشرب، فلمّا شبع حمّد الله تعالى وأثنى عليه بما هو أهله ثمّ قال، ’أللّهمّ يا ربّ العالمين لا تميت

[1473] MS القشْري.
[1474] Meter الطويل.
[1475] MS لَزِمتْ.
[1476] MS مثاتي.
[1477] MS البساتين.

أحداً من أهل هذه البلدة بالجوع.' فلهذا تحمل الغلاء ولم تحمل الجور.» وقد ذكر هذه الصخرة الشيخ ابن كثير في تاريخه وما ذكر هذه الحكاية.

فانظر يا أخي الى هؤلاءِ الكفرة وما كانوا يفعلون في أنبيائهم، عليهم السلام، وقد أجاد قائل هذه الأبيات يهجو[1478] بهم النصارى حيث يقول شعراً:[1479]

228b لَعَنَ* اللّهُ النصارَى أُمــةً
خَالَفُوا الحقَّ وَقد أخطَوْا الرَّشَدْ[1480]
نَزَّهُوا رُهبَانَهُم عَن زَوجَةٍ
ثُمَّ قَالُوا انَّ لِلّهِ وَلَدْ
فَتَعَالَى اللهُ عَن مَا أشرَكُوا
جَلَّ رَبِّي «قُلْ هُوَ اللهُ أحَدْ»

وقد ذكر أيضاً بعضهم انّه جاء في بلاد الهند غلاء في بعض السنين، أبيعت كلّ حبّة بدرهم، شيء يوكل من الحبوب ما أعرف ما هو، والغالب غلاء[1481] تلك البلاد الذرّة، والله تعالى أعلم. هكذا ذكره صاحب «مرآة الزمان» وهذا أمر عجيب.

[رزق الله لكل مخلوق]

وقد ذكر أيضاً بعض الأولياءِ قال: «جاء في بغداد غلاء عظيم حتّى هلكت الناس.» قال: «فدخلت يوماً بين المقابر فوجدت البهلول جالس على حافّة قبر وهو يحرك رجليه، فقلت له، 'تحرك رجليك والناس في هذه الشدّة العظيمة من الغلاء؟' قال، 'والله لا أبالي ولو أبيعت كلّ حبّةٍ بدينارٍ،' قلت: 'كيف ذاك؟' قال، 'أنا أعبده كما امرني وهو يرزقني كما وعدني، فإنّ الله تعالى يقول في بعض الكتب: «يا ابن آدم أطعني واعبدني ولا تهتمّ بالرزق،» فقد كفيتك أمره فلا تحمل* هم شيءٍ كفيته وأرض بما ياتيك «وكن من الشاكرين»'». 229a

واعلم أنّ الله تعالى خلق الارزاق قبل أن يخلق الخلق بثمانية آلاف سنةٍ وما أحسن ما قال بعضهم في المعنى حيث يقول:[1482]

1478 MS يهجوا.
1479 Meter الرمل.
1480 MS آخطَوْ الرَّشَدْ.
1481 So in MS. Here read as غلة for purposes of translation.
1482 Meter البسيط.

يَا طَالِبَ الرزقِ فِي الآفاق مُجتَهِداً
أقصِر عنَاكَ فإنَّ الرِّزقَ مَقسُومُ
الرزقُ يَسْعَى الىَ مَن لَيسَ يَطْلُبُهُ
وَطَالِب الرِّزقِ يَسعَى وهوَ مَحرومُ

فسُبحَانَ من يرزق الضعيف والقويّ لا اله الاّ هو.

حكاية في المعنى: قيل إنّ بشر الحافي — رضي الله عنه — قال، «رأيت يوماً عكبر الكردي فقلت له، 'ما كان سبب توبتك؟' قال، 'كنت أقطع الطريق ومعي رجال تحت يدي فجيت يوماً إلى مكان، وقد راحوا رجالي على عادتهم، فيه ثلاث نخلات، واحدة ما عليها شيء من الثمر، وثنتان[1483] حاملات رطب، فجلست تحتهم أستريح وصرت أنظر فيهم، واذا عصفور يحمل من الحاملات الرطب إلى التي ليس فيه شيء، وصار ينقل على تلك
229b الحالة مراراً. * فقلت في نفسي: «هذا عجيب؛ الرطب ليس هو مأكول أفراخ العصافير، ولا يزقّوه لأولادهم، وهذا العصفور[1484] ينقل الى هذه الرطب فلا بد لهذا شان.» فقمت وطلعت في الشجرة إلى رأسها واذا حيّة عمياء في مكان في رأس تلك النخلة والعصفور ينقل الرطب إليها ويطعمها، فلمّا أبصرت هذا الأمر تحيّرت في أمري وبكيت وقلت، «سيدي، هذه حيّة أمرنا نبيّك بقتلها وهي عمياء أقمت لها هذا العصفور يأتيها برزقها ولم تنساها وأنت الرزّاق، وأنا عبد أقرّ بأنّك واحد أحد،[1485] رزقتني من قطع الطريق حراماً.» ثمّ إني كسرت سيفي ووضعت التراب على رأسي وصحت، «يا مولاي الإقالة الإقالة.» واذا بهاتف يقول، «قد أقلناك.» ثمّ إن رفاقي اتوني وجدوني على تلك الحالة قالوا «ما بك؟» قلت، «قد كنت مهجور وقد صالحت مولاي.» فقالوا، «ونحن[1486] معك.» فرمينا ثيابنا وما كان معنا كلّه وخرجنا طالبين باب الله تعالى، فما زلنا على هذه الحالة ثلاثة أيّام، ونحن سكارى حيارى، فورد بنا[1487] اليوم
230a الثالث على قريةٍ وإذا * امرأة عمياء تقول، «بالله أفيكم عكبر الكردي؟» قلنا، «نعم.» قالت، «لي ثلاث ليالي أرى النبيّ — صلّى الله عليه وسلّم — في النوم وهو يقول 'اعطي عكبر الكردي ما خلّفه ابنك،' فكان ستّين ثوباً

1483 So in MS for اثنتان.
1484 MS الغضمور.
1485 So in MS. Usage unclear.
1486 MS ونخن.
1487 MS نبا.

من الخام.' قـال، «فأخذناها واتّزرنا ببعضها، وأخذنا الباقي ودخلنا إلى البادية الى أن وصلنا الى مكّة — شرفها الله تعالى — واقمنا بها.»

فانظر يا أخي الى هذه الحكاية، ما أغربها في أمر الرزق، واعلم أن الرزق مقسوم، والأجل محتوم، وأن شيء ما يدوم، والذي ينبغي على الانسان أنّه يتّكل على الله تعالى في الأمور كلّها، ولا يتعرّض على الله تعالى. وما هذا إلّا تأدباً من الله تعالى لعباده وهو اللطيف الخبير، فلا ينبغي لأحد أن يقول، «لو مات فلان رخص القمح، لو جاء فلان رخص الشيء.» لا يحيل الأمر الى مخلوق بل يجعل الأمور كلّها الى الله تعالى وألّا يقع في ذنبٍ عظيمٍ، فإنّ الربّ — سبحانه وتعالى — هو الفعال لما يريد؛ مرخصها وهي قفار، ومغليها
وهي غزار، واعلم أن الدنيا لم تزل على * هذه الحالة شدّة ورخاء، وفرح وحزن،[1488] 230b
وأمن وخوف، تتقلّب بأهلها ولم تدم على حاله. واعلم انّها كما قال فيها الشاعر مركّبة على هذه الثمانية خصال:[1489]

ثَمانيةٌ خُصّت بِها سائرُ[1490] الوَرَى
وَكُلّ آمرىءٍ لا بدّ لهُ مِن ثَمانيَه[1491]
سُرُورٌ وحُزْنٌ وَاجتِماعٌ وَفُرقَةٌ
وَعَسْرٌ ويُسْرٌ ثُمّ سُقْمٌ وَعافيَهْ

فيا أيّها الرجل انتبه من النوم؛ أين من شقّ الأنهار، وغرس الأشجار، وعمّر الديار؟ خرس والله لسان دعواهم عن المقال، وانكسر علم عزّهم فزال، وأخذت أموالهم أعداءهم، وزالت عنهم رجالهم، وارتحلوا بذنوب كالجبال، وأعمال في أعناقهم كالاغلال، ومحيت منهم الآثار، وان الدنيا متاع، وان الآخرة هي دار القرار، وانشد لسان حالهم يقول شعراً:[1492]

وما حَجبتَهم يعوم[1493] وَلَو بِجَمعِهِم
نَجَائِبُهم وَالصافنَاتُ السَّوابِقُ
وَرَاحُوا عَنِ الأَمْوَالِ قَهراً وَخَلّفُوا
دِيَارَهُم بالرّغمِ مِنهُمْ وَفَارَقُ

[1488] MS حرن.
[1489] Meter الطويل.
[1490] MS سَايِرَ.
[1491] Meter defective in second hemistich unless one long syllable is substituted for لَهُ. MS has لَه.
[1492] Meter الطويل.
[1493] Unclear. Does not fit the meter.

231a واعلم * أنّ في الحديث عن النبيّ ـ صلّى الله عليه وسلّم ـ انّه قال، «الدنيا سجن المؤمن وجنّة الكافر.» واعلم أنّ البدن اذا كان فيه الانسان ما برح مهموم مغموم، وما للانسان في هذه الدنيا أحسن من الصبر والسلام.

وفي يوم الجمعة سادس الشهر وصل إلى دمشق خبر قاضي القضاة سري الدين أنّه توفّي إلى رحمة الله تعالى، وصلّوا عليه في الجامع صلاة الغيبة. وخلّف ولد ذكر ونزل عن وظائفه[1494] لولده قبل وفاته. وكان قد راح إلى القاهرة مطلوب يسعى في القضاء فأدركه الموت. وقد جرى له كما قال الشاعر:[1495]

نُؤمِلُ آمَالًا ونرجُو[1496] سَلامَةً   فَتُدرِكُنَا آجَالُنَا فَنَمُوتُ[1497]

لمّا توفّي قال فيه بعض الشعراءِ هذين البيتين:[1498]

سَرَى السَّرِيُّ وَسَرَّ الحَاسِدِينَ لَهُ
هٰذَا العَجِيبُ الذّي أبصَرتُ فِي عُمرِي
مَضَى مِنَ الشَامِ يَسْعَى فِي القَضَاءِ وَمَا
دَرَى بِأنَّ القَضَا يَأْتِيهِ فِي مِصْرِ

231b وفي * يوم السبت سابع الشهر العصر جاءت زيادة في الماء مليحة، وزادت الأنهر وفرحت الناس بها كثير. وكان أكثرها في برزة من وادي معربا. وكان[1499] تلك الارض معطشة زرعها وأشجارها، فحصل لتلك الضياع خير عظيم من ذلك المطر ولله الحمد، وبقيت الى ثاني يوم، وردّ النهر إلى ما كان عليه[1500] وفرغت الزيادة وهذه عادة الزيادة.

[حكايات عن الفيضانات]

حكاية في المغنى. قد ذكر لي بعض مشائخ بعلبك عن أبيه[1501] أنّه قال له: قال، «جاء سيل الى بعلبك في سنين شيء وسبعمائة في أوّل القرن، فأخذ سور المدينة وقلعه من أساسه ورماه قطعةً واحدة، ودخل الماء الى المدينة أخرب منها شيء كثير، ومات بها ناس كثير ليس لهم عدد. وأعجب ما جرى فيه أنّ ناس جالسين في بيتهم والماء جاءهم، وكان له بنت طفلة في

1494 MS وضايفه.
1495 Meter الطويل.
1496 MS وَنَرجُوا.
1497 MS. فتموب.
1498 Meter البسيط.
1499 So in MS for وكانت.
1500 MS علبه.
1501 MS ابوه.

السرير، فلمّا رأوا ذلك وثبوا هاربين خوفاً على أنفسهم وتركوا الطفلة في السرير في البيت، فاخذهم الماء وراح ولم ينجو[1501a] منهم أحد. وامّا الصغيرة؛ فان الماء حمل السرير وارتفع وكان في جانب * البيت خازوق طويل فعلق السرير في الخازوق ثمّ هبط الماء. وأمّا الحارات[1502] التي في أعالي المدينة؛ فإنّ الماء لم يصل اليها، فجاءوا أقارب اصحاب البيوت التي غرقت يكشفوا خبر أهلهم فدخلوا البيت الذي فيه السرير وجدوا الصغيرة في السرير معلّقه تبكي، فنزّلوها[1503] وربّوها وكبرت وجابت أولاد وهذا من أعجب ما يكون في الدنيا.»

232a

حكاية في المعنى: وقد ذكر أيضاً أنّ جماعة كانوا قاعدين في بيت وعندهم شيخ أعمى والماء دخل الى البيت فوثبوا حتى ينجوا بأنفسهم ولم يلتفتوا الى الشيخ، فلمّا خرجوا من البيت أخذهم الماء. وامّا الشيخ الاعمى؛ فانه لمّا حسّ بالماء قام يريد الهروب، وكان في البيت دست كبير الذي يعمل فيه الدبس فوقع في وسطه وهو لم ينظره، وقوي الماء فساق الدست على وجه الماء فبقي كأنّه في مركب حتى نقص الماء وقعد الدست على الارض والأعمى فيه سالم، فلمّا جاؤا إليهم أهلهم يتفقّدوهم *[1504] وجدوا الشيخ الأعمى في الدست جالس والباقي ماتوا كلّهم. وقد صدق الذي قال، «الأجل حصين[1505].» فانظر يا أخي الى هذه[1506] الحكايتين ما أعجبها[1507] فسبحان اللطيف الخبير.

232b

[وفاة ابراهيم الصوفي]

ثمّ نعود إلى كلامنا. وفي يوم الاحد ثامن الشهر المذكور توفّي الشيخ إبراهيم الصوفي، رحمه الله تعالى، ونادوا له في المدينة واجتمعت الناس في الجامع مثل يوم الجمعة، وَصُلّي عليه بعد صلاة الظهر وطلعوا به من باب الزيادة إلى باب الصغير، والنعش على رؤس الأصابع ومن شدة الزحام في باب الزيادة كاد يموت منهم خلق، ووقع للناس سراميز[1508] ومناديل كثير،[1509] وبقت[1510] الناس على بعضهم بعضاً من الجامع إلى باب الصغير، وطلعت الأربع قضاة وكلّ كبير في المدينة، وفي حال خروجه من الجامع مطرت عليه مطرةً

[1501a] MS ينجوا.
[1502] MS الحاراث.
[1503] MS فزلوها.
[1504] MS يقتقدوهم.
[1505] MS حصين.
[1506] So in MS for هاتين.
[1507] So in MS for اعجبهما.
[1508] MS سرامير.
[1509] So in MS for كثيره.
[1510] For وبقيت.

قوية وذلك عين الرّحمة من الله تعالى، ودفن في تربة شهاب الدين الحاجب جوار جامع جرّاح وحصل له خير كثير بدفن الشيخ[1511] عنده في تربته.

233a وقد ذكر جماعة أن الشيخ[1512] إبراهيم* له اكثر من خمسين سنةً في الجامع يقرئ القرآن لله تعالى. وقد قال رسول الله، صلّى الله عليه وسلّم، «خيركم من تعلّم القران وعلّمه.» وقيل: إنه قرّأ القرآن أكثر من ألف انسان إسمه محمّد. فانظر كم يكون غير محمّد قرأ عليه. وعاش من العمر أكثر من مائة سنةٍ والله اعلم، وكان بركة دمشق بعد السلف الصالح.

حكاية: قيل إنّ بعض الصالحين كان له جار مسرف على نفسه بالمعاصي فمات فأبصره الرجل الصالح في النوم في مكان مليح وعليه ثياب ملاح، فقال له الرجل الصالح، «يا فاسق بما نلت هذا؟» قال له، «لا تقول لأهل القرآن 'يا فاسق.'» قال، «وما كنت تعرف من القرآن؟» قال، «سورة الواقعة وتبارك.» فانظر يا أخي الى هذا الرجل كيف حلّت عليه بركة هاتين السورتين، فما ظنّك فيمن عمره مشغول[1513] بتلاوة القرآن، فبهذا[1514] أعطاه الله تعالى هذه المنزلة.

وقد ذكر بعض أهل العلم ان من صلّى على مغفور له غُفِرَ لَهُ.

233b نكتة في المغنى: قال ابن حربويه[1515]، رحمه الله تعالى*، «رأيت السري السقطي في المنام فقلت له، 'ما فعل الله بك؟' قال، 'غفر لي ولكلّ من صلّى على جنازتي.' فقلت له، 'أنا صلّيت علَى جنازتك.'» قال، «فأخرج[1516] درجاً معه وصار يفتّشه فلم ير فيه اسمي فقلت له، 'والله قد صلّيت عليك فانظر جيّداً.' فاذا هو ولقد لقي اسمي على الحاشية فقال، 'صدقت.' فانتبهت وانا فرحان.» وهو تصديق ما ذكرنا فإن الصالحين لهم مناقب، رحمهم الله تعالى.

ولمّا توفي الشيخ ابراهيم الصوفي رثاه الاديب الزرخوني بهذه الابيات[1517]:

يَا عَيْنِ أبكِي عَلَى مَنْ كَانَ ذَا وَرَعٍ
شَيْخُ القِرَاءَةِ[1518] فِي شامٍ وفِي مِصرِ

[1511] MS الشخ.
[1512] MS السيح.
[1513] MS مشعول.
[1514] MS فبهادي.
[1515] So in MS, but see Ibn Kaṯīr, IX, 14, where the name appears as ابو عبيدة بن حريوبة.
[1516] MS فاخرح.
[1517] Meter البسيط.
[1518] MS القِرآةِ, but must be read as here.

العَابِـدُ الزّاهِـدُ المقرِيّ[1519] ذَا وَرَعٍ

كَنَزُ الدّرايةِ بَـلْ كنزٌ مِنَ الـدُّرِ

الصُّوفِـيِّ[1520] الصّافِـي[1521] ابرَاهيـم هيمنَـا

لمـا قضَى نَحبَـه فِـي ثامِنِ الشّهرِ

قُطبُ المعَـارِفِ بُرهَانُ المشَائِخِ مَنْ

لَهُ الكرامَـاتُ مِن خيرٍ و[مِنْ] جبْرِ[1522]

أمَا تَـرى لِعيُونِ الأرضِ قَـاطِبَـةً

بَكَتْ علَيْهِ وحَتّى السحبَ بِالقَطْرِ

بَكَتْ علَيهِ اليَتامَـا مِثلَ وَالدِهِم.

وَقَـالَ قَائِلُهم مَن ذا لَنَـا يُقرِ

وَقُبَّةُ الجَامِعِ العلياءُ قَـد وَهَنَـتْ

وَقَصَّ منهَـا جنَاحُ الطَّائِرِ النَسْرِ

وَكَيْفَ لا وَهوَ قُطبٌ فَوقَـه فَلَكٌ 234a

يَدُورُ مِن عزمِـه فِـي الجَهرِ بالسِّرِ

مَنْ لِلدِّيَانَةِ مَن لِلزُّهْدِ يَجمَعُـه

فِـي الجَـامِعِ الأَمَـوِي اليومَ بِاليُسْرِ

مَنْ ذَا يُعَلِّمُ جُهّالَ الصِغَارِ وَمَن

يُؤَدِّبُ الطِفـلَ بِـالاحسان والبِرّ

قَد كَانَ عَبـدٌ عَظِيمُ القَدرِ دَعْوَتُـه

مُجَابَةٌ عِندَ مَولاَهُ عَلى الأثَـرِ

فَيَـا لَهُ مِنْ مُصَابٍ عَمَّنَـا حزَنـاً

لكِنْ علَيـهِ نَرومُ الأَجرِ بِـالصَّبْرِ[1523]

[1519] For مُقْرِئ ?

[1520] Must be read as pointed here for meter.

[1521] Final long vowel must be read as short.

[1522] MS وَجَبْرِ, insert مِنْ for meter.

[1523] MS بالصَّبْرِ.

وَيَـا لَهُ مِن ضَرِيحٍ ضمّ جُثّتَـهُ
فَقَـد حوَى فِيه حَبرٌ غاضَ كالبحرِ
لا زالَ غَيثُ السمآ نَهلٌ وَابلُـهُ
عَلَى ثرَاهُ لِكَيْ يَرْوِيـه فِي القبرِ

وقد ذكروا مشائخ دمشق انّ لهم اربعين سنةً لم يروا مثل جنازته فانّ الناس احتفلوا لها عظيم غير خمس جنائز: جنازة الشيخ عماد الدين ابن كثير، رحمه الله تعالى، وتوفّي سنة اربع وسبعين وسبعمائة وقد رثاه الشيخ جمال الدين ابن نباته هذه[1524] البيتين حيث يقول[1525]:

لِنحوك اربَابُ العُلُومِ تَجَمَّعُوا
وَأَجْرُوا دمُوعاً كالسّحَابِ غزيرِ
234b فلَوْ* مزَجُوا مَاء المدَامعِ بالدِّمَا
لَكَانَ قليلٌ فيكَ يَا ابْنَ كَثيرِ

وبعده الشيخ علاء الدين ابن البنا، رحمه الله تعالى. وبعده الشيخ عبد اللطيف بن الجعبريّ، رحمه الله تعالى، وبعده الشيخ زين الدين القرشيّ، وبعده الشيخ زين الدين ابن رجب، رحمه الله تعالى. فهذا[1526] الخمسة طلعت لهم جنائز هائلة كثير واكثر الصالحين لهم كرامات. اللّهمّ ارحمنا بهم لانّهم كما قال فيهم الموّال:

للّهِ أقوَام يَعصُوا العَادِل المقُوت
وَدَمعهُم مِنْ وَرَعْهُم يَحكِي اليَاقُوت
صَلاتهُم فِي الدَّيَاجِي وَقتهَا مَوقُوت
وَمَا لَهُم غَير تَسبِيح المُهيمنِ قُوت

[1524] So in MS for هٰذين.
[1525] Meter الطويل.
[1526] So in MS for هؤلاء.

ملحق
ثبت بالتعديلات التي لم يرد ذكرها في الحواشي

ملحق: ثبت بالتعديلات التي لم يرد ذكرها في الحواشي

استبدال الالف القائمة بالف مقصورة

الافعال

اتا (اتى) 25 (37)a، 56a، 95b، 144a، 155a.

بكا (بكى) 211a، 213b.

بغا (بغى) 26 (38)b.

يبقا (يبقى) 29 (41)a، 74a، 121b، 130b، 131a، 167a، 198a.

تبقا (تبقى) 225a.

ابلا (ابلى) 42 (12)b.

يبلا (يبلى) 59b.

بنا (بنى) 68b، 181b، 182b، 185a، 187a، 194b.

يبنا (يبنى) 48 (50)a، 121b.

تبنا (تبنى) 128b.

اثنا (اثنى على) 87b.

جرا (جرى) 3a، 6 (18)a، 8 (20)b، 12 (24)a، 17 (29)b، 23 (35)b، 27 (39)a، 28 (40)a، 30 (42)a، 32 (44)a، 37 (7)a، 37 (7)b، 40 (10)a، 40 (10)b، 53b، 58a، 59a، 63a، 66b، 67a، 67b، 69b، 74a، 82a، 89b، 90b، 91a، 92b، 93a، 93b، 97a، 100a، 102a، 105a، 105b، 107a، 111a، 113b، 114a، 114b، 118a، 128b، 129b، 130a، 132b، 133a، 149b، 150b، 160b، 162a، 169b، 177a، 178b، 180b، 181b، 185a، 185b، 186a، 187a، 188b، 192a، 201a، 210b، 231a، 231b، (لكن: جري [!] 4a).

اجرا (اجرى) 198b.

جنا (جنى) 85b، 86a.

احلا (احلى) 107a.

حوا (حوى) 126a، 234a.

احتوا (احتوى) 50 (16)b، 134a.

يخشا (يخشى) 153b، 175b.

اختفا (اختفى) 5 (17)a، 12 (24)a، 12 (24)b، 67a.

خلا (خلى) 87a، 94a، 109b، 149b، 160a، 161b، 179a.

يدرا (يدرى) 63a.

درا (درى) 231a.

تدعا (تدعى) 191b.

دها (دهى) 85b.

ارا (ارى) 105a.

يرا (يرى) 206a.

تربا (تربى) 202a.

يترجا (يترجى) 166a.

يرضا (يرضى) 79a.

يرقا (يرقى) 199a.

أرما (ارمى = رمى) 12 (24)a، 28 (40)b، 66a، 110a، 170b.

زنا (زنى) 85b.

سبا (سبى) 144a، 153b.

سقا (سقى) 118a.

اسقا (اسقى) 137a.

يسقا (يسقى) 214b.

استسقا (استسقى) 216a، 216b، 217a، 218b، 219a، 220a.

يسمّا (يسمى) 74a، 120a، 170b، 180b.

استوا (استوى) 204b.

اشترا (اشترى) 170a، 201b.

شفا (شفى) 193b.

يصطلا (يصطلى) 86b، 110a.

صلا (صلى) 63b، 67b، 87b، 131b، 137a، 158b، 161a، 208b، 211b، 212a، 233b.

طوا (طوى) 156b.

اعتلا (اعتلى) 185b.

معنّا (معنى) 4b.

اعطا (اعطى) 17 (29)b، 137a.

علا (على) 87b، 147a، 195a، 229b.

غنّا (غنى) 158a.

تتغانا (تتغانى) 225a.

يتفلا (يتفلى) 28 (40)b.

يتفاضا (يتفاضى) 191b.

اقتدا (اقتدى) 198a.

تقضّا (تقضى) 165a، 224b.

انقضا (انقضى) 33 (45)a.

يكفا (يكفى) 123b.

اكتفا (اكتفى) 12 (24)b.

ملتقا (ملتقى) 27 (39)a.

التقا (التقى) 38 (8)a، 49 (15)b، 184a.
يلتقا (يلتقى) 113a.
يلقا (يلقى) 199a.
يتمشا (يتمشى) 165b.
امسا (امسى) 137b.
مضا (مضى) 59a.
تنسا (تنسى) 53b، 221b.
نادا (نادى) 20 (32)a، 62a، 68b، 70b، 76b، 94a، 96b، 103b، 128a، 141b، 160b، 164a.
نعا (نعى) 37 (7)b.
انتها (انتهى) 187b.
اوفا (اوفى) 59a.
تولّا (تولّى) 2b، 7 (19)b، 19 (31)a، 22 (34)a، 22 (34)b، 23 (35)a، 24 (36)b، 60a، 103b، 115a، 116a، 119a، 135a، 159b، 160a، 166b، 170b، 172a، 179b، 180a، 180b، 181a، 181b، 182a، 182b، 184a، 184b، 185b، 186a، 186b، 187a، 189a، 189b، 190a.
اتولّا (اتولّى) 147a.
ولّا (ولّى) 26 (38)a، 103b، 169b، 180b، 184a، 184b.
تلى (تلا) 36 (6)a.
يري (يرّ) 35 (5)a.
دعى (دعا) 153b.

الاسماء

أذّا (أذّى) 83b، 86b.
وادى نهر بردا (بردى) 5 (17)a، 80a، 199b، 200a، 204a.
نهر ثورا (ثورى) 223a.
بشرا (بشرى) 177b.
حصا (حصى) 32 (44)b، 34 (46)b، 35 (5)a، 55a، 89b، 131b، 158a.
حلا (حلى) 73a.
ربا (ربى) 54b.
مرعا (مرعى) 166b.
مصطفا (مصطفى) 105b.
طوبا (طوبى) 185a.
المصلا (المصلى) 35 (5)a، 89b، 94b، 131b.
فتا (فتّى) 3a.
قرا (قرى) 54b.
ندا (ندى) 199a.
ودا (ودى) 94b، 160a.

متفرقات

حيارا (حيارى) 165a.
ازرا (ازرى) 167b.

سكارا (سكارى) 199b.
سوا (سوى) 52a، 62a.
طعابا (طعابى) 89b، 91b.
اعصا (اعصى) 114a.
عطاشا (عطاشى) 219b.
اعلا (اعلى) 27 (39)b، 41 (11)b، 113a، 119b، 137a، 143a.
باعلا (باعلى) 206a.
عما (عمى) 209a.
اعما (اعمى) 222a، 232a.
فراحا (فراحى) 113a، 32 (44)b.
قتلا (قتلى) 31 (43)a، 36 (6)b، 85a.
اقوا (اقوى) 197a.
متا (متى) 130a.
نصارا (نصارى) 228b.

تعديلات متفرقة

بقا (بقي) 7 (19)a، 30 (42)b، 37 (7)b، 79a، 82a، 83b، 105a، 113a، 118a، 123b، 127a، 130a، 133b، 134b، 140a، 140b، 158b، 173b، 180b، 181a، 182a، 228a (لكن بقى: 16 (28)b).
لقا (لقي) 141a.
هني (هنا) 6 (18)a، 214a.
هذي (هذا) 8 (20)b، 9 (21)a، 9 (21)b، 14 (26)a، 16 (28)b، 27 (39)a، 38 (8)a، 45 (47)a، 48 (50)b، 50 (16)a، 52a، 68a، 74a، 77b، 78a، 89a، 98a، 103a، 106a، 122a، 123a، 123b، 124a، 125b، 129a، 134b، 139b، 141b، 142b، 147a، 152a، 157b، 187b، 188b، 196b، 199a، 209b، 213b، 214a، 227b، لكن (هذى=هذه: 105b، 106b).
فهاذي (فهذا) 78b.
بهاذا (بهذا) 57b، 86a.
هكذي (هكذا) 199b.
كذي (كذا) 147a.
نهبو (نهبوا) 57b.
قاسو (قاسوا) 3a.
كلما (كلّ ما) 12 (24)b، 13 (25)a، 16 (28)a، 17 (29)a، 27 (39)a، 33 (45)a.
ثلث (ثلاث) 43 13)a، 44 (14)b، 107b، 184b، 186b، 187a، 189b، 196b، 229a، 230a.
ثلثه (ثلاثة) 3b، 15 (27)a، 43 (13)b، 71a، 77a، 78a، 85a، 98b، 102a، 111a، 122a، 143b، 145b، 151a، 164a، 188b، 189a، 200b، 205b، 214b، 218a، 224a، 225b، 227b، 229b.

الثلثا (الثلاثاء) 5 (17)a، 35 (5)b، 63a، 84b، 87a، 89a، 100a، 100b، 110a، 138b، 142b، 149a، 160b.

ثلثمايه (ثلاثمائة) 3b، 102b، 140a، 140b، 188a، 188b، 201b، 223a، 225b.

ثلثون (ثلاثون) 224a.

ثلثين (ثلاثين) 18 (30)b، 30 (42)b، 60a، 111a، 223a، 227a.

(احدا، احد)

لم يقدر احدا 7 (19)a، 48 (50)b، 70a، 79a، 87b.

لا يقدر احدا 8 (20)b، 79a، 82b، 173a.

ما يقدر احدا 77a، 193a.

لا احدا يقدر 85b.

لا يتخلف احدا 10 (22)a، 68b، 71a، 82b.

ما طلع احدا 24 (36)b.

لا فيهم احدا 43 (13)b.

ما فينا احدا 106b.

لم يبصر احدا 43 (13)b، 137a، 199b.

ما ابصر احدا 96b.

لم ير احدا 86b، 223a.

ما راى احدا 172b.

لم ينظر احدا 223b.

لا يذكر احدا 63b.

لا يتاخر احدا 68a.

لا ياخذ احدا 76b.

لا يتعرض احدا 97a.

ما خرج احدا 97b.

لا يخرج احدا 101a.

لا بقى احدا 100a.

ما بقى احدا 113a.

لا ياكل احدا 106a.

لا يحكم احدا 115b.

لم يباشر احدا 116a.

لا ينتقل احدا 138a.

ما امكن احدا 163a.

لم يسمى احدا 163a.

لا ينكر احدا 165b.

لا يعرف احدا 170b.

لم يعرف احدا 208b.

لم يعلم احدا 200b.

لم يعد احدا . . . 220b.

ابن (بن) 23 (35)a، 24 (36)a، 25 (37)b، 26 (38)b، 43 (13)a، 44 (14)a، 45 (47)a، 47 (49)a، 57a، 59a، 63b، 70b، 74a، 77a، 102b، 104b، 110a، 147b، 154a، 156a، 157b، 158a، 171b، 204a، 213a.

بن (ابن) 117b.

فهارس الكتاب

فهارس الكتاب

الاعلام

فهرس الاعلام العام ٢٤٩
اسماء جماعة من الصحابة والمحدثين الاوائل ٢٥٥
اسماء الانبياء والاعلام القدماء ٢٥٥
اسماء الشعراء ٢٥٥
اسماء المؤرخين ٢٥٦
فهرس القبائل والامم والدول ٢٥٦

فهرس الاماكن والمدن ٢٥٧
دمشق: مساجد، زوايا، ترب ومدارس، ٢٥٨، مبان اخرى، ٢٥٨، حارات، مقابر، قرى ومدن جوار دمشق، ٢٥٩، ابواب المدينة ٢٥٩، اسواق، خاناته، دروب الخ ... ٢٦٠، جسور ٢٦٠، انهار وعيون ٢٦٠، مواقع وامكنة اخرى جوار دمشق ٢٦٠.

فهرس الكتب المذكورة في المتن ٢٦٢
اسماء الموظفين ٢٦٢

الاعلام

Index of Persons: General — فهرس الاعلام العامّ

آقباي، 103b.
ابرهيم الصوفي اي ابرهيم بن عبد الله.
ابرهيم بن طشتمر الدوادار، 59b.
ابرهيم بن عبد الله الحلبي الصوفي، 206b، 232b، 233a، 233b.
ابرهيم بن منجك 70a، انظر ايضاً اولاد ابن منجك.
ابرهيم بن يهمر التركماني، 6 (18)a، 76a.
ابن ابي شاكر، انظر عبد الرحيم بن فخر الدين.
ابن البانياسي، 170b.
ابن التيمية (كذا في الاصل) انظر تقي الدين.
ابن الحافظ صلاح الدين، 15 (27)a.
ابن الحمصي، 16 (28)b.
ابن الحنش، 7 (19)b، 26 (38)b، 56b، 57b، 58a، 58b، 59b.
ابن الحنش، علاء الدين، 80b، 81a، 89a، 93a.
ابن الزعيفريني، 77b، 83b.
ابن السرادارة، 12 (24)b، 33 (45)a.
ابن السلعوس، انظر محمد بن عثمان التنوخي.
ابن شرشي (شريشي؟)، 79b.
ابن الشهيد، شهاب الدين، 191a.
ابن الصائغ، 115a.
ابن العفيف، 127a.
ابن العلائي، 15 (27)a.
ابن الغوي، 17 (29)a، 77b.
ابن الغزوي، 82b، 93b.
ابن القابض، صفي الدين، 203b.
ابن القرمشي، 172a.
ابن القفصي، برهان الدين، 135b، 166b.
ابن الكشك (احمد بن اسماعيل بن ابي العزّ)، 135a.
ابن الكفري، عبد الله بن يوسف، تقي الدين، 135a، 171b.
ابن المنكورسي، 37 (7)b.
ابن المهمندار، انظر احمد بن محمد ابن المهمندار.
ابن النشو، انظر محمد ابن النشو.
ابن امير علم، 49 (15)a، 104a.
ابن امير علي، احمد (محمد؟)، 104a.
ابن باكش، انظر حسن بن باكش.
ابن بكتمر الساقي، خضر بن عمر بن بكتمر، 6 (18)b.
ابن بلبان، 135a، 171b.
ابن بهادر، 26 (38)b.
ابن جماعة، انظر برهان الدين ابرهيم بن عبد الرحمن.
ابن حربويه، ابو عبيدة، 233a. (ابن حريوبه؟).
ابن دغا الشريف، 170a.
ابن طشتمر، انظر ابرهيم بن طشتمر الدوادار.
ابن عطا 113b.
ابن قارا، انظر محمد بن قارا.
ابن قفجق، 59b، 104a، 136a.
ابن مزهر، انظر محمد بن احمد ابن مزهر.
ابن مشكور، شمس الدين، 166b، 171b.
ابن منجا، انظر علي بن محمد التنوخي.
ابن منهال، 37 (7)b.
ابن هلال الدولة، 76a، 81a، 81b.
ابن يلبغا، انظر احمد بن يلبغا.
ابن يهمر، انظر ابرهيم بن يهمر التركماني.
ابن يهمن، انظر ابرهيم بن يهمر التركماني.
ابو دلف الاجلي، 194a.
ابو عبيدة بن جراح، 119a.
ابو عبيدة الاشعري، 122a.
ابو يزيد بن مراد، 19 (31)b، 68a، 85a، 86a، 89a.
احمد الحاجب، ابن البريدي، 74b.
احمد، ولي البرّ، 93b.
احمد بن ابي الضبع، 23 (35)a.
احمد بن الخصيب، 23 (35)a.
احمد بن الشيخ علي، 25 (37)a، 33 (45)a، 41 (11)a، 49 (15)a، 51b، 164a، 171b، 172b. انظر اولاد الشيخ علي.
احمد بن اويس (السلطان)، 61b، 95b، 143b، 144a، 145a، 145b، 150b، 151a، 155b، 156a، 157a، 159a، 160a، 160b، 162a، 162b.
احمد بن بجاس، 171b.
احمد بن بيدمر (الامير)، 77a، 104a، 104b، 105a، 105b، 106b، 108b.
احمد بن حصيب انظر احمد بن الخصيب.
احمد بن سعيد بن محمد الاثير الحلبي، تاج الدين، 103a.
احمد بن صرصري (صصرى)، نجم الدين، 220b.
احمد بن طولون (السلطان)، 44(14)a، 110b، 111a.
احمد بن عمر القرشي، 22 (34)b، 37 (7)b، 74b.

أحمد بن محمد ابن المهمندار، b(34) 22، a(15) 49، 75b.
أحمد بن ناصر الباعوني، 103b، 137a، 159a، 159b.
أحمد بن يعقوب، 78a.
أحمد بن يلبغا، b(19) 6، a(24) 12، b(29) 17.
أحمد شكر، انظر شكر أحمد البيدمري.
الأحمدي، انظر طقتمر الأحمدي.
أرجواش، a(47) 45.
أرغون، 160a.
أرغون الكاملي الصغير، 186a.
أرغون شاه الظاهري، 59b، 103b، 171b.
أرغون شاه الناصري، سيف الدين، 185b.
ازدمر أبو دقن، 104a.
اسماعيل، 69b.
اسنبغا، مماليك بيدمر، b(38) 26.
اسندمر (سندمر فى الأصل)، 69b.
اسندمر اليحياوي، 186b.
الاشرفي، 67a.
اشقتمر المارديني الناصري، 189a.
اطلمش الطازي، b(37) 25، b(38) 26.
اغرلو (اغزلو)، انظر غرلو العادلي، شجاع الدين.
افريدون التركي، 153b.
اقبغا البزلاري، 64b، 74b، 85a، 100a، 112a، 112b، 113b، 115a.
اقبغا الجوهري، 65a، 67a.
اقبغا الصفوي، b(31) 19، 68a، 85a، 86a، 89a.
اقبغا الصغير السلطاني، b(18) 6، 64b، 89a، 116b، 135b، 139b.
اقبغا الفيل، 101b.
اقتمر الصاحبي الحنبلي، 188b.
اقسنقر الناصري، شمس الدين، 183a، 184b.
اقوش الاشرفي، جمال الدين، 182a.
اقوش الافرم، جمال الدين، 182a.
اقوش النجيبي الصالحي، جمال الدين، 180a، 180b.
الابغا العثماني، 65a، 74b، 75a، 76a، 103b.
الابغا المنجكي، 103b.
الالبكي، انظر البكي.
الجبغا، 104a.
الجبغا المظفري، سيف الدين، 185b.
الجيتو، انظر خربندا.
الطنبغا، a(22) 10، b(24) 12.
الطنبغا، علاء الدين، 74a.
الطنبغا الجوباني، 2b، 60b، 63a، 63b، 65a، 66a، 67a، 67b، 189a، 189b.

الطنبغا الحاجب الناصري، علاء الدين، 184a.
الطنبغا العثماني، الظاهري، 171b.
الطنبغا المارداني، علاء الدين، 183a.
الملك، سيف الدين، 184b.
الأمين، 61a.
أمين الدين الحمصي، انظر محمد بن محمد الحمصي.
أنوشروان، 99a.
أولاد الشيخ علي، 51b.
أولاد ابن منجك، b(37) 25، a(38) 26، a(41) 29، a(45) 33، a(11) 41، b(50) 48، 51b.
اياز، انظر اياس.
اياس (مماليك ابن الغوي)، 77b، 170a.
اياس (اياز) الجرجاوي، b(17) 5، a(22) 10، b(29) 17، b(33) 21، a(11) 41، a(15) 49، 51b، 71b، 79b، 81b، 82a، 82b، 100a، 103b، 133b، 134b، 135b، 174a.
اياس بن عبدالله الناصري، فخر الدين، 185b.
ايبك الحموي التركي، عزّ الدين، 181b.
ايتمش البجاسي، b(18) 6، b(21) 9، b(24) 12، b(28) 16، b(29) 17، 62b، 69b، 100b.
ايتمش الناصري، سيف الدين، 185b.
ايدغدي التركي، 180a.
ايدغمش الناصري، 184b.
ايدكار العمري، b(18) 6، a(24) 12، b(29) 17.
ايدمر السناني، عزّ الدين، 103a.
ايدمر الظاهري، عزّ الدين، 180a، 180b.
اينال اليوسفي، a(17) 5، b(17) 5، a(29) 17، b(33) 21، b(39) 27، a(41) 29، a(45) 33، a(11) 41، b(50) 48، 52a، 104a، 116b.
الباعوني، انظر أحمد بن ناصر الباعوني.
بتخاص السودوني، سيف الدين، b(10) 40، a(11) 41، b(50) 48، 171b.
بجاس، 63b.
بدر الدين بن منصور الحنفي، 171b.
برصبغا، 104a.
برقوق (السلطان)، 1b، b(24) 12، b(29) 17، a(30) 18، a(31) 19، b(31) 19، a(34) 22، a(36) 24، b(36) 24، a(37) 25، b(37) 25، a(38) 26، b(44) 32، a(45) 33، b(45) 33، a(46) 34، b(47) 45، a(15) 49، a(16) 50، a(16) 50، 51a، 51b، 52a، 54a، 57a، 59b، 60a، 61a، 62a، 63b، 64b، 74a، 77a، 82b، 89a، 94a، 94b، 100b، 109b، 112a، 132a، 132b، 137b، 144b، 151b، 152b، 155b، 156b، 158b، 160a، 160b، 161a، 163a، 164a، 175b.

٢٥٠

البرهان المالكي، أنظر التادلي، برهان الدين.
برهان الدين أبرهيم بن عبد الرحمن ابن جماعة،
2a، 77b.
بزلار العمري، 5(17)a، 8(20)b، 9(21)b،
11(23)b، 12(24)b، 21(33)b، 22(34)b،
23(35)a، 24(36)a، 189b.
بطا السيفي، 60b، 100b، 101b، 110a، 111b،
112b، 189b.
بكتمر السلاحدار الظاهري، سيف الدين، 181b.
بكلمش العلائي، 15(27)a، 15(27)b، 33(45)a،
49(15)a.
البكي، 181b.
بلاط، 64b.
بلبان المنجكي، المعروف بالمعلّم، 135a.
بهرام جور، 61a.
البهلول، 228b.
بوري أمير غضب، 81a.
بيبرس، أنظر الملك الظاهر بيبرس.
بيبغا، 104a.
بيبغا اروس القاسمي، 186a، 186b.
بيدمر الخورزمي، 2a، 26(38)b، 27(39)b،
33(45)b، 35(5)a، 36(6)a، 77a، 77b،
186b، 187b، 188a، 188b، 189a.

التادلي (التاذلي في المتن)، برهان الدين، 135b
166 (البرهان المالكي)، 171b.
تتش(؟)، أنظر شكز.
تغري بردي الظاهري، 171a.
تغيتكن (بيت)، 44 b(14).
تقزدمر الحموي الناصري، سيف الدين، 184b.
تقطاي (طقطاي) الرومي الطشتمري الطواشي،
4a، 9(21)b، 12(24)b.
تقي الدين ابن تيمية (التيمية في الاصل)، 93b،
220b.
تلكتمر المنجكي، 4a، 9(21)b، 12(24)b،
22(34)b.
تمربغا الافضلي المعروف بمنطاش، أنظر منطاش.
تمربغا المنجكي، 112b، 113b، 114b، 164a.
تمرلنك، 2b، 3a، 143b، 144a، 145a، 146a،
149b، 150b، 151a، 151b، 153b، 154b،
155a، 155b، 158b، 159b، 160a، 162a،
162b.
تمتمر، 90a.
تنبك الحسني الظاهري، 135b، 136a، 161b،
171b، 174a، 176b، 190a.
تنكز، 117b، 118a، 136b، 182a، 183a، 183b،
202a، 220b.

ثابت البناني، 212b.

جبجق، 30(42)a، 103b.
جربند بن هلاكون، انظر خربندا.
جبريل الخورزمي، 26(38)b، 95a.
جربغا بن جردمر، 23(35)b، 59b، 74a.
جردمر بن عبد الله، اخو طاز، 16(28)b،
18(30)a، 24(36)a، 29(41)a، 30(42)a،
45(47)b، 50(16)a، 52a، 52b، 59b،
74a، 74b.
جركس الخليلي، 6(18)b، 7(19)b، 12(24)a،
17(29)b، 21(33)b.
جعفر بن سلمان، 14(26)a.
جقمق، 70a، 75a.
جلبان الظاهري، 132a، 133a، 134b، 191b،
195a، 198a.
جلبان المحمدي، 104a.
جمال الدين محمود بن علي، 2a، 109b.
الحاجّ حسين، 185a.
حبيب العجمي، 212b.
الحجّاج بن يوسف، 73b، 122b، 153b.
حسن (حسين) بن باكش، 17(29)b، 22(34)b،
25(37)b، 26(38)b، 27(39)a، 95a.
حسين، انظر الحاجّ حسين.
حمص احضر، انظر طشتمر.
الحمصي، انظر محمد بن محمد الحمصي.

خالد بن الوليد، 119a.
خالد بن عبدالله القسري، 227a، 227b.
الخبيصة، المعلّم، 142a.
خربندا، او خدابندا (جربند في الاصل)، 144b.
خضر بن عمر بن بكتمر الساقي، 6(18)b.
خليل التركاني، 171a.
خليل بن القرمشي، 171b.
خليل بن القلانسي، 81a، 89b، 113a.
خوضر، 90b.

الداراني، سليمان بن هلال، خاطب داريا، 220b.
دلف بن ابي دلف، 193b، 194a.
الدمياطي عزّ الدين، 180a.
دنكزبغا، 81a.

الزنبكي التركاني، 142a، 161b.

الزهري، شهاب الدين، 135a.
زين الدين القرشي، 234b.
زين الدين بن رجب، انظر عبد الرحمن بن احمد.

٢٥١

سابور، 61a.
سالم، 153b.
سالم الدوكاري، 159b.
سديد (شديد؟)، 127a.
سري الدين، انظر محمد بن محمد.
السري السقطي، 233b.
سعد الدين الوزير، 93a.
سلطان احمد، انظر الملك الناصر احمد.
سنجر الجمقدار، 118a.
سنجر الحلبي، علم الدين، 179b، 181a.
سنجر الشجاعي المنصوري، علم الدين، 181a، 181b.
سنقر، 33 (45)a.
سنقر الاشقر الصالحي النجمي، شمس الدين 180b، 181a.
السود بنت(؟) زمعة، 219a.
سودون باق، 60b، 63b، 82a، 99b، 100a، 100b، 101a، 101b، 103b، 116a، 140a.
سودون الطرنطائي (الطرنطاوي)، 114b، 115a، 127b، 128a، 189b.
سودون العثماني، 4a، 4b.
سودون المظفري، 4a.
سولي، 71b.
سيدي ملك بن اخت جردمر، 26 (38)a، 59b، 74a.
سيف الدولة ابن حمدان، 44 (14)a.

شابور، انظر سابور.
شجاع بن القاسم، 23 (35)a، 23 (35)b، 23.
شرف الدين مسعود، انظر مسعود، شرف الدين.
شرف الدين المرجاني، 151a.
الشريف، 115a.
شكر احمد البيدمري، 4a، 9 (21)b، 12 (24)b، 76b، 77a، 77b، 79a، 81a، 81b.
شكز (كذا في الاصل، لعلّه تنش)، 45 (47)a.
شمس الدين النابلسي، 171b.
شنتمر اخو طاز، انظر جردمر اخو طاز.
شنتمر الخاصكي، 128a، 151a، 160a.
شهاب الدين الزردكاش، 42 (12)a، 74b.
شهاب الدين ابن القرشي، انظر احمد بن عمر القرشي.
شيخو الناصري، 186a.
شيش(؟)، انظر ججقق.

صاحب الغرب، 61a.
الصارم البيدمري، 24 (36)b، 82a.
الصارم ابن قر الدين، 57b، 58a، 58b، 59b.

صالح السري، او المري (المزي؟)، 212b.
صرغتمش الناصري، 186a.
الصفوي، انظر اقبغا الصفوي؛ قطلوبغا بن عبد الله الصفوي.
صفي الدين ابن القانص، انظر ابن القابض، صفي الدين.
صلاح الدين يوسف، 42 (12)b، 44 (14)a، 44 (14)b، 44 (47)a 45.
صنجق الحسني، 22 (34)b، 30 (42)a، 59b.

طاز الناصري، 186a.
الطازي، انظر اطلمش الطازي؛ مبارك شاه الطازي.
الطبري، 78a.
طرنطاي، 5 (17)a، 5 (17)b، 6 (18)a، 8 (20)a، 9 (21)a، 15 (27)a، 15 (27)b، 33 (45)a، 40 (10)b، 41 (11)a، 48 (50)b، 49 (15)a، 51a، 52a، 63a، 189a.
طشتمر، 104a.
طشتمر العلائي، 188b.
طشتمر المعروف بحمص اخضر، سيف الدين، 184a.
طغيتمر القبلاوي، 30 (42)a.
طقتمر الاحمدي، 184b.
طقطائي – انظر تقطاي.
طنبرق، 63a.
طولون (الامير)، 110b، 111a.

عافية بن يزيد، 38 (8)a.
عباس الطبيب، 203a.
عبد الرحمن بن احمد بن رجب، زين الدين، 142b، 234b.
عبد الرحيم بن فخر الدين بن ابي شاكر المصري، (تاج الدين)، 171b.
عبد اللطيف بن الجعبري، 234b.
عبد الله بن ابي البقاء محمد السبكي، ولي الدين، 159b.
عبد الله بن علي، عمّ السفاح، 30 (42)b، 43 (13)b.
عبد الله بن محمد بن يزداد، 23 (35)a، 23 (35)b، 23.
عبد الله بن منكدر، 211b، 212a.
عبد الله بن يزداد، انظر عبد الله بن محمد بن يزداد.
عبد الله بن الزبير، 122b.
عبد الله بن المبارك، 213a، 214a.
عبد الله بن المعتزّ، 78a.
عبد المطلب بن هشام، ابو الحارث، 217a، 217b.
عبد الملك، 122a، 122b.

عبد الوهاب بن فضل الله، المشهور بنشوء، شرف الدين، 182b، 183a، 185a.
عبيدة الجرمي، 102b.
عطاء السلمي، 212b.
عكبر الكردي، 229a، 230a.
علاء الدين ابن السنجاري، 172b.
علاء الدين علي بن ابي البقاء، انظر علي بن ابي البقاء.
علي المارداني، علاء الدين، 186a، 186b، 187a.
علي بن ابي البقاء محمد السبكي، علاء الدين، 159b، 198a.
علي بن ابي طالب، 26 (38)a، 107a، 108a، 108b، 144b، 145a، 204a.
علي بن البنا، علاء الدين، 234b.
علي بن محمد التنوخي، علاء الدين ابو الحسن، المعروف بابن منجا 103b.
عمر بن الخطاب، 108a، 219a.
عمر بن عبد العزيز، 122a، 131a.
عمر بن منجك، 70a، 93b، 141b، 227b انظر اولاد ابن منجك.
عمر بن مهاجر، 120b.
عنقاء بن شاطي، 17 (29)a، 66a، 90a، 90b، 91a، 94a، 110a.
عيّاش اي عبّاس الطبيب.

غازان محمود (قازان)، 3a، 44 (14)b، 92b، 93a، 93b، 144b، 154b، 181b، 182a.
غرلو العادلي، شجاع الدين، 181b.

فتح الدين بن الشهيد، 19 (31)a، 74b.
فرج الله، 25 (37)a، 33 (45)a، 41 (11)a، 49 (15)a، 52a.

القائم بامر الله (الخليفة)، 45 (47)a، 61a.
قازان، انظر غازان محمود.
القاضي شرف الدين، انظر عبد الوهاب بن فضل الله.
القاضي عافية، انظر عافية بن يزيد.
قبجق المنصوري، سيف الدين، 181b، 182a.
قتيبة بن مسلم، 59a.
قجاس، 33 (45)a، 48 (15)a.
قرا بغا العمري، 104a.
قرا دمرداش الاحمدي، 17 (29)b، 63b، 65b، 66a، 67a، 67b، 84a، 94a.
قرا سنقر المنصوري، سيف الدين، 182a.
قتلوبغا الظاهري، 171b.
قتلوبغا الفخري الناصري، سيف الدين، 184a، 184b.

قتلوبغا بن عبد الله الصفوي، 22 (34)b، 59b.
قتلوبك المنجكي، 26 (38)a، 48 (50)b.
قوسون الناصري، سيف الدين، 184a.
قيصر، 61a.

كراي المنصوري، سيف الدين، 182a.
كتبغا، 178b، 179a.
كرجي، 64b، 93b.
كزل، 74b.
الكشك، انظر ابن الكشك.
كشبغا، 170a، 170b.
كشبغا اخو طاز، 16 (28)b.
كشبغا الحموي اليلبغاوي، 22 (34)b، 33 (45)a، 34 (46)b، 35 (5)a، 35 (5)b، 41 (11)a، 48 (50)b، 50 (16)a، 51b، 54a، 57b، 68b، 69a، 71a، 100b، 189a.
كشبغا الخاصكي، 48 (50)b، 127b، 128a، 189b.
كشبغا المنجكي، 22 (34)b.

لاجين المنصوري، انظر الملك المنصور لاجين.
لؤلؤ، 226b.

مامور القلمطاوي، 67a.
المأمون (الخليفة)، 194a.
المتوكل (الخليفة)، 153b.
مجير الدين ابق، 44 (14)b.
محمد بن احمد بن مزهر، بدر الدين، 116a.
محمد بن داود، 78a.
محمد بن عثمان التنوخي، شمس الدين، المعروف بابن السلعوس، 181a.
محمد بن علي بن فضل الله، 161b.
محمد بن قارا، 138a.
محمد بن محمد، سري الدين، المعروف بابن المسلاتي، 171b، 231a.
محمد بن محمد الحمصي، امين الدين، ابو عبد الله، 116a، 171b.
محمد بن محمد بن تنكز، صلاح الدين، 116a، 136b، 138a.
محمد بن واسع، 212b.
محمد بن الشيخ علي، 51b، انظر اولاد الشيخ علي.
محمد بن النشو، ناصر الدين، 141b، 142a، 166b، 207a، 209a، 224a.
محمد شاه بن بيدمر، 2a، 24 (36)a، 25 (37)b، 26 (38)a، 57a، 58a، 60a، 62a، 63b، 74a، 95b.
مرحب، 26 (38)a، 51a.

مروان بن محمد بن مروان، المعروف بالحمار، 18 (30)b، 43 (13)b.
المستعين بالله, 35(a)، 23.
المستنصر، 169b.
مسعود، شرف الدين، 64a.
مسلم بن قتيبة، انظر قتيبة بن مسلم.
مصطفى البيدمري، 104a، 105b.
معاوية بن ابي سفيان (الخليفة)، 102b، 103a، 219a.
معين الدين، 14(b)44.
المغيرة، 118b، 119a.
مقبل الرومي، 19(a)7، 21(b)9، 24(b)12.
المقتدر بالله، 61a، 78a، 78b، المقتدي (!) بالله 220b.
المكين بن مروينة، 118a.
الملك الاشرف خليل، 181b.
الملك الاشرف شعبان، 187b، 188b.
الملك الافضل، 14(b)44.
الملك الحافظ غياث الدين محمد بن شاه شاه، 12(b)، 42 (a)13، 43.
الملك السعيد محمد، 180b.
الملك الصالح اسماعيل بن الملك العادل، 14(b)44.
الملك الصالح اسماعيل، عماد الدين، 185b، 186a.
الملك الصالح نجم الدين أيوب، 14(b)44.
الملك الظاهر ابو سعيد برقوق، انظر برقوق.
الملك الظاهر بيبرس، 103a، 163a، 179b، 180a، 180b.
الملك العادل الكبير، 169a.
الملك العادل سلامش، بدر الدين، 180b.
الملك العادل كتبغا، 169a، 181b.
الملك العزيز عماد الدين عثمان، 14(b)44.
الملك الكامل شعبان، 185b.
الملك المظفر قطز، 45 (47)a، 178b، 179a، 179b.
الملك المنصور حاجي، 19 (31)a، 19 (31)b، 22 (34)a، 49 (15)a، 50 (16)a، 50 (16)b، 51a، 51b، 57b، 61b.
الملك المنصور علي، 1b.
الملك المنصور قلاون، 180b.
الملك المنصور لاجين، حسام الدين، 61b، 181a، 181b.
الملك الناصر حسن، 3b، 187a.
الملك الناصر محمد، 61b، 93b، 128b، 182a، 182b، 183b، 185a، 186a، 202b، 222a، 222b.
الملك الناصر يوسف، 178b، 179b.
ملكتمر الحجازي الناصري، 183a.

منجك اليوسفي، 186b، 187a، 199b.
المنجكي، انظر قطلوبك المنجكي.
المنصور، 146a.
منطاش، 3b، 4a، 4b، 6 (18)a، 7 (19)a، 7 (19)b، 8 (20)b، 9 (21)b، 11 (23)b، 12 (24)b، 17 (29)a، 21 (33)b، 22 (34)a، 23 (35)a، 23 (35)b، 24 (36)a، 30 (42)a، 49 (15)a، 49 (15)b، 50 (16)a، 51a، 51b، 52a، 52b، 56b، 57a، 57b، 58a، 58b، 59b، 60a، 60b، 61b، 62a، 62b، 63a، 63b، 64b، 65a، 66a، 66b، 67a، 67b، 68b، 69a، 69b، 71a، 71b، 72b، 73b، 74b، 75b، 76a، 76b، 77a، 78b، 79a، 81b، 83a، 84b، 86a، 87a، 89a، 90b، 91a، 91b، 94a، 95a، 95b، 102a، 127b، 128a، 132a، 132b، 133a، 133b، 134a، 134b، 142b، 143a، 144a.
المهدي (الخليفة)، 8(a)38، 8(b)38، 122a.

ناصر الدين، 183b.
نجم الدين ايوب مختار، 170a.
نجم الدين ايوب بن شاذي، 14(a)44.
نعير (امير العرب)، 63b، 64b، 91b، 93b، 94a، 127b، 132b، 138a، 138b، 142b.
نور الدين الشهيد زنكي بن 14(a)44 14(b)44.

هارون الرشيد، 226b.
هشام بن عبد الملك بن مروان، 13 (25)b.
هلاكون (هولاكو)، 3a، 14(b)44، 169b، 178b.
ولي الدين ابن ابي البقاء، انظر عبد الله بن ابي البقاء.
الوليد بن عبد الملك بن مروان، 118b، 119a، 119b، 120b، 122b، 125a، 125b، 129b، 130a، 130b، 131a.

يلبغا العلائي، 25 (37)b، 104a.
يلبغا الناصري، 3a، 4a، 4b، 5 (17)a، 6 (18)b، 7 (19)b، 8 (20)b، 9 (21)a، 10 (22)b، 11 (23)a، 12 (24)a، 12 (24)b، 15 (27)a، 15(27)b، 16 (28)b، 17 (29)a، 17 (29)b، 18 (30)a، 18 (30)b، 19 (31)a، 19 (31)b، 20 (32)a، 21 (33)a، 21 (33)b، 22 (34)a، 23 (35)a، 23 (35)b، 60b، 63a، 63b، 65a، 66a، 67a، 68a، 69a، 71a، 71b، 72b، 75b، 76a، 77a، 78b، 79a، 79b، 80a، 82a، 82b، 83a، 83b، 84a، 84b، 86a، 86b، 87a، 89a، 90a، 90b، 91a، 91b، 93b، 94a، 94b، 95b، 99b، 100b، 101a، 102a.

٢٥٤

يلبغا اليحياوي الناصري، سيف الدين، 183a، 184b، 185a.
يلوا، 172b.
يوسف الهيذباني، جمال الدين، 10 (22)a، 12 (24)a، 13 (25)a، 33 (45)a، 41 (11)a، 49 (15)a، 161b، 172b.
يونس الظاهري، 171a.
يونس النوروزي الدوادار، 6 (18)b، 17 (29)a، 17 (29)b، 21 (33)b.

اسماء جماعة من الصحابة والمهدانين الاوائل

Authorities and Transmitters of Tradition

ابن سيرين، انظر محمد بن سيرين.
ابن عباس، انظر عبد الله بن العباس.
ابن عمر، انظر عبد الله بن عمر.
ابن مسعود، 46 (48)a.
ابو امامة، 154b.
ابو حنيفة، 186a.
ابو سعيد الخدري، 146b.
ابو موسى الاشعري، 46 (48)b.
ابو هريرة، 154b.
احمد بن حنبل، 175a، 220a.
احمد بن محمد القدوري، ابو الحسين، 186a.
بشر بن الحارث الحافي، 229a.
الترمذي، 47 (49)a، 47 (49)b.
ثوبان، 122a.
جابر بن عبد الله، 218b.
الحسن بن ابي الحسن البصري، 154a.
خريم بن فاتك الاسدي، 154a.
الربيع بن سليمان، 46 (48)b.
زيد بن اسلم، 186a.
السدي، اسماعيل بن عبد الرحمن، 154b.
سفيان بن عبد الله، 47 (49)a، 154b.
الشافعي (الامام)، 46 (48)b، 218b.
طاؤوس، 140a.
عائشة، 83a، 218a.
العباس بن عبد المطلب، 219a.
عبد الله بن العباس، 154a، 154b.
عبد الله بن عمر، 3a، 175a.
عبد الله بن عمرو بن العاص، 47 (49)b.
عبيدة السلماني، 147a.
عقبة بن عامر، 47 (49)a.
عكرمة، 154b.
فرات القزاز، 154a.
الفضيل بن عياض، 19 (31)b، 213a.
قتادة بن دعامة، 121b.
كعب الاحبار، 121b.
مالك (ملك في الاصل) بن انس، 154b، 212b.
محمد النبي، رسول الله، 1b، 3a، 14 (26)a، 19 (31)b، 24 (36)b، 32 (44)a، 35 (5)b، 46 (48)b، 47 (49)a، 47 (49)b، 56b، 64a، 83a، 87b، 88a، 98b، 99a، 107a، 110a، 129b، 130b، 136b، 146a، 146b، 152b، 153a، 154a، 154b، 161a، 175a، 175b، 195b، 211b، 218a، 218b، 219a، 226b.
محمد بن سيرين، 147a.
محمد بن كعب، 226b.
معاذ بن جبل، 47(49)a، 146a.
ميمون بن مهران، 99b.
نافع، 3a.
النواوي، 46 (48)b.
وهب بن المنبه، 147b.

اسماء الانبياء والاعلام القدماء

Biblical, Koranic and Legendary Persons

آدم، 105b.
الاسكندر، 106a، 106b، 195b، 196a، 196b، 197a.
بلقيس، 120a.
حواء، 105b.
داود، 96a، 214b، 215a.
سليمان، 94b، 216a، 216b، 220b، 221a، 221b.
عيسى، 130b، 216b، 228a.
فرعون، 85b.
قابل، 105b.
موسى، 121b، 130a، 210b، 211a، 211b، 214b.
هابل، 105b.
هود، 117a، 122a.
يوسف، 94b.

اسماء الشعراء

Poets Cited

ابن الشهيد، انظر فتح الدين ابن الشهيد.
ابن المعمار، 3a، 41 (11)b.
ابن حجة، انظر ابو بكر بن علي.
ابن سناء الملك، 10 (22)b.
ابن لؤلؤ الذهبي، بدر الدين، 158a.
ابن مصعب، نور الدين، 36 (6)b.
ابن هاني الاندلسي، 103a.
ابو بكر بن علي المعروف بابن حجة، 11 (23)a، 79b.
احمد بن ابي حجلة المعروف بالطلمساني، شهاب الدين، 110b.
احمد بن الحسين، المتنبي، 2b.

الاصمعي، 133a، 227a، 227b.
بديع الزمان الهمذاني، 20 (32)a.
البستي، 60b، 149a.
جمال الدين محمد بن محمد بن نباته، 158a، 183a، 234a، 234b.
الحريري، القاسم بن علي، 102b.
حسان بن ثابت الانصاري، 157b.
خليل بن ايبك الصفدي، صلاح الدين، 185a، 185b، 186a.
الخنساء، 105b.
الزرخوني، شمس الدين، 94b، 156b، 233b.
زين الدين ابن الوردي، انظر عمر بن المظفر.
شهاب الدين الحريري، 155a.
صدر الدين ابن الوكيل، 84a، 158a.
صلاح الدين الصفدي، انظر خليل بن ايبك.
الطلمساني، انظر احمد بن ابي حجلة.
عثمان الحكري، 72a.
عفيف البوشنجي، ابو الحسن، 83a.
علي بن ايبك، علاء الدين، 20 (32)a، 52a، 61a، 85b، 92a، 104b.
علي بن عيسى، 209b.
عمر بن المظفر، زين الدين ابن الوردي، 157b، 158a.
فتح الدين ابن الشهيد، 19 (31)a.
القلانسي، محي الدين، 36 (6)b.
كمال الدين ابن الاعمى، 97b، 98a.
المتنبي، انظر احمد بن الحسين.
المعمار المصري، انظر ابن المعمار.
منصور الموّال، 11 (23)a.
ناصر الدين بن الملك الزاهر، 4b.

اسماء المؤرخين

Historians Cited

ابن خلكان، انظر احمد بن محمد.
ابن عساكر، انظر علي بن الحسن.
ابن كثير، انظر عماد الدين.
ابن المقفا، عبد الله، 217a.
ابن واصل، انظر محمد بن سليم.
ابو عبد الله محمد الغرناطي، انظر محمد بن احمد
احمد بن محمد بن خلكان، شمس الدين، 193b.
الزمخشري، انظر محمود بن عمر.
[سبط بن الجوزي]، 220a، 226b، 228b.
الشعبي(؟)، 172a.
علي بن الحسن بن عساكر، 117b.
عماد الدين الاصفهاني، 202a.
عماد الدين (زين الدين في الاصل) ابن كثير، 30 (42)b، 43 (13)b، 78a، 228a، 234a.
كمال الدين محمد بن عبد الله، المعروف بابن الصائغ، 173b، 204a.
محمد بن الوليد الطرطوشي، 28 (40)b.
محمد بن احمد الشريف الغرناطي، ابو عبد الله، 194b.
محمد بن سليم بن واصل، جمال الدين، ابو عبد الله، 44 (14)b، 219a.
محمود بن عمر الزمخشري، 13 (25)a.
المسعودي، 44 (14)a.
المعافا بن زكريا النهرواني، ابو الفرج، 141a.
اليغموري، 215b.

فهرس القبائل والامم والدول

Peoples, Tribes, Dynasties

اغجر، انظر غجري.
افرنج، 121a، 173a، 191b، 192a، 192b، 219b.
الباطنية، 144b.
بدو، 67a، 67b.
بنو اسرائيل، 210b، 211a، 228a.
بنو امية، 18 (30)b، 30 (42)b، 43 (13)b، 44 (14)a، 122a، 227a.
بنو ايّوب، 42 (12)b، 178b.
بنو عباس، 18 (30)b، 30 (42)b، 43 (13)b، 44 (14)a، 120b.
تتر، 44 (14)b، 45 (47)a، 93a، 144b، 163a، 178b، 179a، 179b.
ترك، اتراك، 7 (19)a، 25 (37)b، 27 (39)b، 32 (44)b، 33 (45)b، 54a، 64b، 65a، 65b، 66b، 67b، 75b، 78b، 83b، 91a، 92b، 96b، 117a، 138b، 139a، 143a، 155b، 163a، 178b، 179a، 179b، 209a، 224b.
التركمان، 3b، 6 (18)a، 25 (37)a، 52a، 64b، 65a، 65b، 75b، 89a، 91a، 132a، 132b، 133a، 159b، 166b.
التركمان البياضية، 132a.
تميم، 217a.
جركس، جراكسة، 18 (30)a.
حبش، 212a.
خورزمية، 117b.
سلجوق، 45 (47)a.
عجم، 156b، 160b.
عرب (بنو حارثة)، 64a.
عرب (بنو مهدي)، 17 (29)a، 18 (30)a، 24 (36)b، 25 (37)a، 25 (37)b، 27 (39)b، 29 (41)a، 52a، 54a، 60a، 63b، 64b، 65a، 65b، 66a، 66b، 67a، 69a، 90a، 91b، 92a، 92b، 93b، 110a، 116a، 128a، 132b،

138a، 138b، 139a، 140a، 142a، 144a، 155b، 162b، 202b، 217b، 222b، 227b.

العشرانات، انظر العشير .

العشير ، 5 (17)a، 5 (17)b، 7 (19)b، 24 (36)b، 25 (37)a، 27 (39)b، 29 (41)a، 33 (45)b، 34 (46)a، 41 (11)a، 57b، 81a، 81b، 91a، 91b، 113a.

عجري، 54a.

الفاطميون، 169b.

الفداوية، 110a.

الفلاحون، 5 (17)b، 24 (36)b، 25 (37)b، 60a، 66b، 81a، 162b، 166b، 192b.

القرامطة، 44 (14)a.

قيس، 33 (45)a، 54a، 63b، 64b، 76a، 81a، 81b، 217a، 217b، 218a.

كرد، اكراد، 54a.

مضر، 217b.

المغل، 3a، 92b، 93a، 144b.

النصارى، 83a، 118a، 118b، 119b، 131a، 140b، 192a، 228a.

يمن، 63b، 81a، 81b.

اليهود، 83a، 126b، 127a، 128b، 129b، 130b، 140b.

فهرس الاماكن والمدن

Cities, Countries, Topographical Features, Buildings, and the like

آمد، 153b، 204b.

اذرعات، 25 (37)a، 25 (37)b.

اربد، 204b.

ارزنكان، 160a.

ارض الروم، 204b.

ارمينية، 204b.

الازرق(؟)، 94a.

الاسكندرية، 20 (32)a، 25 (35)a، 28 (40)b، 57b.

أنطاكية، 173b، 204b.

الباب، 133b، 134b، 223a.

بانقوسا، 69a.

البحر الرومي، 204b.

البحر الشامي، 204b.

البحر الشرقي، 204b.

بحيرة طبرية، 205a.

بحيرة قدس، 61b.

البزاعة، 133b، 223b.

البصرة، 144a، 212b.

بصرة، 68b.

البطحاء، 137b.

بعقوبا، انظر يعقوبا.

بعلبك، 7 (19)a، 18 (30)a، 22 (34)b، 43 (13)a، 44 (14)a، 56b، 57a، 57b، 58a، 58b، 64b، 66b، 76a، 81a، 97a، 171b، 180a، 223a، 231b.

قلعة بعلبك، 56b، 57a، 57b، 58a، 81a.

بغداد، 3b، 38 (8)a، 61b، 96b، 143b، 144a، 145a، 145b، 150a، 155a، 160a، 160b، 162a، 162b، 220a، 228b.

البقاع، 51a، 57a، 64b، 66b، 76a، 79a، 81a.

بلاد الشمال، 3b، 8 (20)b، 9 (21)b، 20 (32)b، 25 (37)a، 62a، 68b، 69a، 71a، 72a، 75b، 99b، 127b، 131a، 138a، 166b، 184a، 187b، 201a.

البلاد القبلية، 160a، 162b.

البلقاء، 24 (36)b.

بير البيضاء، 182b.

البيرة، 100b.

تلفيتا، 91b.

توريز، 3a.

جبال السلسلة، 204b.

جبل الثلج، 222b.

جبل عرفات، 217b.

جبل القمر، 18 (30)a.

جبل كسروان، 64b.

جبّة عسال (الجبّة)، 91a، 91b.

جرجان، 59a.

جسر ابن جامع، 200b.

جسرين، 15 (27)a.

جعبر، 159b، 215b، 216a.

جلّق اي دمشق، 36 (6)b، 42 (12)a، 126b، 157b، 185b.

جولان، 17 (29)a.

جيحون، انظر نهر جيحون.

الحبشة، 204b، 211b.

الحجاز، 122b، 188a.

الحراك الشرقي، 68b.

حسبان، 24 (36)b.

حسيا، 76a.

حلب، 4a، 5 (17)a، 8 (20)b، 9 (21)a، 15 (27)b، 22 (34)b، 25 (37)a، 33 (45)a، 50 (16)a، 51b، 54a، 57a، 63b، 64b، 68b، 69a، 70a، 71a، 71b، 72a، 73b، 84a، 89b، 99b، 100b، 101a، 101b، 102a، 127b، 132a، 132b، 133a، 133b، 134a، 134b،

140a، 140b، 142b، 143a، 144a، 157b،
159a، 160b، 161b، 162a، 163a، 163b،
164a، 170a، 182a، 184a، 184b، 186a،
186b، 187a، 205a، 222b، 223a، 225b.
قلعة حلب، 4a، 15 (27)b، 51b، 102a، 161b.
ميدان حلب، 133b، 134b.
حماة، 4a، 4b، 9 (21)a، 18 (30)a، 22 (34)b،
63b، 69b، 75b، 102a، 104a، 126b،
135b، 138b، 139b، 140a، 170a، 173b،
184b، 225b.
حمص، 6 (18)a، 6 (18)b، 8 (20)b، 9 (21)b،
18 (30)a، 22 (34)b، 25 (37)a، 63b، 64a،
65a، 70a، 75a، 75b، 104a، 170a، 225b.
حوران، 110a، 205a، 222b.

الخليل، 114b.
خانقاه مصر اي خانقاه سرياقوس، 6 (18)b.

دابق، 205a.
الداروم، 219b.
الدجلة، انظر نهر الدجلة.
دمشق — انظر ايضاً جلّق، الشام.

مساجد، زوايا، ترب ومدارس

Damascus: Mosques, Mausoleums Chapels, Schools

بيت ابن قرا سنقر (مدرسة)، 42 (12)b.
تربة ابن خمار. 90b.
تربة ارغون شاه، 78b، 79a، 82a، 86b، 224a.
تربة اينال، 135a.
التربة بجنب جامع يلبغا، 79b.
تربة تنبك، 171b.
تربة شهاب الدين الحاجب، 232b.
جامع الافرم في الصالحية، 182a.
الجامع الاموي (جامع بني امية)، 63b، 87b،
103b، 117a، 117b، 118a، 120a، 121b،
122a، 140a، 158b، 173b.
عروس الجامع، انظر ماذنة العروس.
قبة النسر، 36 (6)a، 121b، 126b.
قبر هود، 117a.
المأذنة الشرقية، 117a، 117b.
ماذنة العروس، 36 (6)b، 126b، 173b.
المقصورة، 117a، 158b.
نسر الجامع، انظر قبّة النسر.
جامع تنكز، 82a، 82b، 85b، 116a، 128b،
136a.
جامع جراح، 232b.
جامع كريم الدين، 33 (45)b، 52a، 65b.
جامع الكلاسة، 42 (12)b.
الجامع المظفري، 92b.
جامع يلبغا، 27 (39)b، 59a، 79b، 80a،
82a، 83b، 85a، 85b، 90a، 185a.
زاوية الحيدرية، 127b.
زاوية المغاربة، 43 (13)a.
زاوية منجك (في الكسوة)، 187a.
قبّة الشحم، 173a.
كنيسة حميد، 119b.
كنيسة مريم، 119b.
كنيسة المصلبة، 119b.
كنيسة اليهود، 128b، 130a.
كنيسة اليهود القرائيين، 128b.
المدرسة الشامية البرّانية، 135a، 136b.
المدرسة الطواويسية، 112a.
مدرسة المقدّمية، 43 (13)a.
مدرسة يونس، 111b.
مسجد جوار تربة ارغون شاه، 224a.
المسجد عند باب الميدان، 79a، 86b.
النخلتين (مسجد النخلة؟)، 173b.

مبانٍ اخرى

Damascus: Other Buildings

اصطبل السلطان، 78b، 104b.
برج الخليلية، 80a، 114a.
برج الطارمة، 181b.
برج لكبش، 80a.
برج النارنج، 80a.
بيت ابن شرشي (شريشي؟)، 79b.
بيت الصارم البيدمري، 82a.
بيت اينال، 27 (39)b، 29 (41)a.
بيت ملك آص، 27 (39)b، 80b.
بيت منجك، 29 (41)a، 187a.
حبس باب الصغير، 173a.
حمّام بيدمر، 35 (5)a.
حمّام درب العجم، 117a.
الحمّام في سوق البطائنين، 173a.
حمّام منجك، 187a.
دار السعادة، 2b، 5 (17)a، 5 (17)b، 12 (24)b،
22 (34)b، 24 (36)a، 61b، 63a، 67a،
68b، 69b، 80a، 101a، 101b، 111b،
114a، 115a، 115b، 116b، 127b، 128a،
135a، 174b، 181a، 184b، 187b، 188a،
189b، 223b، 224a.
دار القرماني، انظر بيت منجك.
دار يلوا، 78b، 79a.

دهشة الرجال، 117a، 117b.
دهشة النساء، 117a، 117b.
ربع الناصري، 78b، 80a.
طاحون الجوباني، 81a.
الطارمة، 41 (11)b، 97a، 104b، 105a، 181b.
عمارة بهادر، 83b.
عمارة بيدمر، 27 (39)b.
عمارة جوار سوق البزوريين، 172a.
عمارة عند باب الميدان، 171b.
عمارة الناصري، 78b، 80a.
عمارة يونس، 80a.
القصر الابلق، 21 (33)b، 52a، 63b، 76b، 150b، 155b، 157a، 185b.
قلعة دمشق، 2a، 12 (24)b، 16 (28)b، 17 (29)a، 25 (37)b، 26 (38)a، 27 (39)b، 28 (40)a، 29 (41)b، 30 (42)a، 32 (44)b، 41 (11)b، 44 (14)b، 45 (47)a، 52a، 52b، 54a، 57a، 58b، 59b، 60b، 62a – 63b، 65a، 69b، 74a، 75a – 77a، 79b، 80a، 80b، 82a، 83b، 90a، 90b، 94b، 100a، 103b، 104a، 104b، 109b، 111b – 114a، 115a، 116b، 118a، 127a، 131b، 143a، 150b، 156a، 157a، 158b، 161a، 161b، 163b، 172b، 179a، 179b، 180b، 181a، 185a، 187a، 209a، 209b، 223b، 224b.

حارات، مقابر، قرى ومدن جوار دمشق

Quarters, Neighborhoods, Suburbs

بستان بيدمر، 33 (45)b.
تحت القلعة، 27 (39)b، 28 (40)a، 58b، 59b، 69b، 78b، 81b، 82a، 90a، 100a، 104b، 111b، 115a، 118a، 127a، 131b، 158b، 185a، 209a، 209b، 224b، 225a.
حارة البغيل، 173b.
حارة الحمص، 41 (11)a.
حارة الكلاب، 34 (46)a، 49 (15)b.
حارة اليهود، 37 (7)a، 130a.
حدرة ملك آص، 28 (40)a، 80a.
السبعة، 41 (11)a.
سويقة صاروجا، 28 (40)a، 135a.
الشاغور، 43 (13)a، 55a.
الشرف الاعلى، 27 (39)b، 40 (10)b، 111b، 112a.
الشلاحة، 41 (11)a.
الشويكة، 34 (46)b، 55a، 79b، 89b.
الصالحية (جوار دمشق)، 79a، 83a، 84b، 91a، 91b، 92b، 93a، 223a.
العمارة، 90a.
القبيبات، 127b، 143a، 171b.
قصر حجّاج، 55a.
المصالخ، 173b.
المصلّى، 35 (5)a، 89b، 131b، 212b، 218a، 219a.
مقابر اليهود، 123b.
مقبرة باب الفراديس، 137b.
الميدان (الاخضر)، 21 (33)b، 27 (39)b، 28 (40)a، 59b، 63b، 76b، 77b، 78b، 79a، 81a، 81b، 83b، 84a، 87a، 89b، 90a، 91a، 102a، 128b، 131b، 137a، 150b، 155b، 157a، 161a.
ميدان الحصى، 32 (44)b، 34 (46)b، 35 (5)a، 55a، 89b، 131b.
النخلتين، 173b.
وادي الشقراء، 83b، 84a، 158a.

ابواب المدينة

Gates of Damascus

باب توما، 41 (11)a.
باب الجابية، 29 (41)a، 35 (5)b، 41 (11)a، 48 (50)a، 48 (50)b، 89b، 119a، 224b.
باب الحديد، 27 (39)b، 80a، 86b، 113a، 113b، 114a.
باب الخطابة، 117a.
باب الزيادة، 125b، 126b، 232b.
باب السرّ، 94b، 161b.
باب السلامة، 41 (11)a.
باب شرقي، 81b، 119a.
باب الصرف، 173a.
باب الصغير، 35 (5)b، 41 (11)a، 43 (13)a، 76b، 173a، 232b.
باب الفراديس، 43 (13)a، 77b، 137b، 143a، 173b، 187a.
باب الفرج، 29 (41)b، 41 (11)a، 65a، 89b، 173b، 207b.
باب كيسان، 37 (7)a، 43 (13)a، 76b، 77a، 123b.
باب المصلّى، 94b.
باب الميدان، 41 (11)b، 78b، 79a، 80b، 82a، 90b، 171b، 172a.
باب النصر، 5 (17)a، 12 (24)b، 29 (41)b، 35 (5)a، 50 (16)a، 57a، 65a، 73b، 83b، 86b، 87a، 97b، 143a.

اسواق، خانات، دروب الخ
Markets, Bazaars, Caravanserais

خان البيض، 41 (11)b.
خان الحبالين، 173b.
خان الشقق، 173a.
خان مخشى، انظر خان الشقق.
خان منجك، 41 (11)b، 187a.
خان الوالي، 168b.
دار البطّيخ، 41 (11)a، 80b، 86b.
دار الغنم، 80b، 85a.
درب السامري، 173a.
درب العجم، 117a.
درب الفرّاش، 13 (25)a.
سوق الاخفافيين، 117a.
سوق البزوريين، 172a.
سوق البطائنين، 173a.
سوق الحدادين، 35 (5)b.
سوق الحريريين، 172b.
سوق الخشابين، 35 (5)b.
سوق الخيل، 143a.
سوق الدقاقين، 172b.
سوق الرماحين، 138b.
سوق الريحان، 119a.
سوق الصابونيين، 172b.
سوق الطواقيين، 41 (11)a.
السوق العتيق، 35 (5)a.
سوق الفرائين، 172b.
سوق القباقبيين، 2a.
سوق القشاشين، 173a.
سوق القطانين، 172b.
سوق كنيسة مريم، 116b.
سوق اللبادين، 117b.
سوق المصلّى، 35 (5)a.
سوق النحاسين، 117b.
سوق الوراقين، 117a، 117b.

جسور
Bridges

جسر البطّ، 58a، 58b.
جسر الزلابية، 27 (39)b، 59a، 80a، 105a، 115a.
جسر الغيضى، 173b.
جسر الفجل، 32 (44)b، 33 (45)b، 34 (46)b، 35 (5)a.

انهار وعيون
Rivers, Springs

عين دار البطيخ، 80b.
عين الفيجة، 199b، 205a.
عين الكرش، 42 (12)b، 201a.
نهر بانياس، 27 (39)b.
نهر بردى، 80b، 204a.
نهر ثورى، 223a.
نهر الخندق، 34 (46)a، 54b، 80b، 81b، 113b.
نهر القنوات، 27 (39)b، 49 (15)a، 90b.

مواقع وامكنة اخرى جوار دمشق
Vicinity of Damascus

برزة، 10 (22)a، 99b، 131a، 160b، 161b، 231b.
بيت لهيا، 153b، 154a.
ثنية العقاب، 36 (6)a.
خان لاجين، 22 (34)a، 148b.
داريا، 54a.
دير ابن عصرون، 20 (32)b.
الربوة، 158a، 223a.
الزبداني، 70b، 76a، 222b، 223a.
عذراء، 91b، 103a، مرج عذراء 93a.
الغزلانية، 68b.
الغوطة، 29 (41)a، 42 (12)b، 154b، 161a، 222b، 223a.
الفيجة، 200a.
القابون، 89b.
قبّة سيار، 58a.
قبّة يلبغا، 7 (19)b، 26 (39)b، 27 (39)a، 28 (40)a، 45 (47)b، 49 (15)b، 58a، 61b، 76a، 81b، 84b، 164a.
الكسوة، 49 (15)b، 75b، 93b، 187a.
المرج، 42 (12)b، 50 (16)a، 69b، 74b، 79b، 128a، 158b، 169b، 205a، 222b.
مرج عذراء، انظر عذراء.
وادي معربا، 231b.
وادي بردى، 5 (17)a، 200a.

الدارون، 219b.
دمياط، 204b.
الدواعين(؟)، 138b.
الديار المصرية، انظر مصر.

راس العين، 153b.
الرحبة، 51b، 144b، 149b، 160b، 181a.
الرها، 132a، 150b، 153b.
روم، 24 (36)b، 69b، 160a، 161a، 200b، 204b.

سبنات (؟)، 205a.	العراق، 143b، 144a، 153b، 154a.
سعسع، 63a.	عقبة الطينة، 81a.
سلمية، 64b، 140a.	عينتاب، 71a.
سميساط، 204b.	عين جالوت (جالود)، 45 (47)a، 179a.
سيس، 118a، 184a.	عين المنتنة(؟)، 81a.
سيواس، 23 (35)b، 150b.	عيون التوت، 205a.
الشام، 3a، 4b، 6 (18)a-7 (19)a، 8 (20)b، 9 (21)b، 10 (22)a، 12 (24)a، 17 (29)b، 18 (30)a، 20 (32)a، 22 (34)a، 23 (35)a، 24 (36)a، 25 (37)a-26 (38)b، 29 (41)a، 30 (42)a، 31 (43)b، 32 (44)b-34 (46)a، 35 (5)b، 37 (7)b، 50 (16)a، 51a، 52a، 56b-58a، 60b، 63a، 63b، 64a، 65a-67a، 68a، 69a، 71a-72a، 73b، 74a، 74b، 75b، 76a، 76b، 78b، 81a، 81b، 82a، 84b، 86b، 87b، 89a، 89b، 93b، 94a، 96b، 102b، 100b-104a، 110a، 111a، 112b، 114b، 115b، 116a، 118a، 122a، 127b، 128a، 131a، 135b، 138a، 138b، 140a، 143a، 144a، 144b، 149a-150b، 153b-154b، 155a، 156a، 157b، 159b، 160b، 161b، 162b، 163b، 168b، 170b، 172a، 172b، 174a، 176a، 177b، 179a، 180b، 183a، 184a، 191b، 198b، 201a، 204b، 219b، 223b، 231a.	الغرب، انظر المغرب.
	غزة، 7 (19)b، 17 (29)b، 22 (34)b، 25 (37)b، 27 (39)a، 74b، 85a، 94a، 114b، 171b، 172b، 184b، 188b.
	الغور، 60b، 94a، 114b، 128a، 156a، 158b، 170b، 187a، 188b، 192a، 200b، 206b، 233b.
	فارس، 23 (35)a، 61a.
	الفرات، انظر نهر الفرات.
	قارا، 52a، 138a.
	قاقون، 185a.
	قاليقلا، 204b.
	القاهرة، 3b، 5 (17)a، 17 (29)b، 18 (30)a، 19 (31)a، 19 (31)b، 20 (32)a، 23 (35)a، 24 (36)a، 51b، 59a، 60a، 61a، 69b، 70a، 71a، 73b، 74a، 74b، 85a، 109b، 112a، 112b، 116a، 116b، 127b، 128a، 135b، 138a، 143b، 149b، 150b، 151a، 164a، 169a، 172a، 175b، 176a، 176b، 179b، 180a، 181a، 182a، 184a، 186b، 187a، 188b، 191b، 226a، 231a. انظر أيضاً: مصر.
الشجرة، 170b.	
شقحب، 25 (37)b، 26 (38)a، 48 (15)b، 51a، 51b، 55b، 95a.	
الصالحية (في مصر)، 57b، 175b.	باب زويلة، 143b.
الصبيبة، 33 (45)a، 137b.	قلعة الجبل، 17(29)b، 95b، 164a.
صرخد، 18 (30)a، 25 (37)a، 142a.	قبرس، 121a.
الصعيد، 22 (34)a، 148b.	القدس، 9 (21)b، 39 (9)b، 114a، 121b، 122a، 151a.
صفد، 22 (34)b، 33 (45)a، 51a، 51b، 59b، 71b، 76b، 79b، 81b، 85a، 100a، 102b، 103b، 131a، 171b، 184b، 186b، 223a.	قبّة الصخرة، 122a.
	مسجد الأقصى، 122a، 154a.
	القريتين، 160b.
صين، 195b، 196a، 196b، 197a.	القطيفة، 9 (21)b، 65a، 71b.
	قلعة الصبيبة، انظر الصبيبة.
طبرستان، 59a.	قهستان، 215a.
طرابلس، 5 (17)a، 8 (20)b، 22 (34)b، 63b، 65a، 65b، 76a، 89a، 90a، 91a، 102a، 104a، 133b، 135b، 138b، 171b، 172b، 186b، 192a، 225b.	قويق، انظر نهر قويق.
	الكرك، 2a، 17 (29)b، 19 (31)b، 22 (34)a، 24 (36)b، 45 (47)b، 171a، 180a، 182a، 194a، 194b.
جامع طرابلس، 192a.	
طور سنين، 121b.	
العاصي، انظر نهر العاصي.	كرك الشوبك، 24 (36)a.
عجلون، 18 (30)a.	كخ، 144a.

اللجا، 91a.

ماردين، 153b، 159b.
المدينة، 211b.
مسجد رسول الله، 211b.
المرج الاحمر، 205a.
مرج مرعش، 72a، 134b.
مصر، 2a، 3b، 7 (19)a، 8 (20)a، 17 (29)a، 17 (29)b، 18 (30)b، 20 (32)a، 20 (32)b، 21 (33)b، 22 (34)a، 27 (39)a، 34 (46)a، 43 (13)b، 49 (15)b، 52a، 55b، 57b، 60a، 60b، 61b، 63b، 85a، 96b، 109b، 111a، 112a، 142b، 143a، 149b، 151a، 157a، 157b، 164a، 169a، 175b، 178a–179b، 180b، 181a، 182a، 184a، 184b، 186b، 187a، 188b، 204b، 231a.
المصيصة، 204b.
المغرب، 111a، 148b.
مكّة، 24 (36)b، 121b، 122b، 213a.
الكعبة، 44 (14)a.
مسجد الحرام، 121b، 154a، 213a.
ملطية، 182b، 204b.
منبج، 132a، 204b.
منى، 141a.
الموصل، 215b، 216a.
ميّا فارقين، 169b.

نهر جيحون، 204b.
نهر الدجلة، 204b.
نهر سيحون، 204b.
نهر الشريعة، 200b، 201a، 205a.
نهر العاصي، 4b، 201a، 204a، 204b.
نهر الفرات، 111a، 144b، 149a، 159b، 160a، 163a، 175b، 179a، 204a، 204b.
نهر قويق، 204b.
نهر يرموك، 17 (29)a.
النوبة، 204b، 211b.

همدان، 23 (35)a.
الهند، 228b.

وادي التيم، 5 (17)a، 57a، 84b، 217a.
وادي الخزندار، 93b.

يعقوبا (؟)، 60a.

فهرس الكتب المذكورة في المتن

Titles of Books Mentioned in the Text of the Manuscript

الانجيل، 15 (27)a.
البستان في تواريخ اهل الزمان، 202a.
تاريخ ابن الصائغ، 115a، 173b، 204a.
تاريخ ابن كثير، 30 (42)b، 43 (13)b، 78a، 228a.
تاريخ دمشق لابن عساكر، 117b.
التحفة، 194b.
التوراة، 14 (26)b، 214b.
درر الافكار في غرائب الاخبار، 44 (14)a، 61b، 64a، 73b، 93b، 178a.
درّة الغواص، 102b.
ربيع الابرار، 13 (25)a.
سراج الملوك، 28 (40)b.
السكردان، 110b.
فضائل الشام، 228a.
كشف (كذا في الاصل) الكروب في ايام ملوك بني ايوب، 44 (14)b، 219a.
كنز المطلوب في مناقب الحبشة والنوب، 211b، 212b، 213a.
مراة الزمان، 220a، 228b.
مروج الذهب، 44 (14)a.
مسند ابن حنبل، 175a.

اسماء الموظفين

Offices and Titles

اتابك عساكر دمشق، 5 (17)a.
امراء، 2a، (امراء مصر)، 5 (17)b، 6 (18)b، (الامراء العشراوات)، 10 (22)a، 12 (24)b، (الامراء الشاميين)، 17 (29)a، 17 (29)b، 18 (30)a، 26 (38)b، 50 (16)a، 52a، 57a، 63b، 64b، 67a، 67b، 71b، 75b، 77a، 77b، 93b، (امير)، 94a، 100b، 101a، 180b، 183a، 206b، (امير).
استاددار، 15 (27)a، 74a، 109b، 170b، 171a، 185a.
اسقف النصارى، 119b.
امرية عشرين، 166b.
امير التركمان، 159b.
امير الحاج، 69b.
امير الركب، 70a، 100a، 112a، 128a، 141b، 161b.
امير شكار، 15 (27)a، 183a، 183b.
امير طبلخانة، 13 (25)a، (امرية طبلخانة)، 19 (31)a، 70a، طبلخانة، 160a.

أمير العرب، 17 (29)a، 63b، 64a، 66a، 90a، 138a، 202b.
أمير عشرة، 19 (31)a، (أمرية عشرة)، 19 (31)a، 101a.
أمير كبير، 20 (32)a، 23 (35)a، 135b، 136a، 175b، 180a، 180b، 181a، 181b، 182a، 182b، 184a، 184b، 185a، 186a، 186b، 187a، 188b، 189a، 189b، 191b.
أمير المؤمنين، 9 (21)b، (العبــــاســـي)، 64a، 118b، 119a، 119b، 122a، 122b، 124a، 125a.

بريدي، 101b، 102a، 142b، 164a.

جدار، 185a، (جدارية)، 185b.
جقدار، 118a.
جندي، جندي حلقة، الاجناد، 19 (31)a، 26 (38)b، 37 (7)b، 70a، (جندي حلقة)، 70b، (الاجناد)، 73b، (الاجناد)، 81a، 93b، (الاجناد)، 115b، 131b، (اجناد).

حاجب الحجاب، الحاجب الكبير، 10 (22)a، 12 (24)b، (حاجب حجاب دمشق)، 65a، 71b، 74b، 75a، 76a، 76b، 77a، 103b، 104a، 112a، 112b، (الحاجب الكبير)، 113a، 113b، 114a، 114b، 115b، (الحاجب الكبير)، 127b، 131a، 131b، 137b، 138a، 140a، 141b، 142a، 164a، 171b، 172b، 199b، 206b، 223b، 224a، 226b، (الحاجب).
حاجب ميسرة، 74b.
حاكم على دار الضرب، 166b، 207b، (دار الضرب).

خازنداريـة الجامع، 137a.
خاصكي، 5(17)a، 135b، 183a، (امراء خاصكية.)
خاطب، 87b، (خاطب جامع بنى أمية)، 88a، 103b، (خاطب جامع بنى امية)، 136b، 208b، 209a.
خليفة، 9 (21)b، (خليفة المسلمين)، 15)a 49، 50 (16)b، 51a، 51b، 57b، 64a، 68a، 78a، 78b، 102b، 121b، (خليفة المسلمين)، 155a.

دوادار، 30 (42)a، 65a، 101b، 163a، 183b.
ديّان، 127b.

راس نوبة، 63a، 104a، 185a.

سلاحدار، 181b.
سلطـان، 1b، 2a، 3b، 5 (17)a، 5 (17)b، 6 (18)a، 6 (18)b، 7 (19)a، 7 (19)b، (مماليك السلطان)، 8 (20)a، (مماليك السلطان)، 16 (28)b، (ثاني السلطان)، 17 (29)a، (مماليك السلطان)، 17 (29)b، 24 (36)a، 25 (37)a، 25 (37)b، 26 (38)a، 26 (38)b، 27 (39)a، 28 (40)a، 29 (41)a، 30 (42)a، 32 (44)b، 33 (45)a، 33 (45)b، 34 (46)a، 34 (46)b، 47 (49)b، 49 (15)a، 49 (15)b، 50 (16)a، 50 (16)b، 51a، 51b، 52a، 57a، 57b، 58a، 60a، 61a، 62a، 63b، 64a، 64b، 67b، 68a، 68b، 70a، 71b، 73b، 74a، 74b، 76a، 77a، 78b، 81b، 82b، 85a، 86a، 89a، 93b، 94a، 94b، 96b، 97a، 99b، 100a، 100b، 101a، 101b، 102a، 103a، 103b، 104a، 104b، 109b، 110a، 112a، 113b، 114a، 114b، 115a، 116b، 127b، 128a، 131a، 132a، 132b، (سلطان البرّ) 133b، 135b، 137b، 140a، (السنجق السلطاني)، 142b، 143b، 144a، 149a، 149b، 150b، 151a، 151b، 152a، 155a، 155b، 156a، 158b، 159a، 159b، 160a، 160b، 161a، 161b، 162a، 163b، 164b، 172b، 174a، 175b، 180b، 181b، 182a، 182b، 183a، 184a، 184b، 185a، 186b، 188a، 191b، 192a، 193b، 202b.
سلطان الحرافيش، 7 (19)a.

شادّ الدواوين، 2a، 171b، (مشدّ الدواوين).
شادّ المراكز، 137b، 166b، (مشدّ المراكز)، 207b (المراكز).
شيخ العشير، 7 (19)b.

عامل، 153b.
عامل الجيش، 118a.

قاضي القضاة، 2a، 37 (7)b، 64a، 77b، 78b، (القاضي)، 103b، 135a، (القاضي الحنفي)، 135b، (القاضي المالكي)، 137a، 159a، (القاضي الشافعي)، 166b، 171b، 205a، 205b، (الخ)، 220b.
قضاة، 5 (17)b، 7 (19)a، 9 (21)a، 50 (16)a، 50 (16)b، 51a، 82b، 115b، 149a، 206b.
كاتب بيت المال، 120b.
كاتب الجامع، 137a.
كاتب السرّ، 103a، 114b، 116a، 122a، 151b، 161b، 171b، 177a، 224a.

كتاب الحشر، 140b.
متسلّم، 101b، 114b، 127b.
متولّي، 40)b)، 28.
محتسب، 115a، (حسبة) 141b، 171b، 205a.
مشاعلية، 17)b)5، 22)a)10، 24)b)12،
31)a)19، 63b، 68a، 70b، (منادي) 71b،
75b، 82b.
مشدّ شربخانة السلطان، 161a.
مقدّم الف، 36)a)24، 37)b)25، 59b، 70a،
161a، (امير مائة مقدّم الف).
مقدّم القلعة، 113b.
ملك الامراء، 63b، 64b، 65a، 69b، 70b،
84b، 91b، 115a، 166b، 168b، 174a،
174b، 176b، 177b، 207b.
مملوك، 31)a)19، 36)a)24، (ماليك السلطان)
25)b)37، 26)b)38، 50)a)16، 50)b)16،
52a، 63a، 66a، 67b، 69a، 70a، 71a، 93b،
94a، 100b، 101a، (ماليك السلطان)
104a، 112b، 114a، (ماليك
السلطان) 115a، 142b، 160a، 160b،
(ماليك السلطان) 161a، 161b، 180a،
181b، 183a، 191b، 224b.

نائب الاسكندرية، 57b.
نائب الرحبة، 149b.
نائب الرها، 132a.
نائب الشام، 2a، 2b، (نيابة الشام)، 4b،
17)b)5، 18)a)6، 19)b)7، 20)a)8،
22)b)34، 23)a)35، 24)a)36، 25)a)37،
25)b)37، 26)b)38، 29)a)41، 30)a)42،
32)a)44، 33)a)45، 34)a)46، 35)b)5،
50)a)16، 52a، 59b، 63a، 64b، 65a، 68a،
68b، 69a، 70a، 70b، 71b، 72a، 73b،
74a، 74b، 75a، 75b، 77b، 81a، 82a، 85b،
86b، 87a، 87b، 88a، 89a، 89b، 90b، 93b،
94a، 94b، 100b، 101a، 101b، (نيابة
الشام)، 104a، 110b، 111b، 112b، 114b،
115a، 115b، 116a، 116b، 118a، 127b،
128a، 131a، 131b، 135a، 135b، (نيابة
الشام)، 137a، 137b، 138a، 149a، 149b،
150b، 156a، 161b، 162b، 163b، 168b،
170b، 171a، 172a، 172b، 174b، 180b،
183a، 184a، 191b، 206b، 207b، 223b،
224a.
نائب الغيبة، 30)a)18، 65a، 71b، 76a، 99b،
100a، 131a، 180a، 186b، 223b.
نائب القدس، 151a.

نائب القلعة (دمشق)، 28)b)16، 29)a)17،
37)b)25، 47)a)45، 59b، 63b، 74a، 75b،
81a، 94b، 112b، 113b، 135a، 161b،
(نيابة القلعة)، 172b، 181a، 223b.
نائب الكرك، 36)a)24، (نائب كرك الشوبك)،
171b، 180a، 182a.
نائب بعلبك، 19)b)7، 34)b)22، (نيابة بعلبك)،
64b، 76a، 81a، 171b.
نائب حلب، 3b، 17)a)5، 22)b)34، (نيابة
حلب)، 33)a)45، 34)a)46، 34b، 63b، 71a،
84b، 89b، 127b، 132a، 132b، 133a،
133b، 134b، 142b، 144a، 159a، 161b،
171a، (نائبها)، 184a، 184b، 186a،
186b.
نائب حماة، 4a، 4b، 34)b)22، (نيابة حماة)،
30)a)42، 63b، 75b، 104a، 135b،
171a، 184b.
نائب حمص، 34)b)22، (نيابة حمص)، 70a،
75a، 104a، 171a.
نائب دمشق، 2a، (بدمشق) 17)a)5، (نيابة
دمشق)، 27)a)15، 34)b)22، (نيابة دمشق)،
77b، 79b، 127b، 171b، 178a، (نيابة
دمشق)، 180a، 180b، 181a، 182a، 184a،
184b، 185a، 185b، 186b.
نائب غزة، 19)a)7، 29)b)17، (نائبها)،
34)b)22، (نيابة غزة)، 37)b)25، 171b،
172b، 184b.
نائب صفد، 34)b)22، (نيابة صفد)، 79b، 103b،
131a، 171b، 184b، 186b.
نائب طرابلس، 17)a)5، 34)b)22، (نيابة
طرابلس)، 63b، 89a، 133b، 171b، 186b،
192a.
نائب قلعة بعلبك، 58a، 81a.
نائب قلعة حلب، 4a.
نائب قلعة صرخد، 37)a)25.
نائب ملك الامراء على الاغوار، 166b، 207b.
ناظر الجيش، 114b، 166b، (نظر الجيوش)،
171b، (ناظر الجيوش المنصورية)، 177a،
208b.
ناظر الخاصّ، 182b، 185a.
نقباء، 17)b)5.
نقيب القلعة، 112b.
نواب القضاة، 20)b)8.
نيابة جعبر، 159b.
نيابة مصر، 184b.
والي القدس، 151a.

٢٦٤

والي الولاة، 70b، 142a، 160a.
وزير، 78a، (الوزارة) 78b، 93a، 169b، 170a، 171b، 172b، 181a، (وزير الديار المصرية)، 181b، 185b، (وزارة مصر)، 186b، (وزارة مصر)، 191a، 191b.

وكيل بيت المال، 115a.
الولاة، 118a.
ولاية البرّ، 17 (29)a، 93b، (والي البرّ)، 170a.
ولاية المدينة، 17 (29)a، 77b، (والي المدينة)، 127a، (والي المدينة).

www.ingramcontent.com/pod-product-compliance
Lightning Source LLC
Chambersburg PA
CBHW021657230426
43668CB00008B/648
* 9 7 8 0 5 2 0 3 1 4 6 4 1 *